西方翻译理论实践教学方法研究

XIFANG FANYI LILUN SHIJIAN JIAOXUE FANGFA YANJIU

张朦 宫昊 著

郑州大学出版社

郑 州

图书在版编目(CIP)数据

西方翻译理论实践教学方法研究 / 张朦，官昊著. - 郑州：郑州大学出版社，2019.6
ISBN 978-7-5645-6395-0

Ⅰ. ①西… Ⅱ. ①张… ②官… Ⅲ. ①翻译理论 - 教学研究 - 西方国家 Ⅳ. ①H059

中国版本图书馆 CIP 数据核字(2019)第 104843 号

郑州大学出版社出版发行
郑州市大学路 40 号　　邮政编码：450052
出版人：孙保营　　发行部电话：0371-66966070
全国新华书店经销
大东印刷厂印制
开本：787×1092mm　1/16
印张：17.25
字数：348 千字
版次：2020 年 6 月第 1 版　　印次：2022 年 8 月第 2 次印刷

书号：ISBN 978-7-5645-6395-0　　定价：36.00 元

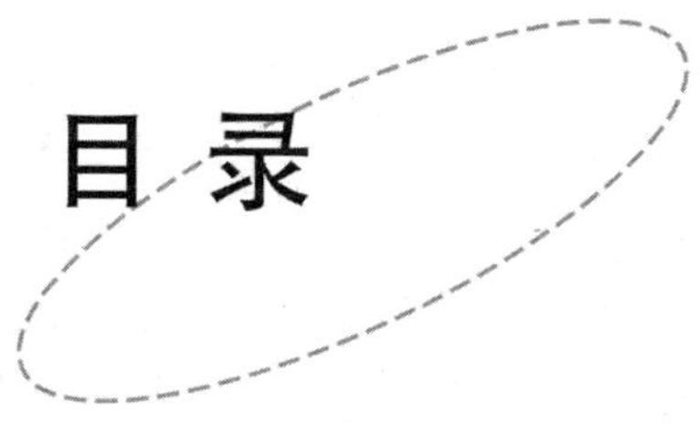

目录

第一章 综述 1

第一节 翻译的基本概念 1

一、什么是翻译 1

二、什么是翻译研究 2

第二节 翻译的历史 4

一、西方翻译史的分期 4

二、西方翻译发展阶段概述 6

三、中国翻译史的分期 10

四、中国翻译发展阶段概述 10

第三节 国外翻译教学发展 20

第四节 国内翻译教学发展 22

一、古代时期 22

二、近现代时期 23

三、当代时期 25

第二章 20世纪以前的翻译理论 27

第一节 历史背景 27

第二节 从“字译法”到“意译法” 28

第三节 古典修辞学 32

第四节 翻译的“三分法”与“三原则” 37

第五节 “归化”与“异化” 38

第六节 翻转课堂教学法 40

第三章 翻译对等 42

第一节 翻译的等值与等效 42

第二节 奈达的翻译观 49

第三节 探究式教学法与翻译等值论 52

第四节 教学案例研究 53

第四章 翻译转换 60

第一节 从“等值”到“转换” 60

一、卡特福德的翻译等值论 60

二、卡式理论分类概念 61

三、评价卡特福德的翻译转换理论 62

四、卡特福德的局限性 63

第二节 翻译视角转换 64

一、文学上的“叙述视角”理论 64

二、叙述性文体中的视角转换 65

三、非叙述性文体中的视角转换 66

四、英译汉中视角转换的原则与方法 67

第三节 “翻译转换法”与翻译教学 68

第五章 语篇翻译 74

第一节 翻译文本的内在联系 74

一、翻译与语域 74

二、翻译中的语域对应 77

三、语篇与翻译：论三大关系 79

第二节 语篇翻译教学——“SPOC+ 实体课堂”教学模式 92

第三节 教学案例研究 94

一、SPOC 背景下的翻转课堂概述 94

二、大学英语公共选修课的现状 95

三、大学英语公选课翻转课堂的探索 95

四、大学英语公选课应用翻转课堂的意义 99

第六章 翻译与语域 101

第一节 翻译的符号学视角 101

第二节 符号学在翻译中的运用 103

一、指称意义 103

二、言内意义 103

三、语用意义 104

第三节 汉英翻译的符号学视角教学 106

一、社会符号翻译法及其他 106

二、社会符号学翻译法及其他 106

第四节 教学案例研究——翻译理论教学与翻译实践教学的有机结合 109

第七章 描述翻译学 115

第一节 翻译研究：从规范走向描写 115

一、描述翻译研究的发展 115

二、詹姆斯·霍尔姆斯 115

第二节 描述翻译学的发展趋势 117

第三节 描写翻译学与翻译教学 122

第四节 教学案例研究—指令语、语言水平对补缺作用的影响 128

第八章 翻译的“文化转向” 135

第一节 翻译与“改写” 135

一、操纵学派改写理论 135

二、改写理论的创新 136

三、翻译改写理论的贡献与局限评说 138

第二节 后殖民主义翻译学 143

一、后殖民主义理论 144

二、后殖民主义翻译理论 146

第九章 翻译异质性 149

第一节 译者显形 149

一、译者显形的条件 149

二、译者显形的表现 150

三、译者显形的“度” 150

第二节 译者隐形 151

第三节 翻译异质性与教学 153

第四节 教学案例研究 156

第十章 翻译的文艺学派 158

第一节 庞德的诗歌翻译 158

第二节 克里斯蒂娃的互文性理论与翻译 172

第三节 教学案例研究 181

第十一章 翻译的解释学派 187

第一节 解释学翻译理论 187

第二节 乔治·斯坦纳的翻译思想 189

第三节 翻译补偿评介 191

一、翻译补偿的界定 191

二、翻译补偿的分类 193

三、翻译补偿的机理 199

第四节 教学案例研究 200

第十二章 解构主义翻译观 202

第一节 解构主义翻译观 202

一、解构主义和解构主义翻译观 202

二、本雅明的“纯语言”理论 203

三、德里达的“异延”翻译观 204

四、解构主义翻译理论对传统翻译的冲击 206

第二节 解构主义与翻译教学 208

一、本雅明《译者的任务》对教师“定位”的启示 208

二、解构主义翻译观对翻译教学方法的启示 209

第三节 教学案例研究 210

第十三章 释意学派 213

第一节 释意学派 213

第二节 释意教学 216

一、听力理解 216

二、信息存储记忆 217

三、脱离语言外壳 217

四、信息重组 217

第三节 教学案例研究 218

第十四章 翻译的功能目的论学派 220

第一节 功能目的论翻译学派 220

一、理论简介 220

二、功能论 221

三、目的论 229

第二节 功能目的论与翻译教学 231

第三节 教学案例研究 233

第十五章 女性主义翻译观 236

第一节 女性主义翻译观及其影响 236

第二节 西蒙的翻译观 239

第三节 弗洛托的翻译观 239

第四节 张伯伦的翻译观 241

第五节 女性主义翻译策略及翻译手段 241

第六节 教学案例研究 245

第十六章 食人主义翻译观 248

第一节 食人主义翻译观 248

第二节 教学案例研究 250

第十七章 跨学科翻译理论 254
第一节 跨学科翻译研究 254
一、概况 254
二、历史追溯 255
第二节 翻译多元化与教学 256
一、教材的多样性 256
二、教材内容的多样性 256
三、教学方法的多样化 257
四、测试手段的多样化 258
五、对教师的多元化要求 258
参考文献 260

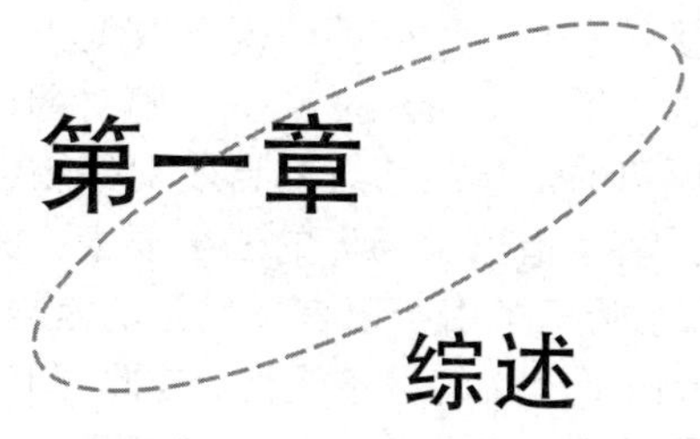

第一章 综述

第一节 翻译的基本概念

一、什么是翻译

什么是翻译？这个问题是无法回避的。翻译活动历史悠久、形式多样。早在原始部落，便出现了以经济和文化交流为主的口译活动。法国翻译理论家米歇尔·巴拉尔（Michel Ballard）指出，“西方有关口译活动的最早记载，见于公元前两千多年的上埃及埃利潘蒂尼岛的古王国王子的石墓铭文”中。而中国几乎也在同一时期出现了口译活动，《癸辛杂识后集·译者》对口译做出了解释：“译，陈也；陈说内外之言皆立此传语之人以通其志。今北方谓之通事。”足见口译之重要性。后由于对佛经、典籍翻译的需要，笔译活动也渐渐登上历史舞台。唐朝贾公彦(618—907) 在《义疏》中对翻译就做了明确的界定：“译即易，谓换易言语使相解也。”宋代法云 (1088—1158) 在其所编《翻译名义集》自序中进一步指出：“夫翻译者，谓翻梵天之语转成汉地之言，音虽似别，义则大同。”这就是说，将一种语言一源语（the source language）转换成为一种语言——目的语（the target language）或曰接受语 (the receptor language)，而意义保持不变化大抵保持不变。著名英国学者约翰逊博士对翻译也做过类似的解说：“翻译，即从一种语言转换到另一种语言，并保留意义的过程。”而中国古代翻译的地位如何呢？鸠摩罗什认为翻译：“有似嚼饭与人，非徒失味，有令呕秽也。”足可见，在中国，翻译的地位十分低下。

然而多年以后，笔译经历了从形式到内涵的转变。从最初的人工翻译到现在的机器翻译，从最初的字对字、句对句、篇章对篇章的翻译，到现在的摘译、编译、译述、缩译、综述、述评、改写等多种翻译处理方式。按照题材来看，翻译可分为专业翻译（科技文献、学术著作等）、一般性翻译（新闻报道、旅游宣传品、政府文件等）和文学翻译。多种文化的交互与交流，使翻译学科不再拘泥于语言层次上的对等。巴尔胡达罗夫（Barkhudarov）在《语言与翻译》中指出："翻译就是把依照语言的言语产物在保持内容方面（也就是意义）不变的情况下改变为另外一种语言的言语产物的过程。"美国语言学家尤金·奈达（Eugene Nida）则对翻译文本给出如下定义："翻译就是在译入语中再现与原语的信息最切近的自然对等物，首先是就意义而言，其次是就文体而言。"在这里，奈达指出了翻译的三个要素：第一，明确地说明要译的是什么（即"信息"）；第二，暗示了由于语言文化上的差异，原文和译文只能做到相对的对等（closest）；第三，考虑了译文的可接受性。与此同时，我国学者对翻译也给出了如下定义，例如我国著名翻译理论家吕俊指出："翻译是一种跨文化的信息交流与交换活动，其本质是传播，是传播学中一个有特殊性质的领域。"又如中国外文局资深外语专家、翻译家沈苏儒指出："翻译是把具有某一文化背景的发送者用某种语言（文字）所表达的内容尽可能充分地、有效地传达给使用另一种语言（文字）、具有另一种文化背景的接受者。"又有我国资深翻译理论家张今认为："翻译是两个语言社会（language community）之间的交际过程和交际工具，它的目的主要是促进本语言社会的政治、经济和文化进步，它的任务是要把原作中包含的现实世界的逻辑映像或艺术映像，完好无损地从一种语言译注到另一种语言中去。"1980年，著名翻译家张培基提出："翻译是运用一种语言把另一种语言所表达的思维内容准确而完整地重新表达出来的语言活动。"以上学者对翻译的解说，使翻译的定义被赋予了更多内涵。

二、什么是翻译研究

翻译与翻译研究的区别是什么？如果说翻译是一种文化交流活动，那么翻译研究则可以看作一门经验学科。纵观历史，翻译在人类交流中起到了至关重要的作用，对经济发展、宗教文明的贡献十分巨大，而翻译研究本身的历史却只能追溯到五十多年前。

1972年，美国著名翻译理论家詹姆斯·霍姆斯（James Holmes）发表论文《翻译研究名与实》（The Name and Nature of Translation Studies），第一次比较完整和系统地界定了翻译研究——作为一门跨学科研究领域——的重要性，也使得翻译研究领域有了划时代的重要意义。霍姆斯认为在过去的几个世纪中，翻译研究一直处于随意、无序的状态，以第二次世界大战为转折点，许多原先从事相近学科研究的人由语言学、语言哲学和文学转向翻译领域，这些研究者把原学科的范式、半范式、模型及方法带入翻译研究，他认为，从表面上看翻译研究局面一片混乱，但实际上关于翻译研究的独立学科正在成型。霍姆斯强调翻译研究是一门经验学科，研究对象是翻译活动（过程）和翻译作品；翻译研究的功能不仅是要探讨如何翻译，同时还要描述翻译的现象和行为，揭示、甚至预测未来的翻译。

詹姆斯·霍姆斯提出了在英语中常常用来形容新学科的“studies”来命名他的翻译理论，并描绘出翻译研究的结构图，如图 1-1 所示：

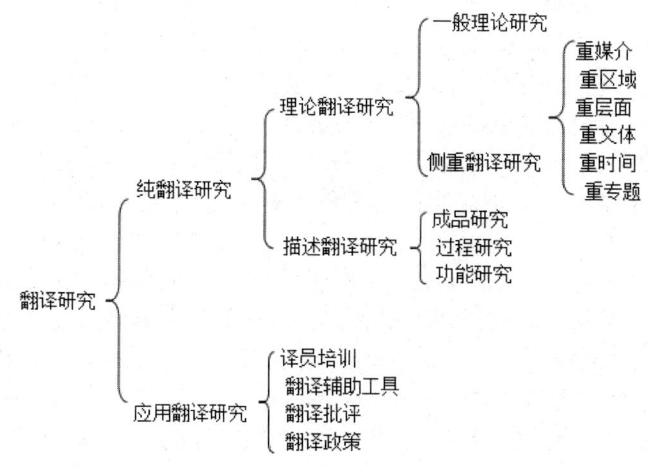

图 1-1 翻译研究结构图

霍姆斯把翻译学分为纯翻译学和应用翻译学两大类。其中纯翻译学又有两个分支，即描述翻译研究（descriptive translation studies or DTS）或翻译描写（translation description or TD）以及理论翻译研究（theoretical translation studies or THTS）或翻译理论（translation theory or TTh）。应用翻译研究又分为译员培训、翻译辅助工具、翻译批评和翻译政策四个方面。在本书的第七章，我们将对描写翻译学的各个分支做更深入的探讨。值得一提的是，霍姆斯认为要创建真正具有科学性的综合性翻译理论需要文本研究、语言学（尤其是心理语言学和社会语言学）、文学研究、心理学和社会学等领域专家协调工作，还需要消除国家和语言之间的障碍，促进国际学术交流。概括来说，霍尔姆斯的翻译理论具有以下特点。

第一，认识到先前翻译理论规范性过强的弊病，开创了西方国家描写性翻译研究的传统。

第二，侧重工具理论 (meta-theory) 研究，不以应用性为目标。

第三，重视术语对学科建设的作用，霍尔姆斯敢于质疑当时学术界流行的术语.创造了自己的一套术语体系，许多术语都是第一次被引入翻译研究。

第四，具有综合性的特点，特别注意在翻译实践和翻译理论之间搭起桥梁，而且还致力于在文学学派和语言学学派之间、不同国家或地区之间、不同学术流派之间搭起桥梁。

第五，重视翻译实践，强调翻译家参与翻译研究的必要性。

在相当长的时间内，霍尔姆斯的翻译理论并没有得到一致承认，其影响局限在相对狭小的范围内，主要原因是他在翻译理论方面的著述从数量上说并不多，没有长篇大论，大多数论文在学术会议上交流后虽然被收入论文集或学术刊物发表，但出版者都不是英美权威出版机构，难以在短时间内为更多的人所了解和接受。他的代表性论文《翻译学的名义和性质》英文版在 1972 年的哥本哈根国际应用语言学会议宣读后，十五年内只以油印稿的形式存在，只有个别感兴趣的人通过书信联系索取。荷文版在 1977 年出版后也没有产生大的反响。英文版后来于 1987 年发表在《印度应用语言学学报》上，但因刊物自身的影响力问题仍没有引起广泛关注。西方翻译理论界人士，如乔治·斯坦纳（George Steiner）、苏珊·巴斯奈特（Susan Bassnett）、纽马克（Peter Newmark）等人在此期间推出的著作中对这一具有奠基意义的论文只字不提。到 20 世纪 80 年代末，这一局面有了改变。在霍氏去世后的 1988 年，他的翻译研究论文结集出版。1990 年 12 月，在纪念阿姆斯特丹大学翻译系成立 25 周年之际，举行了第一届詹姆斯·霍尔姆斯翻译理论研讨会，与会的知名学者斯奈尔·荷恩比（Mary Snell-Hornby）、隆伯特（Jose Lambert）、赫曼斯（Theo Hermans）和图里（Gideon Toury）等人都对霍尔姆斯的理论贡献给予颇高评价，会议论文集《翻译研究：这一艺术的现状》也于次年出版。进入 20 世纪 90 年代，甘洪勒（Edwin Gentzler）等人都对霍尔姆斯的地位予以肯定。霍尔姆斯在翻译理论史上最大的贡献在于首先对翻译学科做了比较有说明力的勾画，尤其他对"描写性翻译学"的界定"大大拓宽了人们的视野，使得一切和翻译有关的现象都成为研究目标"。霍尔姆斯的研究方法在一定程度上由周围一批学者继承下来，以阿姆斯特丹——安特卫普——列文——尼特拉——特拉维夫（Amsterdam-Antwerp-Leuven-Nitra-Tel Aviv）为轴心的一批学者以自称"霍尔姆斯的后裔"（Holmes' progeny）为荣，他们中的许多人已经在国际上获得了承认，"翻译学"（Translation Studies）可以看作该学派的标签。但霍氏的翻译理论也有一些为人诟病之处，如他虽然致力于建立综合性的普通翻译理论，但自己的研究却局限在文学翻译特别是诗歌翻译，他的译学框架完全排斥科技翻译和社科翻译，也没有涉及口译，另外他把翻译批评与翻译教学等一并列入应用翻译学范围内也值得商榷。

第二节 翻译的历史

一、西方翻译史的分期

翻译活动受制于政治、经济、文化、宗教、语言等多种因素的影响，因此翻译史的分期不会随着社会时代的更替而立即发生变化，它的变化往往是跨越历史时代的。因此，中西方翻译史学家都不会机械地按照人类社会历史分期来划分翻译史，而是根据翻译活动的自身发展规律来划分。

尤金·奈达（Eugene A. Nida）根据翻译思想的发展，把西方翻译史划分为三个时期：

语文学翻译、交际学翻译和社会符号学翻译。并且他认为 20 世纪 50 年代以前的翻译思想是区分于当代翻译思想的。

斯坦纳（George Steiner）认为西方翻译理论研究答题经历了四个时期：

①古典译论至 18 世纪末泰特勒和坎贝尔翻译“三原则”的发表，翻译论述及理论直接来自翻译实践；

②从施莱尔马赫至 20 世纪中叶，通过理论研究和阐释研究发展了翻译研究术语及方法；

③二战结束至 20 世纪 70 年代，以翻译语言学派的兴起为标志，将结构主义语言学和交际理论引入翻译研究；

④ 20 世纪 70 年代至今，新兴学派林立，跨学科研究蓬勃发展。

巴斯奈特（Susan Bassnett）认为翻译研究不应用局限的、固定的角度分析，而是应该采用系统的、历史性的角度分析。她把翻译研究分为十二个历史分期，把不同的翻译观念作为依据进行划分：①罗马时期的翻译（为了丰富本国的文学系统，强调译作的美学标准，而不关注是否忠实）；②圣经翻译（翻译作为教义的武器，作为政治冲突的武器，译者既有美学的标准，也有福音传教士的标准）；③教育与通俗语言时期的翻译（强调圣经翻译的教育功能，以大家都能够懂的语言来翻译）；④早期理论家的翻译（由于印刷术的发明、新大陆的发现影响了社会文化观念，同样影响了翻译功能的改变，形成了较为研究的翻译理论）；⑤文艺复兴时期的翻译（翻译是国家大事、宗教大事，译者是革命的活动者，不再是屈从于作者或原文的奴仆）；⑥ 17 世纪的翻译（作家为了寻求新的创作模式而翻译、模仿希腊的作品，译者与作者地位平等）；⑦ 18 世纪的翻译（译者关注翻译的道德问题，关注再创原作精神的问题）；⑧浪漫主义时期的翻译（肯定译者的创造力）；⑨后浪漫主义时期的翻译（译者屈从原作的形式与语言，尽可能保留原作的特殊性）；⑩维多利亚时期的翻译（开始贬低翻译，不再把它看作丰富本国文化的手段）；⑪维多利亚时期后至 20 世纪以前的翻译（使用古词，采取复古的原则，认为翻译应该恢复原作）；⑫20 世纪的翻译（翻译成为独立的研究对象）。巴斯奈特对翻译的历史分期十分细致，但是却割裂了整体的翻译史，不免给人琐碎的感觉。

道勒拉普（Cay Dollerup）把欧洲翻译史划分为六个阶段：①圣经翻译阶段（1530 年以前）；②路德宗教改革到法国大革命时期（1530—1790），民族文学增长，翻译更加自由；③法国大革命到二战时期 (1789-1940)，教育的普及、工业革命导致的贸易增长等因素促进翻译的繁荣，翻译成为一种职业，翻译的标准不断改进；④殖民解体到冷战阶段（1945—1970)，技术、商业和科技翻译成为主流，译者的地位和可见性显著提高；⑤欧盟扩张到冷战结束（1970—1990），经过正式培训的译员加入翻译行业，翻译团体和翻译组织机构成立，翻译成为一门新的学科；⑥新时期的翻译（1990 至现在），各民族间的翻译量增长，电子工具、翻译记忆、网络等工具运用于翻译。他的划分比较偏重 20 世纪欧洲翻译史的发展轨迹，对整体的西方翻译史的发展似乎并不那么关注。

西方翻译史是在公元前 3 世纪揭开它的第一页的。西方最早的译作是公元前 3 世纪前后，72 名犹太学者在埃及亚历山大城翻译的《圣经 · 旧约》，即《七十子希腊文本》；西方的第一部译作是约在公元前 3 世纪中叶安德罗尼柯在罗马用拉丁语翻译的希腊荷马史诗《奥德赛》。可以说西方的翻译活动至今已有两千多年的历史了。对这两千多年的翻译史的分期，因人们的视角不同，所持的划分标准亦不同，观点颇不一致，所以，并无统一的结论。

廖七一援引历史学者的三分法，着重翻译理论思想的演变，采用轻历史划分、重翻译思想界定、薄古厚今的原则，将西方翻译理论的发展大致分为三大时期：古典译论时期，公元前 3 世纪至 18 世纪末；近代译论时期，18 世纪末至 20 世纪初；当代译论时期，20 世纪初至今。

潘文国则强调学科概念，以是否具有学科意识为依据，同样把西方翻译研究史分为三个阶段：第一阶段，从古代的西塞罗（Marcus Tullius Cicero）到 1959 年，称作传统的翻译学阶段；第二阶段，从 1959 年雅可布逊（Roman Jackbson）发表“论翻译的语言学问题”开始到 1972 年，称作现代的翻译学阶段；第三阶段，从 1972 年霍尔姆斯（James S. Holmes）发表“翻译研究的名与实”开始至今，是当代的翻译学阶段。

姜秋霞与杨平从翻译研究所采取的方法来看翻译的理论发展史，把翻译理论研究史大体分为三个阶段：经验期或前理论期、语言学理论期、多元理论期。①前理论期自公元前 3 世纪（西方约公元前 3 世纪；我国约公元 3 世纪）至 20 世纪 50 年代末。翻译理论大多是对翻译实践的技巧性总结，缺乏理论的系统性。②语言学理论期始于 20 世纪五六十年代。③多元理论期始于 20 世纪 70 年代末，各种非语言学理论流派的出现，使翻译研究走上了综合性的学科发展道路。

谭载喜更关注历史因素对翻译事业的影响，把西方翻译史划分为六个时期：①于公元前 4 世纪的肇始阶段；②罗马帝国的后期至中世纪；③中世纪时期；④文艺复兴时期；⑤近代翻译时期，即 17 世纪至 20 世纪上半叶；⑥第二次世界大战结束至今。

二、西方翻译发展阶段概述

谢天振在《中西翻译简史》中，对中西方的翻译发展阶段做了详细的描述，他依据每一阶段的主流翻译对象，将人类翻译发展史划分为三个阶段。

1. 宗教典籍（《圣经》）翻译阶段

从公元前 250 年前后《七十子希腊文本》的翻译活动开始，一直持续到 16 世纪的圣经翻译，这段时期我们把它命名为宗教典籍翻译阶段，这一阶段对翻译的探讨确立了人类关于翻译的基本理念，包括最基本的翻译方法论，如直译、意译、可译、不可译等问题。

2. 文学翻译阶段

随着民族语言与民族文学的确立，尤其是西方文艺复兴运动兴起之后，文学翻译开始成为翻译的主流，从而开启了以文学名著、社科经典为主要翻译对象的文学翻译阶段。在这一阶段，对翻译的理论探讨更加丰富和深入，并且产生了针对各种文类、体裁作品的翻译理论。因此，为了突出文学翻译和文学创作之间的相互影响，并揭示翻译理论思想的演进过程，我们把西方的文学翻译划分为四个时期。

（1）早期文学翻译时期（民族语言的形成到文艺复兴时期）。西方早期的文学翻译是使用本民族语言进行文学创作的“副产品”，同民族语言的形成与民族文学自身的发展密切相关。在翻译理论方面，主要是围绕直译与意译的讨论，以及如何使用民族语言来摆脱拉丁语的影响。在这段时期里，做出了杰出贡献的是雅克·阿米欧(Jacques Amyot)，他用了17年的时间译出了普鲁塔克（Lucius Mestrius Plutarch）的《希腊罗马名人比较列传》（简称《名人传》）成为法国乃至整个西方翻译史上一部不朽的文学译作。他把直译与意译巧妙融合，创造了大量新词，丰富了法语词汇。

（2）启蒙时期的文学翻译（17世纪到18世纪）。14至16世纪欧洲发生的文艺复兴运动，是一场思想和文学革新的大运动，也是西方翻译史上的一次大发展。在这个时期，翻译活动达到了前所未见的高峰。翻译活动深入到思想、政治、哲学、文学、宗教等各个领域，涉及大古代和当代的主要作品，产生了一大批杰出的翻译家和一系列优秀的翻译作品。在德国，宗教改革家路德顺从民众的意愿，采用民众的语言，于1522至1534年翻译刊行第一部“民众的圣经”，开创了现代德语发展的新纪元。

在法国，艾蒂安·多雷(Etienne Dolet)在《论如何出色地翻译》（La mani è re de bien traduire d’ une langue en autre）中，提出五条翻译原则：译者必须完全理解所译作品的内容；译者必须通晓所译语言和译文语言；译者必须避免逐词对译，因为逐词对译有损原意的传达和语言的美感；译者必须采用通俗的语言形式；译者必须通过选词和调整次序使译文产生色调适当的效果。

1598至1616年，乔治·查普曼（George Chapman）译了《伊利亚特》和《奥德赛》，约翰·弗罗里欧（John Florio）于1603年译出蒙田的《散文集》。在1611年，《钦定圣经译本》的翻译出版社则标志着英国翻译史上又一次大发展。它以其英语风格的地道、通俗和优美赢得了“英语中最伟大的译著”的盛誉，在长时期里成为英国唯一家喻户晓、人手一册的经典作品，对现代英语的发展产生了深远的影响。文艺复兴时期乃是西方（主要是西欧）翻译发展史上一个非常重要的时期，它标志着民族语言在文学领域和翻译中的地位终于得到巩固，同时也表明翻译对民族语言、文学和思想的形成和发展所起的巨大作用。

（3）浪漫主义时期的文学翻译（18世纪末到19世纪三四十年代）。浪漫主义时期的翻译家和翻译理论家，大多是当时著名作家，因此该时期的翻译理论无不受到当时浪漫主义时期思潮的影响。

亚历山大·弗雷泽·泰特勒（Alexander Fraser Tytler）提出了翻译三原则：译者应精通原作语言和题材，完全再现原作的思想；译者应准确判断和鉴赏原作的风格，并想象原作者如果用译语创作该如何表现自己，使译作的风格和手法与原作等同；译作应与原作同样通顺。此观点被认为是这一时期翻译理论的最高成就。

在英国，约翰·德莱顿（John Dryden）发表了《德莱顿论文集》，并指出翻译是艺术，翻译必须掌握原作特征，翻译必须考虑读者，译者必须绝对服从原作的意思，翻译可以借用外来词。他把翻译分为三类：即词译、释译和拟译。

施莱尔马赫（Friedrich Schleiermacher）在 1813 年出版了浪漫主义时期最重要的翻译理论文献《论翻译的方法》，主要观点有：①翻译分口译和笔译；②翻译分真正的翻译和机械的翻译，文学作品和自然科学的笔译属于真正的翻译，实用性的口译属于机械的翻译；③翻译必须正确理解语言与思维的辩证关系；④翻译可有两种途径，一是尽量不打扰作者而将读者移近作者，二是尽量不打扰读者而将作者移近读者。由此可见，施莱尔马赫认为完美的翻译需使作者与读者感受到相同的意象与情感，译者需把原著中的感情原原本本地传达给读者，使之了解作者所想、感受作者的情绪。

歌德（Johann Wolfgang von Goethe）认为，翻译不是完美的，但仍是最重要、最有价值的活动之一，译者是“人民的先知”。他甚至认为译者“铸造了一种完全适合于交流两国思想的语言”，其潜台词是翻译对译入国语言的形成和发展有相当的影响。不同语言表达意思具有共性，文学是可译的。最恰当的翻译是朴实无华的翻译，译诗的最好方法是采用散文体。他把翻译分为三类：传递知识的翻译（informative translation）、按照译语文化规范的改编性翻译（adaptation）、逐行对照翻译（interlinear translation）。歌德最为推崇第三种翻译，认为这样的翻译使原文与译文共生、译语和源语融为一体，产生了新的形式，而又没有抛弃各自原有的成分。

(4) 现代主义时期的文学翻译（19 世纪末到二战结束）。第二次世界大战结束以来，西方经济进入相对稳定的时期，生产得到发展，经济逐渐恢复，科学技术日新月异。这是翻译事业繁荣兴旺的物质基础。

这一时期翻译的特点有四个：

首先是翻译范围的扩大。传统的翻译主要集中在文学、宗教作品的翻译上，这个时期的翻译则扩大到了其他领域，尤其是科技、商业领域。

其次，翻译的规模大大超过了以往。过去，翻译主要是少数文豪巨匠的事业；而今，翻译已成为一项专门的职业，不仅文学家、哲学家、神学家从事翻译，而且还有一支力量雄厚、经过专门训练的专业队伍承担着各式各样的翻译任务。

再者，翻译的作用也为以往所不可企及。特别是在联合国和欧洲共同市场形成之后，西方各国在文学、艺术、科学、技术、政治、经济等各个领域的交流和交往日益频繁、密切，所有这些交际活动都是通过翻译进行的，因为翻译在其间起着越来越大的实际作用。

最后，翻译事业发展的形式也有了很大变化和进步。这主要体现在三个方面：①兴办高等翻译教育，如法国、瑞士、比利时设有翻译学校或学府，英、美、苏等国在大学高年级开设翻译班（Translation Workshop），以培养翻译人员；②成立翻译组织以聚集翻译力量，最大的国际性组织有国际翻译工作者联合会（简称“国际译联”）以及国际笔译、口译协会和各国的译协；③打破传统方式，发展机器翻译。这一点是新时期发展的一个重要标志。自 1946 年英美学者首次讨论用计算机做翻译的可能性以来，翻译机器的研制和运用经过近四十年的曲折历程，已日益显示出生命力。它是对几千年来传统的手工翻译的挑战，也是翻译史上一次具有深远意义的革命。

在 1965 年，英国文学评论家康诺利（Cyril Connolly）出版了《现代主义运动——1880 至 1950 年英、法、美现代主义代表作一百种》，其标题指明了现代主义的上限和下限。英国、法国、德国等国先后进入了帝国主义时期，各国坚持强硬的民族主义路线，对本民族文化的自豪感增强，不再把翻译看作是丰富的民族文化的主要手段，并进而贬低翻译的作用。

波斯盖特(J. P. Postgate)在他的有《译论与译作》(Translation and Translations)中，提出了前瞻式翻译（prospective translation）和后顾式翻译（retrospective translation）。前瞻式翻译是指译者心中始终装着读者，采用自由的方法，使用常见的表达形式，以保证读者原有的思想不受冲击及其预测不受干扰，翻译的目的是要表现译者精通译文语言，重点在于译文而不在原文。后顾式翻译是指译者总是着眼于原作者，因为翻译的目的是传授原文知识，而不是向前观看，考虑译作的读者。

德国著名思想家奥尔特·本雅明(Walter Benjamin)翻译出版了波德莱尔的诗集《巴黎风光》。在该书的译序“译者的任务”中并没有直接论及波德莱尔或他的这部诗集，而是对原作和翻译同“纯语言”的关系的思考。对本雅明而言，译者的任务就是弥合语言的碎片，回归到语言堕落之前的整体和谐状态。平庸译者对原作意义的关注远远多于对其文学性和语言风格的关注，他们只知译作的存在是为了服务原作的，只能译出原作中非本质的内容。本雅明指出，译作虽以原作为依据，但却是原作的来世，是原作生命的延续，译作不必追求与原作意义相仿。译者的任务就是要用自己的语言去释放被另一种语言的咒符困住的纯语言，就是要在对原作的再创造中解放那种被囚禁的语言。

3. 实用文献翻译阶段

第二次世界大战以后，由于商业、外交、科技方面的翻译蓬勃兴起，实用性质的非文学翻译(即实用文献的翻译)占据了翻译生产的主流，翻译发展为一种专门的职业，翻译理论意识空前高涨，翻译学科得到快速成长，由此开始了人类翻译发展史的第三阶段——实用文献翻译阶段。非文学翻译的繁荣体现在翻译从业者的职业化、翻译产业产业化、翻译观念的现代化、翻译研究的学科化等方面。二战以后，各国国际组织成立，对职业翻译的需求激增。在这一时期，西方进入相对稳定的时期，生产得到发展，经济逐渐恢复，科学技术日新月异。这是翻译事业繁荣兴旺的物质基础。由于时代的演变，翻译的特点也发生了很大的变化。首先是翻译范围的扩大。传统的翻译不仅集中在文学、宗教作品的翻译上，而且深入到了科技、教育、艺术、商业、旅游等社会生活的各个方面。其次，翻译的规模大大超过了以往。过去，翻译主要是少数文豪巨匠的事业；而今，翻译不再只由少数学者独领风骚，而是发展成为一项专门的职业，而且还有一支力量雄厚、经过专门训练的专业队伍承担着各式各样的翻译任务。再者，翻译的作用也为以往所不可企及。

西方翻译研究在 20 世纪下半叶出现了两次“质”的飞越，一次是把语言学理论引入翻译研究领域，出现了翻译研究的“语言学转向”，结构主义、交际理论、语言学理论等成为翻译理论的基础；另一次是把翻译研究置于文化语境、历史和传统等更为广阔的领域中展开，出现了翻译研究的“文化转向”，从而使翻译研究发展成为一门独立的学科。20 世纪下半叶以来的当代西方翻译理论实现了三个根本性的突破：①翻译研究开始从一般层面上的语言间的对等研究深入到了对翻译行为本身的深层探究；②翻译研究不再局限于翻译文本本身的研究，而是把目光投射到了译作的生产和消费过程；③翻译研究不再把翻译看成是语言转换间的孤立片段，而是把翻译放到一个宏大的文化语境中去审视。

三、中国翻译史的分期

在中国翻译史中，翻译家对其的历史分期也众说纷纭。

郭沫若从翻译对中国语言和文学的影响出发，将 1949 年以前的翻译划分为三个阶段：佛经翻译、《圣经》汉译、近代西方文学翻译。

邹振环按照时间顺序把中国翻译史划分为民族翻译、佛典翻译和西学翻译三个阶段。

马祖毅在《中国翻译通史》中，把历代中国翻译历史分为四个阶段，以四个翻译高潮的形式出现：东汉至唐宋的佛经翻译，明末清初的西学翻译，鸦片战争至五四运动的两次西学翻译，改革开放后 20 世纪八九十年代的翻译。

李亚舒、黎难秋等把佛经翻译中散见的科学知识算入翻译外国科学资料活动，认为中国科学翻译的历史有两千多年。他们把中国科学翻译史划分为五个时期，即古代，指汉至明初时期；中古代，指明、清时期；近代，指明末清初时期；现代，指民国时期；当代，指中华人民共和国成立至今。

裘柱常和孔慧怡则主张把中国翻译史分为唐以前的佛经翻译时期和明末传入西方文学、哲学、科学翻译时期。他们认为中国到目前为止只有过两个大型翻译运动：第一个翻译运动是佛经翻译，关注的是性灵的知识；第二个翻译运动始于 16 世纪，至今仍然继续，关注的是物质文化，翻译的最终目标是民族改革自强。

四、中国翻译发展阶段概述

中国翻译发展史大致分为以下三个阶段。

（一）佛经翻译阶段

自从佛教于西汉末年传入中国以后，佛经翻译活动也随之展开。据《三国志》裴松之注所引资料记载：“昔汉哀帝元寿元年，博士弟子景庐受大月氏王使伊存口授《浮屠经》。”汉哀帝元寿元年，即公元前 2 年，也就是说，早在两千多年前中国就已经有了翻译活动。

第一次翻译高潮始于东汉至唐宋时期，佛经翻译盛行。

据史家考证，最早的佛典汉译始于东汉桓帝年间的安世高，他译了《安般守意经》

等35部佛经，开后世禅学之源，其译本“义理明晰，文字允正，辩而不华，质而不野”（梁皎慧，高僧传），但其主要偏于直译。

继安世高之后译经的是支娄迦谶，其所译经典，译文流畅，但力求保全原来面目，“辞质多胡音”，即多音译。

中国佛经翻译史上，一直存在“质朴”和“文丽”两派。继安世高、支娄迦谶之后的又一译经大师支谦“颇从文丽”，开创了不忠实原著的译风，对三国至西晋的佛经翻译产生了很大的影响。翻译中的“会译”(即将几种异译考校对勘，合成一译)体裁，以及用意译取代前期的音译，也均由支谦始。

到了前秦时代，佛经翻译由私人事业转入了译场翻译，释道安在朝廷的支持下首创译场制度，采用“会译”法来研究翻译。他主张严格的直译，并总结汉末以来的译经经验，提出了著名的“五失本，三不易”理论，指出五种容易使译文失去原来面目的情况和三种不容易处理的情况。道安对翻译事业的主要贡献是：①在朝廷的支持下首创译场制度，组织中外高僧协力翻译佛经。他主持译出的佛经约14部182卷，计百余万言；②由于道安不借外文，他采用支谦开创的“会译”法来研究翻译，对勘同本异译，区别本末，正误补缺；③总结汉末以来的译经经验，提出翻译学中著名的“五失本，三不易”之说；④编定汉译佛教经录《综理众经目录》。

释道安晚年时请来天竺人鸠摩罗什，鸠摩罗什继道安之后创立了一整套译场制度，开集体翻译、集体审校的先河。罗什倾向意译，其译经重视文质结合，既忠实于原文的神情，读来又妙趣盎然，能“以实出华”，传达原经的文体美和修辞美。他反对前人译经时用“格义”(用中国哲学的传统概念比附和传译佛学概念)的方法，创立了一整套佛教术语。

因此我们总结：鸠摩罗什对翻译事业的贡献是：①继道安之后创立了一整套译场制度，开集体翻译、集体审校的先河；②罗什译经重视文质结合，他的译经“义皆圆通”“挥发幽致”。“其文约而诣(畅达)，其旨婉而彰，有一种华梵调和之美。既忠实于原文，又能“以实出华”，传达原经的文体美和修辞美；③他反对前人译经时用“格义”(用中国哲学的传统概念比附和传译佛学概念)的方法，创立了一整套佛教术语；④罗什倾向意译，是我国古代意译派的代表。梁启超说他“深通梵语，兼娴汉言”，他的译籍“不特为我思想界辟一新天地，即文学界之影响亦至巨焉”。

隋唐时期是我国翻译事业高度发达的时期。隋代历史较短，译经不多。其中彦琮提出“八备”，即做好佛经翻译工作的8项条件，在我国译论史上最早较全面地论述了翻译活动的主体——翻译者本身——的问题。

到了唐代，佛经翻译事业达到顶峰，出现了以玄奘为代表的大批著名译者。玄奘即通称的“唐三藏”或“三藏法师”，他于贞观二年（公元628年）远度印度学佛求经。17年后归国。他带回佛经657部，主持了比过去在组织制度方面更为健全的译场。在19年间译出75部佛经，共1235卷。他不但把佛经由梵文译成汉文，而且把老子著作的一部分译成梵文，成为第一个把汉文著作向国外介绍的中国人。他还制定了“五不翻”的原则，即：秘密故、含多义故、无此故、顺古故以及生善故。印度柏天乐和我国张建木在对勘玄奘的译文时指出其在译经过程中成功地运用了种种技巧：补充法、省略法、变位法、分合法、译名假借法和代词还原法。

唐代末年，无人赴印求经，佛经翻译事业逐渐衰微。到了宋代，虽也有人西去求经，印度也有名僧东来传法，宋太宗也曾兴建译经院，从事佛经翻译，但其规模与水平已远不如唐朝的玄奘时期。元、明、清三代从事佛经翻译的人数渐少，几百年间只译了几十部经卷。

佛经翻译高潮过去以后，除少数民族地区以外，没有较大规模的文字翻译活动。但各民族的翻译活动在创造、繁荣和发展中华民族文化的过程中，也起到过一定的作用。如：回回历书，《元秘史》以及《古兰经》等的翻译。

梁启超引元代《法宝勘同总录》记载，自后汉永平十年（公元67年）到宋代译事仅维持到政和初年(公元1111年),参与佛经翻译的译人194人,所译经卷1,335部,5,396卷。日本刻的《大藏经》与《续藏经》共3673部，15682卷，《大正大藏经》所添不包括在内，《大日本佛教全书》150巨册也不在内。胡适据此认为，连中国人作的注疏在内，现在保存的佛经共3000多部，15000多卷。在“文”“质”方面，王克非在他的著作《翻译文化史论》中，援引梁启超的话归纳说：“佛经翻译有裨于汉语极多。从词汇上看，增加了35000个词；从音律上看，随佛经译入传进声明论学理，导致古代音韵学上四声的发明和诗歌韵律上的变化；从句法和文体上看，如梁启超所论，有倒装句增多、提携句增多十大变化。佛典的翻译又有裨于中国文学极多。佛教文学文才动人，气势壮阔，想象奇诡，体大构精，给中国文学启以新意境，输以新材料，又开辟了唐以降格律诗词新体裁，催生六朝志怪小说，激发浪漫主义文学，使古代文学获得一种解放。”

佛经以儒家文化结合产生的“佛道”，符合中国当时的主流思想意识，而这一千多年的佛经翻译的发展，更为佛经的历史传承做出了巨大贡献。

（二）文学翻译阶段

欧洲的一批耶稣会士相继来华进行翻译活动，主要以传教为宗旨，同时也介绍了西方学术。这次翻译高潮从延续时间及译著数量上都比不上先前的佛经翻译。但其最重要的成就就是翻译了一些天文、数学、机械等自然科学著作。这一阶段的代表人物主要为中国科学家徐光启和意大利人利玛窦。他们二人合作翻译了著名的《几何原本》前六卷。徐光启是我国明末的杰出科学家、翻译家、进步思想家和爱国政治家，他最早将翻译的范围从宗教、文学扩大到自然科学，此后当属李善兰、徐寿、华蘅芳及外国人傅兰雅、伟烈亚力等。这一阶段翻译多为外国人口译、中国人笔述，国人选择译品的余地不大，而口译和笔述者对翻译理论与技巧又知之不多，所以译作大都有“文义难精”之弊。但是他们翻译的大量西方科技书籍在普及西方科技知识方面的作用是不能抹煞的。其中，西士傅兰雅在《江南制造局翻译西书事略》中总结出三条科技名词翻译的原则，颇有影响。另外，值得一提的是，早在严复出版《天演论》前数年，语言学家马建忠就提出了所谓“善解”的翻译标准，即译者必须精通原文和译文，比较异同，掌握两种语言的规律，译书之前，必须透彻了解原文，达到“心悟神解”的地步，然后下笔，忠实地表达原义，“无毫发出入于其间”，而且译文又能够摹写原文的神情，仿效原文的语气。这些要求是很高的，都有一定的道理，但由于他本人专研究语法而没有搞翻译工作，因此他对“善译”的见解，被后人忽略了。

中国近代翻译文学共经历了三个阶段：萌芽期（1840—1894）、发展期（1895—1906）和繁盛期（1907—1919）。

1. 萌芽期（1840—1894）

进入 20 世纪 70 年代后，中国先后出现了近代第一部翻译诗歌和第一部翻译小说。

近代第一部翻译诗歌当属 1871 年王韬和张芝轩合译的《普法战纪》中的法国国歌（即《马赛曲》）和德国的《祖国歌》。其中《马赛曲》系“七言”，富有整齐美和节奏感；《祖国歌》则为“骚体”，读起来抑扬顿挫。两篇在当时都很受欢迎，影响极大。梁启超曾评曰，王韬“所译《普法战纪》中，有德国、法国国歌各一篇，皆彼中名家之作，于两国立国精神大有关系者，王氏译笔亦尚能传其神韵”。此外，《马赛曲》还被他收入《饮冰室诗话》。

据目前掌握的资料，1873 年蠡勺居士翻译的英国长篇小说《昕夕闲谈》应是中国近代第一部翻译小说。译者的目的在于“务使富者不得沽名，善者不必钓誉，真君子神采如生，伪君子神情毕露”。意思是通过小说中形形色色的人物形象，反映英、法上流社会光怪陆离的放荡生活和丑恶现象。这部小说的译者尽管用心良苦，尽管小说在当时的影响并不大，但在我国近代翻译文学史具有开先气的意义。

之后，1890 年回族学者马安礼又翻译了阿拉伯著名诗人薄绥里（1211—1296）的《衮衣颂》（今译《斗篷颂》），该诗是一首宗教颂诗，歌颂伊斯兰教先知穆罕默德。在阿拉伯文学史和宗教史上均具有很高的地位，不断为人们译成各国文字出版。马安礼的汉译本是仿《诗经》体译成汉文的，故又称《天方诗经》，这增加了该诗的典雅，但文中使用文言和四字句又限制了该诗意蕴和民族风格的表达。

在翻译理论方面，这一时期主要是 1894 年马建忠在《拟设翻译书院议》中较早从理论上阐述了翻译中的若干问题。首先，论述了翻译的重要性，他说：“余也蒿目时艰，窃谓中国急宜创设翻译书院，爰不惜笔墨，既缕陈译书之难易得失于右，复将书院条目与书院课程胪陈于左。倘士大夫有志世道者，见而心许，采择而行之，则中国幸甚。”其次，指出了当时翻译界的弊端：“通洋文者不达汉文，通汉文者又不达洋文。”此外，还对翻译书院的宗旨、学习内容、选拔学员条件、聘请师资标准和译书重点均做了说明。它是我国近代第一篇系统阐述翻译理论、人才培养的重要文献，对当时设立外国语学校、翻译西书乃至近代翻译事业的发展均有一定的倡导和促进作用。更值得一提的是，他在文中还提出了所谓“善译”的翻译标准，他说：“一书到手，经营反复、确知其意旨之所在，而又摹写其神情，仿佛其语气，然后心悟神解，振笔而书，译成之文，适如其所译而止，而曾无毫发出入于其间，夫而后能使阅者所得之益，与观原文无异，是则为善译也已。”

这一时期的翻译文学主要有以下四个特点。

（1）译作大多不标明原作者，且译者多使用别名。《昕夕闲谈》虽知是英国小说，但原作者至今也不太清楚，而译者蒋子让出版时也只署蠡勺居士。

(2) 小说译文多系节译，外国人李提摩太译的《百年一觉》也系节译。原书16万字，该书所译还不到三分之一。

(3) 诗歌译文多散见于其他译作中，除《天方诗经》外。多数还未以独立的单篇形式出现。

(4) 译本均为文言翻译，白话译文还没有出现。

2. 发展期（1895—1906）

随着资产阶级维新变法运动的发展，维新派领袖们更注重全面学习西方，1897年梁启超在《论译书》中说："处今日之天下，则必以译书为强国第一义。"同时也对翻译文学提出了理论上的倡导，对这一时期翻译文学产生了很大的影响。1897年，康有为刊行《日本书目志》，其"小说门"收日本小说(包括笔记)1,058种，并附"识语"云："亟宜译小说而讲通之。泰西尤隆小说学哉!"同年，严复、夏曾佑又发表《本馆附印说部缘起》，说"且闻欧、美、东瀛，其开化之时，往往得小说之助"。极力鼓吹西方小说的社会作用，并拟"不惮辛勤，广为采辑，附纸分送，或译诸大瀛之外，或扶其孤本之微"。次年（1898）梁启超又撰《译印政治小说序》，明确提出"特采外国名儒撰述，而有关切于中国时局者，次第译之"。事实证明，甲午战争之后，特别是进入20世纪后，翻译文学作品逐渐增多，而且呈直线上升的趋势，中国近代翻译文学进入发展期。

这一时期的代表人物主要有：

梁启超（1873—1929），中国近代著名的思想政治活动家、文学家和翻译家。他不懂西文，略通日文，翻译的作品不多，但1898年所译日本作家柴四郎的《佳人奇遇》成为我国近代翻译史上第一部翻译政治小说。政治小说在艺术形式上的一大特点就是通过小说中人物反复的对话或辩论以表达作者的政治见解，讨论国事。《佳人奇遇》也不例外，没有系统的情节，只是设计几个人物，以长篇反复的对话来发表自己的政见或叙述事件的经过，目的是以这类小说来启迪和教育处于封建专制、蒙昧下的中国人民。

另外，梁启超的又一重要译作是1902年由日文转译的法国儒勒·凡尔纳的《十五小豪杰》（今译《两年的假日》），用以吸取西方思想中的民主精华，来培养、铸造我国青少年的新国民的品格。该翻译小说是典型的"豪杰译"，即日本明治初期的政治活动家和新闻记者身份的翻译家的翻译，为强调小说的政治色彩和教化作用，常常在翻译外国文学作品时，改变原作的主题、结构和任务，或任意增删。因此，其忠实于原著的程度十分值得怀疑，但在当时却产生了很大的影响，自小说问世后，不断被重印，重译。

除翻译小说外，梁启超还在被誉为"中国第一部政治小说"的《新中国未来记》(1902) 中首先介绍了英国著名诗人拜伦的《渣阿亚》和《端志安》（Don Juan, 今译《唐璜》），成为我国最早翻译拜伦诗歌的译者。

梁启超在翻译文学上的另一贡献是他对翻译文学的倡导和对佛经翻译的研究。他在《论译书》（1896）中全面论述了翻译西书的重要性，以及如何培养人才，如何从事翻译的举措。20 世纪 20 年代初，又写了十余篇文章，就我国佛经翻译做了深入的探索。

严复（1854—1921），我国近代著名的维新启蒙思想家，也是第一个系统地介绍西方学术名著的翻译家。1898 年翻译出版了赫胥黎的《天演论》（Evolution and Ethics）。文中根据“优胜劣败”的原理，使中国人民认识到中华民族已处于亡国灭种的边缘；同时，又阐明“与天争胜”“自强保种”，让人感悟到只要发奋图强，中国仍有希望。这在当时的思想界和学术界引起了极大的影响，使中国知识界获得了一种新的资产阶级的世界观，在思想意识上取得了一次新的飞跃。

严复在翻译界最大的贡献是他在翻译理论方面提出的“信、达、雅”的翻译标准，一直沿用至今。这一标准在他的《天演论 · 译例言》中首次提出，他主张的“信”是“意义不倍（背）本文”，也就是忠实于原著；“达”是不拘泥于原文形式，尽译文语言的能事以求原意明显。但严复对“雅”字的解释今天看来是不足取的。他所谓的“雅”是指脱离原文而片面追求译文本身的古雅。他认为只有译文本身采用“汉以前字法句法”——实际上即所谓上等的文言文，才算登大雅之堂。由于其所处时代，严复对“信、达、雅”翻译标准的解释有一定的局限性，但许多年来，这三个字始终没有被我国翻译界所废弃，原因在于：作为翻译标准，这三个字的提法简明扼要，又有层次，主次突出；三者之中，信和达更为重要，而信与达二者之中，信尤为重要。因此有些翻译工作者仍然沿用这三个字作为当今的翻译标准，但旧瓶装新酒，已赋予新的内容和要求。例如，他们认为的“雅”已不再是严复所指的“尔雅”和“用汉以前字法句法”，而是指“保存原作的风格”。

在翻译文学理论方面，除“信、达、雅”的翻译标准外，严复在近代翻译界关注的几个主要问题上，也给予了理论上的支持。

他在与夏曾佑共同发表的《本馆附印说部缘起》中说“且闻欧、美、东瀛，其开化之时，往往得小说之助。是以不惮辛勤，广为采辑，附纸分送，或译诸大瀛之外，或扶其孤本之微。”首次论述了文学翻译的重要性。

又在译亚当 · 斯密（Adam Smith）的《原富》时给友人说，“《原富》拙稿，刻接译十数册，而于原书仅乃过半工程，罢缓如此，鄙人于翻书尚为敏捷者，此稿开译已近三年，而所得不过如是，则甚矣此道之难为也”“鄙人于译书一道，虽自负于并世诸公未遑多让，然每逢义理精深、文句奥衍，辄徘徊踯躅，有急与之搏力不敢暇之概”“复近者以译自课，岂不欲旦暮奏功，而无如步步如上水船，用尽气力、不离旧处、遇理解奥衍之处，非三易稿，殆不可读”。以明翻译之难。

另外，从他的论述中还可以看出，他主张意译。在译《天演论》时指出：“译文取明深义，故词句之间，时有所颠倒附益，不斤斤于字比句次，而意义则不倍本义。”其实这也就是所谓“意译”（尽管严夏称为“达旨”，即译述）。

林纾（1852—1924），近代著名的文学家和翻译家。他在近代文学史上的主要业绩在于他的翻译文学。作为一位不懂外文的翻译家，他先后在 20 年间翻译了 163 种涉及十多个国家30多位作家的作品，速度之快，成为中国翻译史上一个独特的现象。“林译小说”文笔流畅、隽永，极富表现力，语言有时读起来比原作还优美。许多现代文学大家(如鲁迅、郭沫若、周作人以及冰心等)的创作和翻译都受到其很大的影响。

他的第一部译作，1899年与王寿昌合译的《巴黎茶花女遗事》是第一部产生重大影响的翻译小说，一经出版，顿时“不胫走万本”“一时纸贵洛阳”。对中国近代翻译文学史起到了里程碑式的作用。严复曾说，“可怜一卷《茶花女》，断尽支那荡子肠”，它不仅征服了广大读者的心，而且也在一定程度上改变了中国文人对外国小说的错觉，开始认识到外国也有如《红楼梦》一样的杰作。同时，文中采用的艺术手法和技巧，如第一人称的叙事、倒叙、书信和日记的插入，也对中国近代文学创作产生了一定的影响。

除《巴黎茶花女遗事》外，林纾还翻译了许多影响较大的译作。如：译美国斯托大人的《黑奴吁天录》(1901)、英国司各特的《撒克逊劫后英雄略》（今译《艾凡赫》，1905）、笛福的《鲁滨逊漂流记》（1905—1906）、斯威夫特的《海外轩渠录》(今译《格列佛游记》1906）、英国狄更斯的《孝女耐儿传》（今译《老古玩店》，1907）、《滑稽外史》（1907）和《块肉余生记》（今译《大卫·科波菲尔》，1908）、美国华盛顿·欧文的《拊掌录》（今译《见闻杂记》，1907）、日本德富芦花的《不如归》（1908）等。这些作品也都大大开拓了中国人民的生活视野和艺术视野，对近现代文学起到了积极的作用。

辜鸿铭（1875—1928），近代一位翻译家，在中外文化交流史上做出了杰出贡献。首先，最重要的是他将中国经典《论语》（1898）、《中庸》（1904）译成英文，在向西方介绍中国文化方面影响很大。其次，他还翻译了英国诗人威廉·柯伯（William Cowper, 1731—1800）的讽刺诗《痴汉骑马歌》（The Diverting History of John Gilpin），辜氏以五言古体翻译了该诗，把诗人的风趣和诗中主角布贩子的天真烂漫和那股痴傻的味道翻译得历历在目，极富幽默感。

周桂笙（1873—1936），以翻译侦探小说闻名。他最早翻译的侦探小说是1903年译法国鲍福的《毒蛇圈》，译文为流畅的白话，在当时很少见，比伍光建的白话翻译还早四五年。继《毒蛇圈》后还翻译了《歇洛克复生侦探案》（1904）和《福尔摩斯再生案》（1904—1907）的后三篇。但最早的侦探小说翻译并不出自周桂笙，而是1896年翻译《英包探勘盗密约案》的张坤德。

周桂笙通英、法两国文字，阅读了外国小说数百种，视野较广，能欣赏、体会外国小说的长处。因而，在近代理论界中西小说比较中成为西优中劣的代表人物，与中优西劣的代表人物侠人相对峙，虽无从窥其全貌，但就其比较本身仍有其学术意义。

奚若是与周桂笙不相伯仲的另一位侦探小说翻译家。在他的译作中最有特色、影响最大的就是柯南·道尔（Conan Doyle）的《福尔摩斯再生案》（1904—1907）的前十篇和莫利森（Arthur Morrison）的《马丁休脱侦探案》（1905）。

戢翼翚（？—1908），普希金作品最早的译介者。他所译《俄国情史》（今译《上尉的女儿》，1903）虽是根据日文本重译的，却是俄罗斯文学的第一个中译本。

徐念慈（1875—1908），喜欢科学小说。1905 年翻译了美国西蒙 · 纽加武（Simon Newcomb）的《黑行星》很为人所称道。

陈景韩（1877—1965），又称陈冷血或冷血。他的翻译面比较广，但尤以译虚无党小说最为有名。其中，包括《虚无党》（1904）以及《虚无党奇话》（1906）。从此，中国近代形成了以陈景韩为首的一股虚无党小说翻译热，主题歌颂俄国虚无党人用暗杀手段推翻沙皇的封建专制，小说主人公均是为革命赴汤蹈火、不怕牺牲的英雄人物，尤其以礼赞虚无党女英雄苏菲亚居多。

此外，这一时期文学家曾广铨偶译的英国哈葛德的《长生术》（1899），无名跛少年沈祖芬的《绝岛漂流记》（今译《鲁滨逊漂流记》，1902）也都颇引人注意。

这一时期翻译文学的主要特点是：

（1）翻译的主要目的是输入文明，鉴其思想，因此，译者在选择底本时不大考虑作品的文学地位。从总体上看，名著所占比例不到翻译小说的 10%，其余 90% 以上均属二三流乃至三四流作家的作品。

（2）以意译和译述为翻译的主要方式，作品中时有误译、删节、改译和增添等现象出现，从而造成作品的失真性较大。如梁启超所译法国儒勒 · 凡尔纳的《十五小豪杰》，首先由法文译成英文“用英人体裁，意译不译词”，后日本人由英文译为日文时又“易以日本格调”，最后经梁启超“又纯以中国说部体段代之”介绍入中国。几经“豪杰译”，这位作品中的“小豪杰”就变成了译者各自心目中礼赞的“小英雄”了。

（3）因袭中国传统小说的程式和故套，有意将外国小说译为传统的章回体，为作品分章标回，运用对仗的回目，且多使用“话说”“且说”“下回分解”等章回体中的老套用语。所谓“新意境”在小说结构形式上只是旧瓶装新酒罢了。

（4）翻译体例不完备，译文不注明原著者和译者姓名，从而一书重译、多译的现象严重。另外，原著者译名混乱，即使对儒勒 · 凡尔纳和柯南 · 道尔两位我国最熟悉的作家的译名也有八九种乃至十几种之多。

（5）还没有出现译介“弱小民族”国家的作品。

（6）在各类文学体裁中，小说翻译活动最为活跃，不仅数量多，而且类型比较完备。到 19 世纪末翻译小说的几种主要类型均已齐备，但数量很少。进入 20 世纪后，政治小说、科幻小说、侦探小说、教育小说、冒险小说、法律小说、爱情小说和历史小说等类型小说翻译逐渐增多。据统计，至 1906 年止，翻译小说的类型已超过 500 种。

（7）由于用古典诗体翻译外国诗歌，困难很多，这一时期诗歌翻译比较少。尤其是 1905 年之前，诗歌翻译主要还是依附于其他作品或通过小说中人物的歌唱而出现。如：梁启超译拜伦的《渣阿亚》片段和长诗《端志安》中的两节均是出自他的政治小说《新中国未来记》。

3. 繁盛期（1907 年—1919 年）

1907 这一年，中国近代翻译文学发生了重大的变化。2 月，中国第一个由留日学生组织的话剧团体春柳社在日本东京上演了话剧《茶花女》第三幕，中国话剧正式诞生；

被誉为中国近代文学四大期刊之一的《小说林》也在该月创刊，加之1906年11月创刊的《月月小说》，两大杂志都大量刊发翻译小说，为近代翻译文学提供了广阔的发展空间，且绝大部分作品均注明原著者。从此，翻译文学不论在数量上还是质量上都较之以前大有不同。此外，1907年大量文艺报刊创刊，除《小说林》外，《竞立社小说月报》《中外小说林》、广东《新小说丛》《广东戒烟新小说》、香港《小说世界》等也陆续创刊，为翻译文学进入繁盛期创造了良好的条件。据日本学者樽本照雄统计，1907年至"五四"前（1919年以1/3计）的翻译小说有2,030种，大约是前两期翻译小说总和（527）的四倍。

这一期的代表人物主要有：

苏曼殊（1884—1918），近代著名的诗人、小说家和翻译家，以译拜伦诗而著称。其中影响最大的是1909年翻译被收入《拜伦诗选》的《去国行》《赞大海》和《哀希腊》，这三首译诗倾注了译者对拜伦的崇高敬意和真挚的爱国主义情感，体现了曼殊译诗的主要风格。苏曼殊的译诗比较忠实于原作，多采用古典诗的形式，十分注意形式的整齐美。《去国行》运用五言八句，保持了近体律诗的形式；《赞大海》为四言，带有《诗经》的风格和韵味。苏曼殊对近代翻译文学最大的贡献在于他编选的四部翻译诗集：《文学因缘》（1908）、《拜伦诗选》（1909）、《潮音》（1911）和《汉英三昧集》（1914）。对近代翻译诗歌的发展起了不可忽视的作用，也拓宽了翻译文学的领域。《文学因缘》第一次将大量的英译中国古典诗歌收集成册。《拜伦诗选》是我国近代翻译史上第一部外国翻译诗歌集，收拜伦诗5题42首，对传播拜伦诗产生了相当大的影响。

苏曼殊同时在译诗当中又提出了自己的一套翻译理论，"衲谓凡治一国文学，需精通其文字"。认为精通所译国家的文字，是翻译最起码的要求。指出自己的译作是"按文切理，语无增饰，陈义悱恻，事辞相称"。在翻译理论界发挥了一定的影响作用。

马君武（1881—1940），近代著名的翻译家。精通日文、英文、法文、德文，翻译过多种自然科学和社会科学的著作，在近代翻译诗歌史上占有重要的地位。与苏曼殊齐名，1905年先于苏曼殊翻译了拜伦的《哀希腊》。但最著名的译诗是1907年译英国诗人胡德的《缝衣歌》，全诗为整齐的五言古诗，译笔细腻真切，哀婉动人，通过缝衣女的歌唱，述说了她因生活贫困而日夜劳作、不敢停针的劳苦。最后几经专刊发表，颇受中国读者的欢迎。

胡适（1891—1962），"五四"新文化运动的先驱人物之一，早在"五四"前就开始了翻译文学活动。胡适精通英文，翻译作品均较忠实于原著。他的译诗多是英国和美国诗人的。1908—1914年间多采用古体译诗，但语言较苏曼殊等人要通俗许多。1914年后译苏格兰女诗人安妮·林德赛（Anne Lindsay）的《老洛伯》、英国奥斯汀·多布森（Austin Dobson）的《奏乐的小孩》和美国萨拉·梯斯代尔（Sara Teasdale）的《关不住》在形式上就都均以白话文出现，显示出了翻译文学的一个新的走向。译介外国小说方面，胡适侧重于短篇，对此后中国小说的创作短篇化也产生了很大的影响。

吴梼（？—1912），近代俄罗斯文学翻译成就最突出的翻译家，他是俄罗斯文学创作三大家莱蒙托夫、契诃夫、高尔基作品的第一个中译者。他精通日语，所译作品多以日译本转译。另外，译契诃夫的《黑衣教士》（1907）、莱蒙托夫的《银钮碑》（即《当代英雄》第一部《左拉》，1907）和高尔基的《忧患余生》（即《该隐与阿尔乔姆》）均以纯熟的白话翻译，其纯熟程度可与伍光建相媲美。

陈嘏（？—？），第一个屠格涅夫作品中译本的译者。1915—1916年首先发表了屠格涅夫的《春潮》和《初恋》，从此，中国开始了屠格涅夫作品的更深入的翻译。在《春潮》和《初恋》两部作品中，陈嘏采用文言与白话等值翻译的方式，显示出较高的翻译水平。他的翻译文学鉴赏水平较高，译作几乎全是名家名作，且均忠实于原文。

伍光建（1866—1943），译介法国文学的一位重要的翻译家。"五四"前以译法国著名作家大仲马（A. Dumas. Pere, 1802—1807）的历史小说《侠隐记》（今译《三个火枪手》，1907）、《续侠隐记》（今译《二十年后》，1907）和《法宫秘史》最为著名。他精通英文且作品译自英文本，虽译文中偶有删削，但从整体上看，译作均较忠实于原著。另外，他的翻译采用简洁畅达的白话，与周桂笙、徐念慈等人的白话译文相比，要纯熟了许多。

曾朴（1872—1935），近现代译介法国文学最有系统的一位文学翻译家。他十分注重法国资产阶级浪漫主义文学，译作以翻译雨果的作品为重点。其中，1916年出版的戏剧《枭欤》（Lucr è ce Borgia，今译《吕克兰斯鲍夏》）和1912年连载于上海《时报》的长篇历史小说《九三年》，在当时都产生了很大的影响。此外，翻译莫里哀（Moliere,1622—1673）的《夫人学堂》（今译《太太学堂》）和左拉（E. Zola,1841—1902）的《南丹与奈侬夫人》在当时也都有一定的影响。

他主张翻译要忠实于原著，对于林纾式的翻译和意译不满意，他认为翻译者必须认真研究原著语言的文法和特色，才能忠实地传达出原著的风神。他也不满意于林纾用文言译外国小说，认为这样的译品，只不过是"外国材料的模仿唐宋小说"，而主张用白话翻译外国文学，唯如此，方能传达出"原著人的作风（风格），叫人认识外国文学的真面目，真情话"。因此，他的翻译较忠实于原著，他所译的法国文学作品在当时也是较好的译本。

包天笑（1876—1973），近代又一位著名的翻译家，翻译作品很多，自1901至"五四"翻译作品约80余种。但主要以翻译教育小说著称，他译有多部教育小说，其中的《馨儿就学记》（1910）、《苦儿流浪记》（1912）、《埋石弃石记》（1912）三部还受到当时教育部的嘉奖。三书中又以《馨儿就学记》影响最大，尽管包天笑的翻译既不署著者名，又多系不严格的意译，随意性较大，其中甚至还杂有创作，如《馨儿就学记》中的"扫墓"一节，就以包家的事为蓝本，这都是为翻译者所不取的。但在一个向来缺乏教育小说的国度里，包天笑注意翻译这类教育小说，不论是从儿童教育和小说创作哪一个角度来讲，都有积极的促进意义。

周瘦鹃（1895—1968），近代翻译界的后起之秀，但翻译作品极多，自1911年（时年16周岁）至"五四"前共发表各种翻译作品165种。其中，影响最大的是他的《欧美名家短篇小说丛刊》（1917），是继鲁迅、周作人选译的《域外小说集》（1909）后的又一部短篇小说专集，也是近代收外国短篇小说数量最多、国别最广、名家名著最多的一部小说选集。在这部作品中周瘦鹃已经注意译介“弱小民族”国家的作品，这一点在翻译文学史上具有很大的意义。

周氏兄弟（鲁迅（1881—1936）、周作人（1885—1967））在中国近代翻译文学中，代表着一种新的动向，预示着“五四”前夕旧文学的解体以及向新文学的过渡。这一时期，周氏兄弟分别都译有自己的多部翻译作品，但在近代翻译史上影响最大的当推他们选译的《域外小说集》，为介绍外国文学做出了很大的贡献。书中周氏兄弟将翻译重点放在20世纪初的短篇小说上，以一种新的文学眼光来审视整个翻译文学界。此外，还注意翻译“弱小民族”国家的文学特别是波兰和匈牙利这两个国家的文学，旨在唤起被侵略、被压迫的中国人民的反抗意识。

在翻译上周氏兄弟提倡忠实于原文的“直译”，既是为了纠正林纾等人任意删节的毛病，也是为了忠实地介绍外国文学。鲁迅在《域外小说集·序言》中说：“《域外小说集》为书，词致朴讷，不足方近世名人译本。特收录至审慎，迻译亦期弗失文情。”又说：“人地名悉如原音，不加省节者缘音译本以代殊域之言，留其同响；任情删易，即为不诚。故宁拂戾时人，迻徙具足耳。”尽管文言直译的译文，读起来难免诘屈聱牙，却能保持原著的真实面目。

3. 实用文献（非文学）翻译阶段

自1978年我国实行改革开放以来，我国的社会转型急剧而深刻，经济建设成为我国头等大事，一切服务于经济发展的思想为实用文献翻译的繁荣提供了契机。翻译是一种面向社会、面向市场的以翻译服务换取货币商品的商业活动，是第三产业的一股新兴力量，属于技术知识服务业。

新中国的成立，使得我国的翻译事业得到了大解放，翻译活动也因而进入了一个最兴盛、最繁荣的发展新时期。改革开放以来，尤其是当我们经历了中国加入WTO、北京举办2008奥运会、上海举办2010世博会等重大中外交往、人类文明盛会的历史时刻之际，我国经济、政治、科技、文化、体育、教育等各个方面不断取得进步与突破，对外交流也日益向纵深方向发展。在这样一片欣欣向荣的大背景下，翻译领域人才辈出，译著成果累累。翻译事业的繁盛又反过来促进了我国同世界各国人民之间的交往与合作。译著成果不论在数量上还是质量上都有了飞跃发展，翻译理论日臻完善。新时期的翻译工作面临了新的任务：我们不仅仅满足于西方先进科技和理念的引进，不但要完成“译进来”的任务，更肩负着“译出去”的任务。

第三节 国外翻译教学发展

国内外翻译教学都存在着共性问题，比如有关培养目标设定、教材选择、理论融入实践，设计并提出新的教学法等。近年来，国外翻译教学界主要争论以下几个问题：翻译能力(translation competence)与语言能力(language competence)有着怎样的关系；

翻译能力有几部分内容组成；译者从母语译成外语或从外语译成母语所使用的的技巧是否相同；译者是否可以翻译自己专业范围外的内容；译者在翻译过程中的思维活动是怎样的。在这些问题的争论中，国外教师逐渐对翻译有了清楚的认知，笔者现已以下几项内容进行诠释。

（1）以学生为中心的教学体系。国外传统翻译教学与国内教学类似，均是师徒相授的方式，教师在课堂上给出一篇文章，让学生进行翻译，有时候文本很难，学生难以掌控，便会错漏百出，最后，再由教师给出一篇所谓正确的“译文”。这种以改错为中心的教学手段，扼杀了学生的主动性与创造性。而翻译教师的职责在于让学生知道，任何一篇始发文章都有其不同的翻译方法，可以有不同的译文，这样才能培养学生独立翻译、独立工作的能力。拉德米莱尔（Ladmiral）认为，翻译要从改错中解放出来，将重点放在学生的跨文化知识与技能上，翻译教材的实用性也是提高学生独立思考能力的关键因素。翻译教学从教师为中心转向以学生为中心的另一个标志是美国翻译课上，教师允许学生自行挑选翻译材料，这样学生便可发挥自己的专长，形成自己的风格。另有国外学者提出，可以改用一种叫做“加注翻译”（commented translation）的教学模式来评判学生译文的质量，所谓加注翻译指的是在翻译文字材料前，由教师向学生交代原文的出处、意图与功能，从而引导学生依照原文功能翻译文本，教师也可以更为公正、全面地评价译文。

（2）翻译教学与研究的结合。在国外，越来越多教授翻译的教师将翻译教学与科研紧密结合了起来。这种现象源于教师对翻译教学的彻底改观，他们认为，翻译教学是跨学科的科学，在翻译教学法与翻译研究的基础上，需结合语言学、社会科学、认知科学、以及对于职业化翻译的跨学科研究。基于此类想法，许多大学将翻译研究（translation studies）作为一门专业基础课，以便学生在初学翻译时便可打下良好基础，此外，为了辅助翻译教学，学者们还提出了翻译难点与译者能力的问题。

（3）外语教学与翻译教学相结合。交际教学法对翻译有着深刻影响。外语教学逐渐摆脱了死记硬背、以教学为中心的教学方式，转变为以学习者为中心的教学模式，即鼓励学生培养互动交际技能。外语教学改革的成功也时刻促进翻译教学的改革，从根本上说，翻译技能需要在模拟翻译环境中才能获得。翻译能力除了交际能力（语法、社会语言学、话语能力）外，还需具备超语言能力，即语际转换能力、批判性思维和创造性思维能力。

笔者总结了近些年国外翻译教学改革的基本内容，供翻译教学者参考：

1）课堂教学从教师为中心转型为以学生为中心；

2）教学方法与手段重视培养学生的独立工作与翻译能力；

3）采用角色扮演、情景教学法等方式，在教学过程中创造真实感，激发学生的学习热情；

4）鼓励小组讨论、互帮互学，生生互动；

5）让学生自主选择文本，发挥特长，根据文本进行分析；

6）在交际情境中从事翻译教学；

7）采用新的疑问评判标准，如加注翻译法等；

8）通过翻译核心课，将理论、实践、科研相结合，将翻译普遍原则与翻译实际相结合，培养学生的职业感。

综上所述，在翻译教学研究过程中，存在着许多值得讨论的的话题，尽管如此，国外同行们对翻译教学的探索仍值得我们学习与借鉴。

第四节 国内翻译教学发展

一、古代时期

我国的翻译教学最早应是起于佛经翻译时期的群体性翻译活动。东晋至隋这一时期，在苻坚、姚兴组织的佛经译场中，即有了对翻译的集体研讨；唐代玄奘主持译场时，培养了一些优秀的翻译人才，在后来的翻译活动中发挥了很大的作用。这种通过群体性翻译活动培养人才的做法至今仍可以看到，如 20 世纪 70 年代我国几所外语院校集体承担的联合国资料翻译任务即具有这一性质。梁启超在《中国古代之翻译事业》中提到在这样的译场中，有极其复杂的分工组织。分别如下：

译主：翻译的核心人物，宣读梵文原文。译主往往是对所译经典在佛学造诣上最有权威的人士，但并不一定与翻译所牵扯到的语言活动有关。并且他们大都是不以汉语作为母语的印度、西域僧人，有兼通两种语言的，也有不懂汉语的。如罗什、觉贤、真谛、菩提流支、阇那崛多、玄奘、义净等。

笔受：将梵文的意义通过译主的讲解后转写成汉语的工作。笔受必须要精通梵汉两种文字，这实际上是笔译的工作。如聂承远、法和、道含等。

度语：只有在译主不懂汉语的情况下才设此职，以使译主所宣讲的梵文，让其他参译者均能透彻地领悟。度语实际上是“舌人”——口译的工作。如《显识论》之沙门战陀。

证梵：检查所译的经文是否跟梵文原文一致的职务。实际上是将译成中文的经文再翻回成梵文，跟原文进行比较。如《毗奈耶》之居士伊舍罗。

润文：这是加工润色的工作，使译出的经文在意思不变的情况下，文体一致，从而使译文更加典雅、庄重。如玄奘译场之薛元超、李义府等，义净译场之李峤、韦嗣立等。

证义：佛典汉译的重要性毕竟不只是在词汇、文体诸方面，更重要的是宗教义理是否正确。此职因事关重大，一般由多人充之。如《婆沙论》之慧嵩、道朗等。

总勘：如梁代之宝唱、僧佑、隋代之彦琮等。

这一时期，每译一书，其程序之繁复如此，态度可谓极严谨。

纵观历史，我国最早的外语学校是元代的“回回国子学”，这是元朝政府为培养译员所设立的专门学校。在回回国子学和回回监内，教习一种被认为“亦思替非”的文字，陈恒在《原系域人华化考》中认为：“‘亦思替非’为波斯古代都城之名，‘亦思替非’文字者，波斯文字也。回回国子学者，教习波斯文字者也。元时所谓回回文字，实波斯文字。”由此付克得出结论：元朝的“回回国子学”是一所教授波斯语言文字的学校。

后经明朝永乐时期的“四夷馆”——历史上第一个为培养翻译人才而设立的专门机构，同时又负责翻译朝贡国家往来文书，并教习周边民族、国家的语言文字。刘迎胜在《宋元至清初我国外语教学史研究》一文中说：“‘四夷馆’是我国最早结构完备的、带有语言教授功能的‘亚洲研究院’。”四夷馆的形成是对外交往扩大的产物，同时又进一步推动了中外交往。

“俄罗斯文馆”创办于1780年，由于当时中俄的外交贸易的稳定发展，交往事务日益增多，都成为“俄罗斯文馆”创办的客观基础。俄罗斯文馆是我国正规俄语教育的滥觞，不仅培养过优秀的翻译人才，也为其后同文馆的创立和发展奠定了基础。它是中国官办俄语教育的最早尝试，文馆创立之初，由俄方派商人瓦西里充任教习，于俄国商团驻地内支搭席棚教读俄语，学生为愿习俄罗斯语文者共68名。文馆前期的教学为中俄外事交涉起到了积极作用，曾培养出马查、富勒赫、乌米泰、员承宁等优秀的翻译人才，在一定程度上实现了文馆最初的宗旨。故宫博物院现存的19本俄文档案，译文流畅通顺，体现原文内容，译者水平较高，据推测是俄罗斯文馆师生之译作。不仅如此，俄罗斯文馆还在学员规模、教习聘用、考试规程、馆务管理等方面为京师同文馆的创立和发展奠定了坚实的基础、提供了有益的经验。

二、近现代时期

晚清的“京师同文馆”是早期的外语教学机构，其设立的初衷主要是为了培养翻译人才，由此形成近代以来我国翻译人才培养的主流模式，即正规的外语专业学习之后，再经培训或直接参与实践，在实践中学习、锻炼，直至成才。

冯桂芬在“采西学议”中曾反复说明学习西洋语言文字的重要，他主张“于广东，上海设一翻译会所，选近郡15岁以上颖悟文童，倍其廪饩，住院肄业，聘西人课以诸国语言文字”，这种意见迨为普遍的要求，于是遂有专做翻译工作的机构出现。

林榕在《晚清的翻译》中也提到了冯桂芬所说的内容，除此之外，还介绍了有关晚清翻译机构的内容，以下则选自此文：

这种翻译机关最早为人所熟知的是京师同文馆，此外在上海还有广方言馆，福建马尾船政局，天津武备学堂，上海外国语言文字学管，和江南制造局的翻译官等。同文馆的创立在1867年（同治六年），附属于总理各国事务衙门内，馆内聘西人为教习，教授英、法、德、俄四国语言文字，分天文、化学、算学、格致、医学各科目。其后各地仿设很多。吴人冯桂芬在上海提倡，说：“前见总理衙门文，新设同文馆，招八旗学生，聘西人教习诸国语言文字，与汉教习相辅而行。此举最为善法。行之既久，能之者必多。必有端人正士，奇尤异敏之资出于其中。然后得西人之要领而取之，绥靖边陲之原本，实在于是。”

这也可见翻译工作的重要了。后来江南制造局附设的翻译馆，更专以翻译为事。内设提调一人，口译二人，笔述三人，校对图画四人。人各一室，日事撰述，旁为刻书处。口译之西士有傅兰雅、林乐如、金楷理等人，笔受者为华蘅芳、徐雪村等人（见王韬：瀛濡杂志）。这是一个规模较大的翻译组织。

然而，近代时期翻译教学却不受社会重视，教育部于 1913 年颁布的《大学规程》内英文学类的 11 种科目多为英美文学和语言学，却无翻译教学的内容。

邹振环在《20 世纪中国翻译教学史研究简评》中，总结了近现代的翻译教学发展如下。

1942 年，中国空军美国志愿航空大队的第一、第二中队在昆明上空首战告捷，为了解决这支“飞虎队”在华出现的生活问题，也为了适应 1942 年年初中缅印战区的开辟，特别是太平洋战争爆发后，为配合援华英美盟军的工作，国民政府军事委员会亟须征调数千名英语译员。于是，教育部向西南联合大学、中央大学、重庆大学、四川大学、交通大学、浙江大学、武汉大学等校分派了译员征调名额，征调全国各大学文法学院毕业生和外语系二年级以上的学生以及英语较好的学生报名服役 1 年。

1941 年 10 月 17 日，国民政府军事委员会在昆明西站原昆华农校内，举办了第一期“军委会战地服务团干部训练班”，习称“战地服务团译训练班”，又简称“昆明译员训练班”。

1943 年为了加强译员培训管理，军委会战地服务团干部训练班的培训工作由军委会外事局负责，改名为“军事委员会外事局医院训练班”，简称“军委会译训班”。其培训分别在重庆、昆明两地进行。由北京大学、清华大学、南开大学三校组合而成的国立西南联合大学，在 1938 至 1946 年的 8 年间，曾掀起过 3 次从军热潮：第一次在抗战初期，一些同学投笔从戎，或投身前线，或到敌后参加各种抗战工作；第二次是在 1942 年太平洋战争爆发后，为协助中国空军美国志愿航空大队，部分学校的外文系同学参加征调，担任英文翻译；第三次是为配合 1943 年中国远征军第二次入缅作战，政府征调 1944 年体格检查合格的所有男同学，工作也是充任美国译员。训练班开设的翻译课程主要是训练译员会话、作文、翻译，内容还涉及军事术语和有关武器方面的专门用词，以及国际知识、社交礼仪等实用知识。杨先健回忆称，训练班的课程中还有美国历史、地理、风俗习惯以及国内政治、国际情报、情报学、抗建纲要等政治课程。译员培训内容包括英文听写、中文英文对译、英语四十课等通译业务课程和国内政治、国际情报、情报学、抗建纲要等政治课程。培训方法主要有上课、报告、讲话、学习以及个别谈话和个别生活指导。据梅彦祖回忆，军委会外事局昆明译训班第一期，“每天上业务课 8 小时”“语言训练约占总时间的 40%，笔、口译并重”“军事知识约占 35%，讲各种步兵兵器的结构和功能，由已任职的译员做教学示范，并去过步校和炮校观摩教学过程”“社会知识约占 15%，请过很多联大教授和美国人来讲中美文化传统、社会习俗及国际形势等”“军事训练约占 10%，包括早晚集合跑步、步兵操练，没有武器训练”。为培养中国共产党的翻译人才，1941 年中共中央和中央军委决定在抗日军政大学筹办一个俄文大队。1944 年延安外国语学校成立英文系后，培养目标发生了变化，不仅要培养军事翻译人才，而且还要培养外交人才。当时的课程设置有讲读、语法、会话和翻译 4 种课型。

三、当代时期

1949 年以后，中国各地相继成立了许多外语类院校，当时设置的俄文专业多于英文专业。高教部明确规定，俄文专业学校的任务是培养新中国的翻译干部和部分师资，因此分设翻译班和师资班，翻译班旨在培养翻译干部，占全体学生的 70%，师资班占 30%。北京俄文专修学校 1951 年的教学计划中，俄文课程分为讲读、语法和翻译三门课，翻译课设在第四、五、六这三个学期，重点是笔译，口译也占有一定比例。南京大学外语系 1954 年教学计划中，三、四学年均设翻译课。1964 年国务院外事办公室、文教办公事、国家计划委员会、高等教育部和教育部 5 个部门上报的《外语教育七年规划纲要》获得批准，为中国外语教育事业规划了宏图。同年全国成立了 14 所外语专科学校，旨在大力发展外语教育，但 1966 年“文革”开始，这些外语专科学校有的被撤销了。而香港中文大学则率先在 1972 年创立了翻译系，之后香港浸会大学、城市大学等学校也有了翻译专业硕士学位和翻译研究为方向的博士学位，其他如香港理工大学、香港岭南大学和香港公开大学都可以授予翻译学专业的学士学位，开始了不同层次的翻译教学。

进入 21 世纪，翻译教育从外语教育中逐渐独立出来，翻译专业作为独立的学科，被列入教育部本科阶段的招生目录。在翻译学科建设过程中，一直伴随着“有无之辩”和“中西之争”。（即有没有翻译理论，或翻译理论有无意义；西方的翻译理论是否适用于中国的翻译实际，翻译理论有无普遍性。）通过这些论争，中国译学得到长足的发展，研究范式逐渐脱离最初对翻译技巧讨论的热衷而向理论研究深入。1978 年中国大陆改革开放，外语教育事业开始起飞，1979 年初教育部试行英语专业教学计划，将翻译课程列入教学计划，各种语种的翻译教材读本纷纷面世。同年，中国政府同联合国共同开启了口笔译译员培训项目，也就是“联合国培训班”，开办了口笔译培训项目。1994 年，得益于联合国项目的成功，北外高翻学院成立，它是国内最早、最专业的高翻学院。2001 年，全国译学学科建设专题讨论会在青岛召开，将学科建设正式提上议事日程。2004 年教育部批准上海外国语大学设立“翻译学”博士学位授权点，标志着翻译学作为一门独立的学科，在中国大陆的高等教育体制中获得了合法地位。

廖七一在《翻译研究：学科发展现状与范式演进》的专题讲座中，总结了自 1005 年起我国翻译教育的发展情况，他列举：2005 年，中国第一个独立的翻译学学位点（外国语言文学一级学科下的二级学科）上海外国语大学高级翻译学院开始招生，标志着翻译研究的一大突破。2006 年广东外语外贸大学又获得“翻译学”学位点。同年教育部正式比准复旦大学、广东外语外贸大学和河北师范大学设置本科翻译专业。到为止，全国分四批共有近 25 所院校得到本科翻译专业的试办权。2007 年初，国务院学位办一致通过设立翻译硕士专业学位（master of translation and interpretation，简称 MTI），首批 15 个院校得到授权。2009 年，全国翻译学系统建构高层论坛再次在青岛召开，标志中国译学研究已经进入一个崭新的发展时期。研究领域逐渐扩大，向跨学科迈进，研究方法更加科学，从规约性的研究向描述性、甚至解释性的研究转化，研究模式更加多元，体现出比较、互动等特征。同年又有 25 所院校得到授权，总数达 40 所。2010 年，MTI 审批权已经下放到省市自治区教育厅或教委。由此可见，中国翻译教学在经济形势迅猛发展的条件下，取得了阶段性的发展，对未来的翻译研究与翻译教学发展奠定了基础。

2016 年 11 月 18 日至 20 日，世界翻译教育联盟（world interpreter and translator training association, WITTA）成立大会暨翻译教育国际研讨会在广东外语外贸大学举办，会议以“教育中的翻译与翻译中的教育”为主题，共同商讨中国及世界翻译教育发展蓝图。广外校长仲伟合在大会上发表主旨演讲“中国大陆口笔译教学近期发展及未来方向”，演讲内容涉及近些年国内口、笔译教学的发展，他讲到：MTI 项目旨在培养高水平、注重实际的专业译员，这些译员能够满足国家经济、文化和社会发展的需要，从而能够提高中国在经济全球化时代的国际竞争力。至于 BTI 和 MTI 的学科管理，2007 年 3 月，全国 MTI 教育委员会成立，之后，2011 年更名为全国翻译专业学位研究生教育指导委员会。2010 年 10 月，全国 BTI 教育委员会成立。2013 年，新的 ELT 顾问委员会选举成立，负责制定 BTI 教育质量国家标准。2016 年 9 月，中国翻译教育全国委员会成立，其主要负责研究生教育项目。在 BTI 学科建设方面，截至 2016 年，全国一共有 233 所高校获准开设 BTI 项目，培养了 2.5 万名学生，口笔译的语对设计英中、俄中、法中、日中和韩中。

国内的翻译学研究和翻译教学需要政府、企业、学校和学术领域的共同合作，在国内经济发展和国际交流日益加强的环境下，努力使翻译教学和学科发展与国际接轨，为翻译教育创造美好的未来。

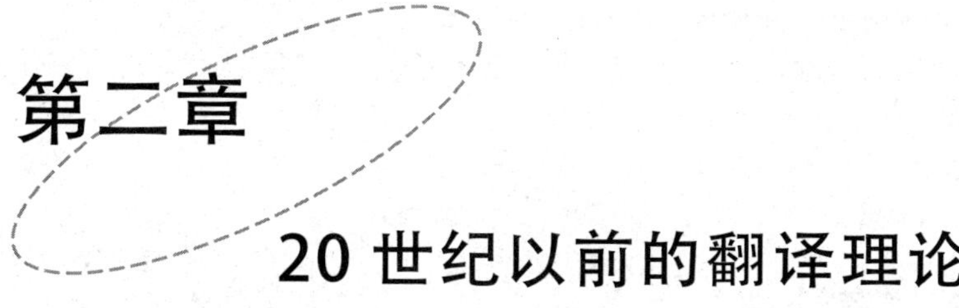

第二章 20世纪以前的翻译理论

第一节 历史背景

一、什么是翻译

所谓"言必称希腊"，希腊是西方文明的发源地，希腊文明对世界的精神文明发展起到了至关重要的作用，影响深远。人们通常说"辉煌属于希腊，伟大属于罗马"，旨在指希腊作为西方文化精粹的诞生地，为西方文化发展奠定了基础，而罗马帝国地域辽阔，在军事、法律等领域对后世影响深远，为传播西方文明创造了条件。罗素写道："希腊人对罗马人的自然态度，是一种夹杂着恐惧的鄙夷；希腊人认为自己更文明，但是在政治上却较为软弱。如果罗马人在政治上有着更大的成功，这只能说明政治是一桩不光彩的行业。"古罗马也同样乐于在文化方面向希腊借鉴学习，如神话传说和文学作品等，随着希腊文化的浸染，古罗马开始熟知并习得唯灵主义的基督教，当时许多的希腊文著作被翻译，就包括《圣经》。西塞罗之前，罗马翻译者并没有一套特定的、较成熟的翻译理论和策略，因此呈现出了百家争鸣的场面，但是，有关翻译领域的"直译"和"意译"之争已初露锋芒。谭载喜在《西方翻译史》中这样描述当时的翻译："对翻译方法缺乏有意识的探讨，并不等于在实践中就不遵守任何方法了。为了达到介绍希腊文化、丰富罗马生活的目的，翻译家们往往不自觉地采用适合自己目的的观点和方法，而这主要又受着文化和政治等因素的制约。"

古希腊哲学家维乌斯·安德罗尼柯（Livius Andronicus）用拉丁文翻译了荷马史诗《奥德赛》，这是西方有文字可考的最早的笔译活动，距今已有2200多年的历史了。在翻译过程中，安德罗尼柯主张用罗马神话中对等的众神名字去翻译希腊神话中的出现的名字，而不是人们常用的以音译手法翻译姓名。如希腊美神阿芙罗迪忒被译成了维纳斯，希腊神话中的赫尔墨斯被译成了墨丘利来等。而维乌斯·安德罗尼柯在后来对希腊三大悲剧家埃斯库罗斯、索福克勒斯和欧里皮德斯的悲剧翻译时，基本上采取了改编的翻译策略。此外，他也翻译兼改编了希腊悲、喜剧，供罗马演出。安德罗尼柯的文学造诣虽不深厚，但却为希腊和罗马的文学、文化传播融合起到了促进作用，同时，此种翻译方法也反映出罗马人实用主义和功利主义的文化特性。

第二节 从“字译法”到“意译法”

西方最早的翻译理论家是马库斯·图留斯·西塞罗（Marcus Tullius Cicero），他是古罗马著名的政治家、演说家、雄辩家、法学家和哲学家，同时他也极大地发展了翻译理论，被誉为西方翻译理论的奠基人。他不仅直接翻译了许多希腊古典名著，更发明创立了许多沿用至今的术语和拉丁语词汇。

英国翻译理论家苏珊·巴斯内特在谈论早期西方翻译理论时曾提出：“西塞罗和贺拉斯的翻译观念对后世译者有着十分重大的影响，两者的翻译观念均产生于对诗人两个重要职责的讨论中，其一是获得和传递智慧的普遍人文职责，其二是创作和塑造诗歌这一特殊的艺术。”西塞罗在《论最优秀的演说家》（De Optimo Genere Oratorum）中宣称：“That is to say I translated the most famous orations of the two most eloquent Attic orator, Aeschines and Demosthenes, orations which they delivered against each other, and I did not translate them as an interpreter, but as an orator, keeping the same ideas and the forms, or as one might say, the ‘figures’ of thought, but in language which conforms to our usage. And in so doing, I did not hold it necessary to render word for word, but I preserved the general style and force of the language. For I did not think I ought to count them out to the reader like coins, but to pay for them by weight, as it were.”（“我翻译了两位最雄辩的雅典演说家埃斯基尼和狄摩西尼最著名的演说词，也就是他们相互攻讦时的演说词。但我不是作为一个解说者，而是作为演说家来翻译的。我使用了符合我们讲话习惯的语言，却原封不动地传达了原文的意思和形式或曰思想方式。在翻译过程中我认为无须逐词对换，却完好无损地保留了原作语言的总体风格和力量。”）就这样的三言两语，西塞罗开辟了西方译史的庞大传统。同时，作为翻译理论家，他提出了以“解说员”和“演说家”为依据的翻译理论，成为西方翻译史的经典例句。西塞罗认为译者应该像演说家一样，使用符合古罗马语言习惯的语言来表达外来作品的内容，并以此吸引、打动读者和听众的感情。同时他也表达了“解释员”和“演说家”式的翻译方式有着根本的不同，前者并不具备语言掌控能力，只能采用“字对字”的翻译方法，侧重于词与词、句与句的单一转换，所传达的只能是原作中字面的意义，而非作者想要表达的思想；后者注重保留语言总的风格和力量，具有内在语言感召力，能够有效地再现演说家的思想和动机，在公共场合演讲时也能传递丰富的情感。正是通过区分“解释员”与“演说家”两种不同的翻译方式，西塞罗确立了译者所应当承担的责任。西塞罗在《论最优秀的演说家》中还说道：“... If I shall succeed in rendering their speeches, as I hope, by retaining all their virtues, that is, the thoughts, the figures of thought and the order of topics, and following the language only so far as it does not depart from our idiom — if all the words are not literal translations of the Greek, we have at least tried to keep them within the same or type — there will be a norm by which to speak in the Attic manner.（Robinson, 10）”（“如果我能够保存该演说家所有的优点，包括他的思想、思想的修辞、例证的顺序，使用符合拉丁语使用习惯的语言，即便不是所有的词都进行直译，至少也要试着保留原文的风格，那么就会产生一条新的标准用以规范那些希望模仿雅典风格发表演讲的人。”）由此可见，从本质上而言，西塞罗关于“字对字”翻译的讨论不属于“关于技能的知识”，而应归属于一种“关于原理的知识”。如果“字对字”的翻译方法能够让译作具有充分的语言号召力，展示出演说家的个人风格，更好地传递出演说家崇高的思想，那么西塞罗本人也并不会竭力反对。他反对“字对字”翻译方法的主要原因或许不是因为所谓的翻译创造论，即将翻译等同于一种创作，倡导译者在翻译中的自主性，而可能是因为在通常情况下，通过“字对字”的翻译所得到的译作语言不符合拉丁语的表达习惯，算不上一篇合格的演说词。“解释员”式翻译与“演说家”式翻译是在翻译学界引用最多而又常为人误解的一对概念，后世一直理解为“直译”和“意译”。从上面这段话来看，西塞罗所说的“解释员”式翻译作为“演说家”式翻译的反面，是指保留原文的思想和形式，也就是我们所说的“死译”，而不是“直译”，“直译”通常是指既保留原文的思想形式又符合译入语的语言习惯的翻译；“演说家”式的翻译则是在直译的基础上保留原文的总体风格和内容，但译者关心的并不是字面意义的准确传递，而是译文词语对目标读者所产生的影响力，比较接近后来奈达所说的动态对等理论。

《论最优秀的演说家》是西塞罗为希腊著名政治家、演说家狄摩西尼（Demosthenes）在《金冠辩》（On the Crown）的拉丁文译本所撰写的导言。他在文中详细地论述了语言、风格和思想之间的关系。根据当时罗马社会主导性的修辞理念，不论文学体裁是否存在差异，所有希腊古典作家的风格都只是“朴实的”（simple）、“崇高的”（lofty）、“精炼的”（refined）“雅典语风”（Atticism）。因而如何通过翻译表现出狄摩西尼独特的个人风格对西塞罗来说是一个极大的挑战。在西塞罗看来，用统一的标准去简单地界定所谓的“雅典语风”恰恰是对其“完全的、错误的理解”。狄摩西尼和埃斯基涅斯同被视为“雅典语风”的杰出典范，但在《金冠辩》这篇批判埃斯基涅斯的演讲词中，狄摩西尼和埃斯基涅斯两位相互对立的辩手所表现出来的风格却是截然不同的，“雅典语风”不是简单划一的，并且修辞练习者应当追求的是“最好的风格”，不是所谓“雅典语风”。“雅典语风”固然是好的风格，但“最好的风格”

却不一定是"雅典语风"。他因而提醒修辞练习者突破僵化的思维，重新认识所谓的"雅典语风"的本质，不要再使用"朴实的""崇高的"和"精炼的"等简单"标签"去衡量和界定"雅典语风"，而应该提高自己的语言掌控能力，使用"强有力的表达方式"彰显出演说家崇高的思想和明显的个人风格，让演说辞具有内在语言感召力。基于此，西塞罗明确区分了"解释员"和"演说家"两种不同的翻译方式。在对翻译好坏的界定中，西塞罗主张以意义为基础呈现翻译，反对"字对字"的翻译方法。"解释员"和"演说家"式的翻译，为翻译理论中"直译"与"意译"的争辩开辟了先河。

《论善与恶之定义》（De Finibus Bonorum et Malorum）是西塞罗最精致的也是最系统的哲学著作，是他最有影响力的作品之一。此书并非整篇地讨论有关翻译的问题，而是在个别段落中涉及西塞罗对翻译的看法："... And supposing that for our part we do not fill the office of a mere translator, but, while preserving the doctrines of our chosen authorities, add thereto our own criticism and our own arrangement: what ground have these objectors for ranking the writings of Greece above compositions that are at once brilliant in style and not mere translations from Greek originals?"（Robinson, 11）（"就算我们不会只做翻译匠，在保存我们所选择的权威理论的同时，还要加上我们自己的评论以及我们自己的安排，但这些反对者有什么理由仰视希腊作品，而鄙视这些不只是希腊原著的译本，同时还有卓越风格的作品？"）在此段落中，西塞罗旨在表达翻译者的责任不仅仅是译出原文，更要根据原文中语境与意义传达出原著的面貌，翻译时需要采取适当的翻译方法和理论，在此方面，西塞罗在此书中写道："... Yet even supposing I gave a direct translation of Plato or Aristotle, exactly as our poets have done with the plays, would it not, pray, be a patriotic service to introduce those transcendent intellects to the acquaintance of my fellow-countrymen? As a matter of fact, however, this has not been my procedure hitherto, though I do not feel I am debarred from adopting it. Indeed I expressly reserve the right of borrowing certain passages, if I think fit, and particularly from the philosophers just mentioned, when an appropriate occasion offers for so doing…(Robinson, 11)"（"就算我把柏拉图或亚里士多德的作品直译过来，就像我们的诗人翻译戏剧那样，请问，把那些智慧卓著的人介绍给我的同胞认识，这难道不是一种爱国行为吗？然而，事实上，迄今为止我都没有这样做，尽管我并没有感到有什么东西妨碍我这样做。诚然，如果我认为适合，我会专门保留引用某些段落的权力，尤其是引用刚刚提到的那些哲学家，这要看具体情况的需要……"）西塞罗对其翻译理论做了进一步阐释，强调翻译必须采用灵活的方法，即活译，他反对直译，在他自己的翻译实践中严格遵循了这一点，他所翻译的柏拉图既体现了柏拉图的风格，也展示了自己的风格。

谭载喜在《西方翻译简史（增订版）》中，综合了西塞罗上述著作中的有关论述，归纳出其翻译理论的四大要点：①译者在翻译中应像演说家那样，使用符合古罗马语言习惯的语言来表达外来作品的内容，以吸引和打动读者、听众的感情；②直译是缺乏技巧的表现，应当避免逐字死译，翻译应保留的是词语最内层的东西（genus omne vimque），即意思，译者的责任是给读者“称”出原词的“重量”，而不是“算出”原词的“数量”；③翻译也是文学创作，任何翻译狄摩西尼的人都必须自己也是狄摩西尼式的人物；④声音与意思自然相联，或者说词与词义在功能上不可分割，这是语言的普遍现象，而由于修辞手段以这种词与词义的自然联系为基础，因此各种语言的修辞手段彼此有相通之处，这就说明，翻译可以做到功能对等。

西塞罗的翻译理论注重原作意义的呈现，认为直译是翻译技巧缺乏的表现，同时，也对翻译文本进行了界定，认为翻译也是一种文学创作。西塞罗的翻译思想比安德罗尼柯的翻译思想有了一定的进步，至少西塞罗在阐述翻译理论的字里行间中表现出了对原著以及原作者的尊重，没有随意消解原著与原作者为读者传达出的真挚情感。其翻译观发表以来，翻译开始被看作是文艺创作，翻译中原作与译作、形式与内容、译者的权限和职责等问题成为关心的问题。其提出的“解释员”式翻译与“演说家”式翻译，即“直译”与“意译”两种译法，确定了后世探讨翻译的方向，影响到贺拉斯、昆体良、哲罗姆等西方翻译理论史自西塞罗起就被一条线贯穿起来，即翻译的标准方法和技巧。

古罗马著名诗人，翻译理论家贺拉斯（Horatius）。根据贺拉斯翻译理论，忠顺不是对于文本的忠实，而是忠实于译者所面对的顾主和读者，并且获得他们的信任。贺拉斯模式的译者是按时完成工作的同时，让顾主对翻译之后的语言感到满意。他们的工作其实是译者与他的顾主商议的过程。贺拉斯模式与哲罗姆模式显著的不同是：贺拉斯模式没有一个神圣的文本，但是有一种语言作为绝对的优势语。这暗示商议不是隔行对应翻译而总是向优势语倾斜。一个典型的例子可以解释说明这一抽象概念。“拉丁语曾经是地中海地区的优势语，然后现在英语占据了拉丁语曾经的主导地位。”也即是说，文本特别是用发展中国家语言所写的文本，更倾向于翻译成英语。这就是人们在面对翻译领域的一个转变，也是对忠实或是忠顺认识的改变。在贺拉斯模式中，有必要谈一下文本的“构架”（grid），不同的文化可以有同样的文本构架。例如：法语、德语和英语有不同的文化，但它们共享同一文本构架。因为构架起源于古老的希腊和罗马，共同经历了历史的变迁兴衰。语言构架比语言自身更加有深度和高度，这就是为什么不同的语言共享同样的文本构架。即“文本构架”先于语言产生，这些文本构架是人造的、历史的、偶然的建构。

哲罗姆翻译模式源于圣·哲罗姆（St. Jerome），其拉丁文圣经对大约两百年前的西方翻译设定了一些被普遍认可和尚未被公开承认的标准。忠实对等概念是翻译中哲罗姆模式的核心。忠实对等即对于一个文本，要翻译为其他语言，要尽可能保持对源文本的忠实。该模式以翻译主要的神圣文本《圣经》为特色，翻译此文本需要做到极大的忠实，而最初的忠实即是字对字的翻译，即译文的字需与原文的字一一对应。然而，为了提高翻译的忠实度，除去其他因素影响外，哲罗姆模式也不能仅仅只是考虑语言层面的忠实，这种忠实仅适合圣经一般的神圣性文本。然而，如今，圣经这一神圣文本的影响力已大不如前，现如今的忠实准则不再是呆板、机械的字对字的翻译，而是能为翻译者所选择的策略性翻译，即译者能自由选择其所确认的忠实翻译准则。其翻译原则和方法有三：①翻译不能始终字当句对，而必须采用灵活的原则。哲罗姆认为，各种语言在用词风格、表达习惯、句法、语义、内容等方面都互为区别，因此不能采用逐词翻译的方法。例如：希伯来语："talitha kumi"（小女孩，起来）→"小女孩，我吩咐你，起来"（希腊语）。②应区别对待"文学翻译"与"宗教翻译"。在文学翻译中，译者可以而且应当采用易于理解的风格传达原作的意思。但在《圣经》翻译中，则不能一概采用意译，而主要应当采用直译。这是对意译的修正、制约。哲罗姆把二者看作是一种"互补"关系，并在实践中加以运用，"有时意译，有时直译"。③正确的翻译必须依靠正确的理解。这一观点主要是针对菲洛和奥古斯丁的。他不相信在用词造句上会有什么"上帝的感召"。他坚持认为，正确的翻译要靠知识而不是上帝的"感召"。

从贺拉斯和哲罗姆翻译模式可以看出，译者在面对不同的翻译模式时，对历史、文化因素的认知是至关重要的，尽管上述两种观点均是以翻译的忠实性为基础，但我们可以看出，他们所指的忠实的对象各不相同，杰罗姆强调的是对翻译文本的绝对忠实，即字对字的翻译，而贺拉斯模式则要求译者通过协商来达到对顾客或读者的忠实。然而，考虑到这两种翻译模式在翻译实践中的运用，我们可以发现尽管两种翻译模式的忠实对象各有侧重，但其旨归确是一致的，即翻译是不能和历史文化因素相分离的。因为译者不仅需要完成对译本的翻译，还应使其译文在所对应的文化环境中发挥行之有效的作用。

综上所述，西方古典翻译理论的总体特点有三：

第一，重对应，尤其是源语和译入语之间的对应。

第二，重文体考量。这个传统始于圣哲罗姆和奥古斯丁。

第三，重翻译的艺术性。

第三节 古典修辞学

有关西塞罗翻译理论的著作共有三本，上文提到的《论最优秀的演说家》和《论善与恶之定义》中最先提出了"直译"与"意译"的观点，为西方的翻译理论奠定了基础。还有一本著作，名曰《论演说家》（De Oratore），则表述了翻译与修辞的内在联系。

本小节题目定为"古典修辞学"，是因为修辞学在西方有着很长的历史，并且是一门发展成熟的学科。从古希腊、古罗马时代开始，其发展几经变革，恰好证明了修辞学具有强大的解释力和兼容性，成为西方文学及翻译必不可少的组成部分。本小节简短阐释西方修辞学发展的初始形态，以求归纳总结古典修辞学理论体系。

提到古典修辞学，不得不说起亚里士多德以及他在公元前 4 世纪后半叶编写的著作《修辞学》，亚里士多德被誉为西方古典修辞学的创始人，他的这本著作也被誉为修辞学理论的奠基之作。在修辞学蓬勃发展今天，我们对于修辞学的研究也“似乎不外乎是亚里士多德在古典时期所规定的一些内容”，可见其意义重大。

《修辞学》全书共三卷，开篇就提出了“修辞学是辩证法的对应物”的思想并概述了修辞学的概念、定义及修辞论辩的本质，着重论述了适用于一切修辞形式的论辩模式及文体风格的基本原则，并指出文体修辞要注重语言使用的准确性、清晰性、适度性。简而言之，亚里士多德在其《修辞学》中就已经较完备地提出了有关修辞学的理论。今天所说的“西方古典修辞学”，其实是亚里士多德理论体系以及西塞罗和昆体良对这一理论体系的进一步发挥。”在西方古典修辞学中，演讲是一种主要的修辞形式，是通过“劝说”来实现的。演讲者根据劝说的内容、目的、对象及情景、场合生成演讲话语，听众根据自己的标准，判断是否接受演讲者的劝说。亚里士多德在《修辞学》的第一卷中就提出了三类演讲：政治演说、诉讼演说和典礼演说。政治演说主要是针对城邦将要采取的行动是有利还是有弊而进行的演说，在公民大会上，讲演者试图说服或劝阻听众实施某一行动；诉讼演说主要是针对公民过去的所作所为是否正当或邪恶而进行的演说，在法庭上，演讲者试图控告或辩护行为的实施者；典礼演说主要是针对当前正在发生的事件是荣耀或耻辱而进行的演说，演讲者一般在庆典仪式上对此进行称赞或谴责。以上三种修辞演讲的话语种类，几乎构成了整个西方古典修辞的环境或整个修辞学领域。

受到亚里士多德的影响，西塞罗重视“话题、伦理与情感”（topoi, ethos and pathos），反对将修辞学直接等同于演讲技巧，进一步发展了修辞学这门学科。其修辞思想和理论既标志着古罗马修辞发展的高峰，也为西方修辞在接下去近两千年间的发展提供了重要的参照点和灵感源泉。《论修辞发明》（De Inventione）是西塞罗有关修辞的早期作品，但这本书仅从说服技巧的角度讨论修辞，只是一本典型的技术手册。在批评修辞论著往往未能说清楚“论辩的（实用）规则要怎样才能和论辩理论结合起来”之后，他指出“论辩全都是通过类推或（修辞）论证进行的。作为论辩的一种形式，类推通过已经接受的和尚存有疑问的两个事物之间的相似性，促使人们将自己对无争议事物的首肯转化为对有疑问命题的赞许，作为论辩的另一种形式，（修辞）论证则是从被考虑到的事实中推断出可能是真实的结论”。西塞罗在他的创作高峰期出版了著作《布鲁特斯》（Brutus），一方面，从历史角度对古典修辞加以梳理，勾勒出到他生活的那个时期为止西方修辞传统的发展轨迹，确定了构成这一传统的经典人物，从而为后世对修辞史的理解提供了一个极有影响的叙事框架；另一方面，通过对经典修辞家的风格、技巧和历史地位的评论，又开始用修辞批评之先河，进一步丰富了修辞学内涵。面对“言说是得到行家首肯就行，还是非得到大众的赞许不可”这一棘手的问题，西塞罗坚持认为得到公众认可的言说最终也必将为批评家所接受。精英和大众、内行和外行之间在价值判断上的张力和差异，以及由此引发的“公共事务由谁说了算”的争议，是一个所谓“本质上具有争议性”的话题（an essentially contested issue），人们至今仍为此争辩不休。西塞罗提出的“批评家与大众判断趋同论”当然有悖于事实，无法令人信服。然而这些评论表明他是西方最早注意到这一重要争议的学者之一，而且他提出的“受众对言说享有最终裁决权”原则，尤其是他对修辞批评家的能力和功用的明确界定，对于修辞批评作为修辞学一个重要领域的后续发展，产生了巨大的影响。

正因为如此，西塞罗在修辞学历史上具有极其重要的地位。《论演说家》是西塞罗以对话形式写作的第一部作品。参加对话的人都是当时的政治精英，主要对话者克拉苏斯（Crassus）和安托尼乌斯（Antonius）担任过执政官和检察官，并且都是当时著名的演说家，西塞罗也曾求学于他们门下。在他看来，写作和翻译是两种“最富成效”的修辞练习手段。其书中关于翻译有这样一段话：“Afterwards I resolved to translate freely Greek speeches of the most eminent orators.” As a consequence, “I not only found myself using the best words, and yet quite familiar ones, but also coining by analogy certain words such as would be new to our people, providing only they were appropriate.” (Robinson, 7)（“当我把用希腊文阅读对作品转换为拉丁文时，我发现自己不仅仅是使用最优美和最常见的拉丁语词，还通过类比创造出一些对我们来说是新的词汇，只要那些词汇是合适的。”）由此可见，西塞罗倡导用拉丁语转述希腊最著名演说家的演说辞以帮助练习者丰富自身的拉丁语词汇，区分出“合适”与“不合适”的语词，逐渐提高语言掌握能力，通过“追记”罗马共和国全盛期——古罗马修辞实践的黄金时期——发生于 L. L. 克拉苏，M. 安东尼等当时顶尖修辞家之间的一场虚构的研讨和争论，借他人之口阐述了西塞罗自己有关言说艺术的一系列重大观点。

1. 修辞领域的本质特征。

西塞罗强调修辞是一门自成一类、极其独特的领域。“所有其他各门类艺术都是从偏远、隐蔽的来源获得其题材，而言说艺术却整个地开放敞亮、一目了然。言说艺术所关注的在相当程度上是普普通通的日常事务、习俗和人类言语。在其他艺术领域，所取得的成就越是突出，就越是曲高和寡。在修辞领域，偏离日常语言或违背社情民意所赞许的习俗倒是最大的过错。”修辞的研究对象应该是与人们生活息息相关的日常话语活动和现象，以社群成员为对象，在相关社会、文化条件构成的解读框架内进行，得出的结论既不超出受众的理解能力范围，又与体现在社情民意中的文化价值保持一致。这一认识凸显了修辞将深刻蕴藏在浅显之下，透过平淡展露神奇，戴着常规加给它的枷锁却能活动自如的吊诡特征。

2. 修辞的社会和文化功能。

西塞罗在强调修辞“通俗性”的同时坚持认为它是一门至高无上的领域和学科。首先，修辞比其他任何学科都更难以掌握，因而是最具有挑战性的。修辞覆盖整个人类活动领域，实际上与文化同延。其次，其研究对象，即修辞实践，在从人类文明的发端一直到社会公共利益的维护等不朽伟业中所起的作用是任何其他学科的研究对象所无法比拟的。西塞罗指出除了雄辩之外，没有其他任何东西可以“将散居各地的生灵聚集在一处，使他们脱离在蛮荒中的野性生存，进入作为人类以及作为公民所享有的那种文明状态，使他们在建立社群之后，能制定法律、建立审判庭、获得民权……

完美的言说者不仅维持了自己的个人尊严，而且维护了整个国家的安全。”

3. 雄辩是超越学科领域的美德。

西塞罗在提出雄辩家必须是通晓各领域知识的通才的同时，强调指出不管哪一个具体领域，真正的权威从来都是既有专门学识而同时又雄辩滔滔。在西塞罗看来，各个学科或艺术的专门知识的表达完全依赖言说艺术，清楚地表达出来并且使人信服的专门知识归根结底也是一种雄辩。雄辩是最高的美德，甚至比同一层次其他美德具有更优美高贵的形态。雄辩使人们能在“对于各种事实了如指掌的基础上，用语言将思想和动机以听众不能不为之所动的强有力方式表达出来，促使听众朝着它看重的任何方向运动。”雄辩的能力越强，就越有必要使它和最高的智慧和理性结合起来。

4. 舌与脑的重新统一。

西塞罗修辞思想的内核：一方面，他所理想的修辞应该是雄辩和智慧的统一；另一方面，他认为融雄辩和智慧于一体的修辞应该是至高无上的美德，是包括“哲学”在内的一切智力追求、一切学科艺术的最终归宿。贯穿于他所有修辞著作的一个宏大理想：将在后苏格拉底时代分道扬镳的雄辩和智慧、智力活动和公共事物，在修辞的框架内重新融为一体。西塞罗号召大家追求的目标在他身后影响了一代又一代的修辞学家，时至今日，人们仍然继续从中汲取灵感。

5. 修辞教育和修辞家的素养。

西塞罗发展了伊索克拉底的教育思想，提出跟他的大修辞观相称的一种大修辞教育观，主张只有认识到修辞无所不在，并以这一认识作为教与学的基本出发点，努力从包括道德、心智、生活、习俗、法律、政治实践在内的人类社会活动所有方面汲取力量，才是修辞教育的正道。真正的雄辩源于渊博的知识，尤其是对哲学和法学的深刻领会。言说者“思维必须像逻辑家一样精妙，思想如哲学家一般深刻，措词要媲美诗人，记忆要堪比律师，声音应该像悲剧演员，气度则不亚于炉火纯青的表演艺术家”。言说者的任务是触动受众的心灵。为此，他必须把握“其他公民或其他任何说服对象的思想、感情、信念和希望”，掌握“每一个阶级和生活阶段”特有的“意向和情绪”，体验受众或潜在受众的“念头、想法和喜怒哀乐。”

此处西塞罗并没有单纯地讨论翻译问题，而是讨论通过翻译来锻炼修辞能力。这本著作与亚里士多德的《修辞学》以及昆体良的《演说术教育》（Institutio Oratoria）一起并称为西方修辞思想的扛鼎之作。此书不仅经受了时间的考验，流传至今，而且经受了历史的考验，成为西方修辞的一部主要经典。这部 12 卷本的作品是当之无愧的鸿篇巨制，其规模体例和论述的系统全面是先前和此后任何一部修辞著作望尘莫及的。正是由于这部杰作，昆体良在西方修辞传统中的影响力一直到 19 世纪仅次于西塞罗。他的创新突出地表现在所采用的基本论述方法上。在包括亚里士多德和西塞罗在内的所有古典修辞学家中，只有昆体良采取了这一博采众家、兼收并蓄、述评与表达相结合的方法，使读者了解到的不仅是昆体良一家的观点，还有在他之前以及与他同时代的其他理论家对同一些问题采取的不同立场。通过这些不同立场观点的并列和比较，昆体良独家揭示了古典修辞的一个基本特征，即其多元性和争论性。

其实何止古典修辞，整个西方修辞传统就是一场有关“修辞”及相关概念的众声喧哗、永不终结的争论，并非一个连贯一致的思想体系由小到大、去粗存精的发育成长和自我完善过程。像昆体良这样能向读者清晰展示这一事实的古典修辞学家实属凤毛麟角，因而十分难能可贵。“修辞”这一概念的外延是昆体良关注的另一个争议。他宣布他所赞成的“rhetoric”定义应该将“修辞的所有优点和修辞者（应有）的品格”都归纳在内，他认为修辞是“善言的科学”（“The definition which best suits its real character is that which makes rhetoric the science of speaking well.”）。这一充满道德理想主义的定义兼具有关于技艺、艺师和功效的三种意蕴。昆体良将修辞称为“行事艺术”或“执行”艺术，以便与类似舞蹈那样的典型“实用艺术”区分开来。在修辞五大部门基础上，昆体良指出“一切表达某一目的的言说都还应该包括主题 (subject) 和言辞 (words) 这两个部分”，强调“重要的不仅是‘说什么’和‘怎么说’，而且是‘在什么情况下说’”。这两点凸显了古典修辞理论的主要不足之处，又预示了“语言”和“语境”在 20 世纪受到的高度重视，表现出昆体良具有的突出现代关联性。在他看来，所有我们如今称为“言语行为”的人类话语活动理所当然地都是修辞行为，都属于修辞的范畴。此外，他的讨论还提出了跟论辩、证明、事实陈述等相关的一些重要命题。他认为，“用确定无疑的事物来证明不确定的事物”是“一切论辩的本质”；不赞成传统修辞观念将“事实陈述”当作是外在于“证明”的一个结构成分，以庭辩修辞为例，指出事实陈述虽然不直接讨论案子的争议点，却更经常地通过对情况的某种描述使我们知道争议点究竟何在。这一观点使我们注意到叙事的修辞功能以及实现这一功能的一般途径。昆体良充分认识到修辞情势的复杂性和修辞发明的灵活多变性，反复强调在修辞发明过程中需要确定采用哪一种姿态、策略或风格的时候，修辞者应当充分考虑到自己面对的修辞情境的复杂性，并根据具体情况灵活因应。他引用并极大地发挥了西塞罗简略提到过的一条原则，即在言说中，没有哪一种文风适用于所有事例、所有受众、所有场合、所有言说者。如果说西塞罗修辞观的核心是修辞与智慧的统一，昆体良修辞观的核心则是修辞与道义的统一。“修辞者必须念念不忘的追求不是说辞，而是善言”。

昆体良对“道义修辞”的执着追求虽然值得称道，但是从理论上说却具有两面性：一方面，将“善言”确定为修辞的终极意义突出了伦理规范对修辞的极端重要性，提醒我们修辞实践在人类文明发展和人类社会运作过程中所起的关键作用决定了它与一般的技艺或技巧不可等量齐观，不能被看成是与价值观念和意识形态取向无涉的工具或手段；另一方面，“善言”究竟应该如何界定，这本身就是一个有待通过修辞互动得到解决的问题，并没有明确答案。西方传统和实践意义上的修辞一向带有突出的两面性，其应用既带来文明与进步，也造成祸害与灾难。在许多情况下，对修辞应用所产生效果的评价以具体的时间、地点、人事为转移，具有内在的争议性，昆体良关于“善言”的论述所预设的那种客观评价标准并不存在。在修辞教育方法上，昆体良的这部巨著的最大特色是它从修辞教育这一独特角度审视并重新表述了整个古典修辞体系。昆体良提供的教育家视角使我们注意到亚里士多德的观察家视角和西塞罗的实践者视角所忽略的许多方面。他坚持教育面前人人平等的理念，认为推理和学习能力是人类与生俱来的天赋。强调为学生营造良好的学习环境，注重通过模仿和演练培养修辞技能，提倡渐进式教育。这些教育理念至今仍然发挥着作用。他提出就提高修辞能力来说，写读说三者“相互关联，必不可分”。他分析了读与听在提高学生修辞能力方面所起的不同作用，提倡批判性阅读和负责任阅读的平衡。昆体良认为口头与书面表达本身并不存在根本性的区别，使修辞者采取不同手法的根本因素不是交流方式，而是受众。他还进一步发展了西塞罗有关写作对修辞极为重要的观点，提出，“（对交流而言）使用笔杆子既最费力同时也提供了最大的好处……（因此）我们必须尽量多写并尽可能认真地写。雄辩的根基在于写作”。

最后，关于西塞罗和昆体良的修辞观，笔者做如下总结：西塞罗和昆体良的修辞思想是罗马也是西方古典修辞学的伟大丰碑。他们的成就标志着古典修辞作为一门学科业已突破了希腊模式，跃升到一个史无前例的高度。在古罗马修辞进入其全盛期之后，修辞不仅在公共领域享有支配地位，而且显然也在学术思想领域开始施加自己强大的影响力，逐渐成了文学理论的思想基础。

第四节
翻译的“三分法”与“三原则”

英国诗人、剧作家、文学批评家约翰·德莱顿（John Dryden）翻译了大量文学作品，他的译文流畅、地道、优美，再现了不同作家的写作风格。他对翻译的贡献超出前人和同时代的人，同时在实践的基础上提出了系统的理论并且不断完善。他并没有出版过论述翻译的专著，但在 1680 到 1700 年之间为自己翻译的作品写过大量的序言和献词。主要讨论了人们在翻译过程中所遇到的反复出现和当务之急要解决的问题。主要包括成功的翻译者要具备的知识、对原著的忠实、保留原著特征的方法等。所有的这些序言献词和论文都被收入《德莱顿论文集》(Essays of John Dryden)，于 1900 年由克尔编辑出版。约翰·德莱顿主要从以下几个方面提出自己的原则和观点。

1. 翻译分为三类。

包括逐词翻译（metaphrase）、释译（paraphrase）和拟译（imitation）。所谓逐词翻译，就是按照词汇的对应关系，一个词接着一个词、一句话接着一句话进行翻译。他认为要想翻得好又要照顾逐词对应几乎是不可能的。就拟译而言，德莱顿认为，拟译中译者享有很大的自由，可以不顾原作的语言选词择句，也可以不管原作的思想，可以根据自己的喜好随心所欲地修改原作。他不赞成拟译，在他看来，拟译只是一种创作而非翻译。德莱顿认为逐词翻译和拟译是翻译的两个极端，应该加以避免。他主张折中，采用释译的方法，用自己的话来解释，释译中，译者重意不重词。翻译的时候，原作的思想不可以丢失，但是表达思想的词句却可以做适当的改变，享有一定的自由，不必完全拘泥于原作。

2. 翻译可以借用外来词。

他认为在翻译的时候，如果可以在目的语中找到音义都合适的词，就不要借用外来词。反之，就要借用外来词。

3. 译者必须绝对服从原作的意思。

虽然译者享有一定的自由，但只能是在重意的前提下。创作者才是思想和词句的主人，他们可以随心所欲地更改它们。但是可怜的译者并没有这种特权，他们受到原作思想的制约，只能在别人已经表达出来的东西里表达谱写自己的音乐。

4. 好的译者要能够掌握两种语言。

德莱顿认为作为译者，包括天才在内，既需要掌握原作者的语言，也要对自己的语言有很好的把握。

5. 译者必须掌握原作特征。

在德莱顿看来，译者不仅要懂诗人的语言，还要理解他的思想和表达方式，正是这种特征使得他区别于其他作者。译者应当看到这一点，要适应原作者，和原作者保持一致。换句话说，在翻译时，译者要在保持原作者特点的基础上使其显得尽可能迷人，同时要兼顾译作和原作者的相像。

6. 诗译者要懂诗。

德莱顿认为，诗译者首先要是一名优秀的诗人，并且要与原作者风格相似，才能译出好的作品。

7. 翻译要考虑读者。

德莱顿在翻译忒俄克里托斯的作品时，并没有生搬硬套原作品中出现的方言，因为在他看来，原作的读者主要是操那种方言的人，而译作则是给英国人看的，他们无法欣赏那种方言。而在翻译维吉尔的《伊尼特》的时候，他却尊重了原作者的语言，说维吉尔没有使用这类词，因为他是向所有的人写作，而并非专门写给海员、士兵、天文学家等人的，所以他也就没有采用专业术语或者说行话来进行翻译。

8. 翻译是艺术。

翻译究竟是艺术还是科学？千百年来，这个问题在翻译界已经不知道被人们争论了多少遍。德莱顿明确提出翻译就是艺术。因此，译者就必须要具备高超的艺术鉴赏力和表现力。翻译就好比绘画艺术，存在着两种相似：美的相似和丑的相似。优秀的译者必须要懂得艺术，在保留原作者的特点和不失真的前提下，尽一切可能使原作迷人，做到美的相似。明确指出翻译是艺术并且进行阐述，这在英国翻译史上还是第一次。

德莱顿的翻译实践和翻译理论是 17 世纪翻译史上的最高峰，他从自身的实践出发，系统地提出了自己的翻译理论，并且不断补充和完善，这对当时的翻译实践起到了重要的指导作用。以现在的观点来看，他的翻译三分法和翻译是艺术的论断，直到今天还仍然对我们有着巨大的启发性。

第五节 “归化”与“异化”

翻译是一个充满矛盾的领域，其矛盾的广度、深度，错综复杂让译者感到棘手，难以处理。一般来说，译者总是试图在“内”与“外”之间协调、平衡，力求使译文在意思上忠于原文，而又不改变原作的风格及语言特色。这“内”与“外”也是长久以来争论不休的两种翻译策略：归化与异化。19 世纪德国哲学家和古典语言学家施莱尔马赫（Schleiermacher）在 1813 年的演讲《论翻译的不同方法》中指出：“翻译的途径有两种——译者要么尽可能让作者安居不动，而引导读者去接近作者；要么尽可能让读者安居不动，而引导作者去接近读者。”后来钱钟书在《林纾的翻译》一文中，引用了施莱尔马赫的观点从文体风格上谈到这两种翻译法，同样主张用归化与异化的观点。

归化翻译和异化翻译是近些年来翻译领域的热门话题。1997 年英国出版的《翻译研究词典》认为，归化（Domestication）与异化（Foreignization）是劳伦斯·韦努蒂（Lawrence Venuti）1995 年在著作《译者的隐身》（The Translator’s Invisibility）中率先使用的，用以描述翻译策略的术语。归化翻译是指译文采用透明的、流畅的风格，以使译语读者对外来文本的陌生感降到最低程度；而异化翻译是指译者在翻译时，在一定程度上保留原文异质性，故意打破译语的种种规范。在《翻译研究百科全书》中，韦努蒂本人对归化的定义是：遵守译语语言文化当前的主流价值观，公然对原文采用保守的同化手段，使其迎合本土的典律、出版潮流和政治需求。他对异化的定义概括起来就是用抵抗策略，偏离本土主流价值观、保留原文的语言和文化差异。因此我们可以看出，在翻译策略上，韦努蒂提倡异化翻译，他通过考察 17 世纪西方当代翻译文本之后惊奇地发现，在英美文化中对外国作品的译入通常采用了归化策略，译者通过对文本的润色、加工，使得文本极具本土色彩，译文流畅、通顺、自然，把原语的语言文化差异扼杀于无形，这样的译文通常给读者造成一种错觉，即认为他们阅读的作品是外国作品的原貌，是外国作家活生生的思想，而不是译本。透明性的结果是掩盖了翻译的文化和社会条件——即美学、阶级以及民族的意识形态。译者引而不见，翻译因此变得透明。针对英美归化翻译的传统，韦努蒂在《译者的隐身》一书中直言不讳地提出其异化翻译的主张，目的就是要发展一种抵御以译语文化价值观占主要地位的翻译理论与实践，以表现外国文本在语言和文化上的差异。规划过程中所掩盖的差异，在韦努蒂看来，正是译文读者所应该了解的。如果译文读者在来自异域的文本中看不见差异，会进一步误以为本土的主流价值观就是，或者理应就是这个世界的价值观，这样一来，英美的霸权意识就是在这种归化翻译之中得到不断巩固和强化，而这种意识，对于文化和文化之间的平等交流乃至世界和平都是有害的。他认为，持异化策略主张的翻译家必须在译语文学中，找到一些被忽视的或偏离的形式和主题的特征，以凸显新的语言和文化差异。通过异化翻译，有助于抵制英美文化霸权与文化帝国主义思想，同时，也可以让读者更深入地了解外国文化。

然而需引起我们注意的是，归化与异化两种策略不能简单地被认为是直译与意译两种翻译方法，同时，它们也不是两种完全不同，甚至是截然相反的翻译策略。针对翻译界的争论和误解，韦努蒂在 2008 年《译者的隐身》第二版中，对归化与异化做出了澄清，他指出：“归化”与“异化”不是一对截然不同的两个二元对立的术语，不是简单地等同于“通顺”或“抵抗”这对话语策略的术语，归化与异化不仅仅是一种翻译策略，更主要是指对外语文本和外国文化的到的态度，也就是翻译文本和翻译策略的选择所产生的道德影响。换句话说，归化与异化是建立在后殖民主义视角基础之上的一对术语，以强势文化为预设背景，并包含了深刻文化、文学以及政治的内涵。与传统译论不同的是，其范畴不再单单是关注语言和文化层面上的转换，而更多地关注语言转换背后的政治和意识形态层面上的冲突以及话语权利的得失。

第六节 翻转课堂教学法

随着教育信息化的推进，翻转课堂正越来越多地被应用于现代教学当中。翻转课堂在信息技术的支撑下，运用先学后教的理念，通过微课在课前完成知识传授，课堂上学生在教师的引导协助下对所学知识释疑解惑、吸收内化。教学法的实施需要基于一定的课堂实践，翻译理论课多以讲授为主，师生、学生互动较少，因此，在翻转课堂教学模式的基础上运用合理的教学方法，才能达到一定的教学目的。翻译课堂生的个体差异，学生可以根据自己的情况灵活掌握学习时间和安排学习进度，同时为学生提供了主动探究和合作讨论相结合的学习方式，潜移默化地培养学生的学习、思辨、创新的综合能力。

翻转课堂教学法的基础的建构主义理论，建构主义理论建构主义学习理论认为，知识不是通过教师传授得到的，而是学习者在一定的社会背景下，借助教师和其他学习者等他人的帮助，充分利用必要的学习资源，通过意义建构的方式而获得的（梁爱民，2001）。建构主义教学对传统教学提出了挑战，首先，学习观上，建构主义认为学习是个体积极主动建构的过程，学习的本质不能简单地理解为由教师传授知识给学生，学生对教师讲解的知识要经过理解和吸收才能达到认知。翻转课堂将知识的内化放到课堂上，注重学生理解吸收知识的过程，体现了建构主义学习观。其次，教学观上，建构主义强调教师是学习的组织者，要求教师发挥导向作用，努力组织教学，调动学生积极性，还要求教师重视学生个体差异性，并能发现学生错误进行诊断与纠正。翻转课堂的知识传授利用网络微课的形式，突破了时空限制，增加了知识的趣味性，并让学生自主选择教学进度和难度，实现了个性化教学；教师在课堂上组织、引导学生对所学知识 进行个体探究和协作讨论，全程关注学生反馈情况并给予必要协助和指导，符合建构主义教学观的特点。最后，师生观上，建构主义认为学生是知识建构的主体，教师要成为学生意义建构的帮助者、支持者和促进者，成为学生学习的高级伙伴；基于建构主义的师生关系应该是平等、互动、合作的（郭建鹏，2005）。翻转课堂实现了传统师生角色的翻转，真正以学生为中心，让学生成为学习的主体，而教师是学生的倾听者、交谈者，在对话中发现问题、解决问题，与学生建立民主、平等、合作与和谐的师生关系。概言之，翻转课堂模式是建构主义学习理论要求的具体实现，是建构主义理念在现代化教学中的典型代表。

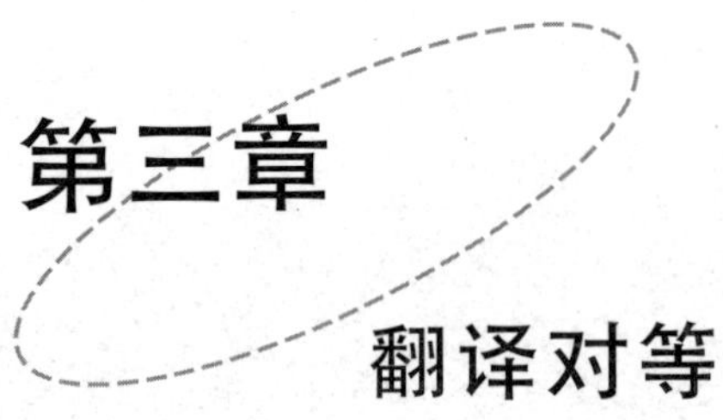

第三章 翻译对等

第一节 翻译的等值与等效

翻译等值（translation equivalence）的概念是两千多年来西方翻译理论的一个根本问题，“‘equivalence’和‘equivalent’是几乎所有现代理论著述中的中心术语。等值也大概成了广大译者苦心追求的目标。”在过去两千年的争论中，对翻译等值理论的探讨似乎从未停止，本章拟就西方现代翻译理论中的一些代表性等值概念及其相关争论做一述评。

翻译等值，作为西方翻译理论中的一个概念，是由里乌 (E. V. Rieu) 在 1953 年首先提出的。自此，它总是与翻译的实质、可译性、翻译单位、翻译评估等这些翻译理论研究中的核心问题的探讨紧紧联系在一起。雅克布森 (R. Jakobson) (1959) 在其《论翻译中的语言学问题》一文中指出“有差异的等值（equivalence in difference）是语言中的基本问题，也是语言学所关心的关键问题”。

一、雅克布森理论

雅克布森的贡献如下：

第一，他从符号学角度将翻译分为三类

语内翻译是指同一语言中用一些语言符号解释另上些语言符号，就是人们通常所说的“改变说法”。

语际翻译，是指在两种语言之间即用一种语言的符号去解释另一种语言的符号，即严格意义上的翻译。

符际翻译，是指用非语言符号系统解释语言符号，或用语言符号解释非语言符号，比如把旗语或手势变成言语表达。

雅克布森认为符号之间不可能存在完全的对等，翻译是用某种语言的完整信息取代原文信息，而不是使用分离的符号单元，即，将原文信息重新编码。以英俄互译为例，说明即使译语中缺乏某种语法工具，也可以用词汇方法表达。诗歌从定义上来说是不可翻译的，只能进行“创造性转换”。

第二，翻译所涉及的是两种不同语符的对等信息

双语符号之间不存在完全对等的关系，对等关系存在于符号所承载的信息。因此，语际翻译不是符号转换，而是信息转换。无论语内翻译还是语际翻译，符号之间都不可能存在完全的对等。从一种语言到另一种语言的翻译是用其他某种语言的完整信息来取代原文信息，而不是使用分离的符号单元。（对等的符号单元的组合）译者所做的工作是将自已获得的原文信息重新编码。任何现存语言中的所有认知经验及其分类都是可以传递的。一旦出现词汇的短缺，就会出现外来词或外来词翻译、新造词、意义转换，并不会阻碍交流。

例如：

钢——硬的铁

铁皮——薄的铁

螺丝钉——旋转的钉子

粉笔——写字皂

第三，探讨了翻译中可译与不可译这一翻译理论和实践中的根本问题

一方面，他认为各种语言都有同等的表达能力；另一方面，如果语言形式也表达意义，如诗歌和双关语等，可译性就受到了限制。在诗歌中，语法范畴和词汇范畴都承载着意义，成为诗歌艺术的一部分。因此诗歌从定义上来说是不可翻译的，只能进行“创造性转换”（creative transportation）。

语内转换：从一种诗歌形式到另一种诗歌形式；

语际转换：从一种语言到另一种语言；

符际转换：从一个符号系统到另一个符号系统，如：从语言艺术转换为音乐、舞蹈、电影或绘画。

第四，语法范畴（词法和句法）

语法是翻译中最复杂的问题，尤其是对于有时态、性、数等语法形式变化的语言来说更是如此。语法范畴的重要性和复杂性突出表现在诗歌的表达方式中。诗从定义上来说是不可译的，只有基于认知经验上的创造性移位才是可能的。

雅克布森充分强调了各语言之间的非对称关系和语言信息在翻译中实现“等值”的难度，从而率先展开了对翻译等值问题的讨论。他认为，在语际翻译中，符号与符号之间一般不可能有完全等值的关系，只有信息才可用来充分解释外来的符号和信息。翻译涉及的是两种不同语符中的两个等值的信息，即“在不同的语言现象中求得等值”。

雅克布森理论的不足之处如下：①几乎所有的语言学派理论都有一个共同的缺点，即它们不能触及翻译的文本层面。同时，翻译学的研究方向不是语言转换那么简单，而是一种文化的研究，与其说它是语符的转换不如说是跨文化转换。雅可布逊虽然对

文化层面的翻译有所提及，但他的理论毕竟是不系统的。②作为他的理论基础的意义的符号学定义也有值得商榷和探讨的必要。③雅可布逊研究的重点是语言和语言学，在翻译研究上，他并没有像专业学者那样，对翻译过程，翻译的具体问题进行更深入细致的探讨，从某种意义上来说，这是个不小的遗憾。

二、卡特福德理论

卡特福德（J. C. Catford）提出了篇章等值（textual equivalence）概念。他在界定翻译的性质时说："翻译可做如下定义，一种语言（原语）的篇章材料用与其等值的另一种语言（译语）的篇章材料来替换。"而所谓篇章等值就是"经观察被认为是与所涉原语形式（篇章或篇章的部分）等值的任何译语形式（篇章或篇章的部分）"。他对形式对应（formal correspondence）和篇章等值做了区分，并指出"翻译实践的中心任务就是寻找等值的译语，而翻译理论研究的中心任务则是界定翻译等值的性质和条件"。卡氏心目中的原语和译语之间的等值关系基本上是可以量化的，翻译就是在所有潜在的等值译语中为原语寻找最合适的等值语的过程。为了实现篇章等值，必须使原语和译语都符合所涉情景，而等值的决定性（甚至是唯一的）标准就是与实物情景相应的语义标志。原语和译语只要在所涉情景中可以互换，就构成翻译等值。卡德福特的等值概念从某个侧面反映出翻译的本质在于确立原语和译语的等值关系，而对这种等值关系的把握应是动态的，而非静态的。卡特福德在《论翻译的转换》（Translation Shifts）一文中提出：转换是在从源语到目的语的过程中偏离了形式上的对等。转换分为层次转换（level shift）和类型转换（category shift）。

层次转换（level shift）指源语中处于某一语言层次的成分，在目的语种的对等物却处于另一个不同的层次上。例如原文中用语法层次表现的意义，由于在译文中缺乏确切的对应语法形式，就必须转向词汇层次，用词汇手段来表现应该表达的意义。

类型转换（category shift）是翻译对形式对等的偏离，可分为结构转换（structure shift）、类别转换（class shift）、单元转换（unit shift）和系统内转换（intra-system shift）。

卡特福德用普通语言学的理论详细解释了翻译中的转换现象。"转换的方法是翻译实践最基本的方法。'翻译'这个词本身就是指把一种语言转换成另一种语言的过程，也就是说把一种语言的语音、文字、词汇和语法等系统转换成另一种语言的各个系统。"卡特福德指出了翻译等值在翻译实践和翻译理论中的中心地位以及确立翻译等值一关系的方法和条件。翻译等值并不意味着再现原文的全部内容或者说全部信息。他提出译者的任务主要是寻求内容等值，而不仅仅是形式对应。他用普通语言学的理论框架详尽而系统地描述了翻译理论中的不少传统概念，如直译、意译、逐字翻译、全文翻译、部分翻译、完全翻译、有限翻译、音位翻译、词形翻译、音译、语法翻译和词汇翻译等，使原先对一些问题的主观判断有了一个客观的标准，得到理论上的阐释。卡特福德在《翻译的语言学理论》中提出了一套比较完整的、具有一定科学性的翻译理论。

约翰·卡特福德的不足之处如下：

第一，卡特福德认为翻译理论是应用语言学的一个分支。这种观点比较片面。翻译主要与语言有关，因此翻译研究与语言研究有关。但是翻译涉及两种语言，涉及与两种语言有关的大量非语言问题，还涉及翻译活动中的心理和思维过程等。因此，翻译理论不能只研究语言问题，还要研究不同语言和不同文化的对比，研究从一种语言到另一种语言的转换过程中的心理机制和思维过程，研究翻译中的艺术等问题。

第二，卡氏的理论主要分析和描述了翻译过程和翻译转换，但却没有提及翻译标准，没有说明为什么在翻译中要采用层次转换和范畴转换的方法。卡特福德的理论是不全面、不完整的。

第三，卡特福德认为，翻译过程是一个单向的线性过程，只能从原语到译语，他没有把翻译当作一种交际手段来考虑，过分注意原文与译文的本身，因而忽视了译文的接受者，或者说忽视了译文及其读者之间的关系。

第四，卡特福德的理论注重环绕原语和译语在语言结构方面的差异对翻译原则进行探讨，但是，卡氏在其理论中所举例证，多为日耳曼或斯拉夫语系里各语言之间、或日耳曼与斯拉夫语系之间各语言的对译，这样，其理论就难以具备普遍的指导意义。

三、奈达理论

对翻译等值概念做出较为全面论述，提出见解且在学界产生较深影响的要推奈达（E. A. Nida）。他（1969）在界定翻译的性质时说：“翻译主要是指接受语复制原语信息的最近似的等值，首先在意义方面，其次在文体方面。”而早在1964年，他在《翻译科学探索》中就提出了形式等值（formal equivalence）和动态等值（dynamic equivalence）两个概念。前者在形式和内容上强调语言信息本身，因而能够体现“原语形式特征机械地得以复制的接受语译文的质量”。后者则体现另一种译文质量，即“原文信息在接受语中得以传递，以至于译文接受者的反应与原文接受者的反应基本相同”，旨在实现翻译表达的可接受性和自然性。而在《从一种语言到另一种语言》（1986）里，奈达又用功能等值（functional equivalence）概念取代动态等值提法，按作者自己的说法，此举是为了“突出翻译的交际功能并且避免误解”。可见，奈达对翻译等值概念的探讨不是仅仅停留在语义层面上，而是更注意对翻译中用语和交际等因素的考虑，如强调译文读者的接受与反应等。“功能对等”核心就是找出目的语的各种有效表达手段以最接近、最自然的方式表达出原文的对等信息（先思想内容，再文体风格）。

奈达功能对等的贡献有：

第一，从微观角度考虑，“功能对等”解决了长期以来“意译”与“直译”之争。

第二，从语言和文化的角度缓和了翻译家们归化和异化争论，从多个学科的角度找“归化”和“异化”的平衡点——“读者反映论”。

功能对等的局限有:

第一，功能对等理论实际上是将整个理论建立在不同文化之间存在着一一对应的异质同构现象这一前提上的，掩盖了不同语言之间的文化差异，客观上起到了文化归化的作用。

第二，文化负载词（Culture-loaded words）的概念空缺是功能对等的又一明显的缺憾。原语中的文化负载词语所表达的概念在译语中有时是不存在对应的。

第三，文学翻译中功能对等是很难实现的。属于艺术范畴的文学语言所表达的意义则可能藏于字里行间，蕴于语言深层，要通过对作家个人风格和作品的特殊语境的探讨才能把握。如: 如何获知原文读者的感受和反应; 谁是评判者; 不同读者反应不同，以谁为标准。

此外，奈达主要翻译理论还有如下四点。

1. 语言共性论（Language Universality）:

（1）各种语言具有同种表达力。

（2）“一种语言所能表达的事情，必然能用另一种语言表达。”

（3）人类的共性多于差异，在人类经验和表达方式中，存在着一种“共核”（common core）。如“White as snow”（白如雪，雪白）

1）“White as frost”

2）“白如白鹭毛”“白如蘑菇”等

3）“很白”或“非常白”

2. 翻译信息论（Message of Translation）: 翻译是把一种语言所表达的信息转变为另一种语言的信息的活动，也就是把一种代码的信息转换成另一种代码的信息，翻译的目的就是通过传递信息，起到交际的作用。

（1）译文读者理解原文的信息＜原文读者理解的信息

（2）译者就必须“拉长”信息的表达形式

（3）译文读者理解原文的信息≈原文读者理解的信息

3. 读者反映论（Theory of Readers’ Response）

奈达认为，翻译的服务对象是译文读者或译文语言接受者，评判译文质量的优劣，必须看读者对译文的反应。“译文接受者与信息的关系应该是在实质上相同于原文接受者与信息的关系。”

四、科勒理论

科勒（W. Koller）则认为，在翻译理论与实践中，泛泛而抽象地提什么等值并无多大意义，因此，他在分析前人相关成果的基础上，对翻译等值进行了具体的分类。

（1）外延（所指）等值（denotative equivalence）: 保留话语的实物内容。

（2）内涵等值（connotative equivalence）: 选择同义语言手段传送话语的内涵。

（3）语言规范等值（text-normative equivalence）: 强调各种文体应有相应的特征，

遵循一定的语言规范。

（4）语用等值（pragmatic equivalence）：把译文读者放在中心位置。

（5）形式——审美等值（formal-aesthetic equivalence）：传递原文具有的艺术、审美及作者风格个性等形式特征。科勒对翻译等值概念的五类分法，较之卡特福德和奈达，在内容上显得更加具体和明确。他从等值标准的角度，对翻译活动提出了规范性的要求。

五、波波维奇理论

波波维奇（A. Popovic）也对翻译等值概念做过具体描述。在《文学翻译分析辞典》（1976）中，他对翻译等值做了如下分类：

1. 语言等值（linguistic equivalence）

语言、词法和句法等层面诸因素在原文和译文之间构成同质。

2. 属分等值（paradigmatic equivalence）

属分表达中诸因素在作为表达因素系统的文体层面构成等值。

3. 文体（翻译）（stylistic [translational] equivalence in translation）

原文和译文中均用来以相同含义的恒式体现表达个性的诸因素构成功能等值。

4. 篇章（句段）等值（textual [syntagmatic] equivalence）

篇章句段中枢诸因素的排列构成等值。

波氏认为，语言层面（linguistic levels）诸因素涉及文体的纯正性（stylistic purity）和语言的正确性（linguistic correctness），是篇章中的最低级层面。原文和译文语言层面上的同质（homogeneity），即语言等值，可以通过对两种语言诸因素之间对应度的寻找和评价来确定，而且它与篇章中更高级表达层面翻译等值的获得息息相关。属分等值涉及文体范畴，因此不同于语言等值。文体等值要顾及保留原文中诸因素的表达个性，同时还要尽量不丢失原文的基本语义内容。而篇章等值，或曰句段等值，则是语言结构层面上的等值，涉及篇章中文体和表达诸因素的具体排列。可见，波波维奇对翻译等值的探讨，是从词法、句法、篇章及文体等各个语言层面上展开的。

六、凯德理论

凯德（O. Kade）在探讨德英两种语言互译时提出了四种等值类型：

1. 全额等值（total equivalence）

能用译语中某单一表达方式替换原语中某单一表达方式，即“一个对一个”等值（one-to-one equivalence）。

2. 选择性等值（faculative equivalence）

能用译语中多个表达方式替换原语中的某单一表达方式，即“一个对多个”等值（one- to-many equivalence）。

3. 近似性等值（approximative equivalence）

能用译语中某一表达方式涵盖原语中某单一表达方式所载概念部分内容，即“一个对一个中的部分”等值（one-to-part-of-one equivalence）。

4. 零度等值（zero equivalence）

不能用译语中哪种表达方式替换原语中的某单一表达方式，即“一个对零个”等值 (one- to-zero equivalence)。

凯德的翻译等值概念似乎仅局限于词汇层面。与奈达、科勒等人注重“质”的等值概念相比，凯氏显然更强调原语和译语之间在内容和措词上的“量”的等值关系，因此被认为适用于特殊用途文体翻译的等值判断上，比如术语的翻译等。西方现代翻译理论中，对翻译等值概念做过具体探讨和描述的专家、学者还有很多，限于篇幅，恕不阐述。“等值是翻译理论中的中心争论点之一，却似乎也是语言学家们普遍认为无法达成共识的争论点。”（Svejcer，1981）确实，等值概念自从进入翻译理论研究领域一直毁誉参半，说它是西方现代翻译理论中最受争议的概念应该不会过分。赞同者自然不计其数。例如，金隄（1998）认为：“动态对等概念的历史功绩，是对两千年来西方翻译家们相持不下的直译和自由译之争，提供了一个令人信服的答案。直译强调忠实，实际上焦点落在语言形式的对等，忽视了效果。自由译强调美，焦点落在译文效果，忽视了对等，动态对等概念把焦点放在两种效果之间的对等上，解决了这个本来似乎无法解决的矛盾。”本书主要谈谈“毁”的一面。有人认为，等值与翻译理论研究毫不相干，相反只会产生危害，是翻译理论发展道路上的障碍，因此需要摒弃。斯乃尔·霍恩贝（Snell Hornby，1988）指出：“等值不适合用作翻译理论中的一个基本概念：术语 equivalence，除了本身含义含糊不清外（甚至在经过了 20 多年的激烈争论后依然如此），还给人一种各种语言之间对称的错觉，而这种对称除了那种含糊的近似度外是几乎不存在的，因此，它歪曲了翻译中的基本问题。”布罗艾克(R. Van den Broeck) 在其《翻译理论中的等值概念：一些批评性的反思》一文中也说：“我们要千方百计抵制认为等值关系适用了翻译的主张。因为等值概念跟普通规律一样可以描述某种因（原文）果（译文）关系的说法是非常令人误解的。”纽马克（P. Newmark）则认为：“其它诸如翻译单位、翻译等值、翻译恒值等之类的论题，我认为也应当摒弃——它们要么太理论化，要么随机性太强。”

有人并不承认等值概念在翻译理论与实践中有多大的价值，持这种观点最典型的当数贝克（M. Baker，1992）。在其代表作《换种说法——翻译教科书》中，全部七个章节的标题分别是“导言”“词层等值”“超词层等值”“语法等值”“篇章等值：主题与信息结构”、“篇章等值：粘连”和“语用等值”。一眼望去，整个一部介绍、探讨翻译等值的专著！然而，她却在该书第一章节“导言”里说：“本书采用术语 equivalence 是为了方便起见——因为绝大多数译者已经习惯这个术语，而并非因为它有任何理论地位。术语 equivalence 在这里的用法还有如下限制条件：虽然等值在某种程度上通常能够实现，却受到各种各样语言和文化因素的影响，因此总是相对的。”还有人认为，泛泛而抽象的等值概念在翻译理论和实践中并没有什么价值和作用，等值概念应以具体的文本为参照对象。与奈达同属翻译科学派（即语言学派）的威尔斯（W. Wilss）指出：“翻译等值不可能在普通翻译理论中自成体系……它只能充当具体翻译理论中的部分，而这些具体的理论最好以具体的文本为对象，甚至只适用于某单一文本之内。”巴斯内特和列费维尔（S. Bassnett & A. Lefevere）也指出：“……具体的译者判定他们能够在具体的文本中实际实现的具体的等值度，他们依据对各种因素的考虑来判定那种具体的等值度，而这些因素与 21 年前使用的那个等值概念没有什么关系。”因此认为，作为语言学派特征主张的等值概念已经分解（disintegration），已经从当今翻译研究领域撤退（retreat）。前文提到科勒因为不满泛泛而抽象的等值概念而提出具体的等值类型。当时他就认为，等值概念假设原语和译语之间存在某种关系，却未对这种关系做出界定；仅仅要求译文和原语等值是没有什么意义的。当然，在对等值概念的争论中，科勒不应列入反对派之列（他在 1972 年指出，等值原则势将成为压倒一切的原则），但可以说是修正派中的一员，虽然他自己的等值五类分法也被别人修正，甚至攻击。

第二节 奈达的翻译观

一、引言

奈达作为“翻译科学派”的主要代表人物之一，倡导运用语言学的相关理论及方法进行翻译理论的构建。通过借鉴经典转换生成语法理论中的核心句及转换等概念，奈达提出了“逆转换翻译理论”，对翻译界产生了深远的影响。在其著作和文章中，奈达试图通过对语言句法、词法和语言翻译问题的描写，阐明语言的结构性质。在奈达翻译理论的形成期即交际理论阶段，奈达力图把语言学应用于翻译研究。他认为：“翻译科学，更确切地说，是对翻译过程科学的描写。”（Nida，1975）奈达认为，对翻译科学研究，应看作是比较语言学的一个重要分支；这种研究应以语义为核心包括翻译涉及的各个方面，即我们需要在动态对等的层次上进行这种比较。奈达认为，语言学理论对翻译的科学分析大有帮助。从 20 世纪 70 年代到现在，奈达翻译理论的发展进入一个新的阶段。这一时期，他更多地注意到语言交际中的文化因素问题，并开始采用社会语言学和社会符号学的观点和方法来研究翻译问题。综观奈达的翻译思想，语言学及其研究方法在翻译研究中扮演着重要的角色。

二、转换生成语法的实质

转换生成语法（Transformational—Generative Grammar）简称 TG Grammar，是由美国著名语言学家诺姆 · 乔姆斯基（Noam Chomsky）在 20 世纪 50 年代创立的，

以 1957 年发表的《句法结构》（Syntactic Structure）为标志。转换生成语法以句法描写为目标，包括三个部分。一是句法部分，由一个基础部分（a base）和一个转换部分（a transformation part）组成。基础部分描写语言的基本结构，生成深层结构（deep structure）；转换部分包括转换规则，将深层结构再转换成表层结构（surface structure）。二是语义部分，对句子的深层结构进行语义解释，体现语言能力的特点。三是语音部分，用语音实现句子的表层结构，体现语言行为的特点。乔姆斯基认为，作为最能体现语言结构的句法部分，是一个独立存在的结构，不受语义或功能的左右。在乔姆斯基看来，人类语言的创造性特征，在句法方面表现得最为显著。句法分析可以揭示语言能力中负责句法结构的那部分知识，确定它的表现形态和组织原理。这就是说，一种语言的句子，都是由一些基本的抽象的深层结构而生成的。这些深层结构蕴藏在使用该种语言的本族人的直观感觉之中。人们看到或听到的句子，仅仅是这一抽象结构系统的表层形式，并且这种现象并不局限于某一特定的语言，它普遍存在于人类所有的自然语言之中。因此，乔姆斯基的转换生成语法以句法分析为中心，以句法认识语言和解释语义，这是乔姆斯基理论的核心内容。转换生成语法把语言看作是“一组有限或无限的语句，每个语句都是有限长的，由一组有限的语句成分所构成”。转换生成语法的规则为：一部分生成语言的核心句，即那些基本的初级的语句；一部分则可通过转换规则从核心句转换成无数的派生句。在句法描写中，区分深层结构和表层结构，可以摆脱纷繁复杂的表层结构，领会和把握句子的深层结构，从而获得正确的语义理解。乔姆斯基的语言学研究成果不仅在现代语言学研究中占有主导地位，而且渗透到语言研究的每一个分支。在《句法结构》一书中，乔姆斯基初步阐述了转换生成理论，提出了核心句、非核心句、转换等一系列概念。而在《语言理论的若干问题》一书中对理论做了进一步的发展，系统阐述了“深层结构”这一著名概念。转换生成语法认为，一个句子是由深层结构、表层结构及一些转换规则构成。任何一个句子或短语都可以看成是某种转换的结果。转换生成语法的核心思想是，语言不是人脑以外的东西。而是人生来就有的思维行为。乔姆斯基认为人生来就有应用语言知识的天赋。语言学的目的是研究人的语言能力，研究人脑中的语言知识，追求对句子在人脑中如何产生这一现象的充分理解。因此他主张句子的构成规则和转换规则在文中的作用。人类特有的语言能力表现为能理解从没听过的话语、辨别语义相同或相似但意义不同的句子、辨认歧义句等。乔姆斯基认为人类之所以具有这种语言能力，是因为不同语言之间具有一些普遍特征，就是这种普遍特征构成了普遍语法。一种语言的句子是由一些基本的、抽象的深层结构构成。这种深层结构存在于本民族人的直观感觉中。人们看到的或听到的句子，只是这一抽象结构的表层形式。这种深层结构并不仅仅局限于一种语言中。而是普遍存在于人类所有的自然语言中。能用一种语言表达的东西就一定能用另外一种语言来表达。转换生成语法的任务就是用一套高度抽象化和形式化规则生成无限的句子。乔姆斯基的理论为翻译理论和实践的研究奠定了语言学基础，为可译性理论和翻译过程分析提供了依据。

三、奈达翻译思想的语言观

根据乔姆斯基的转换生成语法，奈达提出了在语言的深层结构上进行过渡翻译的设想。他认为，人类语言的普遍法则反映在深层结构中，即人类语言的深层结构是基本相同的，而深层结构反映的是基本语义，这是翻译赖以实现的基础和条件。从信息论的观点出发，奈达将翻译定义为，“从语义到文体在译语中用最近似的自然对等值再现原语言的信息”（Nida and Taber，1969）。奈达提出“用最近似的自然对等值”即“动态对等”以及后来的“功能对等”概念，是因为他认为翻译要为接受者服务（receptor orientation），并使译文接受者最大限度地准确无误地理解原文信息。正是围绕动态对等，奈达建立了一整套翻译模式和翻译原则。为了取得动态对等，奈达借鉴经典转换生成语法理论中的核心句、非核心句与转换等概念，提出了著名的逆转换（back transformation）翻译理论。他认为翻译过程并非如人们想象的那么简单（直接将原文语言的表层结构转换成译文语言的表层结构），而是要复杂得多。这个曲折的过程包括三个阶段：分析（analysis），转移（transfer）和重组（restructuring）。具体地说，就是对原文进行语法语义分析的基础上，将其表层结构逆转换为深层结构，然后传译到译文深层结构，最后再从译文深层结构转换为译文表层结构。他认为核心句是一个具有完整意义的最小单位，通过它们的逻辑组合，可以生成语言中一切可能的句子，即语言的表层结构。奈达还指出每一个核心句可能具有多种不同形式，各种变体都指同一事实，只是语法形式和侧重点不同。在叙述某事时，一种语言惯用一种形式，而另一种语言惯用另一种形式，这两种形式互为动态对等。奈达在提出逆转换翻译模式时深受乔姆斯基转换生成语法的影响，乔姆斯基在《句法结构》一书中初步阐述了自己的转换生成理论，提出了核心句、转换等一系列概念：而在《句法理论的若干问题》一书中对其理论进一步发展，进一步阐述了“深层结构”这一著名概念。深层结构表现句子潜在的句法关系，经过转换而形成句子的表层结构。句法歧义句有不止一个深层结构，而潜在句法关系相同的几个句子却有相同的深层结构。奈达认为这种“充分运用转换方法的生成语法”是处理歧义最为有效的方法，并且他认为用转换的方法来分析描写翻译过程最为适宜。奈达认为，乔姆斯基的转换生成语言观对翻译至关重要，因为：“我们需要解释的是，如何将源语的一种独特信息，同样地再现在目的语中。这就需要以生成转换的观点看待语言。”除此之外，奈达看重结构主义的成分分析方法。成分分析就是将句子切分为以短语为单位的结构体，如名词短语、动词短语等，以此构成句子的结构树形图，从而使句子在结构上成为可以认识的客体。

奈达的翻译理论认为，所有语言都有核心句，但这并不是最重要的语言现象。最重要的是，各种语言在核心结构上要比在表层结构上接近。也说是说，如果能把复杂的表层语法转换为它们的核心句，就能够更加顺利地实现翻译的转换，将翻译中的曲译和误译现象减少到最低。“逆转换的基本原理就是语言的深层结构基本相同，翻译时要抓住深层结构. 首先在深层结构上取得等值，然后再生成适当的表层结构。从翻译的角度来说，所有语言都有核心句这一点并不是最重要的语言现象，重要的是，各种语言的核心结构要比表层结构更为接近，因为一个信息的语言单位之间的各种关系在这一层次所显示的深层结构上的相似远远大于在表层结构的层次上所显示的。要透过原文的表层结构挖掘出原文的深层结构。要想更加准确判断句子中词与词之间存在什么样的关系．最有效的方法就是通过“逆转换”分析到句子表层结构的底层，找出该表层结构的核心成分。如果译者能把复杂的表层结构转换到它们的核心句，就可以更加顺利地传译，并把翻译中曲译现象减少到最低的程度。也就是说，无论是乔姆斯基还是奈达都认为．语言形式背后有一个统一、连贯且深层的存在。在翻译过程中，语言的深层意义是最本质的，应放在第一位的。逆转换就是将原文传译到译文的基础。

四、结论

乔姆斯基的转换生成理论揭示了人类语言所展现的句法规则，试图证明人类语言在句法方面具有的共性——深层语义结构。奈达将转换生成理论应用于翻译理论当中，其“逆转换”和“动态对等”理论是以转换生成作为其理论基石，以读者反应作为标准，以信息转换作为方法，形成了一套较为完备的理论体系。这种以读者反应为中心的翻译原则，把翻译理论的重心放在原文的内容上。奈达的翻译思想深受转换生成理论的影响，成为翻译中的转换生成语法。

第三节 探究式教学法与翻译等值论

所谓探究式教学（Hands-on Inquiry Based Learning），就是以探究为主的教学。具体说，它是指教学过程是在教师的启发诱导下，以学生独立自主学习和合作讨论为前提，以现行教材为基本探究内容，以学生周围世界和生活实际为参照对象，为学生提供充分自由表达、质疑、探究、讨论问题的机会，让学生通过个人、小组、集体等多种解难释疑尝试活动，将自己所学知识应用于解决实际问题的一种教学形式。探究式课堂教学特别重视开发学生的智力，发展学生的创造性思维，培养自学能力，力图通过自我探究引导学生学会学习和掌握科学方法，为终身学习和工作奠定基础。教师作为探究式课堂教学的导师，其任务是调动学生的积极性，促使他们自己去获取知识、发展能力，做到自己能发现问题、提出问题、分析问题、解决问题；与此同时，教师还要为学生的学习设置探究的情境，建立探究的氛围，促进探究的开展，把握探究的深度，评价探究的成败。学生作为探究式课堂教学的主人，自然是根据教师提供的条件，明确探究的目标，思考探究的问题，掌握探究的方法，敞开探究的思路，交流探究的内容，总结探究的结果。由此可知，探究式课堂教学是教师和学生双方都参与的活动，他们都将以导师和主人的双重身份进入探究式课堂。

图 3-1 探究式教学模式图

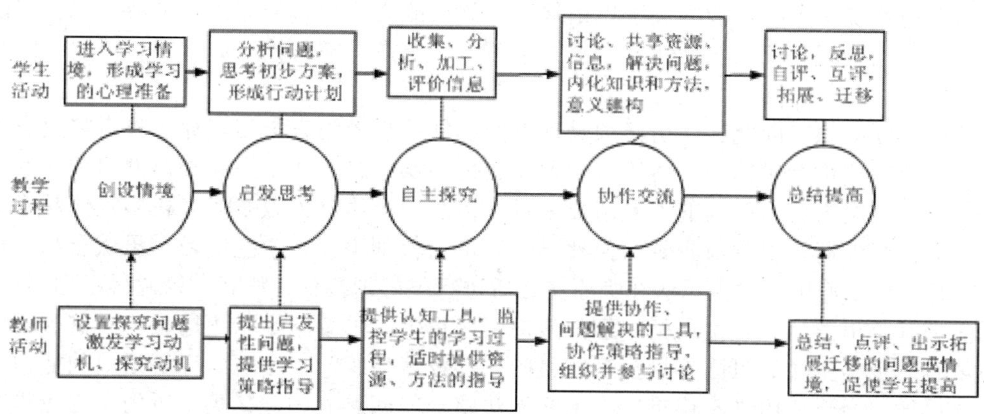

第四节 教学案例研究

一、研究背景

随着全球化竞争的愈演愈烈，英语教育肩负着培养专门化人才的重要使命。国内亟须兼具英语听、说、译专长的人才，以适应国际化需求。然而，国内的英语教学多以传统模式为主，教学模式单一，教学内容枯燥，缺乏系统性和科学性，教材陈旧，不能适应广大师生的需求。语言是一种社交工具，而英语教学本身的目的是培养学生将英语用于社会实践的能力。听力是获取知识和培养语言能力最普遍的媒介，在说之前，能准确地听是必须的，只有准确地听，听者才能按照指令去做。这说明了英语听力教学的重要性和必要性。听力教学应引进多媒体和网络技术，改善语言教学环境和手段，便于学生个性化学习的同时，主张充分发挥教师的主导作用。针对上述问题，我们需大胆探索创新型教学理念和教学方法，以开展高效率的听力教学模式，促进英语听力课程的开展。

2007 年，教育部颁布了《大学英语课程教学要求》，推动了大学英语教学的改革，提高了大学英语教学质量，明确提出将以往阅读理解为主的教学大纲转变为以培养学生的英语综合应用能力特别是听说能力为主，并把促进学生自主学习能力发展到一个相当重要的位置。国内外许多著名学者对英语听力教学进行过深入研究，马利 (Malley) 和查莫特（Chamot）认为，在二语学习中，学习者会使用几种学习策略：元认知策略、认知策略、社会和情感策略等，其中，研究者尤为重视元认知策略对外语听力学习的作用。其他国外学者诸如门德尔松（Mendelsohn）、麦金太尔（Maclntyre）和科恩（Cohen）也认为听力学习者若想提高听力能力，有效的学习策略是必备条件，与此同时，建议在二语课堂教学中开展听力策略教学。上述研究在外语听力教学中发挥了一定作用，但是他们忽略了一点，就是二语学习时需结合输入与产出。在教学过程中，教师普遍发现学生听力能力优于口语能力，阅读能力优于写作能力，也就是说，我国学生“哑巴英语”现象较为普遍，外语学习不单单是理解与输入的过程，还要伴随输出与创造，国内的语言坏境错综复杂，更要求外语学习者通过一定量的语言输出或语言体验巩固知识，因此，模仿必须是动态的、创造性的语言学习规律。只有将语言模仿和创造性使用有机结合，将语言学习和运用切实结合，才是提高外语学习效率的好方法。纵观国内英语教学的发展情况来看，传统的英语听力教学大多在多媒体教室进行，能很好地调动视觉与听觉，但教学模式多为教师讲授、学生练习，虽然有利于输入，却不利于输出，学生无法在听原文之后进行很好地模仿，语音、语调得不到纠正，无法训练英语语感，学生们把注意力集中于题目上，很难立足于语篇整体，这样的练习虽有助于学生达到巩固单词拼写的目的，却没有训练学生分析、理解语篇的能力，长此以往，会形成语义不连贯、上下文无法整合的问题。因此，英语听力学习应贯穿各个学科始终，按照儿童习得语言的特点，把语言输入与输出紧密结合，发展一套全新的听力与口语相结合的练习模式。

二、视听续译

“视听续译”是根据王初明教授的“续”理论发展而来的，外语教学可围绕“续”进行一系列教学改革活动，其核心理论是交互协同模式，协同体现在互动中。交互协同模式的本质是从对话切入，产出与理解同步，紧密配合。王初明指出：“（理解和产出）结合产生协同效应，结合得越紧密，协同效应越强，外语学习效果也就越佳”。交互协同模式可同时结合情景模式，情景模式的主要内容包括时空、意图、因果关系、交谈中设计的主要人物等变量。在交谈的互动过程中，双方各自的情景模式自动趋同，形成共识，顺利交谈便建立在此共识上。情景模式与协同的关系如何呢？人们在交谈的过程中，倾向于与前面说话者话语的内容协同性，也就是说，人们倾向于语言输入与输出的一致性。当一方情境表征激活后，会继续激活其他情境表征。受到语言环境的限制，目前国内外语学习中语言交互形式的练习不多，双语互动的机会不多，如何在有限的课堂教学中采用高效率的教学方法就显得尤为重要了。

目前国内鲜有视听续译的研究成果，但是已经逐步有听后续译、读后续译的研究报道了。听后续译是通过阅读故事前半段，然后用英语续写故事，实验结果证明，受试学生在完成续译任务时，高频使用原文出现过的语言结构，因此印证了听后续译中协同效应。视听续译和听后续译有异曲同工之妙，相比于听后续译的读写结合，视听续译可以利用多媒体设备，采取有声的方式进行教学，把语言与语境有机结合，达到促学目的。本书以高校英语专业英汉听力课程为例，通过实证研究，探讨视听续译的协同效应，并结合调查问卷分析其促学效果。近年来国内英语人才需求量越来越大，听力教学的改革需适应社会需求，并结合英语其他学科教学，培养高素质、全方位发展的英语人才。本书讨论的问题如下：

（1）视听续译是否能提高英语学习者的学习效果？

（2）视听续译是否能产生协同效应？

（3）视听续译的促学效果如何？

三、研究方法

（一）受试

此次教学实验的受试对象为云南大学旅游文化学院英语专业大二年级两个班学生60人。教学实验在英语听力课的课上展开，课上模块为每次上课开始时的热身部分，受试学生母语均为汉语，二语为英语，在此实验前的一个星期，学生均已参加过英语专业四级考试，专业类课程授课语言均为英语。

（二）实验过程

本次教学实验的视频材料为两段电影片段，选自全新版大学英语听说教程第四册中的视频内容。材料1为《飞屋环游记》节选片段，内容为两个小孩去探险的故事；材料2为《我最好朋友的婚礼》节选片段，讲述女性追求幸福婚姻的故事。电影文本经过“英语文本指南针”进行难度分析，两段影片难度均符合受试学生的英语水平。

教学实验分两周进行，第一周A班为实验组，B班为对照组，使用材料1《飞屋环游记》节选片段，视频文件为4分钟，350个单词。第二周B班为实验组，A班为对照组，使用材料2《我最好朋友的婚礼》节选片段，视频文件为5分钟，461个单词。

实验组的任务是“视听续译”，具体做法为学生通过多媒体设备观看视频材料，有英文字幕，学生观看视频后立即续译故事内容，学生在续译时，教师打开多媒体录音设备为学生录音，随后立即回放，让学生自行检测录音，并记录下优点和缺点，教师保存学生所有录音，于当日转发至班级群邮箱。教师通过学生录音打分，并进行数据分析。对照组的学生任务是“非视听续译”，具体做法为学生通过多媒体设备观看有中文配音的视频材料，随即用英语进行续译，其他步骤相同。两组学生的续译时间均为5分钟。

（三）数据收集与分析

两次视听续译测试结束后，笔者将学生的录音以文字形式录入电脑，以方便后续数据分析。

针对上文提到的协同性问题，笔者详细对比了视频文本材料与续译内容，列出了两段材料中重复出现过的词汇、短语等内容，如在《飞屋环游记》视频材料和续译内容都出现的“adventure”一词，就会被列入重复出现的内容。按照此方法，我们对学生的续译文本进行检索，列出实验组和对照组中各出现过多少与原文本相同的词汇、短语，次数以数字形式列出并进行对比分析。若实验组学生使用单词频率明显高于对照组，则说明实验组同学会在续译时，通过回忆原视频出现过的内容，把单词、短语、语言结构嵌入续译中，由此便可知，续译内容与原视频内容产生协同效应。

此外，针对评分问题，笔者请本校两位有丰富教学经验的英语专业教师对学生的续译测验打分。由于视听续译练习缺少评分标准，我们参照了口语的评分标准，并稍作修改，详见下表：

表 3-1 视听续译的评分标准

分数	级别	评分标准
10~9	优秀	语音语调较规范，符合英语表达习惯，故事情节完整，内容生动；音量正常，自信大方
8~7	良好	语音语调平淡，有 1 处或 2 处语法、单词错误，故事情节完整音量较小，或过于紧张而不太流畅
6~5	合格	语音语调存在问题，但不影响理解；有 3 处或 4 处语法、单词错误，故事情节较完整；音量小，不流畅
4~3	不合格	语音语调存在严重问题，影响理解；有多于 5 处语法、单词错误，故事情节不完整
2~1	很差	根本听不懂，不作回答

笔者把学生音频顺序打乱，使参评教师无法区分两组的学生，因此排除了对某一组有分数偏袒的干扰。由 SPSS 统计软件做 Pearson 分析，发现两位教师的的打分信度为 0.83，随后笔者对学生的测试分数进行的 t 值检验，用以得出测试材料对于实验组同学是否具有协同性特征。

在此次教学实验前后，笔者对两组同学进行了问卷调查，分别对测试内容、教学效果、促学效果提供教学反馈，可以进一步了解学生对视听续译的真实想法，主要内容包括学生是否接受此种教学方式，及是否认为视听续译有助于英语提高，主要体现在哪些方面。调查问卷可以帮助教师改进教学方式，以适应学生的学习积极性和心理状态变化。

四、实验结果

(一) 视听续译的协同效应

根据上述续译文本，笔者检索出了在视频中以及续译中同时出现的 10 个单词，并做了对比分析，详见下表。

表 3-2 视听续译词汇使用表

序号	词汇	实验组		对照组		人数差
		使用人数	比例	使用人数	比例	
1	1rudder	23	76.7%	0	0%	23
2	log	27	90%	0	0%	27
3	goggle	26	86.7%	12	40%	14
4	paradise	30	100%	18	60%	12
5	adventure	30	100%	13	43.3%	17
6	chap	16	53.3%	0	0%	16
7	desperate	24	80%	5	16.7%	19
8	kindred	24	80%	2	6.7%	22
9	courage	30	100%	22	73.3%	8
10	swear	14	46.7%	4	13.3%	10

由此可见，实验组在使用某些原视频中出现的词汇时，频率明显高于对照组，由此可见，视频中的词汇出现时，立即引发了语言的自动趋同效应，学生倾向使用原文中出现的词汇，表达新的思想，尤其对于某些可描述中心意思的词汇，如“rudder”“log”“kindred”，使用人数相差 20 人以上，在日常的英语学习中，“log”一词较生僻，很少出现在口语中，但是实验组通过原视频中看到此词，便顺利应用在续译中。相反，对照组的同学则把这个词说成了“diary”。又如视频中出现的“kindred”一词，也很少用于口语中，原文是这样说的：Oh, this is so moving. Kindred spirits ?而对照组同学则多数把这个词说成了 same。

相较于词汇方法，句型和语法上也体现出了与视频内容的协同性特征。例 1：“I’m saving all these pages for all the adventures I’m gonna have”，此句考验定语从句用法，实验组同学使用类似句型的频率为 83.3%，对照组同学使用频率为 10%；例 2：“Sounds desperate to talk to me”，此句型省略主语，sound 作为感官动词出现，一般用于口语中使用，并且有固定搭配的短语“be desperate to”，实验组同学用到此句型的人数比为 76.7%，相反对照组则为 13.3%。

上述实验数据表明，在视听续译练习中，学生倾向于把前面听到或看到的单词、短语、句型用在接下来的续译中，通过前面出现过的词汇等信息达到完善后续故事的目的。因此我们可以看出，视听续译练习有助于提高外语学习的协同效应。

（二）教学反馈

根据两组学生的测试分数，笔者通过数据统计得出两组材料的 t 检验信息，详见表 3-3。

表 3-3 测试成绩样本分析

任务	t	df	p
1	2.33	58	0.01
2	3.47	58	0.00
1+2	4.09	118	0.00

在第一次和第二次测验中，实验组与对照组都存在着显著差异（参见表 3-3 前两行），实验组的得分明显高于对照组。另外，笔者也对实验组和对照组的两次综合成绩做了 t 检验，得出实验组的两次成绩都高于对照组（参见表 3-3 第三行）。因此可得出最终结论，实验组的续译质量高于对照组，说明视听续译对英语听力与口语都有显著帮助。

教学实验之后，笔者对学生进行调查问卷，问卷内容主要针对视听续译方法、形式以及学生对视听续译的看法。笔者总结如下：调查问卷中，61.7% 学生对视听续译表示了肯定，认为视听续译有助于英语听力和口语的提高。但是，也有 38.3% 学生提出："虽然通过视觉和听觉巩固了词汇，但是只是个别内容，而且视频时间短，大部分的续译还是要靠自己去努力完成。""视听续译可以帮助我们回忆词汇，但是作用并不大，希望老师可以有更好的方式让我们加深记忆。"也有学生提出建议："由于平时接触不到太多的英语语言环境，视听续译除了在课上练习之外，也可以变成课下自主学习，或者把作业形式改成视听续译。"关于这部分的教学反馈，则需要英语教师们更加深入地研究，做出更加详细的数据反馈信息，使视听续译与英文教学更加契合。

五、讨论与结语

针对此次视听续译教学实验，我们得出以下结论：①视听续译可以达到协同效应；②视听续译有助于英语水平提高；③学生普遍接受视听续译的教学方法，可以达到促学效果。

视听续译在语言理解与产出相结合的同时，激活了语言的协同效应。实验表明，进行"视听续译"练习的学生更易把原文本中的词汇应用于续译中，而"非视听续译"的学生则很少能够做到这一点，说明学生在视听续译时，调动了视觉和听觉，使续译文本与原文本产生协同效应。英语学习需要通过理解、互动，达到产出的目的，观看视频时，学生对原文本产生了理解，通过续译的互动效应，最终与产出紧密结合。视听续译的另一个好处是，在听取原语发音时，可以适当地纠正自身的错误发音，达到听力与口语的双重提高。斯蒂芬 · 克拉申（Stephen D. Krashen）指出："借用比自己能力水平高的语言输入，是外语习得的重要机理"。语言的创造性使用主要体现在学习者利用内容变化所表现出来的语言表达能力，不能适应新内容表达需要的语言使用意味着语言交际使用能力的缺失，教学中应当充分利用具有语言创造性使用特征的练习。视听续译练习中，口语化、语速较快的语言输入可充分调动学生的英语听力能力，有助于提高外语水平。

视听续译符合“学伴用随”原理，在视听续译教学中，学生们在产出之前的环节，如观看视频、英语语言输入，理解协同部分，称之为“学相伴”；续译环节，即产出和产出之后的习得环节，称之为“用相随”。王初明指出：“语言使用与语境不可分割，语言知识能否用出来，用出来是对是错，决定于语言知识在学习的过程中与什么语境相伴，相伴正确则易用对，相伴不当则易用错。”学生通过观看视频不仅有助于原语内容的理解，而且提供了合适的语境，使后面的续译部分与原语语境相结合，准确率得到提高。通过测验结果和分数表明，原语语境起到了“学伴用随”的效果，与原文本达到了协同，从而加强了促学效果。在测试分数的数据分析部分我们可以发现，原视频为何种语言，与后面视听续译的得分有明显关联（p=0.01，p=0.00），两段视频材料中出现的原语语境、词汇、语法等内容，更有助于学生在续译时加工模仿，不仅有助于提升语言质量，也增强了语言协同性。

此次教学实验在英语视听续译的协同效应，以及学生的接受程度方面做了深入研究，结果是肯定的。在外语学习的过程中，互动越多，则协同越多。由于国内外语学习主要依托他人创造的内容，较少借助学习者的内生表达动力来驱动。因此，内容要创造，语言要模仿。协同与练习方式有关，学生很难把注意力集中在无趣的、枯燥的内容上，而二语习得又离不开语言与表达，因此，适合学生的练习模式就尤为重要了；与此同时，协同还与学生的主观情感有关，有吸引力的课堂环境和练习模式也可促使学生提高学习积极性，学生主观上认同的教学方法，往往可以促使学生成绩提高。视听续译教学法的可取之处在于：①语言协同性的增强，语言协同性不仅出现在情景模式上，还出现在语言结构上。视听续译中的视频文本为续译部分提供了语境、语法、句法的支撑，使学生在续译中嵌入原语信息，通过模仿原文本信息而缩小语言水平差距，达到语言协同效应。②传统教学模式中的听力理解注重于“听力”，单词或个别句子听对了就可以答题得分，而视听续译则偏重“理解”，不单单局限于某个句子、某句话，而是把思维聚焦在整篇文本中，立足于语篇角度进行续译练习，不仅有助于学生借助语境分析原语内容，利用协同性创造续译内容，还有助于学生加强语义构建，强化语篇结构，有效地将视、听、说结合，提高英语整体的发展水平。

但是，此次教学实验仍有不足之处，主要体现在：①此次研究的受众为中国学生，主要针对英汉双语内容展开调研，不能代表所有外语形式的教学；②此次教学实验为视听续译的短期效应，后续实验应对视听续译是否具有长期促学效应展开研究；③教学形式相对单一，视听续译能否在未来的教学中持续获得学生的学习热情，仍是个未知数；④视频文本都选自电影，内容相对单一，缺乏多样性，后续研究可加入其他形式的视频文本。

在此次教学研究中，“视听续译”教学法取得了一定的阶段性成果，但后续的教学实验仍将继续。值得一提的是，视听续译仍有很大的发展空间，教学过程需针对学生的实际情况微调，以适应国内英语人才的培养要求。在未来的教学中，国内英语教师应立足于学生实际，以创造性、创新型的课堂为基础，在语境的互动协同中，实现学生英语水平的全面提升。

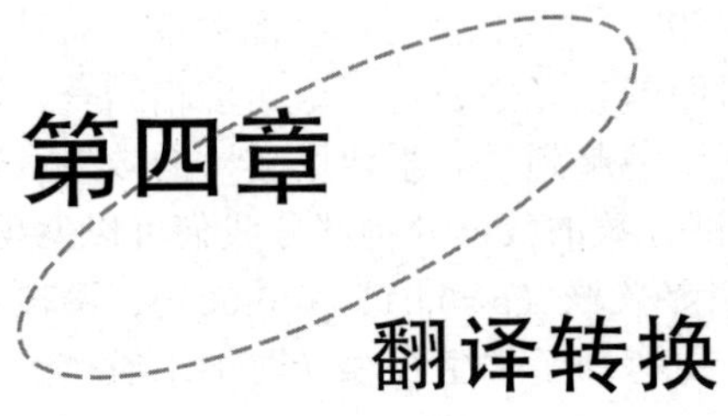

第四章 翻译转换

第一节 从“等值”到“转换”

一、卡特福德的翻译等值论

英国的功能语篇分析学派并非一夜之间产生。我们先对卡特福德为代表的早期的功能理论及其发展做简单的回顾。

卡特福德（J. C. Catford）以韩礼德的系统功能语法的理论模式为其翻译理论基础，在传统翻译研究与现代翻译研究之间架起桥梁。他的著名理论就是等值论及翻译转换论。

卡特福德把翻译理论看成是应用语言学的一个分支。他对翻译的定义是：“翻译可以这样解释：一种语言（SL）的语篇成分由另一语言（TL）中等值的成分来代替。”他认为，翻译这个词本身就是指把一种语言转换成另一种语言的过程，也就是指把一种语言的语音、文字、词汇和语法等系统转换成另一种语言的相应系统。

卡特福德的著作《翻译的语言学理论》（A Linguistic Theory of Translation，1965）是翻译理论发展的里程碑，他也因此书而被世界各地翻译界的读者认识，奈达称他为世界上最有影响的翻译语言学家。曼迪则认为，《翻译的语言学理论》一书是卡特福德“把语言学理论系统地运用于翻译研究的重要尝试”。

卡特福德曾在爱丁堡大学执教多年。在撰写该书的过程中，他曾与系统功能语言学的创始人韩礼德反复讨论。他（1965）在书中承认，他所采用的普通语言学理论基本上是爱丁堡大学的，尤其是韩礼德提出的理论，而这些理论又在很大程度上受到弗斯（J. R. Firth）学说的影响。

卡特福德借用了系统功能语法对语言的描述分类，尝试用韩礼德

(Halliday) 的阶和范畴语法 (Scale and Category Grammar) 来建立一个基于语言学的翻译理论模式。阶包括级阶 (rank) 、说明阶 (exponence) 和精密阶 (delicacy) ；范畴语法指的是单位 (unit) 、结构 (structure) 、类别 (class) 和系统 (system) 。他主张用级阶的概念来解释历史上争论不休的“直译”“意译”问题，认为意译打破了级阶的限制与约束，追求译文在句以上语言单位与原文的等值。在此基础上，他提出了“形式对应” (formal correspondent) 和“文本等值” (textual equivalent) 的概念，并区分了两者之间的差别。

形式对应是指译文语言范畴 (单位、类别、结构成分等) 与原文的语言范畴对应；文本等值是指译文全文或部分跟原文全文或部分等值。除提出“等值论”外，卡特福德还在《翻译的语言学理论》中用了整整一章的篇幅描述“转换” (shifts) 问题。他认为，翻译中有两种转换：层级转换 (1evel shifts) ，范畴转换 (category shifts) 。他采用了弗斯和韩礼德的语言模型，分析在某一语境中用作交际的语言。这一模型分析的对象是不同的语言层级(语音、词形、语法、词汇等)和级阶(句子、小句、意群、词、词素等) 。他认为，根据翻译的层次，翻译可分为完整翻译 (total translation) 和有限翻译 (restricted translation) ；而根据语言的级阶，翻译可分为逐词翻译 (word-for-word translation) 、直译 (1iteral translation) 和意译 (free translation) 。逐词翻译是建立在单词级阶上的等值关系；而意译则不受限制，可在上下级阶变动；直译则介于逐字翻译与意译之间。以下用英汉译例来解释卡特福德的转换概念。

二、卡式理论分类概念

在卡特福德看来，“转换”即为“从原语中目标语过程中偏离了形式的对应”，翻译转换分为“层次转换”和“范畴转换”两类，其中，“范畴转换”进一步划分为“结构转换”“类别转换”“单元转换”和“系统转换”四大类，具体来说这些分类的概念如下。

(一) 层次转换

卡特福德认为语言可以区分为以下四种可能的层次：语法层、词汇层、形态层和语音层。层次转换是指在原语中处于某一语言层次的成分，在目的语中的对应物却处于另一个不同的层次。有学者指出，理论上可以实现这四种层次的相互转换，但翻译实践中唯一可能发生的层次转换是语法到词汇的转换，反之亦然。在英汉对译中，若英语中出现表达语法意义的词形变化，相应地，汉语可根据需要通过加词或重组词序、隐含意义等表达其语法意义。如英语现在完成时的表达“have/ has done”，而汉语中却无相应的时态，需用“了”“已”“过”等表示。

(二) 范畴转换

范畴转换分为四种：结构转换、类别转换、单位／阶转换以及内部系统转换。以下用英汉译例逐一进行分析。

1. 结构转换 (即翻译方法上说的“结构调整”) ：

结构转换是指在翻译中发生于统一语法层次上的语言结构的变化，例如词序的变化，并未超出句子此类的改变。例如：

We ate to our hearts' content at her home last Sunday.

我们上星期天在她家饱餐了一顿。

此例原文的结构是：代名词 + 动词 + 程度状语 + 地点状语 + 时间状语；而译文的结构是：代名词 + 时间状语 + 地点状语 + 程度状语 + 动词 + 宾语。

2. 类别转换（即翻译方法上说的“词类转译”）：

使用属于不同语法类别的目标语词项来翻译源语词项，如词类的改变。例如：

My admiration for him is growing more.

我对他越来越敬佩。

例中英语句子的主语是名词 admiration，而在译文中，原来的名词转换成动词“敬佩”。

3. 单位／阶转换（即翻译方法上说的“直译”或“逐词译”）：

单位转换则是指等级的改变，它偏离了形式对等，源语某一等级上的语法单位的对等翻译是译语另一等级上的某一单元。例如：

It is said that over the last few years post0colonial study has been a popular topic.

据说在过去几年，后殖民研究成了一个热门的课题。

此句的译文与原文可说是在句子、小句、意群、词、词素等各个级阶都是对等：小句（1）：it is said= 据说；小句（2）：over the last few years post-colonial study has been a popular topic= 在过去几年，后殖民研究成了一个热门的课题。意群（1）：It is said= 据说；意群（2）：over the last few years= 在过去几年；意群（3）：post-colonial study= 后殖民研究；意群（4）：has been= 成了；意群（5）：a popular topic= 一个热门的课题。

然而，单位越小，对等的可能性就越小。到了词与词素的级阶，对等或等值的机会就少了。即使是 it is 这两个最简单的词，在汉语中也很难找到对等词。在词素方面，后（post）殖民（colonial）在汉语里其实也是舶来品。

4. 内部系统转换：

此类转换则是指源语与目标语具有结构形式基本对应的系统，但在翻译中又需要在目标语系统中选择不对应的词语。内部系统转换只有在源语语言和目的语言享有大约相同的系统时才有可能发生。卡特福德列举了英语和法语语言中的数与冠词体系。但是，曼迪指出，虽然两种语言中数与冠词体系有相似之处，但它们并非总是对应的。例如，advice 在英语是单数，属不可数名词，而在法语却变成了复数 des conseils。

三、评价卡特福德的翻译转换理论

无可否认，卡特福德的翻译转换理论对后来的相关翻译研究起到了先驱作用，此后大量的翻译学家开始借助此理论对翻译进行阐释便足以说明其领导作用。而且这种全新的翻译策略对翻译实践是不可缺少的，尽管作者所列举的几乎都是英语与法语以及俄语之间的例子，但在其他语言的翻译实践中也同样适用，比如，我国学者所写的卡特福德的翻译转换理论与汉英翻译的转换等相关论文。

此外，读者能够通过读其翻译转换从中得到翻译方法的启示。笔者尤其对卡特福德在层次转换中提到的“两种语言在翻译过程中有标记的词语是不可互译的”印象深刻，读到此处，不禁想到既然英语有标记的词语是用来指明事件进展或进行过程的持续体，俄语是明确动作的独特或者完成的完成体，二者之间不可互译，那么汉语的有标记词语应该是什么呢？是不是一种语言的有标记的词语相对于与不同词语是变化的？一种语言的有标记词汇是不是在某种情况下不只有一个？如果明确了两种语言的有标记词语是什么，就区分了什么可以互译，而什么情况下是不可以的，这无疑对翻译实践有巨大的指导意义。笔者还没有找到答案，不过这是读卡特福德的翻译转换理论的启示，有待进一步探索与深究。

卡特福德的翻译转换理论对翻译研究所起的作用是无可置疑的，但是，笔者认为，卡特福德的翻译转换理论存在以下三点缺陷。

首先，笔者认为其对于翻译转换的定义过于局限、不全面，翻译本身可以说是一种转换过程，那么，凡是翻译过程所涉及的相关问题都应该考虑在翻译转换之内，不仅对于形式，而且包含小到语音层面、大到篇章层面以及翻译所涉及的文化背景信息等等，所以笔者认为翻译转换应该为“从原语到目标语过程中任何偏离的对应”，那么，翻译转换的分类也应该更加全面更加复杂，不仅仅包含“层次转换”和“范畴转换”两个方面，语用及文化转换作为宏观层面的理论框架应该是卡特福德转换模式的有效补充。

其次，卡特福德的翻译转换理论的适用范围应该主要限于句子或以下层级，而对于更大的单位，比如段落以及篇章并不适用，从整体来看，卡特福德所举的几乎全部例子都是在词汇以及句子层面之间的转换，而对于段落以及篇章这样的大单位卡特福德并没有提及，所以这样的转换并不能在卡特福德的翻译转换中找到翻译策略。

最后，卡特福德并没有说明什么时候需要转换而什么时候转换是不必要的，就如同吉迪恩·图里在他的著作《描述翻译学及其他》中把翻译转换分为两类：必要转换和非必要转换。因为转换并不是在任何情况下都需要，初学者可能读卡特福德的翻译转换理论，误以为在任何翻译过程中都需要遵循这样的翻译转换理论，事实上有时候是没有必要的。此外，笔者认为，必要与非必要转换与个体转换中个体译者的能力和风格倾向有着紧密的联系，这也许是卡特福德翻译转换理论在解释翻译实践中的某些偏离现象的情况所欠缺处之一。

四、卡特福德的局限性

从上面的译例分析中，我们想到了我国 20 世纪 50 年代的陆殿扬教程《英汉翻译理论与技巧》和 20 世纪 80 年代初出版的张培基等的教程《英汉翻译教程》中所强调的翻译中六种重要方法：删略、增益、重复、转换、颠倒、否定，这两本有代表性的教程所提出的翻译方法跟卡特福德所主张的“等值”“转换”很接近，而且都在各自所处的环境中对翻译教学与研究起过非常重要的作用。所不同的是，陆、张教程只陈述经验性的原则与方法，而卡特福德是用语言学理论来说明等值及转换的合理性。

卡特福德提到了源于伦敦学派的奠基人弗斯(R．Firth)的语言学理论“语境”（Context）和“语境意义”（Contextual Meaning），但他自己却未能冲出句子面向整个语篇。他虽然宣称沿功能途径研究语言和翻译，但是，正如曼迪所批评的那样，《翻译的语言学理论》一书中的例子全部是作者编造出来的、脱离语境的、理想化的句子，不是实际翻译中的例子。不过，尽管有这些局限性，该理论思想仍具有很高的学术价值，因此，人们一提起沿传统语言学途径研究翻译，就会想到卡特福德，想到他的《翻译的语言学理论》。

第二节 翻译视角转换

长期以来，视角作为叙述中的隐含特征得到了语言学和文学学者的广泛研究，英国语言学家莱文逊（Levinson S.C.)为区分语篇主观性表达和客观性表达，根据叙述者与被描写物体的关系将文本的划分标准区分为内在参照系标准、相对参照系标准和绝对参照系标准。美国语言学家法恩根（Edward Finegan）从说话人的视角、说话人的情感和说话人的认识三个标准来确定视角的主观程度。对文学作品而言，瑞典文论家伯尔梯尔·隆博格也根据作者的视角的主观性强度分出四种不同的叙述方式：全知作者叙述；第一人称叙述；视角叙述；客观叙述。奥地利文论家斯坦采尔分出三种不同的叙述：全知作者方式；第一人称兼人物方式；第三人称人物视角式。另外还有前景化理论，图式理论，语篇世界理论，概念隐喻和整合理论，等等。以上这些例子还有很多，但无论说法有多么复杂，本质都是在描述作者通过何种方式表达客观的事物。调整的是描述主体、被描述客体和读者之间的关系。据此，本文将置身事外的第三人视角定义为客观视角，而将文本中角色的视角定义为主观视角，客观视角是固定的、不变的；主观视角却根据使用是否频繁而有程度差异。由于文体的限制，有的类型的文本对作者视角的限定比较大，这类文本大多具有事实性强，主观性弱的特点，如新闻、法律文本。有些文本虽然突出事实性，强调客观事物的忠实表达，却有着很强的主观性，如说明型文本、议论型文本。有些文本则突出主观性，不太重视客观信息的忠实传递，如广告。不同文本允许译者展现主观性的限度决定了译者在翻译的时候变换视角的范围与程度。即文本类型决定了作者视角能做出多大改变。

一、文学上的“叙述视角”理论

文学作品一共包含四大类：小说、诗歌、散文、戏剧。其中记叙性的文学，如小说和叙事性散文是中外文论家的研究重点。针对小说中的故事行为与讲述者的叙述行为之间的关系。不少文论家对叙述视角进行了划分。如瑞典文论家伯尔梯尔·隆博格的四分法和美国文论学家诺尔曼·弗里德曼的八分法。但无论他们按照怎样的标准进行区分，本质上都是在解释讲故事的人（叙述者）、故事内容、故事主角、听故事的人（读者）之间的关系。这种关系不仅体现在叙述者讲故事时的观察“角度”，而且还包含叙述的时间，叙述的焦点和叙述的声音。“任何文本都具有主观性，只是主观性的大小不同”。下面将对比不同的实例，列举不同的文本类型下如何进行视角转换。

二、叙述性文体中的视角转换

所谓叙述性文体就是指记叙某事或描写某物为内容的文章，在当前的翻译研究中主要包括小说和叙事性散文，记叙性文体由于比较偏重作者对故事的讲述方式，因此在文章中经常用到视角转换技巧。在翻译这记叙性文章时，要根据需要进行主客观视角之间的转换。比如英国女作家夏洛特·勃朗特在其小说 Shirly 中的一段：

In passing Fieldhead, on her return, its moonlight beauty attracted her glance, and stayed her step an instant. Tree and hall rose peaceful under night sky and clear full orb; pearly paleness gilded the building; mellow brown gloom bosomed it round; shadows of deep green brooded above its oakwreathed roof. The broad pavement in front stone pale also; it gleamed as if some spell had transformed the dark granite to glistering Parian.

原文采用的是全知视角，即从置身事外的客观第三者的角度观察主角的行为过程，通过原文我们可以看出，原文大多运用“on”“in”等介词来表示一个静态的行为过程，这个行为过程是置身事外的第三人所观察的。原文的景致描写几乎都是第三人的视角而没有涉及主角的视角。我们再看看如下两篇译文。

译文一：在回家途中，路过菲尔哈德的时候，她的目光被美好的月色吸引住了，一时她收住了脚步。大树和宅地静穆地伫立在夜空和明澈的圆月下面；月光给那幢建筑镀上了一层珍珠似的苍白色；四周幽暗而柔和的褐色把它环抱着；深绿色的阴影笼罩着他那被橡树花冠覆盖的屋顶。门前宽阔的地面也是白晃晃的，闪出熠熠的光辉，仿佛有人使了魔法，把黝黑的花岗石变成了光彩夺目的大理石。

译文二：在路过费尔哈德的归途中，美好的月色将她吸引住了，她停住了脚步，只见大树和宅地静穆地伫立在夜空明澈的圆月下，月光给那栋楼镀上一层银珠色，四周幽暗而柔和，深绿的浓荫笼罩着橡树花冠覆盖的屋顶；门前宽阔的路面也是白白的，熠熠闪光，仿佛有一种魅力使黝黑的花岗岩变成了光耀夺目的大理石。

译文一翻译得很好，比较忠于原文的视角，即将写景部分仍用第三人的角度如实地翻译了过来，但却不太符合汉语读者的表达习惯。汉语由于强调动态，在表达中喜欢强调施动者。而译文二则通过“只见”两字，巧妙地将对景色的描写通过主角的视角展现出来，故事主角在一个回家的晚上被月色所吸引而停下脚步，此时此刻，楼上的银辉、深邃的影子，门前熠熠发光的大理石闪耀着光辉不正是故事主角所见的景色、发出的感叹吗？将客观、呆板的客观视角改为生动、活跃的主观视角，有时候更能符合汉语流畅、疏放、具有动势感的特点。类似的例子还可以参见美国作家菲茨格拉德的 Babylon revisited(《重游花都》):

Outside, the fire-red, gas-blue, ghost-green signs shone smokily through the tranquil train. It was late afternoon and the streets were in movement, the bistros gleamed. At the corner of the boulevard des Capucines he took a taxi. The place de la concord moved by in pink majesty; they cross the logical seine, and Charlie felt the sudden provincial quality of the left bank.

译文一：外面，火红色的、荧蓝色的、鬼绿色的霓虹灯在蒙蒙细雨中闪耀着，如烟如雾。已是傍晚时分，街上正在活跃起来，小吃店灯光闪闪，他在修女大道的转角处雇了一辆出租车。他们驶过淡红色、雄伟的协和广场，超过理应跨过的塞纳河，这时查理感到“左岸”迥然别有乡土风味。

译文二：傍晚时分，在烟雾蒙蒙的雨中，霓虹灯闪着红红绿绿的光，好似魑魅魍魉。街上有些行人了，小吃店也上了灯。查理在卡普岭大道的拐弯处搭上了出租车，驶向协和广场，越过塞纳河，到达了左岸，广场雄浑绯红的色调消失了，眼前是一股乡土味向他迎面袭来。

这同样是一篇以第三者客观视角描写的内容，但通过比较译文一和译文二可以发现，远处的霓虹灯、街上的人影幢幢，以及之后查理“搭”上了出租车，“驶”向协和广场，车子“越”过塞纳河“到”左岸，接着“感受”到迎面袭来的乡土味，不也正是故事的主人公“查理”一系列的行为和感受吗？译文二相比译文一好在不仅合理调整了前半段描写部分的位置，更方便读者阅读，而且将后半部分用查理视角描写出来，并使用“搭”“驶”“越” “到”“感受”等一系列动词，使观众仿佛如查理般经历了整个事件。整个故事线索逻辑自然，过渡清晰，过程一气呵成。译文二是巧妙运用主观视角的另一成功例作。

三、非叙述性文体中的视角转换

非叙述性问题包括说明文、议论文和其他应用文体，这类文体大多由于目地性强，突出客观事实，其语言相比叙述性文体而言具有程式化、固定化的特点，因此在进行视角转换时往往受到客观视角的严格限制。但这也并不是说，译文就不能进行视角转换了。有的时候具体化到某一段，甚至某一句话的时候，我们仍然可以调整叙述的时间、叙述的焦点或者叙述的声音来达到使整个译文流畅、自然的目的。如以下两个新闻例子。

例一：A retaliatory Chinese ban on selected US imports is scheduled to be imposed on Friday if the three-day talks fail to reach an agreement.

如果为期三天的中美双边贸易谈判不能达成协议，中国将定于星期五对美国进口物品有选择地实施报复性制裁。

例 二：Sprint Nextel was denied participation in the acquisition program, called Networx, which lasts 10 years, the US General services Administration said in Washington. Shares of Sprint, the third biggest US phone company, lost some of the day’s gains after announcement.

美国联邦总署华盛顿消息：斯普林特 · 内斯特尔公司未获得这次历时 10 年、名为 Networx 电信项目的竞标。该消息披露之后，这家美国第三大电话运营商斯普林特公司的当天投资额有所减少。

例一出自新华社报道，讲的是中国对美国歧视性贸易政策所做的回应。那么自然而然其语言就应该是强硬的。在例一中作者为了突出主语“A retaliatory Chinese ban”而使用了被动语态，但在译为汉语时就应该加入主语“中方”。这么做的目的既能够构成使动式，又能够站在“中方”的角度直接提出强硬要求，符合文本作者果断、直接的态度立场。

例二中源文本是间接引用说话者美国联邦总署的话，符合英文句子结构复杂，插入部分长的特点，译文二将过长的说话者美国联邦总署提前，引导读者将该段话理解为直接引用，成功地将原本单一的表达视角分层，避免了客观视角下信息的逻辑倒置造成阅读困难。使读者能够更清晰地看清原文的逻辑结构。

有些非叙述性文本，如广告具有较大的主观性，常常通过将读者引导进设置的情节中来达到目的。那么在翻译的时候应该保留这种主观视角。使得观众能够产生共鸣。

例：MA PROMESSE Moisturizing toner contains natural licorice, astragalus and ginseng. It is absolutely alcohol free. It is a deep cleanser and moisturizes, hydrates and tones the skin. After application, the skin feels fresh, clean and revitalized. Suitable for all skin types.

译文：诺美思柔嫩温和爽肤水温和配方，不含酒精，能够彻底清除肌肤深层残垢，更重要的是它能软化皮肤表层，为肌肤做好准备，吸收各种滋润成分。内含多种天然植物精华：甘草、紫云英、人参。适合各类肌肤使用。

在译文中，译者创造性地采用了“含”“能”“准备”“吸收”等词，使读者的视角与作者发生重合，并移情于客体中，凸显该产品集精华于一身，光鲜亮丽的特点，保持了视角的高度主观性。

四、英译汉中视角转换的原则与方法

英语是一种静态的语言，倾向于把大量的动词介词化、名词化。除了特定文体，英语倾向于使用“intend to”“in the hope that”等语气较为平淡的动词来表达某种正式、涵养。同时，英语为了保证语气的正式往往允许使用一定的被动语态，并隐去主语。而汉语是一种动态的语言，喜欢使用“着力”“起手”“加强”“有必要”等附加动词以加强语言的动作性，并喜欢从主语的视角出发以凸显动势。因此，从宏观来看，英译汉应是一种根据文体需要将客观视角转化为主观视角的语言。但这种转换不是随意的，必须结合文本类型、作者意图和该句、段所在的语气语境来转换。叙述性文本中的视角转换还应当遵循该段原文的视角变换过程。否则可能矫枉过正，违背了作者本来的意图。经过总结，在英译汉中视角转换的方法主要有以下几种。

1. 添加主语

在英语中由于被动语态的存在，很多句子会省去主语。在翻译这样的句子的时候，根据需要添加施动者会增加整个句子的动势感。如：文章第三部分的例一。但要注意两点：一、该省略的施动者必须是作者该说而未说的施动者，而不能改变施动者。如：Gold was not allowed to be exported. 的施动者就只能是出口商 exporter. 其他缩小、放大或者与其范围不符的主体都不能作为施动者被翻译出来。二、作者本意不需要添加施动者的就不能添加施动者。如一篇自己公司开出的产品缺陷责任书中仅提到了“a mistake was made”翻译时就应该译为“产生错误”而不能译为“我们犯下错误”。

2. 合理运用能够体现作者主观性的动词

汉语中动词数量丰富，组合多样。一般来说，基于视听触感，能产生代入感的动词属于能够体现作者主观性的动词，如只见、“放眼”望去、着手、着力。在叙述性文体中，合理使用这样的动词能够将客观视角描写的，其实是故事角色所听、所看的景物与所做出的动作用故事角色的视角表达出来。这么做的目的，是为了准确传递原文隐含的视角变化，因此只有当原文本身暗含从客观视角到主观视角的传递时才能这么翻译，如本文第二部分的译文二。“她”路过费尔哈德时被月光吸引是第三者视角观察的情况，而“她”停住脚步后所见的景色则是“她”主观视角观察到的。译文一没有体现这种转变，译文二却体现了。

3. 合理使用强势动词

在翻译命令、指示语气的文本时，由于本身语气的需要应当尽量多采用语气较强势的动词。如：“made lost”应翻译为“丢失”、“intend to require”应翻译为“要求”。

4. 正确翻译被动语态

英语在表达客观概念时喜欢使用被动语态来保证客观性，在翻译英语的被动语态时应根据需要将其还原为主动语态，以保持完整的施动者—动作—受动者的结构。

视角问题是文章、段落和句子都有的普遍问题，在翻译不同类型的英文文本时可以在不同层次上进行视角转换，然而，这种转换后的视角必须和原文的隐含视角相一致，也就是说，所谓“视角转换”其实是为忠实反映或点出原文的隐含视角，并尽量符合汉语的表达习惯。

第三节 “翻译转换法”与翻译教学

本人在云南大学旅游文化学院大三年级（在校第六学期）英语专业学生中设计了一次教学实验，选取了两个教学班，一个为实验班，采用“逆向全过程”教学法；另一个为对比班，采用普通教学法，即讲授法。时长为一学期。采用“逆向全过程”教学法的班级需进行翻译教学改革，把传统的教师讲、学生听的模式彻底改变，以求达到更好的教学效果。学生们均处于大三下学期，已经上过一个学期的翻译课，包括笔译与口译，对翻译技巧、翻译理论有了初步的了解。教师在学期开始前，为两个班的每位学生下发一份调查问卷，主要作用在于反思学生自身的翻译薄弱环节、对翻译技巧的理解以及对今后翻译课程的期许等内容，收到的学生反馈信息如下。

（1）部分学生认为翻译课程虽然注重理论与实践的结合，但是对自己的翻译水平提升帮助不大，原因可能在于没有理论联系实际，句子的翻译总是达不到要求，似乎很难掌握翻译的精髓之处。

（2）教师在讲解翻译作业时，没有结合具体翻译技巧讲解，导致学生虽然知道标准答案，但在下一次的练习或作业中很难用到；课堂中讲授的知识点也很难用到实践中去。

（3）翻译理论讲解很少，多是技巧类的讲解，而翻译理论也是翻译课程中十分重要的内容，理论无法联系实际。

（4）长难句的翻译存在一定的不足，学生们很难驾驭长难句翻译，尤其是文学类的翻译，经常不知原文所云，导致译文与原文出入太大，究其原因可能是文化与翻译结合不紧密，用中文的思维理解英文，实在牵强。

（5）平时测验和考试时，都以课上内容为主，课上内容又十分有限，难以支撑英语专业学生日后面临的重重考试，如考研、专八等。

（6）学生在学习了一段时间的翻译后，对于许多技巧和理论仍然一知半解，没有融会贯通，使之很快被遗忘，没有真正地印在脑海里。

综合学生的调查问卷信息，笔者设计教学实验如下。

受试学生共两个班，100 人，进行分组翻译练习，翻译文章从易到难。笔者与另一位英语专业教师（有 6 年高校教学经验）合作，共同参与评分和数据采集。数据收集分三次进行，教师分别在学期开始、学期中和学期末对学生翻译内容评分，学生拿到分数后进行改正并讨论，提出教学意见和建议，由小组组长记录，并在学期末分两方面对测试结果和学生反馈进行归纳总结。数据分析分三步进行，首先，由两位教师制订问卷调查，重点是学生自我认知，心理状态和对翻译课程改革的初步看法，由两位老师计算出百分比，由百分比制订下一步教学计划，并初步制定翻译质量标准；其次，由小组组员在翻译练习结束后提交书面反馈录音，并以小组为单位形成书面材料，再由教师对学生各阶段的反馈进行总结；最后，在　整学期翻译练习之后，教师以同样的问卷形式对学生的翻译能力以及心理状态进行评估，进而得出最终的翻译课程改革标准。

（一）首次反馈

在翻译课教学实验开始之前，笔者与另一位教师进行了教学探讨，制订了问卷调查表与初步的翻译评分标准。此次教学实验是在课下完成的，并没有设置专门课程，为的是能让学生在时间充裕、状态良好的条件下进行翻译练习，以反映学生的真实水平。

笔者于 2017—2018 第二学期开始进行教学实验，在课间发给受试学生调查问卷，由学生仔细阅读填写，此调查问卷前两部分每题有 5 个选项，分别用数字 1~5 表示，数字越大就表示越同意，5 个选项的设立可以确保问卷调查的准确性和客观性。调查问卷第一部分是关于学生是否了解“翻译课程”，第二部分是关于学生的学习心态问题，第三部分为选择题，给出具体选项，询问学生有关“翻译文本”评估标准的问题。笔者根据此次调查问卷，选出三个与翻译课程改革相关的问题：①我认为翻译课程改革后比传统翻译课程更难。有 99% 的学生选择了 3 或 3 以上的选项，平均分为 4.37，说明从学生角度来看，逆向教学法是一项不小的挑战。②我认为为逆向教学法中的翻译文本设立评分标准是必要的。此题平均分为 3.68，笔者询问了部分在此题选择 3 以下的学生，学生认为平时严谨的英语教学评分标准多是因为题目答案的唯一性，而翻译文本是开放题型，由于大家写出的译文各不相同，很难有一个统一的评分标准，而评分标准的设立又会限制学生的发挥，让学生不自觉地按照评分标准的规定来写，失去了翻译的价值。③你心目中的翻译文本最重要的评分标准是什么？此题选项为：A. 译文完整度；B. 语法；C. 逻辑；D. 修辞；E. 语境；F. 词汇， 其中 5% 的学生选择 A 选项，21% 的学生选择 B 选项，23% 的学生选择 C 选项，13% 的学生选择 D 选项，29% 的学生选择 E 选项，10% 的学生选择 F 选项。笔者根据此次调查问卷情况，选择了适合学生水平的文章，给大一学生的英语原文是关于一个小学生第一天去上学，与家人和同学之间的故事。给大三学生的是关于一个囚犯被释放后，坐车回家，担心妻子不原谅他的故事。两个故事均为欧美作者的原语作品，未做任何删改，让学生按照自己的理解进行翻译，评分标准参照了学生的问卷调查的结果，分为 6 项，分别为译文完整度（1%）、语法（23%）、逻辑（23%）、修辞（21%）、语境（29%）、词汇（6%），这是暂定的评分标准，会在下一次成绩反馈后组织学生讨论。

一个星期后，教师收回学生的翻译作业，此次练习没有经过教师事先讲解和教学，与传统的教学方式完全不同，所有教学内容均为学生自学，教师对译作进行了初步评分后，反馈给学生，并组织学生进行课堂讨论，讨论之前，请学生们在自己的文章中画出自己认为满意的地方，并请学生们以小组为单位整理后分享给大家，通过观察，教师发现学生在课下的翻译内容虽有不足，但却用到了此次课程中的“增译法”“省略法”等翻译技巧，这些技巧还没来得及在课堂上讲解（由于此次的教学改革为“逆向教学法”，即先实践再讲解，因此作业中出现的许多知识点并没有讲解到，而是通过作业的方式让学生们自学）。教师在学生分享优秀译文的过程中，认真记录下精彩的部分，再一次注意讲解，使学生们印象再一次加深。

理论课是此次翻译教学改革中的压轴部分，由于此次的翻译课主题为“翻译转换”，教师着重讲解和介绍了翻译转换法的由来、发展以及应用，把平时学生熟知的翻译技巧和国外翻译理论紧密结合，让学生们通过练习而学习，更能够加深印象。

（二）学期中反馈

此时已是学期中，学生已经比较熟悉翻译的大体思路了，此次教师同样准备两篇记叙文，要求学生翻译。发给大一学生的英语原文大体内容为母亲写给她孩子的信，重点突出母爱部分。发给大三学生的文章为一个人的求职经历。在此次翻译练习之后，学生分数如下。

（1）学生认为规定译文完整度有助于英语学习，长度适当的文章可以迫使学生多用复杂的句式和词汇，因为用简单句拼凑的译文文笔不够优美，无法支撑复杂的情节和内容设定。经教师与学生讨论后得出结果，有关译文完整度的分值需有所增加。

（2）学生认为语法虽重要，但不应占用太大的分值。大三学生已经掌握了语法使用，基本可以灵活运动语法，因此语法方面的分值可以降低。

（3）英语逻辑连接词是他们需掌握的重点内容。Zhang Meisuo 指出：中国学生逻辑词使用存在指示含混、连接词错用或使用过度、词汇衔接的使用局限等问题。连接词如同网络一样将语篇连接在一起，使文章语义连贯自然。Quirk 将连词、连接副词、介词、介词短语等语篇连贯词归入逻辑连接词范畴，这些词在文章中表示时间顺序、方位关系、因果关系等概念。经过教师与学生讨论，英语重形合，逻辑十分严谨，因此可以加大逻辑方面的分值，以帮助学生重视英语文章的逻辑性。

（4）西方修辞学对英语写作的影响是毋庸置疑的，Kaplan 认为修辞是“跨语言、跨文化的对比”。以及 Kachuru 以修辞风格为基础的社会文化概念，使得英语修辞在写作中具有重要的地位，韩礼德认为语言不是独立成句的，而是一套完整的、相互关联的意义潜势。大三学生已经学习了一个学期的英语修辞学，把修辞运用于翻译中，有助于巩固语言知识，因此，作为可以增添文章文采的修辞学，在评分中可占有一定比例。

（5）语境方面，为了达到接近原语语境的效果，学生在课下阅读了大量英文原版文章，在翻译过程中，教师反复强调要多回读文章，回读过程有助于使译文文章与原语文章形式趋同。学生认为，评分标准中，语境评分百分比需加大，这样会使学生更加注意语言与语言的对等、上下文的衔接和语境的一致性。经过讨论，教师决定适当加大语境方面的分值比重。

综上所述，翻译的评估标准暂定如下：译文完整度（10%）、语法（10%）、逻辑（30%）、修辞（20%）、语境（25%）、词汇（5%）。

（三）学期末反馈

经过一个学期的翻译教学实验，学生已经可以把握翻译的基本要求了，本学期共组织学生进行了 14 次翻译活动，每次翻译结束后，修改过的文章都及时反馈学生，教师每次选取 2 篇文章进行精讲和共享。在学期末最后一次翻译评分中，学生的分数分布如表 4-1 所示：

表 4-1 学生翻译分数分布表

分 数	大一学生	大三学生
80 分以上人数	9	13
70~79 分人数	14	17
60~69 分人数	24	38
60 分以下人数	3	1
优秀率（%）	18	26
及格率（%）	94	98
不及格率（%）	6	2

此次数据分析以两种方式进行：①教师采访部分学生，将他们的反馈记录下来；②重新在两个年级进行问卷调查，之后教师组织课堂讨论，制定最终的翻译评分标准。

随后，教师组织学生进行问卷调查，问卷内容与开学初的内容相同，经过一个学期的教学实践，请学生选出符合自己想法的选项，再由教师统计收上来的数据进行分析。笔者选取了与翻译评分标准相关的问题呈现如下：①我认为翻译比传统写作更难。有 43% 的学生选择了 3 或 3 以上的选项，平均分为 2.57，由此可见，学生对于翻译的心理障碍明显减轻，这归功于一学期的教学实践和教学评估。②我认为为翻译设立评分标准是必要的。此题平均分为 4.39，经过一学期的读写练习，学生已发现了评估标准的重要性，愿意改变学习态度和方法来迎合教学评估，并以此受益。③你心目中的翻译最重要的评分标准是什么？此题选项为：A. 译文完整度；B. 语法；C. 逻辑；D. 修辞；E. 语境；F. 词汇。其中 7% 选择了 A，9% 选择了 B，31% 选择了 C，19% 选择了 D，30% 选择了 E，4% 选择了 F。由此可见，学生对于写好英语作文的心态发生了改变，语言内容是文章的灵魂，学生们也意识到了这一点，因此，评估标准的设定能够引导学生选择合适的侧重点。

（四）结语

20 世纪 70 年代，功能语言学家韩礼德提出，语言习得不是习得语言规则，而是习得意义潜势。（meaning potential），语言的意义存在于具体的使用过程中，离开了语言使用的具体环境，就很难确定语言的意义，任何话语的意义都不能脱离相应的“情景语境”。教师在翻译教学实验中要扮演一个合适的角色，促进英语的有效输出，通过教学过程和教学评估，建立学生自信心。“翻译”教学法已在全国多所高校取得了教学进展，上述教学实验从翻译的评估标准着手，力求翻译在教学实践中取得更好的教学效果，通过上文的教学实验，可以得出以下几点结论：①翻译主观题型评分标准的设定须分等级进行，等级划分可根据文章题材而选择，如记叙文偏语境、修辞等，至于每个等级以怎样的百分比进行评分，要看学生的英语水平。②教师在进行翻译教学时，最好事先考察学生英语水平，翻译结合了英语输入与输出，没有一定的英语基础是无法翻译的，由于不同年级的学生英语水平不同，在进行教学实验时，若能根据学生年级和英语水平灵活设定，定能达到预期的教学效果。③翻译新题型的教学实践须时刻关注学生心理活动的变化，让学生主观上愿意接受新的教学方法和评估标准，更有助于教学方法的实施。④教师应注意提高主观题型的评分信度和效度，设立的等级可根据学生的需求增加或减少。⑤翻译教学的优势是把语言与文化结合，再通过学生的思维展现出来，如此这般，英语便有了灵魂。但是对于学生来说，有灵魂的英语是很难驾驭的，这就需要一定的方式方法促使他们接受，教学反馈分为学业反馈和情感反馈，教师应巧妙地运用两者之间的关系，制定合适的评估标准，可依据学生水平的变化不断微调，取得渐进式的成功。

翻译仍需要大量教学实验，英语教学不只是教学理论，更是指导实际的教学方法，好的教学方法操作性强，有助于学生发挥潜力，今后的教学实践中，教师应掌握行之有效的教学手段，教学实践的评估标准也需一致，也就是说，学校应统一培训参与评估的教职人员，未来如何培训教职人员，仍是值得深思的问题。综上所述，此次的教学实验结果是肯定的，学生学习态度积极，便是教学的好开端，能让学生接受的教学方法，才可以更好地指导教学。

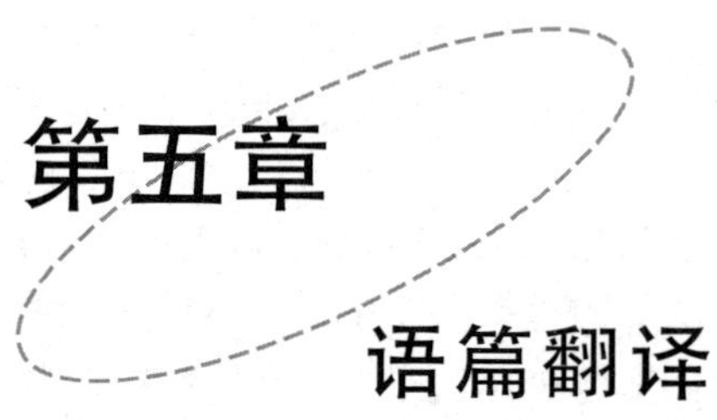

第五章 语篇翻译

第一节 翻译文本的内在联系

一、翻译与语域

语域（Register）是语言使用的场合或领域的总称。语言使用的领域种类有很多，例如：新闻广播、演说语言、广告语言、课堂用语、办公用语、家常谈话、与幼童谈话、与外国人谈话、口头自述等。在不同的领域使用的语言会有不同的语体。

语域由多种情境特征相联系的语言特征构成。为了达到某个交际目的，每个语篇会针对特定的交际场合生成一种功能变体，它是不同变量的综合体现，而不是单一的语篇方式变体。语域分为三个变项，即语场（field），语旨（tenor）和语式（mode）。语场指的是交际进行时发生的事情，包括交际的环境、对话的主题以及参与整个对话活动；语旨指的是交际双方或交际者之间的角色关系，包括他们的社会地位、说话态度和交际意图等，在语篇中的体检就是语言正式与否，从语旨中可以体会到交际者之间的关系和交际场合；语式（mode）指的是语言的交际渠道以及语言所要达到的功能，包括修辞方式等。

与语言使用者相关的变体需适应话语主体的一系列特征，包括话语发出者的地理因素（影响方言和思维模式）、社会阶层、语言使用情况等。而与语言使用相关的变体则需通过语言本身来反映说话者的职业倾向和场合的正式程度。而在这两种变体中都能清晰地体现出语场、语旨和语式。

关于翻译标准的论述，英国著名翻译学家亚历山大 · 弗雷赛 · 泰特勒（Alexander Fraser Tytler）于1792年发表了他的著作《论翻译的原则》，其中就提出了翻译的三大原则：一、译文需完全再现原作的思想；二、译文的笔调和风格应与原文相同；三、译文的表达应与原文一样流畅。对于翻译的初学者来说，“忠实”与“通顺”是必须谨记的最低标准。“忠实”即准确再现原文的思想，“通顺”即译文的行文需流畅地道。之后，不少中国的翻译大家也对翻译标准提出了他们的见解，其中最具影响力的莫过严复。他于1898年提出优秀的译文应做到“信”“达”“雅”。但其中的“雅”引起了人们的异议。严复所谓的“雅”是指译文应文字古雅，这就具有时代的局限性。如果在翻译的过程中一味追求文体古雅而不顾原文的风格，则会与“信”产生矛盾。因此，后人给严复的“雅”添加了新的内容：保持原文的风貌。

由此可见，无论是翻译的初级标准还是高级标准，都和语域理论有着密不可分的联系。语场、语旨和语式时刻规定和制约着翻译标准。严复的“雅”字之争尤其体现了这一点。译者在翻译时需注意原文的具体语境，包括语言发生的环境、谈话的主题以及参与讲话者的整个活动，人物或对象间的角色关系，原文语言的正式程度，语言的交际渠道以及语言所要达到的功能等。这样译者才能真正做到忠实于原文。

（一）语场对译文的影响

语场指的是交际中的谈话内容，也就是说在具体的语境下谈论特定的主题，对交际性质的判断起决定性作用。语场构成话语的主要范围，并影响词汇和话语结构的选择和使用。因此，作为译者，必须对源语和译语的语场有充分的把握，这样译文才能准确无误地传达原文思想并让目的语读者充分接受，这在科技文章翻译中尤为典型。请看下面的例子：

Thus the rods by falling, and by the direction in which they fell, recorded for the slumbering scientist the strength of a shock that was too weak to waken him and the direction from which it came.

译文一：这些棒通过跌倒和倒下的的方向，为正在打盹的科学家记录下过于微弱以致不能把他惊醒的一次冲击的强度和冲击来自的方向。

译文二：这样，通过杆子倾倒的情况和倾倒的方向，可以为由于地震微弱而尚未惊醒的科技人员做地震强度和震源方向的记录。

很明显，译文二要比译文一要通顺流畅了许多，用词也专业准确，可见译文二的译者对原文语场把握较为准确。而译文一则看不出译者有任何相关学术背景，此原作者意思的理解也不慎准确。例如“跌倒”“冲击”“冲击来自的方向”表述得都很不专业，和原文表达出了不同的语场，因此不能称之为合格的译文。作为英语专业的翻译人员在做科技等对专业性要求较高的翻译时一定要注意仔细研读原文、补充相关知识，努力再现原文语场。

（二）语旨对译文的影响

根据语域理论，具体情境中参与者的社会地位和角色分配是不同的。每个人在交际时都会展现自己的话语特征来传递信息和表达感情。而每个交际者的社会地位、谈话背景、人际关系、说话态度、交际目的以及行为方式都会直接影响到其说话的语气、用词和风格。美国语言学家马丁 · 鲁斯将语言的正式程度分为五个等级：极正

式 (frozen)、正式 (formal)、商议 (consultative)、随便 (casual) 和亲密 (intimate)。因此译者应在充分理解原文的基础上再现原文基调。请看下面的例子:

阿 Q 将衣服摔在地上，吐一口唾沫，说:“这毛虫!”

“癞皮狗，你骂谁?”王胡轻蔑的抬起眼来说。(节选自阿 Q 正传)

译文: Ah Q flung his jacket on the ground, spat, and swore, “Hairy worm!”

“Mangy dog, who are you calling names?” Whiskers Wang looked up contemptuously. (杨宪益译)

原文中从阿 Q 和王胡的对话就不难看出他俩的文化程度和社会地位都不高，且语气随便，充满强烈的感情色彩。译文也再现了原文风貌，将阿 Q 的逞强和王胡的霸道充分体现了出来。

(三) 语式对译文的影响

语式是指语言交际的形式。语式可分为书面语体和口语体、正式语体和非正式语体等。译者在翻译时应把握好语式。请看下面的例子:

Fourscore and seven years ago our fathers brought forth upon this continent a new nation, conceived in liberty, and dedicated to the proposition that all men are created equal. (节选自葛底斯堡演说词)

译文: 八十七年前，我们的先辈在这座大陆上建立了一个崭新的国家，它以自由为立国之本，并致力于这样的奋斗目标，即人人生来都具有平等权利。(姚媛译)

原文作为演说词的开篇，属于典型的正式语体，其中“fathers”“brought forth upon”“liberty”“dedicated”“proposition”等词汇尤其体现了其正式性。译文中“先辈”“建立”“自由”“立国之本”“致力于”“奋斗目标”等词语也都较好地展现了原文的正式性，使读者在阅读译文的时候可以充分体会到神圣肃穆之感，并且能够想象出美国的开国者们的不易和伟大。所以这个译文是可以被广泛接受的。

译者在接到翻译任务的时候，不能盲目进行翻译活动，而要先做好必要的准备工作，其中重要一环就是要判断确定语域。一定要注意原语作者或交际者的语言特征和语域程度，考虑衡量其语言的正式程度。除特殊情况外译者务必不要冲破语域框架的限制。举个例子，如果原文是一篇学术类论文，那么译文就应译成正式文体的形式，若原文是一篇幽默故事，那么译文就应译成非正式文体，而且译文语域对于原文的一致性体现需表现语音、词汇和句法等各个方面。

基于系统功能语法的语域理论，本文从语域的语场、语旨和语式这三个层面探讨了中英翻译中的语域对应问题。实际上，这三个不同层面不是孤立存在的，而是相互支撑的。作为译者，一个重要的任务就是把这三个层面有机地恰当地融入到译文中去，使译文与原文在语域上保持一致，这既是对原文作者的尊重，也是对目的语读者的负责任。对于翻译初学者来说，在平时的翻译练习中应有意识地注意语域的对应，这对于培养良好的翻译思维和翻译习惯是有不少益处的。

语域理论创立之初虽然并不是为解决翻译中出现的问题，但在其随后的发展过程中为翻译理论家所用并产生了良好效果，研究语域的作用也已在翻译实践中得到了充分的证明。它着重研究并揭示语言随情景变化而变化的现象及规则，以帮助语言使用者了解和掌握语境对语言的制约规律。译者在翻译时应注意原文语域，力求做到译文的忠实，使译文读者能像原文读者那样完整真切地体会、欣赏文本内容。

二、翻译中的语域对应

语域这一术语最早是由 Reid 在 1956 年研究双语现象时提出的，用来描述语言运用的变体。20 世纪 60 年代 Halliday 等人继承并发展了前人（主要是 Malinowski 和 Firth）的语境理论，形成语域理论。根据韩礼德的界定，语域指的是“语言的功能变体”(function variety of language)。韩礼德把语境因素归纳为三个组成部分：语场（field）、语旨（tenor）和语式（mode）。语境的三因素任何一项的改变都会引起意义的变化，导致语言的变异，产生不同的语域。根据韩礼德（1964）的观点，翻译的过程在本质上是一种语言活动，对等在本质上不是形式的对等，而是语境的对等。他认为，翻译过程中译者应使译文再现原文的语域特征，恰当表现原文赖以产生的语场、语式、语旨，使译文与原文的语域特征达成一致。因此，要实现“忠实”和“最大限度的对等”翻译策略和标准，译者，首先是作为读者，必须对源语语篇的语场、语旨和语式及其在语言层面上的体现特征了然于胸，透彻理解后，才能追求多种语域对应方式，力求实现语篇效果的对等，以达到确切的表达。笔者试从决定语域特征的三个层面，发掘决定语篇的主要因素，进而研究翻译中这些因素在语言形式上的体现。

（一）语场的对应

语场是指实际发生的事情，包括语篇发生的环境，谈话的话题，以及参与讲话者的整个活动。语场所涉及的是交际活动中的话题和题材（topic and subject matter），它构成话语的主要范围，决定话语的用语，即交际内容，并影响词汇和话语结构的选择和使用。因为交际者一旦建立了交际的话题，便在相应的语域里确立了其词汇的选择范围。因此，就话语活动的主题或话题来说，语域的话题与语言使用的变异有着明显的联系，Trudgill 就认为，“通常情况下语域差异的特征是语篇中用词的不同，或是由于选用了某些特殊词汇，或是由于选用了词汇的某一特殊意义。”译者必须熟悉源语和译语的相关语场在这方面的特点，才能做到准确翻译。

例：To the people of poor nations, we pledge to work alongside you to make your farms flourish and let clean waters flow; to nourish starved bodies and feed hungry minds.

译文一：那些穷国的人民，我们保证会和你们合作，让你们的农场丰收，让清流涌入，滋补饿坏 的身体，喂养饥饿的心灵。

译文二：对于那些贫穷国家的人民，我们发誓将跟你们并肩战斗，让你们的农场繁茂、让洁净的水源流淌，让挨饿的身体获得营养、让饥渴的头脑获得食粮。

这是奥巴马就职演说的一个片段，语场是奥巴马表达出自己愿意帮助贫穷的国家，向他们伸出援助之手，共同努力的决心。奥巴马在这段话中用了“we pledge to work alongside you”，这是一个很重要的句子，因此在翻译的时候，考虑其语场背景尤为重要。

译文一译成了“我们保证会和你们合作”，在这里“保证”和“合作”都是中性色彩的词，虽然也能够表达出美国会帮助贫穷的国家，但是语气并不强烈，不能表达出原文中奥巴马总统表达的那种强烈的感情，显然未能贴近原文的语场，而是选取了这些词的常用语义；译文二用了“发誓”和“并肩战斗”这两个表示强烈感情色彩的词，“发誓”表达出了奥巴马政府帮助贫穷国家的坚定决心，“并肩战斗”则体现出了奥巴马政府愿意与贫穷国家站在同一战线上，同甘共苦，帮助贫穷国家，共渡难关。这样的译文体现了原文演说的氛围和背景，贴近原文的语场，最大限度地实现了语篇效果的对等。

（二）语旨的对应

语旨指的是参与讲话者之间的角色关系，包括他们的社会地位，说话者的态度和想要实施的意图。语篇因个人语旨不同而产生不同体式的语体，如庄严体、正式体、非正式体、亲昵体等。参与者的人际关系不仅能够对交际情景中人际互动现象做出有意义的描写，同时也直接揭示了语境与语言的关系，也就是说，在一定的语境中，参与者的身份对其语言使用的变异有着直接的影响，由此产生的变异表现在词汇的选择、俚语 (slang) 的使用、词的缩略形式、礼貌用语等方面。作为译者，首先要根据源语的语域标记确定其语体，然后再以译语中相应的句式和词汇将这一语体在译文中重现。或者说，译者应注意源语语篇作者企图与他的读者建立一种什么样的交际关系，语篇中所描述的人物之间存在一种什么样的交际关系。只有善于捕捉语篇中的语旨关系，才能准确地把握它，然后在目的语中形象地再现它。如钱歌川英译矛盾的小说《动摇》中一段话：

胡太太叹了口气，看见胡光国还是一肚子心事似的踱方步。“张铁嘴怎么说的？”胡太太惴惴地问。“很好，不用瞎担心了，我还有委员的福分呢！”“么事的桂圆？”“是委员，从前兴的是大人老爷，现在兴委员了！你还不明白？”

“Madame Hu gave a sigh and watched her husband anxiously pacing about as before. “What did Chang Tieh-tsui say?” she asked timidly. “He gave me very good news. We need not look for trouble. I have the possibility of being a member of a member of a Committee!” “What’s a common tea?” asked the wife, who only vaguely caught the sound. “A committee! Lords and esquires are out of date, and the prevailing nomination is to a Committee. Don’t you still understand?”

原语中有两个话语者：大革命时期钻进革命内部的机会主义者胡国光和他的太太。大白话“么事的桂圆？”把胡太太文化程度不高、认不清这时代的性质的家庭主妇的形象表现了出来；“桂圆”与“委员”形成了谐音，这两个用词也体现了两个话语者的社会地位与角色。如果我们把“么事的桂圆？”一句翻译成“What’s a dried longan?”或“What’s a committee?”，就没能重现对话中的人际互动现象，也没能体现原文的语境中，参与者的身份对其语言使用的影响，因而没能实现这段语篇的意义转换。钱先生巧妙地将汉语中的“委员”与“桂圆”的谐音变成了英语中的 committee 与 common tea 的谐音，一方面重现了谐音趣味，另一方面，“common tea”与原语中“桂圆”在形式上并不是对等词，但它们的功能（附加义或示意效果）

异曲同工，使原文的语旨内涵跃然译文中，显得自然贴切，又无斧凿之痕。因此，对译者而言，充分考虑原语中的语旨，重构于译语中，是译文成功的保证。

（三）语式的对应

语式（mode）是指语言交际的渠道或媒介，包括修辞方式。其本质是语言代码在其使用过程中的表现形式，主要是通过口语或书面语以及在两者之间的各种变迁形式来实现的。就语式而言，翻译活动可分为口译、笔译、影视配音及字幕翻译等。一般来讲，译者无权改变原文中的语式，法律政论语篇要求严谨准确，俚语俗话不能译为演讲语式。随着现代社会的发展，信息交流的方式与媒介越来越多，如旅游、广告、杂志、报纸、影视字幕等类似的特殊交际语式。不同的话语方式要求译者必须充分地考虑译语的情景取向与语式特点，灵活采用多种对应方式实现原译文的对等。如：例一，某避孕套推销广告原文 I’ll do a lot for love , but I’m not ready to die for it. 译文情爱诚销魂，生命价更高！例二，美国加州 Sunkist 橘柚公司广告原文 Sweet, Smart Sassy，译文蜜、美、迷（Sunkist 柑橘）。例一原文为一般的英语共用核心语（common core），如果译文以同样的方式传译，其结果只能是要么太俗太露，显得不雅，要么过于笼统，不着边际，让人看了莫名其妙。译者套用了在中国传咏甚广的匈牙利诗人裴多斐的两句诗“生命诚可贵，爱情价更高”，既使人印象深刻，又含蓄地表达了广告的原意，达到了同样的语篇效果和功能。 例 2 原文的语式用了押头韵的修辞手法，使表述内容形象化、具体化，词语鲜明、突出，引起公众的注意并帮助公众记忆。译文声母都用了“m”，而且译文又押韵，读起来富有韵味，既再现了原文的语音修辞，又达到了对等的语篇功能。

（四）总结

翻译中透彻的理解、确切的表达离不开语域分析。翻译实践中的语域确定，既包括如何确定原文的具体语域，也包括对译文的语域选择。由于语场、语旨、语式这三个不同侧面不是孤立存在的，而是相互依存的，因此，译文语域和原文语域的对等不是机械的，语言表层形式的对等，而是指语言深层意义的对等。

三、语篇与翻译：论三大关系

（一）引言

近年来，文体学、语用学、语篇语言学和话语分析等方面的发展十分迅速，这些研究所涉及的中心概念——“语篇”——也愈来愈引起语言和翻译学界的普遍关注。查阅国内外有关研究成果，不难发现学者们围绕“语篇”以及与之相关的“话语”“文体”“语用”等问题展开了富有成效的研究。例如，美国学者伯格兰德（Beaugrande）、德国学者德列斯勒 （Dressler）于 20 世纪 70 年代末、80 年代初提出全面发展“跨学科的语篇科学”。到了 90 年代，当翻译学得以发展成为独立的科学学科时，西方不少学者即借助语篇语言学成果，从语篇与话语分析的新视角对翻译问题展开研究。在我国，近 20 年当中语言与翻译学界对于“语篇”“文体”“语用”的研究成果，从刘宓庆的《文体与翻译》（1985）、何自然的《语用学概论》（1988）、黄国文的《语篇分析概要》（1988）、胡壮麟的《语篇的衔接与连贯》（1994）、申丹的《叙述学与小说文体学研究》(1998) 及张德禄的《功能文体学》（1998）等作品中可见一斑。

然而，虽然不容置疑的是，“语篇”研究方面的长进标志着现代语言研究领域的重要发展，但从翻译学的研究视角来看，研究领域却常有顾此失彼的倾向出现，不能不引起注意。例如，当我们普遍认同语篇语言学的解释力，承认“语篇”作为语言基本单位的地位时，往往可能有意无意地把传统语言单位如“句子”的合理成分也抹杀了；当我们普遍认同交际学或功能学的语篇与翻译观时，往往可能过于强调不同读者需要产生不同“语篇”的原则，而忽略了许多客观存在的因素对这一原则可能产生的种种制约，当我们强调翻译必须“以文为本”（即以“文本”“语篇”为本），往往可能忽略了“以人为本”（即以“译者”“原作者”“读者”“委托者”“赞助者”为本）命题所具有的某些合理成分，或反过来，当我们强调翻译必须“以人为本”时，却又可能忽略了把“以文为本”命题作为翻译第一基本点的必要性和必然性。如此等等，不一而足。显然，这种种倾向，都是我们在如何把语篇语言学的理论成果正确运用于翻译研究过程中所必须克服的。本书拟立足语篇与翻译研究的共同关注点，采用辨证哲学的基本方法，对“翻译基本单位究竟是语篇还是句子”“对不同目的读者究竟需不需要做出不同的目的语篇”以及“翻译究竟应以文为本还是以人为本”等三大问题，亦即语篇与翻译研究需要关注的三大关系，谈一点个人的观点，以期引起更加深入的讨论。

（二）翻译基本单位：是语篇还是句子？

用语篇语言学理论去研究翻译，往往会关心这么一个问题：翻译的基本单位是什么？伯格兰德在其 1978 年发表的《诗歌译论要素》一书中指出：“翻译的基本单位不是单词，也不是单个句子，而是语篇。”这恐怕是明确提出“翻译基本单位是语篇”的最早表白之一了。20 世纪 70 至 80 年代以来，随着语篇语言学的发展，语篇作为翻译基本单位的主张得到认同，“语篇”这一词语也逐步变得时髦起来。例如，近年来国内出版的许多翻译教材，不论其实际内容如何，往往都冠以“语篇翻译”之名（有趣的是，同时冠于书上的英译名却又回避使用“text”或“discourse”等字样）。

要透彻理解“翻译的基本单位是语篇”这一命题的含义，有必要首先对“什么是语篇”这个基本问题加以界定。按照广为接受的定义，所谓语篇，是指超出句子之上的语言单位，常常由一连串的言语或句子组成。它可以是一个路标、一封书信、一段对话、一首诗词、一篇散文、一部小说、一篇政治演说、一段体育评论、一则新闻报道、一个电视广告、一篇科技报告或一本医学教科书，等等。不论何种形式，凡是语篇，“都必须合乎语法，并且语义连贯，包括与外界在语义上和语用上（semantically and pragmatically）的连贯，也包括语篇内部在语言上的连贯”，凡是语篇，都必须满足衔接 (cohesion)、连贯 (coherence)、有目的 (intentionality)、可接受 (acceptability)、有信息（informativity）、有情境（situationality）、互文参照（intertextuality）等构成语篇的这七个条件。

对这些定义细加思量，不难发现它们是基于两个不同视角而作出的，笔者把它们分别称为“外部定义”和“内部定义”。说语篇是从“标牌”“书信”到“诗歌”“演说”“新闻报道”“科技文章”“医学教材”等等形式的话语形式，其实是说人们的言语表达可以有不同“语篇类型”之分，即我们常说的“文学语篇”“政论语篇”“科技语篇”“新闻语篇”“商业语篇”等。这是根据不同语篇的不同特征而做出的区分，是所谓“外部”的区分。另一方面，当我们说某个话语应被视为“语篇”，因为它“满足了构成语篇的那七个条件”，那么我们其实是在从语篇内部结构的角度给语篇下定义。

毫无疑问，从“外部”看，不同语篇在翻译中必须进行不同处理。例如，文学语篇的翻译注重语篇风格的文学性、艺术性；政论语篇的翻译注重语篇风格的严肃性、庄重性；传媒语篇的翻译注重语篇风格的信息性、可读性；科技语篇的翻译注重语篇风格的专业性、术语性；法律语篇的翻译注重语篇风格的严格性、精确性，等等。从“内部”看，所有类型的语篇翻译又都必须使目的语篇具有“衔接”“连贯”等各种特征，否则得出的结果将不是“语篇”，而只是伯格兰德所说的“非语篇”（non-text）。

我们以上对“语篇”所做的、应当说是一般层面的分析和解释。假如我们始于此也止于此，那么自然不会有问题。然而，如果我们进入翻译的具体的、操作的层面，断言“翻译的基本单位是语篇”“因为句子作为翻译单位不够大”，那么问题就出现了。首先，当我们把语篇作为翻译的基本单位时，就意味着给译者赋予了无限大的自由去处理语篇之内的一切要素，包括语篇主题结构、词序、句序或段落次序，以及词汇选择、风格布局等。尤其是在“单句语篇”之上的整诗、整文、整书语篇的层面，译学术语中所称的“改编”“改写”“模仿”等作法，也就完全等同于我们通常所说的“翻译”，即狭义上的“完全翻译”或“翻译本题”了，从而模糊了“改编”“改写”“模仿”与“翻译本体”之间的区别。

强调翻译的基本单位是语篇，而对此不加任何限制和修饰，往往会给进行“完全翻译”的人，尤其是给翻译教学带来困惑，使译者面对具体翻译任务不知从何下手：是先译第一句、第一段，还是先译最后一句、最后一段？对于难译的字句章节是删节还是保留？对于原文没有，但目的读者或客户可能感兴趣的内容是增加还是不增加？因为在“翻译基本单位是语篇”的命题范围内，以上说到的语序颠倒、任意增删的做法都是容许的，而按照人们对于“翻译”的一般理解，这样的更改增删却又是不容许的。既然会带来如此困惑，那么“语篇”究竟可不可以被当作翻译的基本单位？假如可以，在怎样的情况下可以？假如不可以，又在什么情况下不可以？假如我们回到似乎较为传统的翻译观，认为翻译的基本单位应当是“句子”，而不是“语篇”，依据是什么？“句子”与“语篇”的关系是什么？如果坚持以句子作为翻译的基本单位，那么，翻译研究者把“语篇”的概念引入译学领域带来了什么启示和帮助？语篇语言学对翻译和翻译研究又做出了什么贡献？对这些问题，我们必须用辨证的眼光，从不同的角度、不同的层面来加以分析，才能做出明确解答。先看“语篇”可不可以被当作翻译基本单位的问题。我们的回答是当然可以！但必须对其所指范围加以明确限制。由于按照语篇作为翻译基本单位的观点，译者具有无限大自由，因而产生的“译文”往往是针对原作而言有所变改增删的“语篇”，所以可以说，“语篇翻译法”只是一种“部分翻译法”，其结果是“翻译本体”即“完全翻译”的变异形式，亦即黄忠廉在《翻译变体研究》中所说的“翻译变体”。试看下面人们经常引用的这段严复的《天演论》翻译。

原发语篇：It may be safely assumed that, two thousand years ago, before Caesar set foot in southern Britain, the whole countryside visible from the windows of the room in which I write, was in what is called “the state of nature.” Except, it may be, by raising a few sepulchral mounds, such as those which still, here and there, break the flowing contours of the downs, man’s hands had made no mark upon it; and the thin veil of vegetation which overspread the broad-backed heights and the shelving sides of the combs was unaffected by his industry.

目的语篇：赫胥黎独处一室之中，在英伦之南，背山而面野。槛外诸境，历历如在几下。乃悬想二千年前，当罗马大帝凯彻未到时，此间有何景物。计惟有天造草昧，人工未施，其借征人境者，不过几处荒坟，散见坡陀起伏间。而灌木丛林，蒙茸山麓，未经删治如今日者，则无疑也。

对比“目的语篇”与“原发语篇”，我们即发现两者之间有许多“不对应”或“视角转移”的地方。例如，“原发语篇”中第一人称的“I”、（我）变成“目的语篇”中第三人称的“赫胥黎”；“原发语篇”中的背景说明句“ the room in which I write”（我写此书所在的房间）变换成了“目的语篇”中“前景描述”即主体描述的“赫胥黎独处一室之中”；另外，“原发语篇”中本不存在的“则无疑也”成了与“目的语篇”自然融合的“衔接”特征。事实上，严复的种种译作无不贯穿此类变法特征。过去，不少人都认为这样大幅度的增改裁删，已经不能叫作“翻译”了。但现在有了“语篇翻译”的理论为依据，我们便能理直气壮地把诸如严复、林纾等人的“改编”“改写”统统归为“翻译”。就是说，诸如“摘译”“编译”“译述”“缩译”“综述”“述评”“译评”“改译”“阐译”“译写”“参译”等各种“翻译变体”（黄忠廉，2000），都应纳入“翻译”的旗下。而这样的“翻译”，统统都是“把语篇作为基本单位”的翻译结果，亦即“语篇翻译”的结果。

但如果从上面所提“翻译本体”的视角出发，把语篇作为翻译的基本单位却是不合适的。因为按照“翻译本体”的规范要求，译者必须在“目的语篇”里忠实地再现“原发语篇”所表达的意思，不能有太多的自由，不能随意增删修改。在翻译的操作层面上，译者始终必须从具体的“句子”而非抽象的“语篇”入手，由句子到句子，由段落到段落，最终生成整个语篇。在翻译教学和培训工作中进行翻译实践势必如此，完成一般的“全译”任务也无不如此。试比较以下两段译文，“原发语篇”是美国总统小布什在纽约“911”恐怖袭击事件之后，于2001年9月20日在美国国会联席会议上的演讲，“目的语篇（一）”摘自香港《东方日报》，“目的语篇（二）”摘自香港《明报》。

原发语篇：Mr. Speaker, Mr.President Pro Tempore, members of Congress, and fellow Americans, in the normal course of events, presidents come to this chamber to report on the state of the union. Tonight, no such report is needed; it has already been delivered by the American people.

We have seen it in the courage of passengers who rushed terrorists to save others on the ground. Passengers like an exceptional man named Todd Beamer. And would you please help me welcome his wife Lisa Beamer here tonight? We have seen the state of our union in the endurance of rescuers working past exhaustion.

We' ve seen the unfurling of flags, the lighting of candles, the giving of blood, the saying of prayers in English, Hebrew and Arabic.We have seen the decency of a loving and giving people w ho have made the grief of strangers their own.My fellow citizens, for the last nine days, the entire world has seen for itself the state of union, and it is strong.

Tonight, we are a country awakened to danger and called to defend freedom. Our grief has turned to anger and anger to resolution.Whether we bring our enemies to justice or bring justice to our enemies, justice will be done.

目的语篇（一）：在正常程序下，美国总统来到这个会场做国情咨文报告，交代国家的状况。今晚，此一报告已无必要，因为国家的面貌已由美国人民表达出来。

我们看到那些与恐怖分子搏斗的乘客所展现出来的勇气，我们也在搜救人员的努力中，看到我们的国情。

今晚，我们是一个受危险而惊醒的国家，受召唤而保卫自由。我们的悲伤已化为愤怒，愤怒已化为决心。不论是我们将敌人绳之以法或是我们对敌人伸张正义，正义都将实现。

目的语篇（二）：（众院）议长先生、（参院）临时主席、国会议员们及美国同胞们：在正常程序下，美国总统来到国会是发表国情咨文。今晚，我们不需要这份咨文了，美国人民已经发表了。

我们看到那些乘客阻挡恐怖分子以保护陆地上的无辜平民所展现出来的勇气。这些乘客就像一位名叫托德·毕默一样了不起的人。今晚，请大家和我一起欢迎他的妻子莉萨·毕默。

我们也在搜救人员耐劳耐怨、筋疲力尽的工作中，看到了我们的国情。我们看到了国旗飘扬、烛火点起、挽袖捐血以及众人的祈祷，用英语、犹太语和阿拉伯语祈祷。我们更看到了充满爱与奉献的人们，将陌生人的悲痛化为自己的悲痛。

我的同胞们，过去九天来，整个世界都已经看到这份由人民谱写的国情咨文，那是笔力千钧的国情咨文。

今晚，我们是一个临危惊醒的国家，接受召唤保卫自由的国家。我们的悲伤化为愤怒，愤怒化为决心。不论是我们将敌人绳之以法或者我们对敌人伸张正义，正义都将实现。

显然，“目的语篇（一）”不是“全译”，而是“摘译”，其中的小标题“愤怒已化为决心”也是译者加上去的。但该“目的语篇”与“原发语篇”的基调保持了一致，且语篇满足了“衔接”与“连贯”等基本“谋篇”要素，因此是可以接受的“目的语篇”。我们把它归为“语篇翻译”之作。

“目的语篇（二）”则是“完全翻译”，是以句子而非整个原发语篇作为基本单位的翻译结果。虽然是从句子到句子的“直线式”翻译，但译者并未把句子视为彼此互为独立的个体，而是把它们当作彼此相互关联的有机整体。导致这一结果的运行机制，也同样是“衔接”与“连贯”等基本的“谋篇”要素。例如，“原发语篇”第四段最后一句是：“My fellow citizens, for the last nine days , the entire world has seen for itself the state of union, and it is strong”，“目的语篇”为“我的同胞们，过去九天来，整个世界都已经看到这份由人民谱写的国情咨文，那是笔力千钧的国情咨文”。其中，“the state of union”一语所以被处理为“（这份）由人民谱写的国情咨文”，而非照字直译的“团结一致的状况”，以及“it is strong”所以被译为“那是笔力千钧的国情咨文”，而非“这是坚不可摧的（团结一致）”，皆因译者考虑到了它们必须与演讲词前面的“to report on the state of the union”（发表国情咨文）保持结构上的“衔接”和语义、语用上的彼此呼应、连贯。

这样就引出了三个观点。一是翻译过程是一个上步决定下步、一步决定一步、步步相接、环环相扣的过程；二是在“翻译本体”范畴里，翻译的基本单位应当是构成语篇的各个“句子”，而在“非全译”的“翻译变体”范畴里，翻译的基本单位则是“语篇”；三是把“句子”作为翻译的基本单位，它必须始终受“衔接”“连贯”等构成语篇的各个基本要素，即“谋篇”要素的调节和制约，从而使单句连成整体，构成目的语篇。

进一步说来，我们可以通过借用和发挥列维有关“翻译犹如走棋”的比喻，来阐明“语篇”与“句子”分别作为翻译基本单位之间的关系。在翻译这盘棋中，句子处理好比棋步，“谋篇”要素好比着棋规则，译者必须以句子为基本单位，同时又必须考虑句际衔接与连贯，就好比棋手必须从棋步着手，但必须按规则走棋一样。另一方面，我们又可以把整体的各个语篇类型如“文学语篇”“政论语篇”“传媒语篇”“科技语篇”等，比作各式各样的“棋”，如“国际象棋”“中国象棋”“军棋”“围棋”“跳棋”等。下棋时，棋手必须首先弄清楚自己走的是哪一种棋，不可按照国际象棋规则走中国象棋，也不可按照象棋规则走围棋或军棋。而一旦弄清了自己走的是哪一种棋，棋手接下来的任务，就是按照有关规则一步一步地走，直至整盘棋走完。很显然，这整盘棋的构成，有赖于连成一体的各个棋步。棋步就是翻译过程中的句子单位，整盘棋则是翻译要达到的整个“目的语篇”：它以构成语篇为目的，但必须以句子单位为基本步骤。

从某种意义上说，我们这里所提，似乎只是我国古时文论家刘勰名言“夫之立言，因字而成句，因句而成章，因章而成篇”的现代解说。不错，“因字而成句，因句而成章，因章而成篇”，道明了语篇形成的过程和因素，蕴含着简单而又深刻的语篇理据。用现代术语来描述，如果以语篇为语言及翻译基本单位的理论可以称为“自上而下”的语篇理论，那么这种“因字而成句，因句而成章，因章而成篇”，就是一种“自下而上”的语篇理论。

然而，从更深的层面看，我们所提的命题既不是刘勰式的“自下而上”，因为我们不以"字"或"词"为基本单位，同时也不是许多现代派或"后现代派"所鼓励的那种"自上而下"，因为我们认为在语言和翻译的实际操作层面，以语篇为基本单位的翻译产生的多半是超离"翻译本体"的"变译"。我们提倡的，是融"自下而上"与"自上而下"基本优势于一体的综合路线。一方面，我们认为在翻译本体的实际操作范畴，句子作为语法结构和语义表达都相对完整的语言单位，是作为 翻译基本单位的最佳选择。另一方面，正如前述第三观点已经触及的，我们也充分肯定语篇语言学，尤其是语篇分析对翻译的重要贡献。撇开语篇概念为翻译变体的合理存在而提供理论基础不说，单说以句子作为基本单位的翻译本 体，如果没有语篇分析提供整体指引和约束，句子与句子之间就没有了联系，好比下棋没有规则、棋子摆错位置而无法形成一盘完整的棋。再则，在有些语篇类型如广告语篇的翻译中，目的语篇的总体广告效果高于一切、压倒一切，因此最适合于采用以语篇为基本单位的翻译方法。例如，把"Marks & Spencer: For quality, style and value, there's nothing like it"译成"马莎：追求品质品位，亦务求价钱称心"，把"Hong Kong wonders never cease"译成"魅力香港，万象之都"，可视为成功的语篇对应翻译，译文在目的语言文化中的整体广告效果与原文效果相同，远胜于与之相应的"逐句全译"如"马莎：无论品质、风格或价格，没有东西能比得上""香港的奇迹从来不会停止"，等等。

归纳起来，以上说的是一种辩证的关系：在翻译本体范畴，句子是翻译的基本操作单位，翻译活动始于句子，终于语篇，而句子虽是目的语篇的构件，包括"衔接""连贯"在内的诸多语篇因素，则始终是句子由静态变为动态、由相互独立变为有机整体的决定性因素，在翻译变体范畴，语篇成了翻译的基本操作单位，翻译活动始于语篇也终于语篇，翻译过程往往容许译者自由发挥、自由选择，翻译结果多为整体或部分效果与原作相似的目的语篇，但只要在目的语篇与原发语篇之间保持了某种程度的相似，再"活"的目的语篇也可被接受为"合适"的翻译产品。综前所述，以句子为基本单位的翻译也好，以语篇为基本单位的翻译也好，都离不开对于语篇分析的依赖：理解原文离不开语篇分析，检测译文离不开语篇分析，由字到句、由句到章、由章到篇更是离不开语篇分析，因为有了语篇分析，我们"以句子为基本单位的翻译"才有了生成合格"全译"目的语篇的保障，也因为有了"语篇"概念，我们"以语篇为基本单位的翻译"才有了生成合格"翻译变体"的理论基础。

（三）对不同目的读者：必须作不同目的语篇，还是无须作不同目的语篇？

在讨论问题之前，先就"目的语篇"这个词作一点说明。所谓"目的语篇"，说得通俗一点，即是指"译本"或"译语文本"、"译文"。此处有意使用"目的语篇"而非"译本"、"译文"，是为了强化"语篇"概念在我国译学领域的地位和功用。就国外现代译学术语的使用而言，"目的语篇"一说早已为人们普遍采用，如英语的"Target Text"、德语的"Zieltext"等。无庸讳言，汉语中"目的语篇"这个术语可视为英文"Target Text"的直译文。它的优点是，意义涵盖面大于"译本"或"译文"，因为它既可指"文"也可指"本"。但与"译本""译文"相比，"目的语篇"在汉语中显得有些生硬，其适用范围和频率远不及"Target Text"一语在英文里的使用。

由于“原文”“原本”“原语”“原文语言”和“译文”“译本”“译语”“译文语言”等用法在汉语中的术语地位，并不低于“原发语篇”“原发语言”和“目的语篇”“目的语言”，因此笔者在此采用“目的语篇”这个词，并非表示要完全用它来取代人们惯常使用的“译文”“译本”等词。我们所说的“目的语篇”，实际上就是指作为“语篇”显现于“目的”读者面前的“译文”或“译本”。换言之，本节所述要不要为“不同目的读者”作出“不同目的语篇”的问题，实际上也就是要不要为“不同读者”作出“不同译文或译本”的问题。

自翻译“交际论”“功能论”“目的论”和“读者反应论”强调翻译中的“读者”因素以来，人们对于这个问题始终存在着各种不同程度的模糊认识。翻译中强调“读者”因素，强调译者不可一味跟随原作者而不顾“目的语篇”接受者可能产生的反应，这无疑是对翻译活动的一种正确看法。这种看法至少可以追溯到欧洲文艺复兴时期的翻译。例如，著名的荷兰人文主义学者伊拉斯谟（Erasmus）于1505年在翻译《圣经》时指出，译文采用什么样的风格，在很大程度上取决于读者的要求。他极力主张不仅要把希腊、拉丁语《圣经》翻译成各个民族语言，以满足不同民族语读者的需求，而且要译成各民族语中为平民百姓所接受、为他们所喜闻乐见的表现形式和风格。他为自己翻译的《圣经》作序说：“但愿每一个妇女都能读到圣保罗的福音和使徒行传，但愿能把它们译成所有的语言，不仅为苏格兰和爱尔兰人懂得，而且也为土耳其人和阿拉伯人懂得。但愿农夫能在犁边吟诵《圣经》，织工能在织布机边用《圣经》驱散心头的烦闷，旅行者能用《圣经》消遣以解除旅途的疲劳。”

17世纪英国桂冠诗人、译坛巨星德莱顿（Dryden）也特别强调，翻译中必须考虑读者因素。他说，他在翻译古希腊诗人忒俄克里托斯（Theocritus）的作品时，没有生搬硬套原作中的多利安方言，“因为忒俄克里托斯是为操那种方言的西西里人写作；而译作的读者却是我国的女士们，她们既不懂那种方言，也不会欣赏方言的乡土气息”。19世纪下半叶，英国翻译及翻译理论界出现了在纽曼（Newman）与阿诺德（Arnold）这两位荷马史诗翻译大家之间围绕“读者反应”“读者评价”问题而展开的著名争论。纽曼认为，衡量译作风格的标准，主要是看一般读者而非学者对译品的反应；阿诺德则认为，评判译作风格是好还是不好，应当以“既懂原语文字又能鉴赏诗文的学者”对译品的反应为依归，而不是看“没有学识的普通读者”有什么反应。

到了20世纪，坚持“翻译即交际”观点的理论家如奈达，更是强调读者反应对于评价译品质量的重要性。奈达指出：要检验译品是否合格，在很大程度上要看读者对译品的反应如何，因为“在某种意义上说，这好比进行市场调查，以测验公众对市场产品的反映。对某种产品，不管理论上认为它多么好，也不管它陈列时显得多么美观，如果公众反映不好，那么它就不会被接受。”与此同时，另一些学者如弗米尔（Vermeer）、诺德（Nord）等从功能主义的立场出发，认为“翻译是一种行动，而行动皆有目的，所以翻译要受目的的制约；译文好不好，视其能否达到预定的目的……译者要视其目的而决定采取哪一种翻译行动，即‘翻译’‘意译’还是‘编译’，而不盲目地‘忠实’于原文。”

由此可见，翻译研究和学术界对于目的读者反应，以及目的读者与目的语篇之间应存何种关系的关注与讨论，其实早已存在，而非起始于各种“交际理论”“接受理论”强盛发展的今天。现今“交际论”“接受论”“功能论”“目的论”等所特别表现出来的现象是：因为目的读者类别不同，目的读者要求各异，所以翻译者就必须作出各种不同的目的语篇，以满足于不同的目的读者。

毫无疑问，在任何语言文化的交际活动中，不考虑所要传递的信息是否被交际对象所接受，那么这一交际活动就不算是成功的，因为“对牛弹琴”“面墙说话”（talking to the wall）终归不是语言文化交际者的初衷 。要使交际活动所传递的信息被目的受者即交际对象接受，信息发出者需要根据目的受者的具体条件，对信息表达形式做出各种适当调整，使之适应目的读者的接受水平，从而达到交际的目的。

然而，对于上述“不同目的读者，必须做不同目的语篇”命题的内涵和外延，必须加以明确界定和必要限制，才能符合翻译的客观现实，使命题真正具有意义。先从多种译本的可行性看。按照“目的读者不同，目的语篇也必须有所不同”的观点，同一个原发语篇可以引发出许许多多个不同的目的语篇，笼统听来不仅无甚不妥，而且十分有道理。但可行吗？我们只要冷静而认真地思考，便不难发现有关命题存在着需要修补的薄弱之处。从最极端的角度考虑，潜在读者的数目是多无止境的，而每一个读者又都是一个不同的个体，他们之间在思想和知识水平以及对目的读物的要求上，也自然不可能彼此完全一致。有一百个读者，就有一百种水平、一百个要求，翻译者难道必须为他们作出一百个不同的译本来吗？当然，这种考虑不免过于极端。我们平常谈论“不同读者”这个概念时，虽然似乎从来都没有人明确界定过它的所指，但我们也许都不约而同地把它意会为“不同的读者群体”，而不是“不同的读者个体”。由于是指“群体”而非“个体”，因此数目上就不至于“多无止境”了。例如，我们可以把某个年龄段的读者叫作“儿童读者”，把另一个年龄段的读者叫作“老年读者”；把某种读者叫作“受教育程度高的读者”，把另一种读者叫作“受教育程度低的读者”；把某种读者叫作“专业读者”，把另一种读者叫作“一般读者”；如此种种。然后，我们把那“多无止境”的“读者个体”或粗或细地分归为种种“读者群体”，从而大大减少所需译本种类的数目。但即使如此，所导致的结果仍然可能是目的语篇多得可求而不可为。例如，为了实践“不同目的读者，必须作不同目的语篇”的命题，我们中译莎士比亚或英译《红楼梦》等作品时，就必须作出各式各样的版本，如“儿童版”“老人版”“文化人版”“非文化人版”“文学读物版”“普通读物版”“专业版”“通俗版”等等。很显然，这样做虽然在理论上可行，但实际上却既不可行也没有必要。再从翻译的客观现实看。翻译学如同语言学一样，其科学性一方面体现于理论的规范功能，另一方面又更应体现在理论的描写功能上。上述命题“不同目的读者，必须作不同目的语篇”，体现的是翻译理论的规范功能。即是说，按照“目的读者论”的“规定”，译者应当采取“作出不同目的语篇”的行动。然而从“科学性”的另一侧面看，我们却似乎更应对研究对象的客观现实进行调查，审视和描写研究对象是否客观存在。也就是说，我们应暂时撇开“不同目的读者，必须作不同目的语篇”这一命题是否合理的问题不论，而首先去调查在翻译的实际中，究竟有没有为“不同目的读者”作出多种“不同目的语篇”的客观现实。

笔者通过图书馆的检索查询系统，对历年来文学翻译出版物的状况做了一些调查，结果发现有以下三类情况：一是，同一部原作，由不同译者产生出了多个不同的译作；二是，同一个译者，翻译出版了同一作者的不同作品或不同作者的各种作品；三是，同一译者，对于自己翻译出版的外国文学作品，时有修订再版。这三类情况中，第一类最为普遍。例如，西方历代文学大师中，从莎士比亚、塞万提斯、巴尔扎克、歌德、席勒、奥斯汀、萨克雷、狄更斯、托尔斯泰到马克·吐温、杰克·伦敦、海明威等，几乎所有人的主要作品都会有两种以上中文译本，如英国 19 世纪小说家萨克雷的经典之作 Vanity Fair，其译本就有杨必的《名利场》、宋碧的《浮华世界》、如德的《花花世界》和伍光建的《浮华世界》。我国文学名著的外译也同样如此，例如单单《红楼梦》的英译本，就有六七种之多，其中包括杨宪益和戴乃迭译的 A Dream of Red Mansions，David Hawkes 译的 The Story of the Stone，Franz Kuhn 译的 The Dream of the Red Chamber，H . Bencraft Joly 译的 The Dream of the Red Chamber: a Chinese Novel，王际真（Chi -Chen Wang）译的 Dream of the Red Chamber，黄新渠(Huang Xinqu)译的A Dream of Red Mansions: Saga of a Noble Chinese Family(Abridged version），等等。

然而，所有这些不同译本，都是不同译者所为，而非出自同一译者的手笔。我们在调查中并未发现同一译者为了适应不同目的读者的需要，或为了实践“不同目的读者，必须作不同目的语篇”的命题，而在同一时间作出两种以上的目的译本来。虽然同一译者对同一作者的同一原作在作出首次翻译出版后，可能会应读者反映、出版商要求或市场需要，而在适当时候对自己的译品进行修改甚至重译，而后再次出版，但这种做法最多也只能被视为“同一译者对同一作者的同一原作在不同时期，而非同一时期所作的不同目的译本”。这里所说明的问题是，调查表明：有关“对不同目的读者，必须作不同目的语篇”的命题，在翻译的客观现实并未得到有力支持，也就是说它的真实性或正确性未能得到翻译实践的验证。

但似乎同样不可否认的是，上述命题听起来又并非没有道理。那么，症结究竟何在？原来，症结在于我们如何理解“对不同目的读者，必须作不同目的语篇”所代表的意思。如果它所代表的意思是，某一特定译者在某一特定时间翻译某一特定原作时，必须充分考虑“译的是什么”“为谁而译”，进而决定“怎么译”，那么它就十分有道理，能够立住脚，在翻译的实践中也行得通。但如果它所代表的意思是，某一特定译者在某一特定时间翻译某一特定原作时，因为考虑到读者因素的“多元性”“多样性”而需要由同一译者或同一组译者作出多个不同的目的译本，那么不论这一主张在理论上多么动听，它在翻译的实践中也都是不存在的。

从以上理解出发，我们可以进一步明确这样一个观点：在目的语篇的生成过程中，译者始终必须考虑，也一定会考虑目的读者的因素；但在一般情况下，特定译者在特定时间，始终只会作出为某一特定目的读者群服务的一种译本，而不会为假设中的多个目的读者群同时作出多种译本。例如，虽然 Vanity Fair 有《名利场》《浮华世界》和《花花世界》等四个中译本，《红楼梦》有杨宪益、Hawkes 等人的六七个英译本，但不论是前者或后者，它们都既不是由同一译者所为，也不是为了不同的目的读者而为。再如，在科技语篇的翻译现实中，译者一般会面向一个特定的读者群，而不会把同一篇专业性很强的作品译成两个或更多个目的语篇，一篇供专业读者，一篇供非专业读者，或更多篇供其他类读者。翻译、读书的现实是，就如原发语篇只可能有一篇，对于特定译者、特定时间来说，目的语篇一般也只需要一篇。原文读者如果接受不了原文，一般不可能去要求原作者改变原作以适应读者自己，而多半是读者改变自己以适应原作。读者的这种改变自我以适应原作，既可包括提升读者自身的语言文化、文学水平，提升对原作的理解力、领悟力和鉴赏力，同时也包括由他人（有时是原作者本人）向读者或潜在读者提供解释，以帮助读者达致必需的理解、欣赏水平。例如，对于许多现代读者、尤其是中小学读者来说，古文、古诗或某些近现代作品，如《红楼梦》甚至鲁迅的作品，阅读起来似乎有难度，但我们可以因此放弃阅读原作，而完全用古语今译本来代替吗？显然不能。中小学课本中惯常采用的做法是，给原作加注解，包括对生僻字注音，或在课文注解后再附古语今译版本。同理，特定目的译本一旦形成，并且假定译者在生成目的译本过程中已经充分考虑到了潜在目的读者的因素，那么至少在某一特定的时间范围内，这个译本也获得了原作的同等地位，某些目的读者如果接受不了，并不意味着要由译者根据这些读者的水平和要求，立即重新作出另一篇目的语篇，而是意味着目的读者需要通过种种方式或途径，提升自己的理解、鉴赏水平以适应所读目的语篇。

（四）翻译的基础：以文为本还是以人为本？

谈到翻译究竟应当以什么为基础，以什么为本，古今中外，历来都有各种主张和争论。释道安所谓“案本而译，不令有损言游字”，实际上说的是翻译要以原发语篇为本。鸠摩罗什把低水平的翻译比作“嚼饭与人”而要译者灵活处理译文，主张的是翻译要以目的语篇为本。古罗马西塞罗要译者在翻译希腊演说辞时像演说家一样，使用符合罗马表达习惯的语言来表达外来作品的内容，以吸引读者，打动读者、听众的感情，他所说的是翻译要以目的语篇为本、以目的读者、目的听众为本。上节中提到的 17 世纪英国著名翻译家德莱顿在谈到译者与原作者的关系时，把译者比作“奴隶”，认为译者必须绝对服从原作者，主张的是翻译必须以原作者为本、以原发语篇为本的观点。19 世纪德国翻译思想家施莱尔马赫更是明确地把翻译的基本途径归纳为两种：一是尽可能地不扰乱原作者的安宁，让读者接近作者；二是尽可能地不扰乱读者的安宁，让作者接近读者。至于 20 世纪以来的翻译主张，从“读者反应论”“效果等值论”，到“意识形态操纵论”“行为、目的论”“赞助中心论”等，所反映出来的大都是这么一个事实：译者和翻译研究者愈来愈多地把立足点从原发语言文化转移到目的语言文化，从原作者转移到翻译者，从原发语篇转移到目的语篇，从原发语篇读者转移到目的语篇读者。这是因为：“翻译者做原作者的奴隶那个时代开始结束，翻译工作的哲学正在跟人类文明一起过渡到脱胎换骨的新篇章”；译者的主要责任，有时并“不是译‘好’某些文字，而是为了委托者最大利益，完成当次委托的任务”。

自古至今，类似的翻译主张林林总总，不胜枚举。但归根结底，翻译究竟应当以什么为本？对于这个问题的讨论其实并没有超出两大命题，即以文为本还是以人为本的命题。译论传统上的“译作必须忠实于原作思想”“译作必须再现原作风格”“译作必须读起来像原作”“译作必须读起来像与原作者同时代的作品”，译作必须“形似”原作或“译作必须读起来像译作”“译文必须具有译作风格”“译作必须读起来像与译者同时代的作品”，译作只需“神似”原作等，都可归为“以文为本”的命题；而所谓“作者是主、译者为仆”或“译者在译品中必须突显自我”“译者必须具有译者风格”“译者是翻译活动的主体、是中心”，以及“读者、委托者、赞助者利益至上”等，则可归类为“以人为本”的命题。

然而，对于“以文为本”还是“以人为本”的命题，我们究竟应当做出何种解释？采取何种立场？对两者之间存在的相互关系究竟怎样处理？这些问题至今仍然使我们感到困惑，而这些问题又都是我们在谈论语篇和翻译主题时无可回避的，因此有必要对它们予以认真的思考和解答。

先谈“以人为本”的命题。在这一命题的所指中，“人”首先是指翻译活动中被译者赖以为“主”的原作者。这里的所谓以人为本，就是以原作者为本，以原作者通过原发语篇想要表达的“意图”为本。然而在通常情况下，原作者所要表达的“意图”是什么，原发语篇的“本意”是什么，往往只有作者本人才能说得清楚。包括译者在内的其他人，由于种种原因，如作者已不在世等，而对作者的“本来意图”即“语篇本意”，是无从真正知晓的。因此，在这个意义上的“以人（原作者）为本”，如果对它不加以新的界定，那么它多半只是一个理想的口号，而并非实际上可以抵达或可以完全抵达的目标。

“以人为本”命题中的第二所指，是翻译活动中时而被屈为作者“奴仆”、时而被尊为“翻译主体、翻译核心所在”的译者。这里的所谓以人为本，就是以译者为本、以译者为中心。“翻译应当以译者为本”的理念基础有三：一是，从原发语篇到目的语篇，整个过程的一举一动，无不依赖于译者来完成；二是，译者既是原发语篇的接受者又是目的语篇的创造者，处于“上情下达”的中间、核心位置；三是，译者作用巨大而地位低微、形影“不见”，这对译者是不公的，应当予以矫正。正如不少学者所指出的，译者是翻译活动的“主体”，翻译研究者对译者的作用不能再“视而不见”，而必须给译者正名，还译者作为翻译核心人物的地位，并让译者有机会充分表现自己。

然而，翻译真的能以译者为本吗？从绝对意义上说显然不能。因为就翻译本体而言，译者会在翻译过程中受到种种因素的制约。首先是受原发语篇的制约。按照翻译本体以及翻译变体的共同定义，目的语篇之所以可以称为“翻译作品”，是因为在目的语篇和原发语篇之间一定还存在着某种程度的相似，否则目的语篇的产生就与翻译范畴完全无关。例如，严复名译“物竞天择，适者生存”与赫胥黎原发语篇中的原话是有区别的。赫胥黎的原话是：“…the struggle for existence, the competition of each with all, the result of which is the selection, that is to say, the survival of those forms which on the whole, are best adapted to the conditions…”显然，严译在目的语篇表达形式上对原文做了较大简缩，虽然如此，由于目的语篇保持了与原发语篇的相似，因此不论它如何简约，它仍然还是“合适的翻译”。

而假如把原文不译成“物竞天择，适者生存”，而译成“物美价廉，快来购买”，那么无论怎样也不可能将它视为译自赫胥黎的“合适的翻译”。其次是受目的语篇的语言文化环境制约，其中自然包括目的语言文化表达习惯、目的语篇接受者以至于目的语篇委托人、赞助者或出版商等多种因素。的确，译者不应被视为原作者或原发语篇的“奴仆”，也不应一切听从目的语篇接受者、委托者、赞助者或出版者的“摆布”，但译者的这些“自由”是相对的，不是绝对的。尽管翻译过程中需要采取的步骤，包括理解原文、生成译文等，最终的决定权在于译者，而不在于译者之外的其他人，但译者在进行决定时是不可能不细心考虑这种种其他因素的。至于“以人为本”命题中的其他所指，即原作者和译者以外的其他人，如目的语篇的接受者、翻译任务的委托者以及翻译活动的赞助者、组织者或出版者等，更是缺乏作为赖以为“本”的真正基础。无疑，正如上面所提，所有这些都会给目的语篇的形成构成种种制约，产生种种影响，但也只应当是制约、影响而已。如果目的语篇的最终形成完全取决于这些因素，而不取决于翻译过程中对所有因素的平衡，那么得出的目的语篇或许不是“翻译”，甚至也不是翻译的“变体”，而只是完全以目的语篇接受者、委托者、赞助者、组织者或出版者为本，完全服务于他们利益的“原创作品”了。

因此可以看出，翻译中“以人为本”这一命题，不论是对原作者、译者还是读者或委托者、组织者、赞助者，虽然各有其合理的成分和道理，但却又各有其薄弱之点而似难真正赖以为“本”。这样一来，我们就自然把目光转向了与“以人为本”相对的另一命题，即“以文为本”。

顾名思义，所谓“以文为本”，就是以翻译活动中所处理的“文字”“文章”“文本”亦即“语篇”为本。德国学者纽伯特认为，翻译研究应当把“语篇”亦即“文本”当作中心研究目标，因为“语篇以及构成语篇的各个因素”是翻译学这个跨学科体系中“起凝聚作用”的首要因素。这一理论“提醒我们：日常翻译活动其实是以语篇为中心的。译者从语篇中摄取知识，又将知识植入语篇之中”，因而翻译以及翻译研究都应当“以语篇为本”“以文为本。”

我们认为，纽伯特的上述观点是有道理的。在翻译活动中，译者首先面对原发语篇，想方设法从中“摄取知识”，以达到“理解”的目的。由于原作者不复存在，译者对原作者“本意”的理解就只能依赖于对原发语篇的理解。或者说，根据伽达默尔的诠释学理论，“当作者创造出了一件作品（文本）以后，这件作品（文本）就是一个脱离了作者的自足的存在。因此，阐释者不必与作者认同，而应把注意力放在谈论文本所关注的问题上”。然后，译者又通过特定的转换机制，把“摄取”到的关于原发语篇的“知识”“植入”目的语言，最后生成新的语篇，也就是目的语篇。在这一“理解”和“生成”的整个过程中，译者始终都会在原发语篇最可能具有的“本意”和译者本人意图以及目的读者等诸多因素的共同作用下，对“知识”的“摄取”与“植入”做出动态的选择。但无论哪一步，译者赖以为本的基础，始终都应当是“语篇”，是“文本”，而不是其他。

也就是说，就翻译本体而言，“以文为本”是翻译的正道，是主要立足点，是绝对值；而“以人为本”则是翻译的辅道，是辅助支撑点，是相对值。译者以“文”也就是“原发语篇”为起点，通过各类“人”也就是作者、接受者、委托者、赞助者、组织者以及译者自己的多重“作用”，最终到达“文”也就是“目的语篇”这个终点。这就是翻译的真正本质所在。

（五）结语

“语篇”对于翻译而言，是一个极其重要的概念。翻译学的发展，在很多方面需要借助其他学科的发展，其中首先包括语篇研究、话语分析、语用研究等语言学科的发展，但它同时有助于其他学科的发展，给它们带来新的视野，例如译学领域对原发语篇和目的语篇、对“谋篇因素”在不同语言中的不同体现和功用等“动态”的综合、比较研究，无疑会给单一语言内部的“静态”研究带来有益的启示。然而，对于任何有益的东西，对于任何互为依存的“关系”，我们都必须以辩证的态度加以对待，不可顾此失彼，走向“绝对排他”的极端。只有这样，才是正确的、理性而可取的研究取向。

第二节
语篇翻译教学——“SPOC+实体课堂”教学模式

SPOC是Small（小规模的）、Private（私有的）、Online（在线的）、Course（课程）四个词的缩写，是指小规模限制性在线课程。小规模指课程人数一般几十人到几百人；限制性指对提出申请的学生设置课程学习的准入条件，申请者满足要求才能参加课程的学习。SPOC沿袭且融合MOOC思想，在发挥MOOC优势的同时，采取小众化、集约化等教育，形成了一种特有的教育模式。哈佛大学的罗伯特·吕（Robert Lue）教授指出，SPOC已经取代了MOOC，正在迈入后MOOC时代。作为后MOOC时代的典型课程范式，SPOC具有小众化和限制性准入的特点。课程规模小、限定课程的准入条件，为学生提供适合其学术水平的定制课程，有助于提升学生的学习参与度和互动性，学生能够深入完整地体验个性化的教学，教师也会有更多的时间和精力深化拓展课堂教学。另外，SPOC兼有大数据的特点，一面利用MOOC中丰富的教学资源，一面通过MOOC平台收集和分析大数据，以完善和改进教学模式，调整教学策略。SPOC使在线学习超出了复制实体课堂阶段，学习效果更加灵 活有效，教学质量得以提高。可见SPOC不但利于实现个性化教学目标，还能提升教学质量，与MOOC相比SPOC容易服务于高校教学。

SPOC的核心理念是实行私有的、定制的、高质量导师制教学。要实现这一理念就要将线上MOOC的丰富成果和线下教师高质量有的放矢的指导相结合，在根本上是结合了实体课堂教学与在线教育的翻转教学模式。由于学时数和课堂时间有限，教师少用或不占用课堂时间来讲授一般知识点，这些知识需要学生课下在线学习自主完成。为实体课堂教学节约出宝贵时间，课堂教学学生更专注于互助式、协作式研学，追求对知识的更深层次的理解。“SPOC+ 实体课堂”教学模式就是线上教学与线下实体课堂有机结合。课前，学生在 SPOC 平台上通过观看微视频自主学习单元导学及主要知识点，完成相关练习与自测；课中，教师组织学生对 SPOC 平台学习时遇到的共性问题进行深度分析与讨论，对学生练习和自测进行点评，研讨教学重点与难点，答疑解惑，帮助学生完成知识内化和升华；课后，学生按要求在 SPOC 平台在线测试系统完成作业，也可以自主选题进行测试。学生参加在线论坛，通过平台参与交流和讨论，及时进行反馈，调整和改善教学。SPOC 的最终目标是要实现线上教育与实体课堂教学的有机融合。在教学设计和教学理念上更注重校本化。这就要求教师根据需要重新确定教学内容，设计教学流程，以确保教学质量提高。现以研究生英语翻译课程为例，设计基于“SPOC+ 实体课堂”教学模式的应用案例，以期 SPOC 能与高校教学深度融合，更好地服务于高校教学，提高教学质量。

“SPOC+ 实体课堂”模式将 MOOC 丰富资源与灵活性发挥得淋漓尽致，在整合线上教学的同时发挥实体课堂特有的优越性。现以研究生英语翻译课为例，设计线上线下教学内容与教学流程。首先，课程内容的选择。SPOC 教学中教学资源的准备和教学内容的设计十分重要。在教学资源上，SPOC 利用和发挥 MOOC 资源的潜能，认真合理选择和整合 MOOC 资源。在教学内容上，严格按照研究生英语教学大纲规定确定教学内容，适当增加专业相关内容和启发性内容，以满足不同专业与层次学生的学习需求。其次，教学流程设计。主要是线上自主学习结合实体课堂师生交互学习。一是线上教学，采用 MOOC 的讲座视频的功能。 除将 MOOC 优选视频推荐学生学习外，主要是定制 SPOC 视频。也就是，教师要结合自身教学经验和对知识深入系统的认识，制订合理教学计划，将教材内容等教学资源分割成若干单元，制作 PPT，录制微视频。研究生英语翻译需要满足不同专业学生的需求，视频主要以翻译技巧为主，学生通过 SPOC 平台观看视频学习翻译技能技巧，完成知识的第一次内化。然后学生通过在线平台完成教师预先设计好的翻译技巧练习与自测。利用 SPOC 在线评价功能辅助教学，通过练习与自测发现问题，带着问题进入课堂学习阶段。二是实体课堂教学。虽然教学时间受限，形式不够灵活，但实体课堂有其独特优势。它能满足定制的、高质量导师制教学的 SPOC 教学理念。 学生与教师打破屏幕壁垒，面对面进行交流，共同讨论课程内容的重点与难点，解决自主学习存在的问题。研究生英语翻译是一门实用性很强的课程。教师在课堂教学中以翻译实践为主，侧重技能训练和技巧应用。因此，实体课堂主要采用互动讨论式教学，讨论形式灵活多样，主要是小组对比分析译例和师生共同讨论译例采用的翻译方法与技巧。 教师不再以参考译文为主进行宣讲，而是让学生在实践中提出问题，引导学生利用已学翻译知识去解决。 课后，利用 SPOC 在线评价功能提供的数据实时掌握学生学习动态，结合实体课堂教师对学生的过程性评价全面评价学生学习效果。这种评价使学生能够重视学习过程的每一个环节，切实提高了教学质量。

总之，在“SPOC+ 实体课堂”教学模式下，学生通过 SPOC 线上平台观看视频，自主学习，不仅可以获得教师定制的课程知识体系，还能获得 MOOC 平台优秀教学资源。实体课堂里，教师引导学生进行更有针对性的深入讨论，增加翻译实践和技巧应用的环节，培养学生分析解决问题的能力和翻译实践能力。线上线下教学结合翻转了课堂，增加学生课程投入时间，培养学生学习兴趣，提升课堂教学效率，提高教学质量。

第三节 教学案例研究

一、SPOC 背景下的翻转课堂概述

翻转课堂是一种颠覆传统教学过程的教学模式，学生借助信息技术手段，在课前使用课程教学视频等相关学习资料，深度学习课程内容，在课堂上与教师和学生进行合作式探讨，讨论答疑等活动对所学知识进行深入交流，从而完成对知识的内化。其教学流程由传统的课 前预习—课堂讲授—课后复习方式改变为课前深度学习—课堂知识内化—课后信息提升，其实质是将传统课堂上以教师为中心的教学模式转换为以学生为中心的教学模式，其中突出的两个关键点是：学生在课前的学习是深度学习，而非传统的预习；教师在课堂上组织高效的交流互动和合作学习，而非简单的讲授。

翻转课堂的课前深度学习部分需要制作精良的教学视频，它需要主讲教师投入大量的时间和精力来制作，这势必影响教师的课程设计与研究，SPOC 提供了丰富的视频教学内容和网络平台，为翻转课堂的实现提供了有力的辅助手段。SPOC 即小规模限制性在线课程，也可以定义为 classroom+mooc 的模式，它克服了慕课的不足，把慕课和校内课堂相结合，进行混合式教学。特点为：①注册人数少，方法简易，成功率高；②出勤率高，课程完成率高；③学习内容丰富，形式多样，包括视频学习、见面课、练习和考试、在线答疑等；④教师要投入比普通课程较多的时间和精力来完成课程设计，课堂讨论、作业批改、线下答疑等。SPOC 数字化教学平台为学习者提供了信息支持与帮助，从而形成了线上教学、线下教学、线上学习、线下学习良性循环的互动学习系统。SPOC 通过对课程和选课人数的限制，将教学对象设定在特定群体内。线上和线下的学习过程使学生真正实现了自主学习，体现了学生的主体地位。线上和线下的教学使教师参与到教与学的全过程中，尤其在见面课的互动交流、知识内化的过程中，教师通过对学生个性化的指导，引导学生学习，体现了教师的主导地位。教学资源的建设可以采用引入和自建数据库等方式，自建的教学资源库将海量的信息经过甄选，重新设置，最大限度地优化了资源的利用效果，使学生的学习更有效率。SPOC 的线上教与学包括资源发布、在线答疑、学习监控、成绩评价、学习反馈等，线下包括课程设计、课件制作、交流互动、信息反馈、知识内化和教学反思等。

二、大学英语公共选修课的现状

大学英语课程是高校中规模最大，参与学生人数最多的课程之一，可学习效果却往往不令人满意，学生普遍存在对英语学习懈怠的现象，产生这种现象的原因是课程内容和形式单一，学习过程枯燥无味，既无法满足学生毕业后的职业需求，也无法满足文化交流的需要。为了解决大学英语公共课面临的困境，开设大学英语文化类、技能类的公共选修课，成为必要的补充和完善手段。大学英语公共选修课是高校课程体系的组成部分，对人才培养起到优化知识结构，提升人文素质，完善个性化发展等重要作用。目前大多数高校的公选课采用的是传统的教师讲授式教学模式，课堂学生人数众多，选修同一门课程的学生来自不同的专业和年级，他们对知识的要求不同，因此公选课难以满足学生个性化的要求。另外，由于公选课课时少，时间紧，教师在课堂上忙于讲授知识，缺乏教与学的互动，也缺乏自主学习和主动思考的环境，无法开展合作学习。在考核形式上，选修课往往采用开卷考试和课程论文的形式，而教学对象的差异决定了其评价方法应该多元化，一次性的评价方法难以全面反映学生的学习效果。

三、大学英语公选课翻转课堂的探索

SPOC 数字化教学资源平台促成了翻转课堂教学模式的有效实现，这种新型的教学模式为解决大学英语教学面临的诸多问题提供了新的思路和方法。

（一）大学英语公选课翻转课堂软硬件基础建设

笔者与另一位英语专业教师于 2017—2018 年期间的三个学期在长春某高校从事基于 SPOC 数字化教学资源平台的翻转课堂的教学实践。所从事的课程是上海外国语大学的“翻译有道”(SPOC)，使用的数字化教学资源平台是智慧树数字化教学资源平台，该平台由上海卓越电子提供技术支持，是目前国内规模最大、课程最多的数字化教学资源平台之一，为东西部高校课程共享联盟、苏州联盟、上海高校课程共享中心、江西联盟、外指委联盟、外经贸联盟等提供教学课程。

1. 翻转课堂教学硬件环境的建立。

为了充分利用数字化教学资源平台实现翻转课堂。学院投入巨额资金，建设了六间能够进行 SPOC 直播教学的教室，其中的两间既能够进行课程直播也能够进行课程互动。学校从智慧树平台选择了“20 世纪的世界”“20 世纪西方音乐”“职业素质养成”“影片精读”“军事理论”“演讲与口才”“珠宝鉴赏”和“翻译有道”等 20 余门课程作为公选课，1580 名学生通过网上选修的方式选择了其中的一或两门课程，每门课有 1.5 学分。这种新颖的网上学习方式，吸引了许多网络时代的大学生，他们投入了时间和精力热情地参与其中。

2. 组织教师进行现代化教学技术培训。

学院在与各慕课平台的合作中，多次组织教师进行翻转课堂教学模式的培训。其中包括上海交通大学的好大学慕课平台、东西部高校共享课程联盟的智慧树平台等。培训邀请了课程的主讲教师进行了体验式的讲座，各个部门的技术人员、管理人员为我们讲解和演示了 SPOC 制作流程与发布等环节，使我们对翻转课堂从理论到实践都有了更深入的认识，对进行本学科的翻转课堂教学有了信心。学校鼓励教师积极投入翻转课堂的建设中，教师们积极探索信息技术与教学相结合的手段，主动争取立项，开发优秀的教学资源，革新教学方式方法，切实推动教学改革，全面提高教学质量。

3. 成立学生慕课社团，培养兴趣群体。

为了更好地将翻转课堂的理念和实践在学生中推广，由教务处牵头筹建了“爱慕课”学生社团，通过宣传招募到 60 余名对慕课感兴趣的学生，社团正式成立。教务处的教师亲自担任指导教师，结合自身慕课教学的体会和学生们展开讨论，并一起制定了社团发展的宗旨和目标，激发学生学习兴趣，培养终身学习习惯，提高自主学习能力，培养团队合作精神。

（二）“翻译有道”课程实践

1. 课程简介

翻译是一门艺术，是两种不同语言间的媒介和文化桥梁，随着翻译的发展，人们不再把翻译当作一种语言符号的转换，而是当作跨文化交际的手段，认为翻译的本质在于文化的传播。运用翻转课堂的教学模式进行翻译课程的教学，学生借助教师事先录制好的教学视频在课前进行自主知识构建，在课堂上教师组织有意义的教学活动，激发学生的主动学习，完成对知识的内化和应用。

“翻译有道”课程团队是由有着丰富翻译教学经验的上海外国语大学教授团队组成，为广大对翻译实践感兴趣的学生群体而开设，以普及翻译基本知识为目的。课程包括翻译的理论、翻译的技巧、翻译的实例等，其中四大名著的翻译、诗歌的翻译、歌曲的翻译、绕口令的翻译等都有鲜明的特点，课程的趣味性和实践性很强，吸引了很多学生选修这门课程。

2. 翻转课堂实践方法

“翻译有道”的课程分为线上学习、线下见面课、章节测试和期末考试四大部分。课程为线上学习提供了丰富的视频学习内容，使学生能够在见面课前充分学习，深度理解知识点，这样才能在课堂上进行有效的互动交流，强化和拓展知识，完成知识的内化。其重点在见面课上的互动交流，交流不是知识的简单重复，而是深化学生对知识的理解和运用，激发学生的创新思维和辩证思考能力，最大限度地发展自我探究及知识管理的能力，达到知识和能力同时提升的目的。

见面课前的课堂提问设计和讨论设计都十分重要。教师在课前反复研讨视频，充分掌握知识的难点和重点，同时查阅大量相关例子，丰富和拓展知识。以“影视翻译”这一课为例，课前笔者将班级分成若干学习小组，课堂上将设计好的英文影片的名字列出，在小组内进行充分讨论，翻译成贴切的中文电影名字。如 The Big Shot’s Funeral（大腕的葬礼——大腕），The Emperor and Assassin（皇帝与刺客——荆轲刺秦王），学生通过充分讨论，了解了影视翻译中增减原则及翻译中包含的深刻文化内涵，对翻译中的跨文化理念加深了理解。线下教师还需要对学生的问题及时给予反馈，纠正学生的错误，鼓励学生批判性思考，激发学生的创新思维。因为翻译涉及的知识面很广，为了准确而贴切地回答学生的线下问题，需要经常联系团队的教师，针对具体的问题进行研究和讨论，如四大名著的翻译，需要对名著翻译的历史和风格脉络有清晰的把握，才能理解不同译者的翻译意图。

在关于翻译案例的见面课上，学生在小组内需要分工完成学习任务。教师将翻译任务分发到各小组组长手上。各小组组长组织成员撰写方案，分配任务给组内成员，研究译文初稿。之后提交方案及译文给其他组成员，实现学生间互评，并进行校对。定稿后，将译文交给教师，由教师评分和总结。

3. 学生学习成绩评价

经过三个学期“翻译有道”翻转课堂的实践，为了了解学生的学习效果，笔者对实验班的学生进行了定量、定性研究。研究是通过测试、访谈和问卷调查三种形式来进行的。笔者从普通班抽调了 20 名学生，从参加翻转课堂 SPOC 的班级中也抽调了 20 名学生，对他们进行了对比测试。

测试结果发现，参与翻转课堂的班级的学生中，考试成绩获得“优”的人数占班级总人数的 24%，高于普通班学生的 13%；考试成绩获得“良”的人数占班级总人数的 27%，高于普通班学生的 19%；考试成绩获得“中”的人数占班级总人数的 16%，与普通班的 15% 相差无几；参与翻转课堂的学生获得“差”的学生人数在班级的比例，高于普通班的学生。这说明翻转课堂的教学模式在成绩分布上两极分化比较严重，也进一步证明了翻转课堂的教学模式在一定程度上把最好的学生和最差的学生分化出来，使学生的成绩呈橄榄型分布。

学生的调查问卷反馈显示了翻转课堂教学模式有利于快速掌握学习重点，能够解决因为信息太多而产生的耗时耗力、学习效率低下的问题；认为翻转课堂教学模式有助于更透彻理解所学知识，通过反复观看视频，巩固所学知识；新的教学模式提高了学习效率，提升了自主学习能力，取得举一反三的效果；然而也有一些学生认为新模式对他们自主学习能力要求很高，对那些控制能力差、注意力不集中的学生，很难独立完成课下自主学习所要求的内容，影响了学习进度和学习效果。同样的学习内容、单元练习和考试，学习驱动能力强的学生可以高效完成，并积极参与课程的讨论，提出新的见解，真正做到学有所获。而学习能力较弱的学生，更倾向于传统课堂，因为传统的填鸭式学习不用费力动脑，可以随时溜号而没有人管束。大部分学生希望教师能给予实时适当的指导与监督，尤其是那些使用数字化学习资源平台有技术障碍的学生。

通过访谈还发现女生学习时间较男生长，女生因为学习驱动力较强，有较强的自我约束和管理能力，常常有意愿把更长的时间用在学习教学视频上，并能认真对待章节后的练习题、测试题。但男生对讨论题的兴趣更强，参与的主动性高于女生。学习高峰期间为 20:00— 22:00，因为白天大部分学生在上课和参加各种活动，SPOC 学习的时间集中在 20:00—22:00 的时间段。也有部分学生利用零碎的时间，如课间、午休等时间学习视频内容。刚开课、作业截止期和考试前学习活动最活跃。因为刚开课时，学生对课程的好奇心较强，能保持对课 程的浓厚兴趣，所以活跃度较高。而作业截止期和考试前，需要集中补全没有完成的课程和习题，因此活跃度最高。学生学习SPOC课程的动机主要为拿学分和职业需求。有些职业培训类课程因为实用性较强，很受学生的欢迎，因此选课的学生人数较多。通识选修课选课人数较多，而专业课较少。因为通识选修课课程的趣味性和实用性较强，课程设计新颖有吸引力，往往比专业课的选课率要高，学生更倾向于在传统课堂上学习专业课。

（三）SPOC背景下翻转课堂的反思

1. 翻转课堂的优势与劣势

经过三个学期的实践，笔者认为比起传统课堂，翻转课堂有以下诸多优势：第一，真正做到了anytime anywhere的无缝学习，在网络和智能手机的时代，只要有wifi的地方，用移动终端可以随时随地学习，充分利用碎片时间，充分运用人类注意力最集中的20分钟，大大提高了学习效率。第二，真正做到了个性化学习。不同于传统课堂，老师讲授的内容没有可重复性，不管学生是否真正理解所学内容，学习的过程呈线性分布，学完这部分的课程继而进入下一阶段的学习，而翻转课堂的教学视频可以反复观看，直到理解所学内容。这样就顾及了学习能力较弱的学生，满足了不同层次学生的需求。第三，学习资源极大丰富。SPOC数字化教学资源平台提供了可以随时获取的在线的资源和内容，引用和自建的数据库，提供海量的学习资源，只要学生学会选择，就会有取之不尽的资源。第四，学习方式多元化。翻转课堂灵活的教学方式能够激起学生的学习兴趣，激发学生对所学知识进行辩证思考，提高学生创新和独立思维能力，是真正意义上的自主学习。第五，通过课堂内讨论和线下反馈，能够及时强化对知识的理解。学习是一个知识得到不断内化的过程，内化后的知识和能力才是学习者自身的财富。翻转课堂使课堂上教师和学生有更多的互动机会。在线讨论区交流保持了师生互动的可持续性。

SPOC背景下的翻转课堂教学模式也有以下劣势：第一，学生需要面对更大的学习压力和负担，学习过程花费更多的时间和精力。传统课堂只需要在课堂内完成知识的讲授即可，无需额外的时间和精力，这是许多教师和学生不愿意选择SPOC的原因之一。第二，有些学生不能在课前看完教学视频，无法做到课前深度学习。大学生的学习生活比较紧张，课程多、业余活动多，如果没有很好的时间管理能力，有可能在没有完成教学视频任务的情况下，就进入课内的谈论了，这样的学习不利于知识的吸收和内化。第三，使用课程平台学习的过程中需要更多的技术支持。新的教学模式在线下学习时，教师常不在学生身边指导，学生遇到平台使用的技术问题时，常常会有求助无门的感觉。第四，课堂内外所提供的课程信息太多而且分散，不利于整理和保存。学习资料丰富虽然有利于学习，但知识的选择是一个耗时耗力的过程。有时学生会在选择信息、整理信息方面花太多 的时间。第五，观看教学视频时遇到问题不能得到及时的解决。有时学生与教师的沟通渠道不畅通，或是教师无法及时对学生的问题进行反馈，都会造成这种情况的出现，影响学习的效果。

2. 建议

第一，基于 SPOC 的翻转课堂教学的内容应时常更新。经过三个学期的教学，“翻译有道”的课程教学内容变化不大。众所周知，语言是动态的，翻译的理论和实践也是推陈出新的，因此教学内容也应与时俱进。不断进行的经济文化交流促使翻译的理论和实践内容不断丰富，随着翻译学科的发展，在教学中应时常引入新的翻译理论和实践案例。第二，基于 SPOC 的翻转课堂教学形式应更加丰富。如果基于 SPOC 的翻转课堂教 学形式单一，课程就会缺乏吸引力。“翻译有道”课程的教学形式是教师使用 PPT 主讲，学生在下面听课，教学视频中的互动形式很少。这与其他课程拥有丰富多彩的视频教学资料，贴近实战的案例教学不同。精彩的教学视频会抓住学生的眼球，提高学生的学习兴趣，反之则会单调乏味，使学生失去学习的兴趣。第三，翻译课程应增加实际案例的内容。“翻译有道”课程的见面课以教师的主讲为主，讨论和实训的内容不多，作为翻转课堂的实践课程，应该在课堂上进行充分的讨论和实训，只有这样才能夯实和拓展所学知识，将知识内化成能力，因此在课堂上应增加解决实际问题的案例。第四，测试题的形式应多元化。翻译是一门实践性很强的课程，要求教师在设计测试题时应采用多样化的策略。既有主观性问题又有客观性问题，保持答案的开放性和多样性。如果问题可以直接从网上找到答案，或学生间可以不假思索相互抄袭，测试题就失去了评估学生学业水平的意义。好的测试题可以给学生更多的思考空间，使他们能够真正掌握知识，提高技能。

四、大学英语公选课应用翻转课堂的意义

经过三个学期的翻转课堂实践，笔者对它的实践意义有了更深刻的理解。第一，为大学英语教学改革提供新的探索途径。为了准确把握教学改革的方向，大学英语学科需要明确自己的发展方向，借鉴翻转课堂的教学理念和教学形式，建设符合自身特点的教学模式。确立相应 的教学目标，建设完整的教学体系，设置合理的课程标准。第二，使大学英语教学内容和形式与未来职业和跨文化交际相结合。目前大学英语教学仍然是以应试为目的的基础教学，学生普遍认为英语学习与日后的工作联系不大，所以学习动力不足。基于 SPOC 数字化平台的翻转课堂模式为学生提供了一种新的学习途径，学生可以通过不断更新的内容，了解最新的专业英语知识，从而培养职业技能，加强职业竞争力。文化类的课程可以拓展学生视野，了解语言背后的文化渊源，为更好地实现跨文化交际打好基础。第三，养成合作学习意识，实现个人知识管理。翻转课堂的教学是一种合作学习活动，对形成学生的批判性、创新性思维，促进学生个体间相互尊重包容，提高交流沟通能力有着明显的作用，同时也是实现个人知识管理的重要途径，信息技术工具能够帮助学习者将各种资料和信息、进行有效管理，方便学习者高效地提取和使用。

翻转课堂的教学模式可以提高学生的学习兴趣，突出学生学习过程中的主体地位，提升公选课教学质量，培养学生自主学习、合作学习的能力，在提高学生创新能力、

综合素养等方面取得良好的效果。它有效地弥补了高等院校现行教学模式的弊端，为大学英语教学改革带来了积极的影响。它对教师和学生提出了更高的职业和学习要求，对学校的软硬件建设提出了新的挑战。同时新的教学模式使学生成绩两极化的趋势更为明显，更加强调学生自主学习、合作探索能力。自主学习能力强的学生能够较快适应，而学习主动性差、自我管理能力较弱的学生，很大程度上依赖教师的外部指导，在 SPOC 课程学习中效率低，平台使用频率低，无法保证及时完成课后练习和测试，影响了学习表现。因此，教师的指导作用仍然不可或缺，教师需要全方面地对学生进行管理、监督，使新的教学模式充分发挥作用。

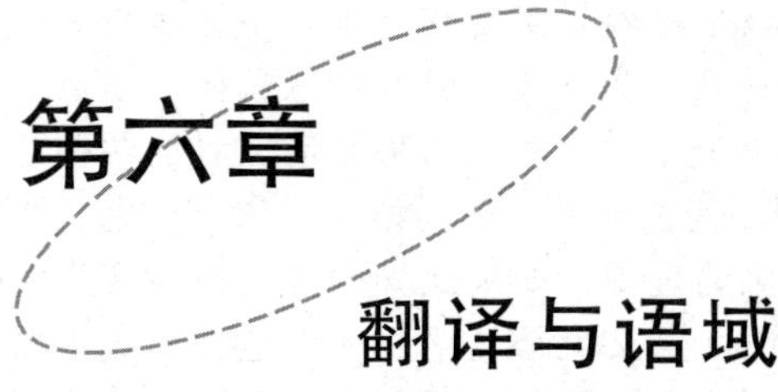

第六章 翻译与语域

第一节 翻译的符号学视角

从符号学角度研究翻译理论，给我们提供了许多崭新的视角和思维方式。例如，在对待译者角色的问题上，传统翻译理论者认为译者在翻译过程中起着举足轻重的作用。在皮尔斯眼里，对一个符号来说译者是不必要的，在他的指号过程中，并不存在译者之类的第四个因素。皮尔斯的指号过程是三合一的过程，是符号本身的自我产生过程，符号产生了意义，而译者只是这种行为产生的可能工具。因此认为译者翻译了符号是错误的，是符号自己重新解释了自己。这是一种“纯客观”的观点。客观上讲，译者的作用不容否认，但也不容过分强调。如前所述，译者决定了符号翻译的方向，决定了译作的性质，也决定了译者能否自我实现。但不容忽视的是，译者的翻译活动只是个体活动，而符号的指号过程是一种真理的传递过程，是哲学的范畴，符号本身的上升性发展并不会因为个体行为而改变方向。所以从某种意义上讲，译者就是真理的追求者，是通向“巴别塔之路”的开拓者。也就是说，是译者选择了符号，而不是符号选择了译者。在对待文化的态度上，翻译界历来有一个共识，那就是从语言学的角度研究翻译会忽略翻译的社会文化功能。皮尔斯说过：“符号并不在各个方面表现对象，它需要一个思想的场所。”笔者认为，这里的思想场所本身就含有文化因素，甚至超出了传统文化的范畴。对待翻译过程，传统翻译一般都根据译前、译中和译后三个阶段把翻译分为三个过程。符号学翻译也把翻译分为三个过程，但依据是不同的。一个符号翻译的过程，是猜想（不明推论）、归纳、演绎的过程，一个理想的翻译过程，应该对应于这三种逻辑推理关系。在这里，逻辑学、符号学和翻译得到了很好的结合。

虽然越来越多的研究者开始用符号学的理论来解释传统翻译理论中

一些难以达成共识的问题，如译者的角色、翻译的忠实度，等等。符号学翻译研究仍有大量的工作要做，已经存在的理论成果还只是冰山一角。这也给此领域研究者提出了更大的挑战。

从符号学意义的角度看，翻译应该尽量同时实现原文的言内意义、指称意义和语用意义。在语码转换的翻译中，指称意义应该是最容易实现的一个。不管是否保留多种语码的形式，语码所指称的对象或含义总是会得到体现，但言内意义和语用意义就不同了。这两种意义与语言形式紧密联系在一起，形式的变动势必造成对这两种意义的影响。言内意义体现的是符号与符号之间的意义联系，不同语码并置在一起，首先在视觉上即是一种非常规，一种突显与前景化的表现，如果从异码排列被转变为同码排列，这种言内意义就消失了。作品的很多语用意义也是从语码转换这种形式生发出来的，几乎每一处语码转换的地方都会有语用意义。不同作者都不约而同地使用语码的转换作为一个重要手段塑造人物性格、凸显人物特征以及表现人物心理活动等，每一处语码转换都是作者刻意为之的产物。如果取消了语码转换这一表现形式，很多语用意义就无法传达了。因此，对于语码转换的翻译最基本的也是最重要的一点应该是在译文中保持住多语转换的表现形式。至于是要选用第三种译法还是第四种译法，就要根据作品本身的文本特点以及不同语码间的相互关系而进行具体揣摩与抉择。根据莫里斯的符号学理论，言内意义、指称意义和语用意义是符号的三个基本意义，翻译则要在最大限度上实现这三种意义从原文到译文的传递。文学作品中的语码转换语是一种有标记的表现形式，在塑造人物性格与凸显语篇特色方面发挥了重要作用，有着不可忽视的语用意义、文学意义和诗学价值。因此在翻译过程中译者应该全面考虑到原文语码转换的这些价值与意义，尽可能将其原文的三种符号学意义都表现出来，否则就造成了翻译的欠额。

许钧教授提出了一个问题“何为翻译”，用一个生动幽默的实例引出了翻译的民族性问题，翻译不仅仅是把“一本外文书”译为“另一本书”的过程，翻译应该是一个“扩大的概念”。翻译的过程性特征，即翻译的主体、翻译的过程、翻译的结果。

许钧教授从雅克布森的翻译理论“符际翻译、语际翻译、语内翻译”出发，为大家阐释了翻译的形式问题。人有两种创造，一个是用手创造了工具，另一个就是创造了一系列符号系统，如语言符号、音乐符号、绘画符号等，任何符号都具有意义，他讲到人生就是翻译，人把自己的想法落实为话语，作为语言的话语就会形成意义，这也是翻译，广义的翻译就是与符号打交道，强调了符际翻译过程中的信息缺损问题，指出符际翻译在翻译和翻译研究领域往往被忽视的客观现实，强调语言符号的应用和社会存在的关系。许钧教授特别强调了译者对语言符号的“敏感度”问题，指出“翻译过来的东西就是为了让读者看懂”，从而探讨了译者译文标准的问题。就语际翻译，许均指出翻译是为达到世界文学的必然途径， 翻译为丰富一个民族语言的表达力，催生并确立现代语言的过程中具有决定性的意义，同时，翻译是为促进国际文化交流、维护世界文化多样的不可或缺的因素，最后，在谈论语内翻译时，许钧教授着重阐述了“古代文化现代化”的必要性及注意的问题。作为总结，许钧教授指出，作为译者，对语言符号要有“敏感度”，要经历文字—文学—文化并最终上升到理论的历程，勉励大家积极投身于翻译和翻译研究。

第二节
符号学在翻译中的运用

符号学是研究符号指意系统的科学，是研究符号的最全面的系统。在人类社会多元符号系统中，语言符号系统最为复杂、典型。运用符号学所提供的分析符号的方法和体系，便能对语言进行比传统语言学更清晰、精确的研究。美国哲学家和逻辑学家莫里斯提出符号关系的三个方面：符号与其所指称或描写的实体与事件之间的关系是语义关系；符号与符号之间的关系是符号句法关系；符号与符号使用者之间的关系是语用关系。将这三种关系对应到语言符号上，就是语言符号的“指称意义、言内意义和语用意义”。语言符号系统具有多功能性，其承载的信息也是多种多样的。“符号‘所指’的核心和主体是概念，也就是语义信息。除语义信息外，符号还可以承载文化信息、文体信息、情态信息和审美信息。”由此可见，从指称意义、言内意义和语用意义等三方面、三个层次对话语或语篇进行全面理解是必须的。尤其是在翻译过程中，从一种语言转换到另一种语言的“换码”过程需要译者对两种语言分别进行三个层次的理解，不仅将原语的“所指”理解并传达，更需将它所承载的多种信息一并传达到译语中，才有可能用译语将原语的意义、风格最大限度地表现出来，达到“形似、意似、神似”的境界。

一、指称意义

指称意义是语言符号与其所描绘或叙述的事物的关系，是语言符号表层的意义，其核心内容是事物的基本的区别性的特征，可以理解为语言符号的“所指”。它与我们通常所说的字面意义有很大联系，但是二者是从两个不同角度考察问题的。例如：He is a lucky dog. 这个词组字面义是“一只幸运的狗”，但它的指称意义是其同其之外的某个实体间的联系，即“a man who is lucky”。

二、言内意义

言内意义考察的是语言符号之间的关系。如发音、词汇、语法、句子、语篇等层面上的排列组合等安排。在发音关系上，比如英语中有头韵、尾韵、半韵、和音等音节处理技巧，其中头韵是汉语所没有的，而汉语中运用四种声调表达不同效果也是英语中没有的。词汇意义是指对词语的选择、安排，如各种双关语，语法意义即句子中各成分的语序；句子和语篇层面上如平行结构、反复等，我们知道的一些有趣的回环结构，也属于这一类。比如："Madam, I' m Adam""上海自来水来自海上""人过大佛寺"这些句子顺念和倒念都有意义，且结构巧妙、传神。可以看出，词汇及句子和语篇层面可理解为各种修辞手法的运用。

三、语用意义

语用意义反映的是发出话语的人的信息，如身份、年龄、地理方位、态度、个性、意图等信息。这些信息不直接表达出来，而是隐含在语言当中，需要译者去发掘。以上三种符号学意义在具体上下文中的比重是不同的，"由于原语文化和译语文化之间的差异，原语符号和译语符号几乎不可能在指称、语用和言内三个意义层面上一一对应。"虽然翻译中最理想的莫过于恰有完全对等的表达，但这种情况太少。译者必须具体情况具体分析，决定三种意义中的侧重点甚至是取舍。下面利用一些翻译实例做进一步说明。

（1）"The girls were up at four this morning, packing her trunks, sister," replied Miss Jemina, "We have made her a bow-pot." "Say a bouquet, sister Jemina, tis more genteel." "Well, a booky as big almost as a hay-stack, …" (William Thackeray, Vanity Fair) 此段选自萨克雷的《名利场》，其中 bow pot, bouquet 和 booky 的指称意义都是指一束（花），言内意义是词汇上的变化，而语用意义十分丰富，讽刺了两个说话人通过话语表现出的个性特征：Jemina 文化程度的低下、粗鄙，她姐姐的咬文嚼字、自命不凡。杨必的译本是这样译的："女孩子们清晨四点钟就起来帮她理箱子了，姐姐。我们还给她扎了一捆花儿。""妹妹，用字文雅点儿，说一束花。""好的。这一簇花儿大得像个草堆儿……""捆""束""簇"三个相应的汉语表达无论从指称、言内还是语用意义，都恰当地表达了原语符号的意义。

（2）"In the name of our love, forgive me." she whispered with a dry mouth.… "O Tess, forgiveness does not apply to the case.…"(Thomas Hardy, Tess of the D'urbervilles) 孙法理译的《苔丝》中，这一段是这样处理的："看在我俩的爱情的份上，原谅我吧！"她口干舌燥地低声说。"啊，苔丝，这种情况谈不上什么原谅不原谅。……"译文不仅准确传达了指称意义，而且把典型的英文表达转换成典型的汉语习惯表达，把苔丝的哀求和克莱尔的不谅解生动地传达给了译语读者，相当完美。再看几句恰有对等表达的例子：

(3) Nothing, whether a weighty matter or a small detail, was over looked. 事无巨细，无一遗漏。

（4）Better is a neighbour that is near than a brother far off. 远亲不如近邻（《圣经》箴言 7 章 10 节）。

（5）General D. M. Shoup summed up every one' s feelings: "You are in a pretty bad fix, Mr. President." The President answered, "You are in it with me." 邵将军总结了每个人的感受："总统先生，你的处境非常糟糕。"总统回答："彼此，彼此。"

(6) If Egypt ever truly emerges from its backwardness. 埃及果真有朝一日能摆脱落后，英语语言中常用到“声音象征”(sound symbolism) 的词，某些字母的发音能引起人的联想，这是一个重要的言内意义，如 S 使人联想到蛇的嘶声、水的沙沙声；m 是低沉的鼻音，象征低沉的声；h 字母是吐气音，象征努力、费劲等。

(7) The raven himself is hoarse That croaks the fatal entrance of Duncan Under my battlements. 句中使用了一串含有字母 r 的词：raven, hoarse, croaks, entrance。卷舌摩擦音使人联想到乌鸦刺耳的叫声和它象征的凶兆。这种音系上的处理属于言内意义的范畴，在译成中文时，很难找到相应的汉语处理技巧而不得不放弃这种言内意义。参考朱生豪的译文：报告邓肯走进我这堡门来送死的乌鸦，它的叫声是嘶哑的。

(8) 三个人品字式坐了，随便谈了几句。(茅盾《子夜》) 句中“品字式”表达的是明显的言内意义和语用意义。它运用汉字的象征结构做了一个隐喻，但英语读者对此是不了解的，在译文中也不可能传达出这种文化因素（除非进行大段的解释）。这种情况下，它的指称意义所承载的言内意义和语用意义只能舍弃。The three men sat down facing each other and began casually chatting. （许孟雄、A. C. Barnes 译）

(9) 韩老六立刻嘻皮笑脸地说道:“有十来多个。”(周立波《暴风骤雨》) 句中“嘻皮笑脸”在言内意义上是汉语成语，含有贬义，语用意义上体现出韩老六的嘴脸。译成英语是：“More than a dozen,” answered the land lord with a snigger.

(10) 《红楼梦》中王熙凤初见林黛玉时说：“天下真有这样标致的人儿！我今日才算看见了！况且这通身的气派竟不像老祖宗的外孙女，竟是嫡亲的孙女儿似的……”在英语中并不注重孙女与外孙女的区分，也没有相应的表达，因此它们的指称意义在英语中不甚明晰，在译文中需稍作解释：“She is a beauty, Grannie dear!...She doesn’t take after your side of the family, Grannie. She’s more like a Jia...”大卫·霍克（David Hawkes）译。

(11) 语言中有大量的词汇、短语、典故等是具有鲜明的民族特性的，隐含着民族文化和传统。例如，用实物描写的颜色词往往就具有鲜明的民族色彩，包含着丰富的语用意义，因为各民族有不同的历史发展、生活环境和心理状态，在翻译中要充分考虑到这一点。如中国人习惯用“米色”描写一种淡黄色，因为米是我们的主食，而在英语中则用 cream, creamy 及 butter-yellow 来表达这一颜色，因为奶油和黄油是他们的普通食物。综上所述，将符号学的三种意义运用于英汉、汉英翻译中，可以较精确理解并用译语传达原文的意义与风格。当然，在翻译过程中还要采用适当的翻译技巧即变通和补偿手段。“语言本身不是一个自足系统，因此，语言符号这一人类的认识和交际的系统工具，也只具有相对价值。研究翻译理论必须十分注意语言转换的变通规律。翻译规范都应赋以很大的“变通概率”。这是我们从符号学方法论解释翻译的原理时必须了解的一条原则。并且以保证原语中最重要意义的优先传译为前提。译者具有扎实的语言功底和广博的言内言外知识也是非常重要的。

第三节
汉英翻译的符号学视角教学

一、社会符号翻译法及其他

从 20 世纪 60 年代起，国外已逐渐形成了较为系统的翻译语言学理论。翻译对等就是西方翻译理论中的一个核心概念，许多翻译理论家均把这一概念作为自己理论体系中的一 个重要内容，例如卡特福特的篇章对等，奈达的动态对等和功能对等，以及纽马克的描述对等、文化对等，试图对翻译中各个层次和各种类型的对等进行研究。纵观西方翻译理论可大 致归纳出四大流派，即语文学理论、语言学理论、交际理论和社会符号学理论。本书拟从语言的定义、语义三角关系以及语言的功能与意义等三个不同角度，探索奈达的社会符号学翻译法在汉语成语英译过程中寻求功能对等的实际应用价值。

社会符号学翻译法(social semiotic approach)的代表人物尤金·奈达(Eugene Nida)认为世界是由各种符号系统组成的，语言只是其中的一种符号系统，对语言进行解释，不可脱离语言的社会环境。奈达强调语言的社会功能，不仅研究在跨文化的交际环境中词、句与篇章的意义，而且研究篇章所涉及的事件和客体在特定的社会环境中的象征意义。由于社会符号的解释涉及符号之间、符号与社会和文化之间的关系，社会符号学翻译理论说明了原文意义的多层次性和不确定性。以下拟从语言的定义、语义三角关系、以及语言的功能与意义等三个方面，对社会符号学翻译法所寻求的功能对等进行步分析。

二、社会符号学翻译法及其他

语言学家罗纳德·沃德豪（Ronald Wardhaugh）在其《语言学导论》一书中给语言下了这样的定义：Language is a system of arbitrary vocal symbols used for human communication（语言是用于人类交际的任意的有声符号系统）。从这一定义中可以看出，语言是由符号组成的（词汇）；语言的符号是有声的（语音）；符号之间按照一定规则组成一个系统（语法）；除了语言的语音、语法、词汇等三要素外，语言作为有声符号系统是用于人类交际的（语用），而人类在语言交际中会涉及社会、文化、情感等多方面的因素，因而语言作为符号系统，具有鲜明的社会性。此外，语言的符号是任意性的，在符号和符号所指的事物或概念之间，以及符号的音和意之间没有必然的联系。关于这方面的关系，希腊人引进了自然主义学派（Naturalist）和唯名学派（Nominalist）观点之间的争论。前者认为，人们用来表示事物或概念的词，其形式和词所指的事物之间，以及词的音和意之间具有内在的必然联系，而后者则认为没有这种必然联系。一般认为，唯名学派的观点是正确的，正如莎士比亚在《罗密欧与朱利叶》

中写到: …a rose by any other name would smell as sweet. 上述语言定义中的三个名词(交际、符号、系统) 则是语言研究的三个重要方面：语用学、语义学和句法学，而这也正是符号学的三个组成部分和语义三角关系所涉及的三个方面。

语义三角关系是语言学家奥格登（C. K. Ogden）和理查兹（I. A. Richards）提出的观点，认为语义可以解释成下列三者之间的关系：①所指的事物或概念（referent）；②用来指该事物或概念的符号（sign）；③解释者（interpretant）在脑海中产生的该事物的形象或该概念的意义。符号学（semiotics）是系统地研究语言符号和非语言符号的一门科学。查尔斯·莫里斯（Charles Morris）总结了语言符号的逻辑——哲学研究法，提出符号学的研究对象包括：①语用学，研究人怎样运用语言符号进行交际；②语义学，研究符号与符号所指的事物之间的关系；③句法学，研究符号之间的关系。由此可见，符号学的三个研究对象也正是语义三角关系所涉及的三个方面的关系，即符号与所指、符号与符号、符号与解释者之间的关系。如图 6-1 所示：

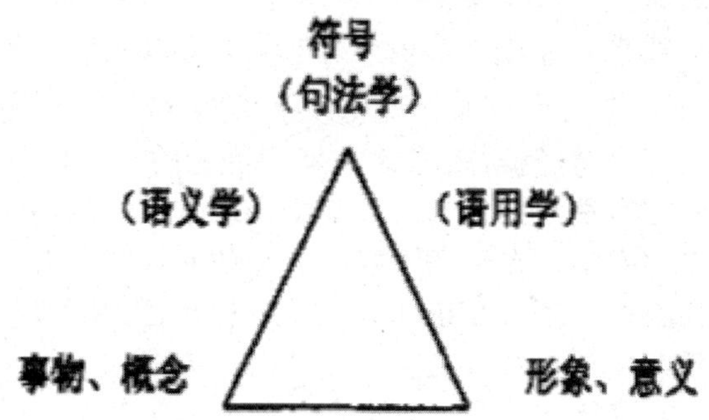

图 6-1 语义三角关系

莫里斯还进一步阐述了语义学、符号学和语用学所涉及的不同意义，区分了指称意义（designative meaning），即符号与所指对象之间的关系所表现的意义；语言意义(linguistic meaning)，即符号与符号之间的关系所表现的意义；以及语用意义(pragmatic meaning)，即符号与解释者之间的关系所表现的意义。指称意义涉及语言语境中语言的微观结构，即语音、语法、词汇所表现的意义，而语用意义则涉及非语言语境中语言的宏观结构，即社会、文化、情感、使用域等多方面的意义。区分上述三种意义对于双语翻译实践具有重要的指导意义，因为在翻译过程中，译者除了提供形式对等的概念意义外，还应考虑到词汇的组合会产生特定的修辞效果，而在不同语言中具有文化差异的词语也常常带有其他的联想意义。如图 6-2 所示：

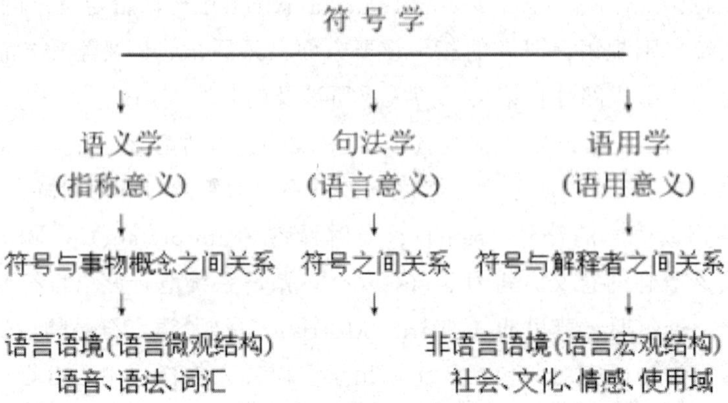

图 6-2 符号学的研究对象

现代语义学的研究表明，不同语言的词汇所构成的语义场并非完全一一对应，不同语言中单词的语义分布也并非完全等值，语言学家常以光谱中各种不同颜色和亲属称谓在不同语言中的非对应关系来加以说明。莱昂斯（Lyons）指出：“采用词与词对应的方法翻译不同语言中的色彩名称常常是不可能的，这已是广为人们确认的事实。”因此，语言之间在微观结构上的差异给翻译带来了一定的困难，在语言转换过程中，原语的某些语义内容难以在译语中找到完全的对等。再者，汉语属汉藏语系，而英语属印欧语系，汉英两种语言在语法结构上也存在巨大的差异。此外，由于国与国之间不同的自然环境、文化传统、社会历史、思维方式和风土人情，文化差异也成为翻译中的一大难题。针对翻译过程中文化因素带来的复杂性，奈达指出：“实际上，文化之间的差异比语言结构上的差异给译者带来的严重复杂性更多。”语言的功能是指语言在使用中所能发挥的言语作用。不同的语言具有不同的表达形式，然而它们可以具有彼此相同或者相似的功能。有的语言学家认为语言主要有描述（descriptive）、社会（social）和表情（expressive）三种主要功能；纽马克（Newmark）曾把语言划分为六种功能，即表情（expressive）、信息（informative）、祈使（vocative）、美感（aesthetic）、酬应（phatic）和元语言（meta-lingual）功能。根据奈达社会符号学翻译法，翻译的过程就是寻求功能对等的过程，翻译中绝对的对等是不可能的。奈达指出，“不同的译文实际上代表了不同程度的对等。这就是说，不能用数学上对等的意义去理解对等，而应该用近似（proximity），即在功能对等的近似程度上来加以理解”。哈特曼（Hartmann）把寻求功能对等视为动态的渐进过程（approximation），认为在语言转换过程中应当把整个语言材料同其交际背景和语体特征联系起来。陈宏薇提出的翻译标准是：意义相符，功能相似（correspondence in meaning and similarity in function）。因此总体上说，可以把翻译看成是跨语言、跨文化、跨社会的交际活动，是在语言的和语用的调整基础之上寻求语言之间文本对应的渐进过程，在从原语向译语的转换过程中要考虑到符号、事物或概念、以及语言使用者三者之间的关系，降低信息的丢失，在意义和功能上尽量做到忠实于原语。

第四节
教学案例研究——翻译理论教学与翻译实践教学的有机结合

一、引言

听后续译是一种全新的教学理论，是语言习得研究的一个新贡献。外语学习基本上是一个从无到有的过程，将他人语言变为自己语言的过程，学会以他人使用语言的方式表达自己思想的过程。听后续译是结合阅读理解进行写作练习的一种方法，是互动教学研究的延续，旨在揭示互动促学语言的机理。“续”是与他人协同，向他人学用语言，通过互动去实现。互动中一定有“续”，互动靠“续”维持；续的密度决定互动强度，也理所当然决定协同强度，进而决定学习效应的大小。因此，“续”是产生学习效应的源头。换言之，语言是通过互动学会的，更是通过“续”学会的。听后续译是彰显“续”的促学优势，是对互动促学机理研究的进一步推动。

二、“续写”质量评估的重要性

听后续译教学法的设计原理是将不完整的语段让学生去补全、拓展、创造内容，以“续”促学语言。听后续译可高效提升学习者语言水平。针对学生语言水平精选前文，以其为范本进行续作，跟优质的语言协同，跟精彩的思想协同，跟严谨的逻辑协同，跟巧妙的衔接连贯协同，可显著拔高语言表达力。按此思路，在涉及产出的练习里，提供一段优质输入，树立样板，让各种后续练习围绕前文展开或推进，可有效提高练习的促学效果。后续任务促学效率相对更高，而高效率更能体现语言教学和学习价值。“听后续译”理论若想外语教学中拥有立足之地，需要和传统的英语写作教学一样，有一套完整是合理的评估体系。评估体系可以直接反馈学生对教学的接受程度，一个好的评估体系可以激励学生，让学生愿意学习，有更强的主观能动性。王初明教授曾提出“写长法”质量评估的重要性，其中强调了学生的自信心、学习态度、接受成度对教学产生的影响，笔者参考了传统英语作文写作、写长法以及“续”理论教学的特点，以促学在基本目的，试图提出针对“听后续译”的评估方法，使“听后续译”教学方式更加完善。

三、研究方法

为了探索“听后续译”过程中语言协同效应及学生心理状态变化，笔者在云南大学旅游文化学院英语专业学生中，抽取大二学生（第三学期）100 人，大三学生（第五学期）100 人进行“听后续译”教学实验。之所以选择两个年级同时进行实验，是因为两个年级的学生有不同的英语功底，学生们均过了国家专业四级考试，有一定的英语功底，对英语语法、基本写作技巧和修辞有了一定了解，英语学习程度良好。本实验是希望通过两个不同的年级学生的续写情况比较，尝试能否提出针对低年级和高年级的不同续写标准，让听后续译教学模式不再以学生较深厚的英语水平为前提条件，使其贯穿于整个高校英语学习中。

教学实验以一学期为限，分阶段记录学生的续写情况和心理状态，进行分别论述。受试学生将进行分组续写练习，分组采取自愿形式。笔者与另两位英语专业教师（分别有 6 年和 10 年高校英语教学经验）合作，共同参与评分和数据采集。数据收集分三次进行，教师分别在学期开始、学期中和学期末对学生续写内容评分，学生通过课堂讨论，给出教学意见和建议，并在学期末对测试结果和学生反馈进行归纳总结。

笔者于 2018—2019 第一学期开始时进行教学实验，通过“听后续译”评估标准调查问卷中，让学生选择自己认为最重要的评估标准，结果显示，学生认为评分标准中续写长度为 7%、语法为 23%、逻辑为 23%、修辞为 21%、语境为 29%。笔者根据此次调查问卷情况，选择了适合学生水平的文章，给大二学生的英语原文是关于一个小学生第一天去上学，与家人和同学发生的故事，给大三学生的关于一个囚犯被释放后，坐车回家，担心妻子不原谅他的故事，两个故事都抹去结尾，让学生按照自己的想法进行续写，会在第一次成绩反馈后组织学生讨论。

成绩反馈后，笔者组织学生对文章进行讨论，讨论结果如下：

（1）大二学生的及格率仅为 24%，问题集中在语法、修辞、逻辑和语境上。学生认为语法问题是他们的一大难题，虽然学习过一个学期的语法，但是感觉不太见成效；在修辞方面，学生表示无法正确使用修辞的原因是没有一定的阅读量，大二学生没有接触过太多英文文章，无论是课上还是课下，阅读量都有限，因此，没能运用好修辞也在情理之中，但是因为修辞所占的评分比例大，导致分数不理想；在逻辑和语境方面，主要有两个方面，第一种是学生沉浸在自己的“安全区”内，也就是在续写过程中，渐渐脱离了原文核心内容，第二种是中式用语过多，导致文章句式机械。

（2）大三学生的及格率为 30%，学生反馈信息如下：语法相对较好，扣分不多；逻辑较清晰；修辞使用不当；语境处理一般，部分学生出现了和大二学生同样的现象；词汇方面使用较好，但是过于追求偏难词汇，他们认为偏难的词汇有助于加分，而忽略了原文中本身存在的词汇。

教师收到的学生反馈如下：

大二学生在进行续写后，认为这种方式几乎完全调动了读、写、译的英语学习模式，感到收获颇丰，分数虽不理想，但是很有挑战性。

大三学生认为听后续译使他们正视了写作中存在的问题，在这之前，他们从没认为修辞和语境是需要解决的问题，传统的英语作文多为议论文，有范文有例句，考试前背一背就差不多，至于修辞和语境都是出现在阅读理解中的，看到了自然能翻译过来，但是正确地写出来却不易；词汇方面也因为过于追求高难词汇扣分，原因是原文为外国人的作品，很多词汇虽然字面意思相近，却有不同的内涵，过分追求高难词汇反而破坏了原文语境。

综上所述，大二和大三的学生均认为目前的评分标准有利于他们续写文章，并没有因为评分标准而限制自己的思维。

第二阶段情况如下：

（1）大二学生及格率为 40%。主要问题集中在语法、修辞、语境上，基本解决了逻辑问题，学生认为，语法问题减少的原因使他们在续写文章时，开始仿照文章的语法结构进行续写，因此错误有所减少，其次是因为写作次数增加导致某些句型已经熟记于心，甚至还促进了口语交流；修辞问题仍然不能解决，无法巧妙的运用修辞，有用错的现象; 语境上来讲,学生的能参照上下文内容进行续写,虽然也有学生进入“安全区”。

（2）大三学生及格率为 52%。学生反馈到他们正在尝试用地道的英语书写文本，尝试效仿原文的写作方式进行续写，尝试用原文的修辞，延续原文的语境，学生认为续写有助于提高英语能力，尤其是英语产出，以及单词记忆部分。

此次续写之后，教师组织学生们展开了以续写评分标准为基础讨论，学生们根据自己目前的能力以及文章评分，给出如下反馈：

1. 大二学生

续写长度需要作为评分标准之一，但不应占用太多分值。原因是大二学生语言能力有限，写长文有助于克服学生的学习惰性，充分调动大脑中的外语资源，若无对语言的要求，学习者就有可能只用自己熟悉的语言形式表达思想，至多改善外语使用的熟练程度。学生还提出，希望教师可以画出文中的精彩句和词汇，以及首次写出的精彩亮点，希望能以此强化记忆。

语法方面，学生认为大二阶段是英语语法及用法的积累阶段，希望老师可以维持或者加大语法方面的评分，语法对于他们未来的英语考试至关重要。

逻辑方面，由于续写属于开放性写作，想寻求逻辑上的同一性是很难的，再加上学生主体差异、文化背景及理解差异的因素，过分追求主题的协调是不现实的。但是基于英语文章逻辑需满足层次清晰、论述前后一致、以理服人、证据确凿、圆满表现主题的特点。因此逻辑方面也需要纳入评分标准之一。

修辞方面，学生认为可以适当的调整分值，修辞学是本校大三学生的英语专业课，对于大二学生还说还很陌生，由于修辞在原有的续写练习中占得分值较大，得分率偏低，有碍于学生积极性的培养。此处经过笔者与另一位老师的商讨，决定依照学生的意见执行。

语境方面，首先需向学生明确语境的定义。在 1974 年，由海姆斯（Hymes）提出的语境定义应用最广，其中包括：情景、参与者、目的、行为顺序、语气、途径、规约和体裁。学生希望从大二时练习在作文中嵌入合适的语境，因此希望此处分值不变。

综上所述，大二学生听后续译的评估标准暂定如下: 续写长度（10%）、语法（25%）、逻辑（15%）、修辞（20%）、语境（30%）。

2. 大三学生

(1) 续写长度方面，认为规定文章长度有助于英语学习，长度适当的文章可以迫使学生多用复杂的句式和词汇，因为用简单句拼凑的文章文笔不够优美，无法支撑复杂的情节和内容设定。经教师与学生讨论后得出结果，有关文章长度的分值需有所增加。

(2) 语法方面，大三学生与大二学生持相反意见，认为语法虽重要，但不应占用太大的分值。大三学生已经掌握了语法使用，基本可以灵活运动语法，因此语法方面的分值可以降低。

(3) 逻辑方面，大三学生认为，英语的逻辑十分严谨，因此可以加大逻辑方面的分值，以帮助学生重视英语文章的逻辑性。

(4) 修辞方面，大三学生已经学习了一个学期的英语修辞学，把修辞运用于续写中，有助于巩固语言知识，因此，作为可以增添文章文采的修辞学，在评分中可占有一定比例。

(5) 语境方面，为了达到接近原语语境的效果，学生在课下阅读了大量英文原版文章，在续写过程中，教师反复强调要多回读文章，回读过程有助于使续写文章与原语文章形式趋同。学生认为，评分标准中，语境评分百分比需加大，这样会使学生更加注意语言与语言的对等、上下文的衔接和语境的一致性。经过讨论，教师决定适当加大语境方面的分值比重。

综上所述，大二学生听后续译的评估标准暂定如下：续写长度（10%）、语法（15%）、逻辑（30%）、修辞（20%）、语境（25%）。

第三阶段

经过一个学期的续写实验，学生已经可以把握续写的基本要求了，本学期共组织学生进行了 14 次续写活动，每次续写结束后，修改过的文章都及时反馈给学生，教师每次选取 2 篇文章进行精讲和共享。在学期末最后一次续写评分中，学生的分数分布如表 6-2 所示：

表 6-2：学生续写分数分布表

分 数	大二学生	大三学生
80 分以上人数	18	26
70~79 分人数	28	34
60~69 分人数	48	76
60 分以下人数	6	2
优秀率（%）	18	26
及格率（%）	94	98
不及格率（%）	6	2

此次数据分析以两种方式进行：(1) 教师采访部分学生，将他们的反馈记录下来；

(2) 重新在两个年级进行问卷调查，之后教师组织课堂讨论，制定最终的续写评分标准。

首先，笔者分别在两个年级不同分数段抽取了 4 名学生，询问他们经过这一学期的续写练习，收获是什么，以及对评分标准的看法。由另一位老师录音，整理反馈信息如下。

1. 大二学生

学生 A（82 分）：“这次的听后续译教学法刚开始的时候，可能是心理负担重，第一次成绩出来时候得了 60 分，确实有点着急，不过后来经过课上作文的讲评和小组讨论，发现此次的写作主要以上下文和逻辑为主，因此，我就更关注文章上下文逻辑了……会更加认真对待续写作文，也更注意上下文的语境了。”

学生 B（75 分）：“这次的续写教学我个人认为比较适合我，我的语法有点薄弱，平时作文得分都不高，但是这次我连续几次得 70 多分，此次的评分标准弥补了我语法上的薄弱，其实在续写的时候，每遇到与上文衔接的内容，我就会回读，又写出来，加深了印象。”

学生 C（66 分）：“我的英语水平属于中等，语法不太好，也不太会用修辞，这次的续写实验中，每每遇到与上文衔接的内容，我都会回读，照着原文的语法和词汇写作，收获还是很大的。相比之前，我的英语水平的确有了提升，评分标准很细致，这也是以前的写作评分中没有的，我想我不仅要继续提升语法，还要读更多的英文文章，才能在写作中有更好的语境和逻辑。”

学生 D（57 分）：“这次的续写教学实验对我来说挺难的，很有挑战性，我觉得评分标准太细了，导致我分数很低，有些作文主题太枯燥了，但是这次非常好的一点就是文章有趣，对于未来的写作课很期待。”

2. 大三学生

学生 A（86 分）：“说实话，对于这次的续写教学实验，我感觉很有挑战性，我觉得评分标准很好，很适合我，每个部分都有一定的百分比，需要英语水平全面提升才会得高分，最后一次的分数是 86，我对自己的英语水平又充满信心了，而且老师和我们共享了大二年级学生的文章，他们写得也很好，我第一次发现原来写作需要考虑这么多的方面，我觉得这样的评分标准很好，有挑战才有进步。”

学生 B（72 分）：“我的英语水平还可以，因为我语法学得不错，写作都可以应付，这次的续写评分我就得很好，虽然只是拿了个良好，但是让我更关注了逻辑方面的内容，这对于我的英语水平提升很大，未来的写作课希望也可以加入续写练习。”

学生 C（65 分）：“刚开始续写的时候，我以为很简单，不就是给故事加个结局嘛，但是后来我发现，这一点也不容易，因为要考虑的因素太多了，我觉得这个评分标准虽然细致，但是值得推广，我还有很多要提升的地方，这次的评分标准使我注意到了除了语法之外的更重要的内容，未来的写作练习中，我会更加注意文章的语境和逻辑。”

学生 D（55 分）：“我觉得这次的评分标准很细致也很难，我的英语语法不好，写作时也很难写长句，但是这次的续写练习是根据故事内容改编结尾，不知不觉就写了好多，感觉写长一点的英语文章不再那么难了，虽然分数不理想，但我不再怕写作文了，这次的评分标准是要我们在词汇、语法、语境、逻辑等各方面全面提升，通过课堂精讲的文章，我发现我还有很多方面需要努力。”

通过对学生反馈的整理，我们得知学生对于这次的听后续译教学实验呈积极态度，喜欢挑战，可以接受新的评估方式。对于教师来说，这样的评估方式可以更全面地检测学生的英语水平，挖掘学生的潜力，使学生的聪明才智得到发挥，自信心得到提升。最终，教师与学生通过课堂讨论得出听后续译评分标准如下：续写长度（10%）；语法（10%）；逻辑（30%）；修辞（20%）；语境（30%）。

20 世纪 70 年代，功能语言学家韩礼德提出，语言习得不是习得语言规则，而是习得意义潜势。（meaning potential），语言的意义存在于具体的使用过程中，离开了语言使用的具体环境，就很难确定语言的意义，任何话语的意义都不能脱离相应的“情景语境”。从上述教学实验中，我们发现学生在整个续写练习中表现出积极的态度，学生喜欢的教学方法，才是可行的教学方法，因此，在指定评估标准时，要以学生的学习程度和心态为依据，灵活地制定各项评分的百分比，使学生在续写过程中不感觉吃力，通过自己的努力有一定的上升空间，主观接受了评分标准的设定，更有利于教学方法的实施。听后续译仍需要大量教学实验，英语教学不只是教学理论，更是指导实际的教学方法，好的教学方法需操作性强，有助于学生发挥潜力。最后，高校教师需要制定更有信度的听后续译评分标准，从信度方面看，续写题型的可靠性在很大程度上取决于评分工具的质量和评分员素质及评分的操作，但评分的严厉程度存在一些差异，需在未来的培训中注意为了进一步验证听后续译的效度和信度，将来的研究应该拓宽范围，还可以在大学甚至初中收集数据和证据，测定难度，完善题型，使之更好地为外语考试服务。

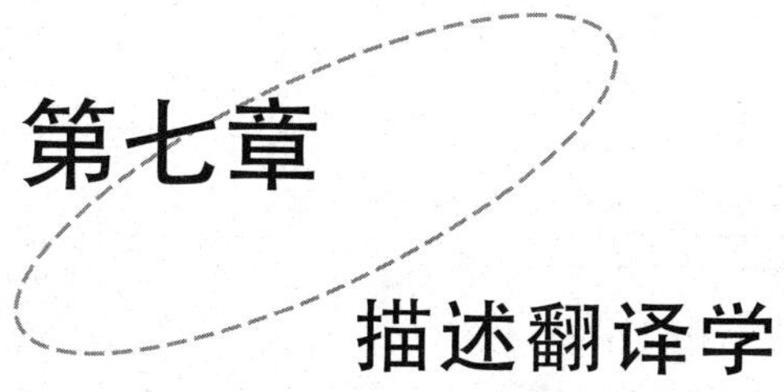

第七章 描述翻译学

第一节 翻译研究：从规范走向描写

一、描述翻译研究的发展

描述翻译研究的思想产生于20世纪50年代。

1953年，约翰·麦克法兰（John MacFarlane），1972年，詹姆斯·霍尔姆斯（James Holmes）在其论文《翻译研究的名与实》中提出了令翻译研究界振聋发聩的翻译研究图谱，并在其中确立了“描述”性研究在翻译研究中的中心地位。而在高登·图里（Gideon Toury）发表了系统勾画描述翻译研究方法论和研究重点及框架的《描述翻译学及其他》一书之后，描述性翻译研究逐渐开始了对长期以来占据翻译研究中心地位的规范性研究的“抢班夺权”，“描述”成为翻译研究中的新趋向。

二、詹姆斯·霍尔姆斯

詹姆斯·霍尔姆斯（1924-1986）是美籍荷兰学者，英荷诗歌的杰出翻译家，长期在阿姆斯特丹大学工作。他的主要论文都收在他去世后人们为他整理的集子《文学翻译和翻译学论文集》里。其论著《翻译研究的名与实》被认为是翻译研究派的成立宣言，是翻译研究派的奠基之作，主要对翻译学作为一门独立学科的名称、性质、研究领域、问题以及学科范围提出了创建性意见。他还提出了翻译研究这一新领域涉及的范围及结构模式，认为该研究方法是以经验为依据的实践，研究的对象是在某一特定文化中出现的译文。

他最终认为“Translation studies”（翻译学）是术语中最适合的名称，

如图 7-1：

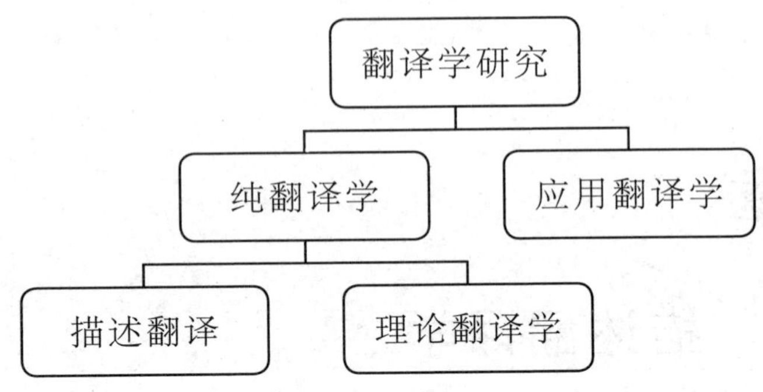

图 7-1 霍姆斯的翻译学研究框架

理论翻译研究，运用描述翻译研究的结果，结合有关领域和学科的信息，推演出原则、理论、模式，以解释和预测翻译现象。霍尔姆斯认为，从宽泛意义上说，翻译理论家的终极目标是建立一种充分而全面的理论，以解释和预测与翻译作品相关的所有现象。

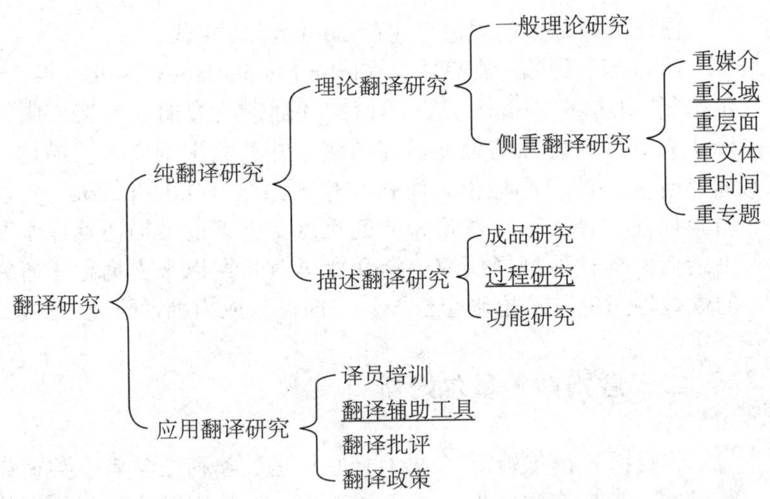

图 7-2 翻译研究、理论翻译研究、应用翻译研究关系图

如图 7-2 所述，描述翻译研究、理论翻译研究和应用翻译研究这三者关系是辩证的，翻译描述提供基本数据，翻译理论在这些数据上建立，其中一个分支为另外两个分支提供材料，又利用另外两者接下来所提供的发现。没有描述研究和应用研究所提供的翔实具体的数据，翻译理论就不可能成立；然而，从另一方面来说，最初要有一个直观的理论假设，才能开始另外两个领域的研究。

第二节
描述翻译学的发展趋势

正如前文所述，描述翻译学的理论放弃了一对一的等值观念，提供了比寻求原文本的对等语为核心、以制定翻译标准为己任的翻译的语言学派更为广阔的研究视角。正如图里在描述翻译学及其他的前言所述：任何一门经验性学科都必须以描述、解释以及预测该学科研究的现象为主要目标；理论性研究与描述性研究在本质上互相补充。描述翻译学的研究方法对整个翻译学研究产生了巨大的影响。虽然与图里同时代的以汉斯·弗美尔（Hans Vermeer）为代表的目的论学派也提出过以目的语文化为导向的功能翻译理论，但其本质与语言学派同属应用性质，都是试图找到一种规范性的理论，能够完全适用于某项翻译任务。相反，图里描述的功能理论不是以应用为目的，而是将文本语境化（contextualize），将翻译当作文化事实（cultural facts），其中心任务是找到影响翻译行为背后的规范，主张给各种翻译行为以客观的定位。

一、翻译规范（norms）

描述翻译学派认为翻译都具有不完整性（partiality），要完全忠实于原文或者达到百分百的对等是不可能的，因为翻译不是发生在真空中，译者作为文化中人（persons in the culture），总会受到其所处文化的语言文学、政治、意识形态等因素的影响，所以任何翻译都在一定程度上受到了译者的操控（manipulation）。而这些影响翻译行为的因素在描述翻译学的框架下被统称为规范（norms），规范概念也是描述翻译学的核心概念，图里在其翻译规范的性质与作用一文中对其进行了详细的阐释。图里认为，就其约束力而言，社会文化对译者的约束力分布在两个极端之间，一端是绝对的规则（rules)，另一端是纯粹的个人喜好（idiosyncrasy），其中间地带则由一些主体因素占据，即规范。

由于翻译是涉及两种语言和文化系统的活动，所以在每一层次都涉及两套规范系统。译者总面临着在这两种文化系统之间的选择，即起始规范（initial norms）的选择：若译者选择向原文语言和文化规范靠拢，则其翻译偏向于充分性（adequacy）；若译者选择向目的语语言和文化规范靠拢，则其翻译偏向于可接受性（acceptability）。在实际的翻译过程中，译者还通常受到另外两种规范的制约：预备规范（preliminary norms）与操作规范（operational norms），前者涉及翻译文本的选择，以及直接翻译还是间接翻译（从另一门语言转译）的问题，后者则包括母体规范（matricial norms）和语言规范（textual linguistic norms）。母体规范指文本内容的安排取舍等宏观层面，语言规范则是影响文本的微观层面，如句子结构，遣词造句等。由于译者的行为不是系统性的，所以规范是一个等级概念，描述翻译学的目的就是要重建影响翻译过程的规范。

同时，图里也强调了翻译规范的复杂性。既然受到两种语言文化的影响，那么规范必然具有两个内在特征，一是文化特殊性（culture specificity），二是不稳定性。规范会随着社会环境、历史变迁以及价值观的变化而变化。根据多元系统论的观点，翻译界通常存在三种不同特征但相互竞争的规范：指导翻译行为的主流规范，坚守过去的规范，以及处于雏形状态的新规范。前一种规范处于中心地位，后两种在边缘徘徊。但主流规范本身并不具备主流的特征，而是因时而定，故研究翻译规范必须要结合特定的历史语境。

二、伪翻译与假称翻译作为

创作者通常能清楚地认识到翻译文学在其所处的文化中的地位，有时他们会利用这种地位特征，翻译出一些并不存在于原文文本的作品，以达到某种政治或文学目的。图里称这种现象为伪翻译（pseudotranslation）。他注意到，尽管在现代文学语境中伪翻译只处于边缘地位，但这种现象并不鲜见。俄国学者德米特里耶夫（Dmitriyev）就写了一本名为假面文学作品的小册子，列举了欧洲自有图书出版500余年来的伪翻译作品，它们不仅来自不知名的作者，也有来自诸如普希金（Pushkin）、莱蒙托夫（Lermontov）等名家之手。一个著名的例子是18世纪的苏格兰诗人詹姆斯·麦克弗森（James McPherson），他自称翻译了3世纪盖尔诗人奥西恩（Ossian）的作品，尽管没有任何原始文本，但在法国大革命余波未息的当时却获得了巨大的成功。对于这些翻译现象，传统的忠实、对等的翻译观并不能解释，甚至将其排除在翻译文学的范畴之外，而图里认为，伪翻译常常是在文学系统中引发革新的一种捷径，尤其是在该系统对偏离主流的模式和规范的东西产生抵制的情况下。

所谓假称翻译（assumed translation），是指将某个研究文本假设成翻译，在此基础上开展译本和翻译行为的系统性研究、译本与原作的关系研究以及翻译策略研究。假称翻译重点考虑的是译本的可接受性。例如，美国著名的意象派诗人庞德（Pound）翻译了大量的中国古典诗歌，但这些译作能否被看作翻译，学者们至今仍众说纷纭，因为他在翻译时经常打乱句式，重塑原文信息，将之改写成英语风格的诗歌，但即便如此，他的译诗仍在英语文学史上留下了灿烂的一笔。从描述学翻译的角度来看，目的语文化的诗学特征主导着庞德对原文的改写，但译文与原文的关系并没有消失，而是在目的语中重现出来。

三、文化转向

20世纪90年代初出现了翻译研究的文化学派，以苏珊·巴斯内特（Susan Bassnett）和安德鲁·勒弗菲尔（Andre Lefevere）为代表，相比图里所专注的文学多元系统，文化学派采用了文化研究模式，将赞助人、社会条件、经济、建制操纵等文学外因素与翻译的选择及其在文学系统中的作用方式联系起来进行研究，从而出现了所谓的文化转向（cultural turn），标志着描述翻译研究进入了一个新的阶段。自霍姆斯提出翻译学研究的框架以来，翻译的文化学派更加强调翻译研究的学科独立性、学科范式的规律性和开放性。

文化转向在勒弗菲尔的著作中得到了最为明显的体现。勒弗菲尔认为翻译文学的面貌主要取决于译者的意识形态和当时目的语文学的主流诗学，其中意识形态决定了译者将要采取的基本策略，主要从政治、伦理道德等方面来限制或引导译者，而诗学则有两个组成部分：一个是涵盖了文学技巧、体裁、主题、典型人物和情景、象征，另一个是关于文学系统在整个社会系统中应有的角色。勒弗菲尔指出，文学系统受双重因素的控制，使其不至于与社会其他系统过分脱节，一个在文学系统内，以评论家、教师、翻译工作者等专业人士为代表；另一个在文学系统外，称为赞助人，通常设立一些机构来管制文学创作和出版，如学术机构、审查局、学术期刊等，最重要的是教育机构。赞助人最关注的是作品的意识形态，而把诗学的控制权下放给专业人士。因此，勒弗菲尔的翻译研究主要集中在权力、意识形态、体制和操纵等问题上，他认为翻译即是一种改写（rewriting），是为特定的意识形态服务的手段，改写的动机要么是为了与主流意识形态或诗学保持一致，要么是为了反抗主流意识形态和诗学。

四、发展过程中的不足

自 20 世纪 70 年代以来，描述翻译学已经发展了将近 40 年，其目的语文化导向、客观描述的方法引发了一场翻译界范式的革命。但在其发展过程中，描述翻译理论也暴露了一些不足，归结起来主要有三点：对翻译规范的固化理解，片面强调研究者的客观中立以及对译者主体性的忽视。

根茨勒认为，由于图里的理论源于俄国形式主义，他的历史研究模型包括了很多静止的概念，如翻译文本被看作经验事实，文化规范被视为互无矛盾的规则等；另外，图里的研究对象集中在服从他的理论观点的文本（conformity），对于另外的文本（exception）则无涉及，因此不免有以偏概全的倾向。此外，图里假设的前提是规范具有文化特殊性，因此他的规范研究倾向于将翻译规范的机制、翻译的操纵和效果放置于宽广的社会背景下，结果翻译研究演化为历史文化研究。

描述翻译研究主张研究者应该保持客观中立的态度，避免价值判断，图里使用大量的科学术语也是力图保持客观。但许多学者对此表示质疑，认为翻译研究者不可能达到完全的客观公正。斯奈尔霍恩比认为翻译研究中的价值判断不可避免。文努蒂提出翻译研究永远都不可能仅仅是描述性的。他指出，仅仅是将翻译作为文化史或是文化批评的研究课题这一举措，就已经是对翻译在当前文化等级制度中边缘地位的一种反抗，而对一段特定历史时期中课题的选择总是与当前的文化需求有关。其实只要将描述翻译学研究者的观点透射到他们自身，我们不难发现其中的悖论：既然翻译过程及其产物受到语言文化传统、意识形态、诗学等规范因素的制约，译者受到了来自各方面力量的操纵，无法超然于自身所处的社会文化环境，那么研究者就可以超然于各种影响因素之外、做到完全客观中立吗？张南峰曾指出：图里对文学外的特别是意识形态和政治方面的因素，是故意忽视的。说到底，描述翻译学的客观中立只是一个度的问题，要做到完全的客观中立实际并不可行。

既然要尽量保持客观中立的研究态度，就需要与研究对象保持距离，故描述翻译研究主要关注的是翻译的外部因素，而对译者这一翻译主体的关注则非常少。虽然图里认为规范存在于规则和个人喜好两极之间，在给规范下定义时也曾提到，规范是在个体社会化的过程中所习得的，但实际上，他的描述翻译研究模型优先考虑的是社会系统与社会结构对翻译行为的影响，而忽视了译者作为个体的主观能动性，对于译者与规范的关系、个体与集体的关系也很少涉及。

五、研究新进展

20 世纪 90 年代以来，西方译界呈现出跨学科的研究趋势，呈现出多元视角的特点，女性主义、后殖民理论、地缘政治学等理论与翻译的关系都得到了广泛的探索；同时，随着全球化的加速，实用性翻译需求量激增，进入 21 世纪以来又出现了回归语言学的倾向。在此大背景下，描述翻译学研究也经历着前所未有的变化，其中以重现译者主体性，对翻译规范概念的重新认识以及地缘政治学视角等方面的进展尤为突出。

（一）重现译者主体性

巴斯内特曾指出，到了 20 世纪 90 年代，翻译研究的关键词是译者的可见性（visibility），她通过对艾蒂安·多雷（Etienne Dolet）、托马斯·摩尔（Thomas More）以及约翰·德莱顿（John Dryden）等学者关于翻译规则、译者角色、权力及翻译与文化等译论的评述，从历史的角度重读了译者的身份。她强调，正是得益于译者的劳动，原文的生命力才得以延续，目的语文化的读者才有机会欣赏和品味；译者在语言转换过程中的干预性角色应该得到重新评估。多元系统理论也证明了翻译在文学多元系统形成中的作用，它的颠覆性权力屡屡在后殖民主义和女性主义翻译作品中显现。

到了 21 世纪，翻译的社会学视角赢得越来越广泛的重视，最突出的是法国社会学家皮埃尔·布迪厄（Pierre Bourdieu）的思维习惯（habitus）概念被引入翻译研究领域，以凸显译者在翻译过程中的主体性地位。描述翻译学的核心是规范，强调社会文化对译者的约束，而思维习惯则结合认知与社会视角，强调译者对翻译的影响，补充了描述翻译学以规范概念为核心的解释框架。瑞恩·米雷兹（Reine Meylaets）认为规范未充分考虑译者和规范、个体和集体、行动者和社会结构之间的关系问题，并通过比较两个比利时译者的个案，说明了怎样从思维习惯重新界定译者，建议用思维习惯补充规范这一概念。吕俊和侯向群在讨论文化转向的真实内涵时，观点也与此不谋而合，他们认为，翻译研究的文化转向应从根本上清除科学主义思想，恢复其人文性质的本性，将主体的能动性引入翻译研究中。

（二）对规范概念的重新审视

在《翻译规范与翻译决断：理论框架》一文中，西奥·赫曼斯（Theo Hermans）从社会学的角度重新审视了图里的规范概念。他的基本观点是：翻译是一种交际行为。交际问题从属于社会问题，规范则为这类问题提供了解决措施，因此可以将社会学家和人类学家关于惯例（conventions）、规范（norms）和规则（rules）的定义引入翻译研究中。他认为翻译规范的约束力介于惯例与规则之间，译者在翻译过程中需要与规范所涉及的各方，包括个人、集体与社群以及彼此之间的权力关系进行斡旋。他批判了图里所倡导的对翻译进行系统的实证性研究的观点，认同尼南贾纳（Tejaswini Niranjana）的翻译的过分决定论（overdetermination of translation），因为图里的实证性研究本身建立在两种语言间权力不均衡的基础上。相比较而言，赫曼斯认为，勒弗菲尔的意识形态、诗学以及赞助人的三重决定论则能更加直接地解决问题。

张南峰则从多元系统论的角度解读了规范概念，他认为，规范有模糊性、多样性，本身就是一个多元系统。通过对比规范（norms）与标准（standards）的概念关系，他指出前者比后者的内涵更加宽泛，标准可以是信达雅或忠实等翻译标准，而规范的界限则比较模糊，除了标准之外，还包括直译、意译、神似、形似等约束力相对较弱的主张，以及不言明的常规。规范的约束力有强弱之分，因时、因地、因人而异；但无论强弱，规范都是不会永远得到遵守的。

（三）地缘政治学视角

2008 年约翰·本雅明公司出版的新书《超越描述翻译学》（Beyond Translation Studies）集中讨论了描述翻译学的相关问题，其中相当一部分采用了地缘政治学的视角。比利时学者利芬·杜斯特（Lieven Dhulst）指出文化翻译是一个复杂的概念，当越来越多的翻译研究（如后殖民翻译研究、文化研究等）把跨文化翻译作为一种模式时，需要首先澄清此模式的前提，考虑由此前提衍生的语际翻译与其毗邻的翻译研究的关系，使用历史学以及地缘政治学视角去观察、研究这些关系。荷兰学者约翰·海伯（Johan Heibron）则通过比较法国和荷兰的案例，发现在对待英语霸权的问题上两国采取的是截然不同的策略，从而呼吁从更广泛的社会学视角出发，给图里面向目的语的翻译研究注入地缘政治学和文化地缘学的理念。加拿大社会翻译学家丹尼尔·西蒙尼（Daniel Simeoni）认为翻译研究长期忽视了以其名义进行的地缘政治研究，并以图里的规范概念为例，解释其背后的文化、政治、学术、地缘成因，指出翻译理论和文学、文化理论一样，比起它们重逻辑和修辞的表现形式有更复杂的深层次原因，包括地缘政治、民族和宗教等因素。

从研究影响翻译行为的社会文化规范为核心到关注译者的主体性，描述翻译学的发展经历了从集中于外部因素到内外因素相结合的趋势，并且呈现出跨学科的视角。有学者担心描述翻译研究脱离翻译实践，混淆了翻译与其他文化活动的界线，会对翻译研究这门学科的发展形成障碍。笔者认为这种担心是多余的，原因就在于没有认清描述翻译研究的非应用性本质，以及描述翻译学与应用翻译学的关系。描述翻译学的最终目的是为了解释翻译行为，是解决为什么而非怎么做的问题，其社会文化视角、跨学科的发展趋势将更加全面、深入细致地解释翻译背后的成因。

第三节
描写翻译学与翻译教学

翻译理论范式目前多元共存，同时新的范式也不断产生，这既是翻译学研究的特点，也是翻译教学实践者的困扰所在。翻译教学的主要目的是使学生认识制约、影响翻译过程的诸多因素，形成分析和解决翻译问题的认知模式。“如何教”和“教什么”是翻译教学的两个基本问题。前者有社会建构主义理论框架下的合作学习法、基于任务的教学法、基于翻译项目的教学法等；后者则是依据何种翻译理论来培养学生对影响、制约翻译过程因素的意识问题。在不可能采用全部，也不可能穷尽各种理论的情况下，如何解释受诸多因素影响和制约的翻译决策过程，是翻译教学首先要解决的问题。

一、“边看边思”：描写翻译理论

劳舍尔（Lrscher）、凯拉里（Kiraly）、雅克莱宁（Jskelinen）等人曾采用发声思维、认知心理实验等方法进行过实证研究，然而并未提出一个能指导翻译课程设计与教学实践的翻译过程模式。这主要是由于实验性研究仅局限于双语转换的认知过程的某个方面，而受诸多异质性因素制约的翻译过程，并非是一个可以拆分、拼接局部的集合体，反之，它是译者在系列主、客观因素作用下的连贯、动态的策略选择过程。这样，如何探究译者的翻译决策过程是翻译教学乃至应用翻译研究面临的问题。

维特根斯坦（Wittgenstein）主张，通过观察某一个范畴内的多个成员，可发现其彼此间的联系、相似之处以及它们构成的整个系列。基于此，针对翻译及翻译过程的不同定义和理论，铁木志科（Tymoczko）提出了“边看边思”的描写研究方法。该方法的实施首先要确定直辖所描写对象的高级范畴（superordinate category），对描写对象进一步范畴化，之后依据某一参照系，通过广泛观察，归纳和概括对象之间的关系。诚然，尽管目前还不能对翻译决策的认知过程做详尽解释，但仍然可采用“边看边思”的方法，对诸多翻译理论所探讨制约翻译过程的因素，即系列主、客观因素及其与翻译决策之间的关系进行描写性重构。虽然不同翻译理论范式的视角不同，但有一点是肯定的，即它们都论及译者翻译决策过程的某个或某些方面。

有鉴于此，本研究采用“边看边思”的方法，试图通过描写这些解释翻译过程的多元翻译理论，探究系列主、客观因素与翻译策略选择的关系，从外部（所谓“外部”，是相对于采用认知、心理学方法探究翻译过程的研究而言的）重构翻译决策过程。如纳迪（Nardi）所言，社会活动语境指影响、制约活动实现过程的各种主、客观因素的总和。翻译作为一种社会活动，是译者根据不同翻译问题进行策略选择的过程。所谓翻译语境，其实指影响、制约译者进行翻译决策的主、客观因素的总合。这样，本研究的目的其实是探究翻译语境与翻 译决策过程的关系，以及该问题对于翻译教学的意义。

目前，探究和解释翻译决策过程的翻译理论大致可归为五个方面：功能主义、翻译的文化研究、描写主义、翻译的社会学和伦理研究。

功能主义主张文本类型是进行翻译策略选择的主要依据：由于文本功能的不同，翻译过程中，信息类文本可采用侧重信息内容再现的翻译方法；表达性文本的处理需兼顾文本内容和形式；感染性文本需首先突出文本语境效果。功能主义的"目的论"（skopos theory）突出特定情景中体现翻译行为目的的意图性文本功能（the intended text function）对翻译策略选择的主导作用，强调情景性伦理关系对翻译策略选择的制约和影响。

翻译的文化研究者认为，意识形态是支配译者翻译策略选择的主要支配因素，"当语言因素和意识形态因素相冲突时，后者通常胜出"。为此，翻译是一种拆解西方霸权，解构西方压制、边缘化异己手段的社会活动，也是一种反对性别歧视和限制的社会行为。翻译过程中，译者需"采用适当翻译策略，保护文化的多样性、差异性"，或通过丰富与英语文化不 同的因素，推进"文化创新"（promote cultural innovation），或通过有意图地选择翻译策略，让女性的声音（如男性一样）被听到。

描写主义主张翻译规范是制约译者策略选择的主要社会、文化因素。在此基础上，翻译的社会学研究者提出，翻译规范以译者习惯（habitus）为中介，支配译者的翻译策略选择。

翻译伦理研究是一个尚未明确界定的领域。广义上讲，任何制约译者翻译决策过程中价值判断的因素均是翻译伦理研究的范畴。而切斯特曼（Chesterman）提出的五个翻译伦理模式，即再现、服务、交际、规范和职业责任，就包含了上述理论范式所探讨翻译语境因素的许多方面。但是，正如切斯特曼本人所说，这些模式并未能解释当彼此发生冲突时的译者决策过程。

这样，可将上述翻译理论所探讨的翻译语境因素归纳为：源语文本类型、意图性文本功能、翻译规范、意识形态、译者惯习、译者和委托人的情境性伦理关系、职业伦理。应该指出，后殖民主义、女性主义等文化视角采用的是伦理批评的方法，即通过批评意识形态操控下的翻译活动，维护"公平、正义"的社会伦理价值观。

二、翻译语境因素的范畴化

接下来需对上述翻译语境因素进一步范畴化。所谓范畴化，是"按区别性本质特征对客体进行概括和分类的认知活动"。范畴化的操作步骤可分为确立区别特征和进行概括、分类。

首先是确立区别特征。通过"边看边思"多个不同理论视角针对翻译的解释和定义，可以发现，"翻译"至少包含三种定义：翻译即事件（event）或活动（activity）；翻译即行为（action）；翻译即行动（act）。比如，功能主义者将"翻译"界定为一种目的性情景行为（action）。图里、切斯特曼等人将翻译定义为一种社会活动（activity）和认知（cognition）、语言行动（act）。史坦纳、贝尔、古特则分别将翻译定义为：

一种提取和转换意义的解释行动，一种认知语言行动，一种解释性使用语言的行动。

可见，翻译既是一种社会活动、一种目的性情景行为，又是一种语言、认知行动。这样，可对三种翻译定义下的翻译语境因素进行概括和分类：首先，翻译行动就是译者进行双语转换和策略选择的认知过程，译者的认知能力、源语文本类型等是制约翻译“行动”层面的语境因素。如诺德等人所言，译者和委托人的情境性伦理关系、意图性文本功能与翻译的目的性情景“行为”直接相关；翻译的文化、社会学径向的研究者强调，翻译规范、意识形态、译者职业伦理，这些约束一定社团成员行为的规约性社会规则，均属于制约翻译活动的社会－文化类语境因素。

面对这些不同范畴的语境因素，译者是如何进行翻译决策的呢？虽然图里等人主张翻译既是一种社会活动，又是一个语言的认知转换过程即行动，但他同时也认为两者之间的距离太大（a gross exaggeration）。此外，如果翻译仅是一种目的性情景行为，缺少社会伦理和职业规范的制约，译者的行为便仅受自身利益驱使，这使译者会面临太多的伦理指责。为此，既然“活动”“行为”“行动”这三者同属于“翻译”这个集合，除了集合元素的离散性特点，它们之间还应该存在某些关系。

三、翻译语境和译者翻译决策

社会－文化心理学主张，由社会主体实施的任何社会文化层面的活动，都是通过系列“目的”导向的行为（goal-directed actions）来实现，而“行为”则要通过受“条件”制约的具体“操作过程”（conditioned operations）即行动来实现。同时，“行动”受制于“条件”和“行为”目的：没有“行为”目的作导向，“行动”是盲目和无效的；“行为”则受制于“活动”：违背活动层面的公约性规则，“行为”只是一种情境性个人举措，没有社会价值。

作为一种社会活动，翻译活动本身也是一个分层次实现的系统：社会文化层面的翻译活动通过系列目的性翻译行为来实现，而翻译行为则是通过翻译行动来实现的。这里，行动指译者分析翻译问题，采用适当策略解决翻译问题，从而实现双语转换的认知过程。显然，翻译“活动”与“行为”和“行动”之间是逐层实现的关系。在此过程中，最基层的翻译行动，即翻译决策过程不但受制于“条件”，还受制于翻译行为层面的语境因素，即“行为目的”，而翻译行为不但受制于情景“目的”，还受制于翻译活动层面的“公约性规则”。换言之，翻译活动系统内的高层元素要通过相应下级层面来实现，而相应下级层次的实现则又受制于上一层次。可以发现，翻译活动的实现过程具有递归性特点。从数学、计算机科学的角度来讲，递归性就是反复调用自身的要素来定义或运算的一种方法。语言学领域对它的定义为：语言结构层次和言语生成中相同结构成分的重复或相套。递归性的前提条件就是某个系统或有机体的层次性，其次是某层次的要素在整个系统运行、生成过程中的反复被调用。翻译活动作为一个分层次系统，它在实现过程中，自身的子元素即系列翻译行为、行动以及翻译活动本身反复参与，不断被调用。翻译活动的递归性特点表明，正是由于系统的分层次语境因素，影响、导向和直接促成了翻译活动的基础层面即翻译决策过程的实现（见图 7-3）。具体来讲，活动层面的语境因素主要指约束某一社团（community）所有成员行为的“规则”。该“规则”协调由译者、委托人、出版商构成社团的不同声音和利益分配，它既包含法律等强制性规则，也包括公约性规则即翻译规范、职业伦理规范和意识形态。其中，翻译规范不仅是译者职业伦理规范的具体化，更是保护某一社团利益而形成的共同观念体系即意识形态的直接体现。这些社会性规则影响、制约着译者的翻译决策过程，但这种作用是间接的、长远的。

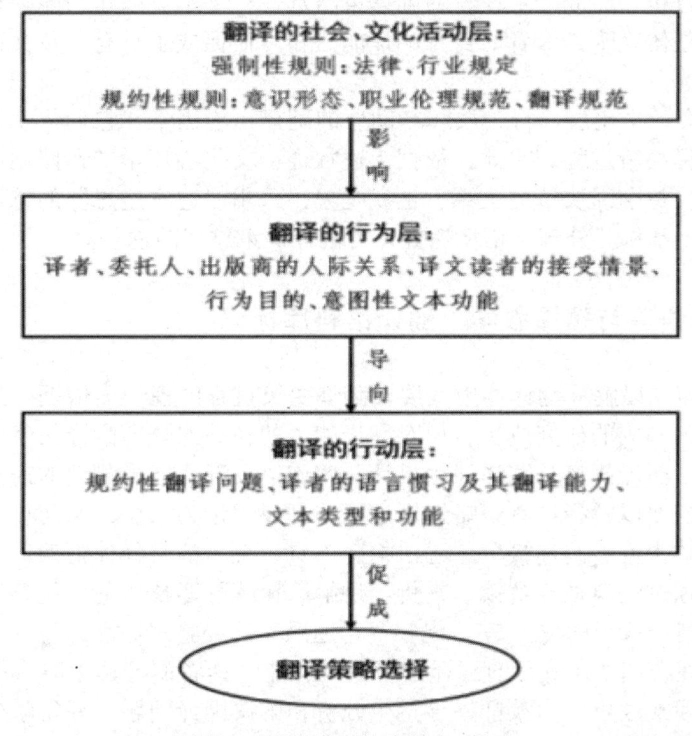

图 7-3 翻译语境结构与功能

行为层面主要指情景因素和行为目的。翻译情境因素包括目标语读者接受译本的时间、地点、场合，译者、委托人和出版商之间的伦理关系等。翻译行为的目的要通过在特定时间、地点具有特定认知期待的目标语读者身上来实现，目的的制定是译者、委托人和出版商之间协商的结果，而意图性文本功能是翻译目的的具体化。该功能与文本的规约化功能不同，具有情境性特点。比如，诗歌通常是表达性的，而嵌在广告文本中，其功能则主要是感染性的。相对来说，行为层较社会、文化层面对译者策略选择的作用更直接，它使后者有了目的性，也就是说“导向”了社会、文化层面的影响、制约作用。比如 2010 年情人节前夕，在中国大陆首映的美国电影名 Tourist，中文本来已有“游客、旅人、旅客”等对应表述，但考虑到该翻译语境中文本的意图性功能，译者调整了策略，将其译为“致命伴侣”。

翻译行动层面包括活动所针对的对象（源语文本）和“条件”。前者的语境功能体现在其文本类型和功能上：针对信息性文本可采用内容为主、形式为辅的转换策略；表达性文本需采用两者兼顾的成就性策略；对于感染性文本则可采用旨在谋求双语文本语境效果最大相似的替换策略“条件”指主体、工具和活动对象之间的矛盾。制约翻译决策过程的“条件”涵括：由于双语文本在语言结构和文化内涵的差异而产生的翻译问题，即规约性翻译问题；译者的语言习惯及其翻译能力。这些“翻译行动”层面的语境因素直接“促成”了译者的翻译策略选择：文本类型和功能为解决规约性翻译问题规划了整体策略，译者的自身翻译能力和习惯促成了具有一定文体风格的目标语文本。

这样，社会－文化层、行为层和行动层的翻译语境因素，它们依次影响、导向和直接促成了翻译决策过程。为此，依据上述社会－文化心理学“参照系”，可以进一步解释翻译语境与翻译决策的关系，也就是说，采用“边看边思”的方法，描写多元翻译理论，是一条从“外部”语境探究译者翻译决策过程的途径。

四、翻译语境与翻译教学、翻译语料库标记

翻译教学需要以解释翻译能力发展及翻译决策过程的理论为依据。虽然目前有大量针对翻译能力构成的研究成果，但对翻译能力的核心部分即翻译策略能力的研究没有突破性进展，而该研究是翻译课程设计、实施以及翻译能力测评的前提。翻译策略能力的探究，需要以解释译者策略选择过程的翻译理论为依据。然而，目前各流派翻译理论之间“缺少足够的连接”“无法构建连贯、统一的解释性框架”。这样，翻译课堂上仍沿用通过经典译文解读、赏析、讲解、操练翻译技巧的传统方法，而对学生译文质量的评估，采用的依然是“忠实”“通顺”的经验式标准。

如前文所述，图 7-3 所示的翻译语境模式，能为译者的翻译策略选择过程提供解释。为此，该模式也可作为教师指导学生分析和解决翻译问题、评定学生学业的一个理论工具。首先，该翻译语境模式可在教学实践中进一步操作。由于翻译规范指长期以来某一译者社团，关于特定情景中翻译行为是否正确、适当的价值和观念，它是制约翻译活动的各种社会、文化“规则”的具体体现，而意图性文本功能是行为目的以及其他情境因素的直接体现。此外，翻译行动层面的客观语境因素包括文本类型和功能以及规约性翻译问题，这样翻译语境可进一步操作化为：翻译规范——意图性文本功能——文本类型和功能、规约性翻译问题。所谓翻译问题，指任何译者施行翻译活动时都须面对的客观任务。按照翻译语境的结构层次可分为职业翻译问题、情景翻译问题和规约性翻译问题。当翻译语境的第一和第二层出现冲突的时候，便产生了职业翻译问题，具体说就是特定情境中的意图性文本功能和翻译规范不相符而产生的问题。比如，源语文本由于涉及知识产权、公共安全等内容具有高度保密性，而委托人则要求将其译介给目标语的相关专业读者群，这便产生了职业翻译问题，它的解决要依据

翻译规范和职业操守。情景翻译问题指意图性文本功能和规约性文本功能不一致而产生的翻译任务，该类翻译问题的解决则要依据文本的意图性功能，如上文所举电影 Tourist 的英译就是一例情景翻译问题。规约性翻译问题的产生是由双语文本语篇结构和文化意义的差异所致。发现规约性翻译问题的途径是文本分析，即以目标语言和文化为参照，分析源语文本在宏观、微观表层结构及其文本意义方面可能存在的差异。文本意义即语篇的宏、微观逻辑语句，而逻辑语句则可下分为主词和谓词，前者在语篇表层结构表现为名词或名词性短语，后者则主要是动词、副词、形容词和句子衔接手段。由于意义是某一社团在共同参与的社会活动中共享的经验和知识，为此不同社团对同一名物的理解会有差异，这种差异属于文化差异的范畴。通常，文化意义的差异主要体现在对概念性名词，尤其是对专业术语、方言、习语、俗语、行话、俚语等的理解上。无疑，这些词语或表述是分析语篇深层结构方面规约性翻译问题的重要参数。简言之，上文的翻译语境模式，可作为教师指导学生分析和解决翻译问题的理论依据。其次，该语境模式及其对翻译问题的系统归类，具有指导基于语料库的学生学业评估和培养学生自主学习能力的意义。翻译语料库通常是由相同语言方向的翻译文本及其源语文本构成的双语平行语料库。它可作为译文评估、翻译测试的资源库，也能为相似语境的翻译问题提供解决方案。也就是说，翻译语料库可作为翻译教学的工具、手段和资源。一般来讲，语料标记的内容决定了语料库的用途，翻译语料库的标记参数至少需要包含翻译语境、翻译问题、翻译策略，而上文的翻译语境模式可为翻译语境因素、翻译问题和相应翻译策略的标记提供理据。教学过程中，教师可依据该模式，对现有双语平行语料进行标记，并参照对所标记翻译语料库的检索结果，评估学生对相似翻译语境中同类翻译问题的解决方案。同时，也可组织学生自己收集双语平行语料，并参照该模式标记、建设翻译语料库，培养其依凭翻译语料库探寻相似语境中同类翻译问题解决策略的自主学习能力。需要补充的是，由于语料库容的限制以及语境因素的复杂性，翻译平行语料库只能为相似语境中的同类翻译问题提供可能的解决方案，但并不能保证翻译策略的最佳适用性。比如，文化语词作为体现语篇深层结构翻译问题的主要方面，有限的语料不可能对其作全面覆盖。故此，教学中有必要以文本类型为参照，诉诸业已使用的面向目标语的大型同质语料库，检验学生译文的术语表述和语言规范。

通过对多元翻译理论范式所关注的语境因素进行范畴化描写，可以发现：翻译语境是由社会—文化层、行为层和行动层构成的分阶层系统，这些分层次的语境因素依次影响、导向和直接促成了翻译决策过程。尽管马泰森（Matthiessen）、李运兴基于功能语言学和顺应理论，也构建了各自的翻译语境模式，但他们所关注的是对译文“文本环境”的静态描述，并非是对译者翻译决策机制的探究。相比之下，关于翻译语境的解释性模式，可作为翻译教学初始阶段的概论性课程设计的内容框架，也可作为研究生阶段系统教授翻译理论的一个手段，当然更能为语境化翻译语料库的标注提供理论依据。需要指出的是，本研究是一项以应用为导向的描写—解释性研究，并非纯理论研究，其在描写、观察过程中的局限性是难免的，同时解释性模式构建本身也是一个使理论逐渐简约化的过程，为此文中翻译语境模式仍需完善。

第四节
教学案例研究—指令语、语言水平对补缺作用的影响

一引言

视听续译是外语教学领域的一项全新的教学方法，以互动协同为基本模式为基础的理论机制，是视听续译的基本教学模式。斯波尔基斯（Spolsky）认为：外语学习者学习水平的提高需要内外因共同的作用。视听说教学结合了外语学习中的语言输入与输出、理解与互动，学习过程充分结合语言与语境，是外语教学法中重要的一环。近年来，续理论教学法研究持续升温，结合续理论的英语教学也备受关注。“续论”教学法中的“续”，是指说话者在语言交际中使用承接他人的表述，不断补全、拓展、创造说话内容，阐述自己的思想，前后关联，推动交流。这种“续作”是“听后续译”的延伸，将耳听与眼看结合起来，增加视觉模态，丰富语境信息，强化语言结构与语境匹配，借此提高口语表达能力。目前有关于“续”理论的教学研究表明，续式教学有助于促进语言产生互动协同效应。最早的协同研究聚焦于人际范畴的“续原型”—对话。研究者认为，对话能促进语言习得，主要体现在对语音、词汇和句法等层面的协同上。续式英语教学可操作性强，通过“续”别人之言，表达自身的观点和语言，有很好的语言拉平、语境补缺作用。

传统的视听说教学往往由一组有着相同文化背景的学生共同完成，彼此理解沟通并不是难事，但我们忽略了一点，就是国内语言学习者往往面对目的语语境缺失的困境，这就导致国内学习者说着一口“中式英语”，却彼此沟通无碍的现象，视听续译实践过程中若想达到促学目的，就需要一定的教学手段的引导。笔者认为，适当的教学指令有助于引导学生避免语言“安全区”。利特尔约翰（Littlejohn）提出可借助分析教材里指令语，来探索教育教学理念和思想。汤姆林森（Tomlinson）也认为，教学练习中指令语起着十分重要的作用。国内研究也表明，指令语中的心智类词汇有助于学生对第二语言的理解。梁健丽通过分析《大学英语精读》教程中指令语的使用，得出指令语的使用可提高学生的思辨能力。袁丹纯认为二语写作过程中，在有明确要求的指令下，学习者与原文中各个语言层次的协同，即关键词，短语和句型均比无明确指令的强。而且，学习者在明确指令下会减少其语言错误。就此，笔者关于指令语在视听续译教学中的应用提出如下两个研究问题。

（1）指令语、语言水平是否对视听续译的语境补缺作用存在影响？是否会消除母语的负迁移？

（2）指令语、语言水平之间是怎样互动的，是否有助于学生英语水平的提高？

一、实验方法

（一）受试

受试对象为云南大学旅游文化学院英语专业大一和大四学生，分为四组，每组 32 人，共 128 人。实测时共收集数据 128 份。各组中男女生人数各为 16 人，大一参与教学实验的男生均未通过大学英语四级考试，且在最近一次期末考试综合排名中，8 人成绩均在年级排名的前 30% 之内，其余 8 名在年级排名的后 30% 以内，女生情况同上；大四参与教学实验的学生中均已通过全国英语专业四级考试，其他选取方式相同。大一学生年龄均为 20 岁，大四学生年龄均为 23 岁。大一两组学生与大四两组学生成绩均无显著性差异。

（二）实验设计与程序

此次教学实验中包含两个自变量：指令语和语言水平。语言水平是根据学生年级、考试情况而定的，分为两个水平；最终的续译成绩粗略代表学生的语言水平提升程度，同样分为两个水平；指令语分为两个水平。本实验采用单盲法，即受试者并不知道自己是实验组还是对照组，尽可能地避免来自受试者主观因素的偏差对实验结果的影响。根据研究需要，本实验采用组间组内混合设计，实验分为前测、中测、后测，由同一人打分。

教学实验流程如下：①教师分别为两个年级四组同学准备视频材料，供学生课上观看，每份视频材料放映 3 遍；②所有学生都观看 3 遍视频材料，实验组受试学生在观看 3 遍视频材料后，由屏幕显示 10 个相关例句或短语，相反对照组则为白色背景屏幕，两组学生在考虑 1 分钟后同时开口续译并录音，教师最终得到音频材料；③学生随即听取自己的录音，记下错误的表述，并于课下互听其他同学录音，记录优缺点并准备课堂互评；④组织课堂讨论，学生自评并互评，教师组织总体点评，并择优展示学生续译音频。

主试在每位受试开始观看视频前，会确认所有设备运行正常，录音结束前会确认所有受试回答完毕后再保存。

（三）设备与材料

整个教学实验分为 10 周，共进行 5 次视听续译教学任务，实验的呈现设备为多媒体教室的视听说练习设备，具有放映、通话和录音功能。设备分别录有 4 个组别的视频材料，其中大一两组（实验组和对照组）和大四两组（实验组和对照组）为同一个材料，视频材料均节选自电影，语言为英语，有英语字幕，时长 5 分钟，实验组同学在续译之前教师给出 10 个例句或短语，相反对照组同学没有给出指令语。视频内容通过“英语文本指南针”分析表明，视频文本均符合受试学生英语水平。所有录制工作由本人完成，语速为中速。

实验材料和录音材料随机选取四组列出，斜体部分为语义或语法错误，录音材料由 Cool Edit Pro 2.1 分析后得出数据如下：

1. 大一（实验组）视频材料 2，《初恋五十次》片段：

学生 A: -1-Lucy open the door and see her strange husband(2.35)[0.56] -2-her(0.01)[0.35]-3-she thinks about the future between them.（1.92） [1.58] -4-The man walks to her（0.89）[1.18] -5-they see a movie together.（0.85）[0.98] -5-...

学 生 B: -1-Lucy cannot remember the memory between them（2.65）[0.67] -2-her husband explain it again and again（1.99）[1.98]-3-but she still can' t remember（1.21）[1.18]-4-she leaves him and live alone by herself（2.25）[4.98]-5-But one day, an old man knocked her door（2.55）[1.98] -6-...

2. 大一（对照组）视频材料 3，《如果能再爱一次》片段：

学 生 A：-1-she did not believe it（1.15）[0.77] -2-she（0.02）[0.75] -3-her body was shaking because of sad（2.42）[0.67]-4-she run out of door and crying all the time（2.95）[0.56]-5-she cannot believe the truth about his died（3.15）[10.02] -6-...

学 生 B：-1-she attended the funeral and cry（2.95）[8.32]-2-she didn' t want to live alone（2.75）[3.02]-3-but she had to（0.45）[10.02]-4-accept it although she（0.75）[1.02] -5-she thinks about the future about herself（2.61）[3.01]-6-...

3. 大四（实验组）视频材料 4，《后天》片段：

学 生 A：-1-All the people were survived（3.02）[1.05] -2-They escaped to South America and started a new life（3.71）[0.68] -3-But one day（0.77）[0.28] -4-another tornado came（0.86）[0.48] -5-then there is（0.46）[0.69] -6-was a tsunami（0.88）[0.98] -7-The weather became cold again（2.17）[0.38] -8-They suffered another disaster-9-...

学生 B: -1-They escaped to America (0.97) [0.64] -2-South America (0.33) [0.48]-3-but the story didn' t come to an end(1.89) [1.68] -4-The weather turned cold again(2.37) [1.03] -5-But now there is not a place to keep safe（3.39）[1.13]-6- ...

4. 大四（对照组）视频材料 7，《海上钢琴师》片段：

学生 A：-1-He went down abroad to find his lover（2.79）[4.22]-2-The road is too complicated for him to recognize（2.23）[1.12] -3-He got lost（0.46）[6.68]-4-At that time（0.76）[2.01]-5-he saw an old man waving hand to him（3.01）[3.18]-6-smiling on the his face（2.19）[6.11]-7-He feel strange（0.54）[1.89]-8- ...

学生 B: -1-He went to find the girl but he can't remember her address(4.14) [1.97] -2-He walks all the time then went to the shop because the shop is selling piano（5.36）[4.78]-3-He doesn' t know what to do（1.89）[2.09]-4- ...

上述文本中，单个数字为语流编号，小括号中的数字代表前一个句子的发音时长，中括号中的数字代表前一句与后一句之间的停顿时长。由以上数据表明，实验组视听续译的停顿时间明显少于对照组，说明指令语在续译过程中起到了积极作用。视频材料的选取充分考虑了各组学生的接受水平和语言水平，尤其避免了由于视频材料难度过高而导致的语言障碍。在进行测试前，所有试题都经过英语专业基础英语组任课教师（共 5 名）的小规模模拟试测，试测过程未出现任何问题。

二、结果与讨论

（一）数据整理与分析

教学实验结束后，分别由主试教师和一名受试所在班级的教师进行数据整理与分析（两位教师均接受过一定的教学实验培训，有统一的标准）。评分内容主要分为四个方面：逻辑、语法、语境、时长，分值各占25%，每项内容分为A至E五个分值，按照从好到坏递减，判定标准不一致时由两位老师共同商榷。评分的基本原则如下：(1)英语续译内容是否与原视频材料内容一致，逻辑一致或非常相似则为A（25分）、基本相似则为B（20分）、相似则为C（15分）、内容较完整则为D（10分）、内容不完整则为E（5分）；（2）评分过程中须考虑续译内容是否适当，考虑与语境相关的语法或表述错误；（3）若录音时超过5秒的停顿过多，或内容断断续续则按照分值E来计分。笔者分别取3次评分结果进行数据分析，详见表7-1：

表7-1 视听续译成绩数据

	视听续译成绩			
	大一（实验组）	大一（对照组）	大四（实验组）	大四（对照组）
第一周	AVG=57.5 S2=85.48 SD=9.1	AVG=48.13 S2=144.76 SD=11.84	AVG=61.56 S2=126.51 SD=11.07	AVG=53.75 S2=233.87 SD=15.05
第五周	AVG=69.1 S2=166.83 SD=12.71	AVG=51.87 S2=149.60 SD=12.04	AVG=70.15 S2=102.39 SD=9.96	AVG=65.94 S2=147.48 SD=11.95
第十周	AVG=73.2 S2=127.02 SD=11.09	AVG=62.5 S2=98.39 SD=9.76	AVG=77.19 S2=86.99 SD=9.18	AVG=68.09 S2=123.7 SD=10.95

※ AGV：平均分；S2：方差；SD：标准差

大一组成绩分析表明：①大一组（包括实验组和对照组）平均成绩有所提高，但实验组平均成绩提高程度高于对照组，说明指令语在续译过程中起到了辅助作用，对照组则可能是因为学生对题型逐渐熟悉而导致平均分的提高；②通过对标准差的分析，笔者认为实验组学生有了从不熟悉题型到熟悉题型到转变，而标准差从小变大再变小（见大一实验组，上表第一列），说明第一周练习时，学生不熟悉视听续译时，标准差相对较小，平均分也相对较低，第五周部分学生成绩有所提高，说明指令语起到了辅助作用，而标准差拉大则说明部分学生不能适应视听续译的评分要求，实则是语言水平导致的语法和表述错误频频出现，第十周时标准差逐渐缩小，则说明越来越多的学生适应了视听续译教学，语境补缺作用逐渐凸显，关于大一实验班标准差的起伏，笔者认为主要原因是大一学生语言水平较低，虽然有指令语辅助教学，但部分学生仍难以适应对语境要求较高的视听续译教学；③从大一对照组数据分析，学生的整体成绩稳步提升，视听续译对学生的英语水平起到了积极作用。

大四组成绩分析表明：①通过两组平均分可见（参见上表第三列、第四列），视听续译有助于英语语言水平的提高，与大一组成绩分析基本一致；②大四实验组标准差从高到低则表明，学生对于续译中的指令语接受程度较好，对于大四和大一实验组数据的不同，笔者认为大四学生有一定的语言水平，母语无负迁移程度较高，因此，指令语则在续译时起到了重要的辅助作用，也有助于学生语言水平的提高；③大四对照组三次成绩标准差比实验组大，笔者认为对照组虽无指令语辅助，但是语言水平起到了一定作用，大四学生语言水平较高，虽然没有实验组成绩高，但对于视听续译掌握程度较好。

综上所述，视听续译的成绩变化基本随语言水平增长而提高，随着年龄增大，学生语言水平逐渐提高，导致学习者从母语迁移转变为母语负迁移，指令语则帮助学生进一步达到母语负迁移。

笔者针对学生成绩的方差分析如表 7-2：

表 7-2：大一组、大四组成绩方差分析

	大一组方差分析		大四组方差分析	
	F	p	F	p
第一周	0.15	0.008	0.92	0.023
第五周	0.76	0.021	0.31	0.136
第十周	0.48	0.000	0.33	0.000

单因素组建方差分析表明，大一组和大四组学生在第一周教学实验上无显著差异；而第五周测验时大一组有显著差异，但大四组无显著差异；随着实验继续，第十周测验则两组均存在显著性差异。综上所述，笔者认为指令语确实在视听续译过程中起到了积极作用，大一组三次测验均存在显著性差异则说明了这一点（参见上表第三列）。而大四组第二次测验无显著性差异，笔者认为是因为大四组有一定的语言功底，没有大一学生受指令语的影响大，但是语言水平却帮助学生在无指令语情况下完成视听续译的基本要求，而随着练习次数的增多，指令语的作用更为突显，因此，笔者认为，指令语与语言水平对视同续译质量均有影响。

（二）各因素之间对交互作用

最后，笔者对此次教学实验中的两个自变量进行了重复测量数据的方差分析，如表 7-3：

表 7-3：各因素之间的主效应以及交互作用

自变量	F	p
指令语	19.18	0.033
语言水平	13.12	0.001
指令语 × 语言水平	88.28	0.000

双因素组间方差分析表明，指令语、语言水平对视听续译质量影响对主效应均为显著（$p=0.033<0.05$；$p=0.001<0.05$），指令语与语言水平对交互作用同样显著

(p=0.000<0.05)。也就是说，在视听续译练习中，语境补缺的频度与是否有指令语有关，同样，语境补缺的发生频度受学习者语言水平的影响。因此，视听续译质量受到多个因素的共同影响。

四、结语

（一）影响本实验效度的潜在因素

首先，笔者没有大规模选取受试者，实验对象的特殊性可能导致实验结果的不同。其次，英语成绩并不能完全代表语言水平，只是在本次测验中担当了综合测试的补偿手段。在未来的教学实验中，可嵌入更多层次的评比标准，以便得到更客观的实验结果。

其次，测试组各组视频材料可能存在不等价的问题，可能存在大一组或大四组之间某组试题更简单或更困难的情况，也可能出现大一和大四实验组、大一和大四对照组之间试题难度不等价的问题。

再次，尽管笔者在测试之前对试题进行了难度测试，采取了一定的质量控制措施，也对参与教学实验的教师进行了试前培训，但评判标准仍然存在一定的主观性和模糊性，这可能会导致实验结果的系统误差，因此，此类教学仍需要后续实验做支撑，来验证或修订此次教学实验的结论。另外，本实验在测试过程中没有考察多种类型的视频文本的续译质量，未来的教学实验可涉猎多种类型的视频文本，使实验结果更具客观性。

最后，本实验没有考察实验过程中的母语负迁移现象，由于此次测试考察的是视听续译的质量，因此评分教师努力把存在正迁移现象的内容从录音文本中分析出来，而没有考虑负迁移现象的出现和规律，因此，未来的教学实验中，母语正迁移是否与视听续译的质量的关联性仍值得研究。

（二）结论与建议

此次教学实验主要探讨学生在视听续译练习时，指令语和语言水平对其质量的影响，此次教学实验结果发现，指令语和语言水平对视听续译质量均有影响，本实验为续式英语教学增添了一个新论证，说明学习者在一定的语言水平基础上，通过一定程度对指令语提示，更有助于英语水平的提升。

本实验通过研究发现：①指令语对视听续译的质量产生了作用，视听续译分数随指令语的出现增多而增加，无指令语受试者的反应时明显长于有指令语受试者；②语言水平对视听续译有重要影响，说明语言水平是视听续译能否顺利进行的关键因素；③两个自变量中，指令语与语言水平有明显交互作用。据此，笔者提出两个教学建议，第一，教师在教学过程中须时刻关注学生的语言水平，即他们对文化、语境知识的理解和把握。第二，教师在教学过程中应密切关注学生的情景反应时长，在学习过程中，反应时的长短与年龄呈正向增长，这可能与受试者不断减低的语言产出自动化相关。而语言基本功，即学生对语境、文化知识和语言结构的掌握，是交际能力的前提，前者不扎实，后者也难以得到发展。因此，语言知识和教学指令语的增加并不是语言水平提升的唯一指标，语言学习者要尽可能多地进行输出训练，以应付多种场合的英语输出，教师也应以学生为中心，制定合适的教学测试辅助教学，达到更好的教学效果。

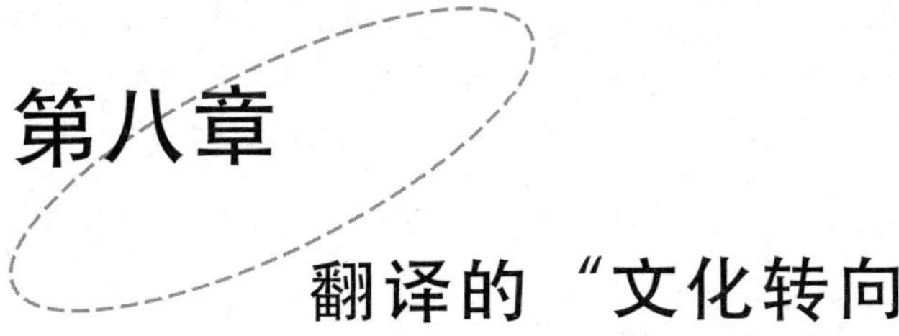

第八章

翻译的“文化转向”

第一节 翻译与“改写”

自20世纪七八十年代以来，翻译研究的侧重点从语言层面转到了文化层面，开启了翻译的“文化转向”，拓宽了翻译研究领域的空间，为一些传统的翻译问题提供了新见解。

一、操纵学派改写理论

翻译文化研究派中的操纵派理论是在埃文·佐哈尔（Even zohar）的多元系统理论的基础上形成的，是一个主要针对文学翻译的理论。最早把“操纵”观（manipulation）用于翻译理论研究的是英国当代翻译理论家赫曼斯（Hermans），他指出：“从目标文学的视点来看，所有的翻译都意味着为了某种目的对原文本进行的某种程度上的操纵。”，形成了操纵学派的雏形阶段；之后，比利时著名的美籍比较文学家和翻译理论家安德烈·勒菲弗尔对这一翻译观进行了发展，并对其进行了比较系统的论述，“操纵学派”便正式形成，并在译学领域产生了广泛而深远的影响。操纵派的观点主要体现在由勒菲弗尔所编著的《翻译、改写以及对文学名声的制控》一书中。在书中，安德烈·勒菲弗尔（Andre Lefevere）系统地阐释了“操纵”这一翻译观。他认为，翻译是文化系统中的一个子系统，与其他子系统相互影响、相互制约，因而翻译不是在真空中进行语言转换行为而是要受到其他因素的影响制约。控制文学创作和翻译有内外两个因素。内因是评论家、教师、翻译家等组成的所谓“专业人士”（professionals），外因则是拥有“促进或阻止”文学创作和翻译的“权力”的“人、机构”，也就是安德烈·勒菲弗尔所说的赞助人（Patronage）。“赞助人感兴趣的通常是文学的意识形态（ideology）”，而“文学家们关心的则是诗学（poetics）”。归根结底，制约翻译活动的两大因素就是意识形态和诗学。同时，安德烈·勒菲弗尔还指出，内因（文学家及其诗学观念）是在外因（赞助人及其 意识形态）所制定的参数范围内起作用。也就是说，代表某一文化或社会的主流意识形态的赞助人确立一套具有决定性作用的意识形态价值参数；文学家和翻译家则在这一 套参数范围内完成他们的诗学追求。简言之，从操纵学派的翻译观来看，翻译就是译者在译入语国家的主流意识形态和主流诗学的控制下所进行的一种操纵改写活动。

二、改写理论的创新

自古以来，无论是东方还是西方，都提出过多种多样的翻译标准，或相辅相成，或大相径庭。纵观翻译研究的发展历程，20 世纪七八十年代以前，有关翻译研究的论文主要集中在探讨翻译技巧与方法，研究如何让译文最大限度地忠实于原文，从而规划制定出放之四海而皆准的翻译标准来指导翻译实践。一提及中国传统译论，必言严复的“信、达、雅”、傅雷的“神似”及钱钟书的“化境”；而谈及西方传统译论，准谈西塞罗（Cicero）的意译、圣·杰罗姆（Saint Jerome）的翻译思想、奈达（Nida）的动态对等（dynamic equivalence）。故此，本文将把这些具有代表性的翻译思想与改写理论进行比对。笔者认为，与上述这些代表性的传统译论相比，改写理论有着革新与创新之处，主要体现在以下四个方面。

（一）改写理论采用描述性研究方法，增强了对翻译现象的解释力度。

20 世纪 70 年代以前，中国传统的翻译研究，是以忠实于原文为最高标准，围绕着直译与意译进行探讨，目的在于寻求一种指导翻译实践的统一的，绝对的，公认的翻译标准，其结晶是“案本—求信—神似—化境”。以严复的“信、达、雅”、傅雷的“神似”及钱钟书的“化境”为代表。严复在其所译的托马斯·亨利·赫胥黎（Thomas Henry Huxley）《天演论》的序言中所提到的信达雅三字真言一直被后来的翻译人员誉为翻译的金科玉律，影响甚远。简而言之，信是指忠实原文，忠实于原作的思想，把原文所表达的意思准确无误地用另一种语言重新表达出来；达是指译文表达顺畅不生硬；雅是指行文优雅，为广大读者所接受。三者紧密联系，密不可分。后来傅雷提出的“神似”翻译标准是指翻译类似于作画，仅形似是不够的，要做到神似，强调译文中应展现出原文中所蕴含的精髓与美学。而钱钟书认为翻译的最高标准是化境，即原作在译文中就像“投胎转世”，躯体虽换了一个，但精魄依然故我。把作品从一国文字转换成另一国文字，既能不因语文习惯的差异而露出生硬牵强的痕迹，又能完全保存原作的风味，那 就算得入于“化境”。尽管三者提出的翻译标准不尽完全相同，但三者翻译思想的中心都集中在制定唯一的最高翻译标准上以便指导翻译、评定译作。唯有符合标准的译本才是好的、正确的译本，而不符合标准的则被视为是胡译、乱译、错译等。

在西方,20 世纪 70 年代以前，翻译研究主要围绕着翻译方法及翻译标准、可译性与不可译性、语言学理论的运用这三大问题展开。如何让译文忠实于原文，达到与原文最大限度的对等是翻译研究的重点。西塞罗推崇意译，认为意译是唯一正确且最好的翻译方法，唯有意译方可实现与原文的最佳对等。圣·杰罗姆认为要实现与原文的最佳对等，直译意译的选择应视文本而定，通俗文本采用意译手法，而圣经类的文本宜采用直译手法。而奈达提出动态对等并制定了分析—转换—重组三步方法论来实现与原文的最大限度对等。

上述这些 20 世纪 70 年代以前的翻译思想都具有规约性，都始终认为存在绝对、完美的或理想的翻译文本，重点都在于制定唯一绝对的翻译标准及方法来指导翻译实践，对既有的文本进行价值判断，规约译者的翻译行为。译文中若出现所谓迁移、变异，则常常被指责为“不忠实”、歪曲或谬误，严复、林纾的翻译便是典型的范例。但是严复与林纾译作的成功从反面揭露了传统译论规约性研究方法的局限性。

与此相反，安德烈·勒菲弗尔的改写理论重在描述翻译现象，并通过解释既有翻译现象产生的原因来试图揭露翻译中潜在的规律性，是描述性的研究方法。它不斤斤计较于一字一句的忠实与得失，而是将翻译文本视作目的语系统中的存在实体，从目的语系统的意识形态、诗学及赞助系 统等角度描述翻译活动的性质，解释翻译文本的生成、消 费，以及在目标文化系统中的功能与运作。在该理论中，忠实于原文不再是翻译的最高标准，也不需要通过与原文对比来对相应的译文进行得失价值判断。相反，译本无对错好坏之分，所有存在的译文都有其存在的合理缘由。正 是通过描述、分析、阐释各种不同译本产生原因的研究方 法，有效地揭露了翻译中潜在的规则及制约因素如意识形态、诗学等。与上述代表性翻译思想的规约性不同，改写理论采用的是描述性的研究方法，结合当时中国的主流意识形态与诗学可以有效地解释严复、林纾颇具争议的翻译，打破了以往规约性研究方法的解释局限性。

（二）改写理论从译文出发，以译文为中心，打破了原文本的权威地位。

如前所述，以往翻译的最高标准是忠实于原文，实现与原文最大限度的对等，每位译者都应竭尽全力去实现这一目标。原文是译文的标准答案、参照。只有忠实于原文的译文才是对的、好的。由此可见，在这些翻译思想中，原文处于神圣不可侵犯的权威地位，而译文只是相应原文的派生物、依附品、寄生虫，处于卑微的从属地位。译文必须向原文看齐，否则就被视为胡译、乱译等。如早期翻译文学派主要翻译经典作品，原文在他们心目中的神圣地位促使他们认为忠实于原文是天经地义的、至高无上的标准，并把这一标准套在其他一切类型的翻译上，由此可见原文不可动摇的中心位置。

而在改写理论中，所有译本都是正确的，都有其存在的价值。其翻译研究在于描写、分析、解释为什么译文会偏离原文，译文才是翻译研究的中心。译本一经译完，便成为一个独立体，成为研究对象。对译本特别是偏离了原文却获得成功的译本的描述分析，有助于揭露翻译活动中的潜在规律：翻译是译者受目的语主流意识形态、诗学的制约影响所进行的改写活动。因此，改写理论的研究是以译文为中心的，颠覆了原文以往的权威地位。

（三）改写理论是基于文化层面进行的翻译研究。

在中西传统译论中，翻译研究的重点是对比原作与译作语言单位意义上的相同，以达到内容上的等值。一切与语言内部结构无关的因素都排除在外或忽略不计。语言是透明的，翻译是一种纯语言的转换过程，所涉及的只是两种不同语符中的两个对等信息。翻译研究被禁锢在文本对比和语言信息转换的范围内，是一种封闭静止的研究。在传统译论中，翻译被视为是一门精确的科学，集中研究语言系统的差异和语言形式的转换，从而归纳出一些诸如语态转换、词性转换和增减词之类的翻译法，从而达到指导翻译实践，实现最大化等值的翻译目标。严复把信放在第一位，奈达的分析—转换—重组三步法、钱钟书的“化境”与傅雷的“神似”等都是基于语言层面去研究翻译。尽管奈达、钱钟书、傅雷等把读者、文体美学也纳入考虑之中，但总体而言，他们的翻译研究侧重于语言层面。

然而，安德烈·勒菲弗尔把翻译放到更为宏大的社会文化语境中去审视，认为翻译并不是在真空中产生的。作为文化系统的文学子系统的一部分，翻译与文化系统中的其他子系统相互作用、相互制约。因此，译者的翻译并不是单纯的在语言层面上从一种语言向另一种语言转换，它必然要受到语言层面以外的社会文化因素如意识形态、诗学等的影响。译本是译者在译文社会的诸多因素作用下的结果。因此，改写理论是基于文化层面进行的翻译研究，打破了以往封闭静止的翻译研究范式。

（四）改写理论具有系统性。

20 世纪 70 年代以前大部分的翻译思想都是翻译实践者对自己翻译实践的总结，是经验之谈，没有理论支撑，往往不具有系统性。如严复是在其所译的赫胥黎《天演论》的序言提出了信达雅的翻译思想，是翻译经验的总结，没有系统的理论来支持自己的翻译思想。奈达也是在圣经翻译的过程中总结出了自己的翻译心得，后来为了让心得上升成理论，他借用了乔姆斯基（Chomsky）表深层结构理论、语义学和语用学来作为其理论后盾，不具有系统性。相反，改写理论是在多元系统理论的基础上发展开来的，从多元系统的角度研究翻译、描写分析解释翻译现象。在改写理论中，翻译是文化大系统中的一个子系统，与其他的子系统相互作用。因此，翻译就是在这些子系统因素的制约下进行的改写活动，是系统的改写，而非译者主观随意的改写。

翻译，作为一种跨语言、文化的交际活动，绝不仅仅是源语与目的语之间的机械转换，翻译操作注定是一种在各种语言文化因素共同作用下的折中，受诸如翻译目的、译文对象、语篇类型、译文接受环境等多方面的社会文化因素的影响。权力、意识形态等语言之外的各种社会文化因素列入翻译研究范畴，为翻译理论的研究提供了广阔而全新的视野，大大推动了翻译研究的发展。改写理论作为典型代表，一改传统的研究方法及侧重点，是一种描述性、以译本为中心、从文化角度考虑的系统性翻译理论。与以往翻译思想的规约性、以原文为中心、从语言学角度考虑、非系统性形成鲜明对比。

三、翻译改写理论的贡献与局限评说

翻译改写理论（Rewriting Theory）是由美国德克萨斯大学奥斯汀分校教授安德烈·勒菲弗尔（Andre Lefevere）创立的。他与詹姆士·霍尔姆斯（James Holmes）、苏珊·巴斯奈特（Susan Bassnett）、荷西·兰伯特（Jose Lambert）等学者一起，致力于翻译研究学科地位的争取，使翻译研究逐渐获得独立的学科地位。其中以兰伯特为代表的学者逐渐转向翻译的客观描述研究以及个案研究，而以列菲弗尔为代表的学者则转向文化研究的模式，将翻译置于一定的历史条件下进行研究，提出了翻译研究的改写理论，分析意识形态、诗学以及赞助等语外因素对翻译研究的影响，形成了其独特的理论理据和思想主张。这里在简要介绍改写理论主要理论主张的基础上，结合相关文献对改写理论的理论贡献和局限进行探讨。

（一）改写理论的主要主张

勒菲弗尔改写理论的思想集中地反映在《翻译、改写和文学声名的操控》一书之中。在这本书中，勒菲弗尔首先提出“翻译就是对原语文本的改写”的概念。翻译是对原语文本的改写。所有的改写，不管其意图是什么，均反映一定的意识形态和一定的诗学，并以此操控文学，使其在既定的社会中以一定的方式发生作用。改写就是在权力的作用下实现的操控，其积极的一面可以帮助文学与社会实现演进。改写可以引入新的概念，新的体裁和新的文学方式，翻译的历史也是文学革新的历史，文化对另一文化塑造力量的历史。在各种形式的操控不断激增的时代，对文学操控过程的研究，例如对翻译的研究，可以帮助我们更好地了解我们生活其中的世界。

同时，勒菲弗尔指出，通过改写与操控概念的探讨，我们可以“解决文学以及社会中意识形态、变更与权力的问题，彰显翻译作为一种塑造力量的中心作用”。从这种角度上说，翻译就跟意识形态、诗学以及权力等社会政治因素紧密地联系了起来。勒菲弗尔认为，文学是一个系统，是文化这一大系统中的一个子系统。“在文化的大系统中，非文学现象与文学之间的联系不是支离破碎的，相反，在文化本身的逻辑作用下，二者以子系统的方式相互作用。”

如前所述，所有的改写均反映一定的意识形态和一定的诗学，并以此操控文学，使其在既定的社会中以一定的方式发生作用。反过来说，一定的意识形态和诗学必然作用于改写者，使其操控文学，使文学在社会中发生一定的作用。勒菲弗尔对这两方面的因素对改写产生的影响分别进行了论述。

在勒菲弗尔看来，意识形态常常跟政治紧密相关，跟政治意识形态等同，但实际上，“意识形态并不局限于政治领域，它还包括规范、制约我们行为的种种模式、传统和信仰等”。因此，意识形态的概念范畴包括的是个人或者由个人组成的集团对世界和社会看法和见解的总和，涉及哲学、政治、艺术、宗教等诸多的领域。勒菲弗尔认为，改写者总是处于一定的意识形态之中，要么服务于这一意识形态，要么反对这一意识形态，因此，意识形态总是影响着改写者对作品的改写。列菲弗尔认为，“改写者在一定程度上会操控原文，为自己或自己时代的意识形态和诗学服务”。“文学作品被接受或者被拒斥，被列入经典或者被逐出经典的乐园，不是受一些模糊概念的支配，”而是受意识形态等具体的概念所左右。20世纪二三十年代女性作家的作品长期以来受到了忽视，但是80年代以来却一版再版，这是当时意识形态作用的结果；圣奥古斯丁堪称改写论者的第一人，当他的翻译与读者对象的期待产生矛盾时，他坚持应该对任何“褒扬罪恶、贬斥仁善”的神学篇章做阐释性的阅读，进行改写，直到产生有利于当时教会的译文为止，之所以这样，是应为作为改写者的圣奥古斯丁“必须维护其所在的意识形态”“维护当时教会的统治和秩序”。菲茨杰拉德（Fitzgerald）以改写波斯诗人伽亚谟（Khayyam）的诗歌、缔造了《鲁拜集》而蜚声于19世纪英国文坛，他之所以要进行改写，同样是由于意识形态的原因，因为他认为“波斯诗人是拙劣的诗人，不如同时代维多利亚的英国诗人”，“但他决不会用同样的方式对荷马或者维吉尔 的作品进行改写”。最为有趣的是，一名十四岁的犹太少女记录自己二战期间躲避德国纳粹、遭受纳粹折磨经历的日记体小说《安妮 · 弗兰克的日记》战后出现了三个不同的译本：荷兰语版本、 德语版本和英语版本，但德语版本因为面向德国读者的缘故，抹去和弱化了一切有辱于德国人的篇章和段落，这显然也是由于意识形态而造成的。

除意识形态以外，诗学的差异也会对改写者的改写策略产生深刻的影响。按照勒菲弗尔的界定，诗学一般有两大组成要素：第一是文学手法、文学派别、文学主题、原型研究以及文学象征形式的总和，这是诗学的组成要素（inventory component）；另一要素是文学在整个社会系统中所发挥的作用，称为诗学的功能要素（functional component）。同意识形态影响改写者的例子一样，诗学因素影响改写者的例子也不胜枚举。我们知道，一定时期、一定社会的诗学总是由批评家、评论人员、作家、教师以及翻译家这些专业人士来制定的，诗学一经形成，必然对异质的诗学进行或抵制或变相吸收的变更和过滤，这一拒斥、变更或过滤的过程就是诗学对改写者产生影响的过程。再以前面提到的菲茨杰拉德（Fitzgerald）为例，由于伽亚谟（Khayyam）的诗歌方法与诗歌手段不同于菲氏同时代维多利亚诗人的诗歌方法与手段，而菲氏认为，他的译作读起来应该像同时代的诗歌， 因此对伽亚谟（Khayyam）的诗歌进行了以自己的时代诗学为准绳的翻译改写。阿拉伯文学以长诗体卡色达（Qasidah）写成的作品不乏佳作，但以基督教和古希、罗马为源头的欧洲文学一直视自己的文学为真正的文学，拒斥处于边缘地位的阿拉伯文学，加上卡色达文学浓墨渲染对骆驼、沙漠、村落营地的描写手法与欧洲诗学格格不入，导致了“自《鲁拜集》和 《一千零一夜》以来的100多年时间里鲜有阿拉伯作品的译介之惨淡境地”。（Lefevere，1992）勒菲弗尔还举了两个例子，说明诗学主张对影响改写的影响。其一是1842年出版的《美国诗人与美国诗歌》标榜“美国诗歌具有最单纯的道德品性”，从而拒绝了惠特曼等道德品性不单纯的诗人；另一例子是在叶芝（W. B. Yeats）与埃利斯（Ellis）合编的《布莱克诗集》中，叶芝为了有利于自己的诗学发展，将布莱克与“凯尔特曙光（Celtic Twilight）” 联系起来，凭空地为布莱克生造了一个爱尔兰的祖父。

（二）改写理论的理论贡献

改写理论一经提出，立即在学术界引起了热烈的反响，并成为当代西方翻译理论中非常有影响的一种理论。改写理论对于西方理论的贡献，至少表现在以下四个方面。

首先，改写理论超越了传统翻译理论的文本层面，将翻译研究置于更加广阔的文化视野。在中西传统译论中，翻译被看作一个从一种语言到另一种语言的转换过程，翻译研究的重点是对比原作与译作语言单位意义上的异同和原作与译作在多大程度上达到了内容上的等值。在这种基于文本和语义等值的研究范式中，翻译被禁锢在文本对比和语言信息转换的范围内，是一种封闭静止的研究。但改写理论提出，翻译不仅仅是一个语言转换的过程，更是一个跨文化交际的过程。任何翻译行为，都不可能在“真空中进行”，都会受到意识形态、诗学和赞助等文化要素的影响。因此，应该将翻译放到更为宏大的社会文化语境中去审视。改写理论的贡献之一，就是将翻译置于文化语境中予以审视，把翻译作为文化系统的文学子系统的一部分，翻译与文化系统中的其他子系统相互作用、相互制约。因此，译者的翻译并不是单纯的在语言层面上从一种语言向另一种语言转换，它必然要受到语言层面以外的社会文化因素如意识形态、诗学等的影响。译本是译者在译语社会的诸多因素作用下的结果。

其二，改写理论还标志着翻译研究从规约性研究向描述性研究的转向。如前所述，传统的翻译研究是以原文信息如何忠实地转换到译文中为目的的，其追求的目标是原语信息在译语中的等值。因此，传统的翻译研究重在对这一语言转换过程进行研究，并制定一系列翻译的标准和翻译方法。这种翻译研究是规约性的。与传统翻译研究不同的是，改写理论努力回答“一个文本转换到另一种语言语境之中为什么会呈现特定的样态”“哪些因素影响了翻译过程并使译文呈现这种样态”这一问题，其重点是描述翻译现象并通过解释既有翻译现象产生的原因，从而达到揭示翻译中潜在的规律性这一目的。因此，改写理论是描述性的研究方法，该理论的提出，标志着翻译研究从规约性研究向描述性研究的转向。

其三，改写理论承认不同译文的存在价值，在一定程度上对传统翻译研究中的“原文中心”倾向具有消解作用。传统翻译的最高标准是忠实。原文是第一位的、主要的、神圣不可侵犯的。只有忠实于原文的译文才是好的、被人们认可的。而译文只是原文的派生物和复制品，不具有原创地位，是第二位的、次要的。但改写理论旨在描述隐藏在翻译文本之后的文化要素及其相互作用，并试图对特定文本的产生进行解释。它对译本的正确与否、忠实与否不作价值评判；相反，它认可译文存在的价值及其合理性。同时，改写理论重在描写、分析、解释为什么译文会偏离原文，因此，译文成为翻译研究的中心。从这一意义上说，改写理论的研究是以译文为中心的，对传统翻译理论中的“原文中心”倾向是一种消解与颠覆。

最后，改写理论具有强大的解释力。在《翻译、改写及文学声名的操控》一书勒菲弗尔威尔从诗学要素的角度，对菲茨杰拉德如何改写《鲁拜集》进行了分析并得出了令人信服的结论。国内外学者也纷纷应用这一理论，对中西翻译史上诸多翻译现象进行了描述和解释。如有学者针对胡适在翻译研究中的边缘现象，运用改写理论从“方法论的局限”“研究观念的局限”和“学科的局限”等三个方面剖析了“胡适在翻译研究中处于边缘状况”的原因，认为这一边缘状况是“受翻译研究理念的局限以及主流意识形态对翻译研究的操控所造成的”。还有学者运用改写理论从鲁迅的“改作”

意图、晚清的主流意识形态和晚清“诗学”等方面对鲁迅早期的“改作”及其成因予以了深入剖析，进行了有益的尝试。如此种种，不一而足。这些尝试说明，改写理论对于特定翻译现象具有较强的解释力。

（三）改写理论的主要局限

当然，不可否认，随着改写理论在国内的译介和相关学者的深入研究，人们发现，这一理论也有其局限性。赫尔曼斯（Hermans）通过分析勒菲弗尔对意识形态这一核心概念的三个定义，指出勒菲弗尔的定义过于宽泛，几乎可以和文化符号学专家尤里·洛特曼（Yury Lotman）对“文化”的定义划等号。王峰等指出，“改写理论过于强调客观的描述，缺乏对不同形式改写的价值判断，加上对不确定性因素负面作用的忽略，其不合理性势必导致改 写本身的混乱”。赵彦春从翻译本体论的角度出发，认为“它（改写理论）走的是一条现象描写的道路，更由于它受后结构主义思潮的拍打而漂向了否定翻译学基础体系的极端”。

我们认为，在看待改写理论的局限时有三点需要特别注意。第一，对于改写理论的原创性问题，我们要合理看待，在中国语境中尤其要如此。改写理论的核心思想之一就是翻译行为会受到意识形态的影响。这一思想对于中国的学者来说绝对说不上原创。中国自古以来就有集权的思想，从秦始皇的“焚书坑儒”再到清代的“文字狱”，处处都可以看到意识形态对思想的禁锢与控制。虽然勒菲弗尔的“意识形态”概念并不局限于“政治意识形态”，但不可否认，政治意识形态对文学艺术具有巨大的影响作用。翻译，尤其是文学翻译，作为艺术作品产生的重要渠道，自然离不开（政治）意识形态的操控与影响。改写理论强调意识形态对翻译行为的影响，这一思想看来并不具有多大的原创性与新颖性。勒菲弗尔提出改写理论，有其特殊的文化语境与背景：他生活在倡导“平等”“博爱”和“自由”的西方资本主义国家，政治意识形态这只无形的大手所产生的作用与中国语境是截然不同的。换句话说，他的理论在西方世界也许是“全新的、革命的”，但在中国语境，其原创性就要大打折扣。

其次，改写理论对翻译实践的微观层面关注不够。改写理论重在研究赞助人、诗学、意识形态等这些隐藏在文本背后的文化因素对翻译行为和译者的影响，这虽然扩大了翻译研究的范围，为翻译活动提供了一个全新的评判标准，但是它探讨的是翻译研究的外围因素，而非本体因素。毋庸置疑，翻译是一个跨文化交际行为，这一行为要受到意识形态、诗学、赞助等文化因素的影响，但翻译同时也是一个语言转换的行为。我们不能因为翻译是一个跨文化交际行为而忽视对翻译所涉语言及文本内部因素与规律的探讨。换句话说，我们不能因为有了改写理论这种宏观的文化层面的研究，就忽视传统的基于文本转换的、微观的研究。二者虽然互为补充但具有不可替代的地位。但遗憾的是，改写理论缺乏对语言转换层面的微观研究的关注，对于翻译实践缺乏指导意义。

最后，改写理论过于凸现主流意识形态的作用，忽视非主流意识形态的作用，特别是译者主体的作用。一般来说，译者主体的作用体现在译者对翻译作品的喜好、译者的忠实性情节和译者的主观能动性等方面，这些因素可能会受到主流意识形态的影响，但不同译者在同一主流意识形态的作用之下，往往会做出不同的反应和选择。以中国的五四时期为例。这一时期的中国是一个半封建半殖民地的国家，中国人民深受帝国主义和封建势力的压迫和剥削，一些先进的知识分子纷纷探索救国图存的道路，这就是当时的主流意识形态。但对于这一主流意识形态，不同的译者产生了不同的反应并做了不同的选择。冰心、鲁迅等有“弱国” 情节的译家，选取了印度、比利时、捷克等第三世界国家的文学作品，认为这些国家与中国的境况相似，其文学的发展会给中国提供借鉴；而胡适、瞿秋白等人却有“强国”情节，他们选择了西方发达国家的文学作品予以翻译，认为发达国家的经验才可以拯救贫弱的中国。 由此可见，在同一主流意识形态之下，对译者翻译行为产生影响的，还有很多非主流 意识形态的因素：译者的主观意图、对译本来源国的了解等也会产生重要的影响。改写理论的弊端在于，它忽视了不同译者自身的主体作用，似乎相同主流意识形态之下不同译者都会采取同一策略。更何况，我们做过翻译的人都知道，每一位译者都有一个“忠实情节” ，大多数译者在翻译某一个作品之前，都会尽量忠实地为读者呈现一个原汁原味的原作，主流意识形态对他们的影响，往往是很难考察的。

改写理论自进入中国以来，至今已有近 20 年的历史。该理论以其新颖的理论主张引起了国内外学者的广泛关注。从理论贡献的角度来看，改写理论具有强大的解释力，它超越了传统翻译理论的文本层面，将翻译研究置于更加广阔的文化视野，标志着翻译研究从规约性研究向描述性研究的转向。同时，该理论承认不同译文的存在价值，在一定程度上对传统翻译研究中的“原文中心”倾向具有消解作用。但是，该理论的核心概念界定不清，对微观层面关注不够，过于凸显主流意识形态的作用而忽略译者主体等非主流意识形态因素对翻译的影响，这些使该理论又具有一定的局限和不足。对于翻译理论研究学者，应该看到其理论贡献，同时也应该看到其局限与不足，这样才能全面地把握该理论的本质和精髓，更好地服务于翻译研究。

第二节 后殖民主义翻译学

无论是在文化研究领域还是在翻译研究领域，后殖民主义都是一个热门话题。而无论是在文化研究领域内还是翻译研究领域内的后殖民主义，无一例外都要从后殖民主义的来源、主要代表人物以及他们的思想理论谈起。因此，爱德华 · 赛义德（Edward Said）的《东方学》、斯皮瓦克（Spivak）为《论文字学》撰写的《译 者前言》以及她的“第三世界妇女论”、霍米 · 巴巴的“话语权利”和“文化身份”理论等就成了后殖民主义研究的典范。由于后殖民主义理论本身是一个非常庞杂的体系，而且正处于不断发展变化的过程中，所以一般只能对这个理论的主要面貌进行概述。那么，后殖民主义理论与后殖民主义翻译理论是否统一呢？如果答案是否定的，它们之间又有什么区别和联系呢？本文打算从这个角度入手分别探讨后殖民主义理论和后殖民主义翻译理论的思想内容。

一、后殖民主义理论

后殖民主义理论是兴起于20世纪80年代的一种多元文化理论。作为一种广义的具有强烈革命性和解构性的文化批判理论思潮，后殖民主义已经成为最有影响力的一种跨学科、跨文化、跨文明的文化理论思潮。后殖民主义理论是一个极其复杂的思想体系，对于它的界定目前学术界尚无明确定论。后殖民主义理论如果从学缘谱系的历史追溯来看，最初由文学、文化研究源起，然后逐渐向其他人文社会科学领域渗透。后殖民主义这个概念本身即指在时间上继殖民主义解体之后的一个新的历史时期，同时又具有超越殖民主义的含义，带有新殖民主义的含义。在全球化时代生存境况下，后殖民主义已经蔓延到非殖民关系的强势国与弱势国之间的不平衡性、不平等性关系上。因此，后殖民理论是一种熔多种文化政治理论和批评方法于一炉的集合性话语，它与后现代理论相呼应，并以其文化政治批评性和意识形态性的视角考察欧洲帝国主义列强的殖民统治对其旧有殖民地文化、政治的影响，以及这些殖民地又是如何应对这些影响的。

（一）霸权思想

殖民霸权思想是后殖民主义理论中最重要的理论之一。后殖民主义理论主要关注的不是经济、政治上的殖民霸权，而是文化上的殖民霸权，即与政治、经济统治并行的文化统治，通过这种统治，被殖民者最终被教化成为殖民者顺服的奴隶。这一理论来源可以直接追溯到安东尼奥·葛兰西（Antonio Gramsci）的“国家权利”思想。赛义德借鉴了这一理论，建构了自己的理论，即《东方学》。《东方学》至少包括两层含义：第一层含义指的是一种基于对想象的东方与西方的本体论与认识论之差异的思维方式。第二层含义则指处于强势地位的西方与处于弱势地位的东方的长期以来的主宰、重构和权力压迫方式。这样一来，西方与东方的关系往往表现为纯粹的影响与被影响、制约与受制约、施予与接受的关系。基于这种不平等关系，所谓东方主义便成了西方人出于对东方人或第三世界的无知、偏见和猎奇而虚构出来的某种东方神话。在这部著作中，他揭示了西方的东方学话语中隐含的一种霸权意识。西方将东方学视为西方用以控制、重建和君临东方的一种方式。欧洲的东方观念本身也存在着霸权主义，这种观念不断重申欧洲比东方优越，比东方先进。这种霸权在文本表述中的体现便是东方想象，西方人对东方进行一种主观的重构，把东方描述成陪衬性的他者。这种霸权思想人们常常把它理解成政治上、文化上、思想意识的霸权。后殖民主义进而把这种理论的视域扩展到民族关系和国家关系。

（二）话语权利

殖民霸权思想不仅表现在文化和思想意识上，更表现为殖民文本的话语霸权。赛义德的《东方学》便是通过对宗主国文本中殖民话语与权力的分析，揭示出“东方为西方而存在，是西方人创造了东方”这个殖民霸权的事实。他说，“是关于东方人或臣属民族的知识使他们的管理轻松有效；知识带来权力，更多的权力要求更多的知识，于是在知识信息与权力控制之间形成了一种良性循环”，“殖民话语的理论家们将有必要追溯帝国主义物质侵略与知识暴力之间的联系，揭露它对殖民世界的意识形态的表达与宗主国强国的帝国主义文化之间的关系”。殖民者是殖民地和被殖民者的言说者，但是殖民者说的是他想要这样说的，在他对殖民地和被殖民者进行言说之前已经预设了一个他所需要的取舍尺度。一言以蔽之，他需要殖民地以一个具有异国情调的“他者”作为宗主国殖民者的陪衬。他所言说的不是他所见到的，殖民地的真实成为他们言说之外的缺席者。这种话语权体现了一种知识的霸权。斯皮瓦克的“第三世界妇女理论”也是这一思想的体现。第三世界的妇女处于被两重甚至三重边缘化的状态。第三世界在西方宗主国的目光凝视下是一种女性的形象，是世界的边缘；而第三世界国家的妇女又处于男性社会的边缘，她们是边缘的边缘，是彻底的失语者、不在场者。“宗主国的男性和殖民地的男性都可以剥夺妇女的话语权，代替妇女言说，为妇女命名”。在这两种命名中，唯独没有妇女自己的声音。由此可见，被殖民者话语权利的丧失在本质上仍然反映了一种赤裸裸的霸权关系，只不过这种霸权并非由政治或者暴力产生，而是由知识的掌握权所控制的。

（三）文化身份

后殖民时期，在抵抗和消解殖民霸权的过程中，如何确定被殖民者自身文化身份也成了后殖民理论家关注的热点。霍米·巴巴（Homi K. Bhabha）关注的焦点就是被殖民者文化身份的定位问题。由于殖民者对被殖民者长期的文化渗透，被殖民者不得不用殖民者的话语来确定自己的文化身份。进而，殖民者和被殖民者之间的对立关系变成了文化渗透与认同的关系，殖民者外在的强迫变成了被殖民者内在的自觉。巴巴认为，这种异质文化的杂交是不可避免的，问题是如何在这种渗透杂交中保持弱势文化的合法性存在。他强调差异性，强调弱势文化保存自身的文化身份。他不赞成把东方/西方、殖民/被殖民当作清晰可辨的对立两极，而是“含混矛盾的杂糅”。为说明殖民话语的“含混矛盾的杂糅”，霍米·巴巴提出了“模拟”的概念。当然，他作为有着第三世界背景的后殖民理论家，更突出殖民地话语“模拟”的社会功能。

（四）抵抗与消解

道格拉斯·鲁滨孙（Douglas Robinson）在《翻译与帝国：后殖民理论的解释》一书中对后殖民理论做了系统的归类，他认为后殖民研究包括“殖民地怎样适应、抵抗和超越殖民主义文化以及20世纪末期所有的国家、社会和民族之间的文化权力关系，主要指弱势文化对强势文化的反应、冲突和抵抗”。殖民国家通过各种方式对被殖民国家进行殖民、文化渗透的过程，同时也是被殖民国家不断反抗殖民霸权和反渗透的过程。我们的时代已经进入了后现代时期，后现代的主要特征是深度模式的削平、历史意识的消失、主体性的丧失和距离感的丧失，等等。后现代主义文化是处于扩张中的消费文化。在第一世界与第三世界的关系中，第一世界掌握着文化输出的主导权，第三世界则是被动的接受者。对于经济、文化相对落后的第三世界国家来说，如果不对这种文化入侵有一种清醒的意识和有效的策略，就会有丧失本土文化原质的危险。因此后殖民主义不仅要批判和消解来自第一世界的文化霸权，更要在保持本土文化异质性的基础上，创造一种与第一世界文化进行有效交流对话的空间。

二、后殖民主义翻译理论

后殖民主义翻译理论是在后殖民批评语境下所建构的一系列有关翻译的概念、判断和解释。后殖民主义翻译理论主要关注翻译在殖民化过程中所撒播的权力机制以及随之而来的一系列抵抗的历史、挪用的历史、间隙的空间、分裂的空间等，是翻译理论研究中不可或缺的文化批评话语。后殖民主义介入翻译研究，直接促使了翻译研究文化转向的发生，使翻译学研究由传统的语言学范式转向文化范式，即对影响翻译活动的外部历史环境因素如社会文化、政治、权力和意识形态等的研究。总的来说，后殖民主义理论就是对帝国主义文化霸权的消解和批判，而后殖民主义翻译理论则是在翻译研究领域内推广以解构主义为中心的各种后结构主义理论。消解了翻译过程中文本、作者和译者的中心地位，把目光放在了意识形态和文化政治方面。

(一) 权力关系

翻译研究与后殖民主义最核心的焦点就是权力关系。翻译中原语与译语、原作与译作的不平等关系是殖民霸权思想的一种体现。由于语言之间差异性的存在是绝对的，翻译作为一种实践，造就了或在其中体现了殖民主义操纵之下的不对称的权力关系。赛义德在《东方学》中就对东西方语际间的权力转换问题做出过精辟的论述。当讨论到作为译者的雷恩作品里隐含的一系列后殖民主义语境下的权力问题时，赛义德指出，“作为穆斯林行为的……中介者和翻译者，雷恩进入了穆斯林的世界，但进入的程度只是停留于能用电压的英语散文来描述这一世界……他的信仰不真诚，其实质在于他具有伪装的信教者和特权的欧洲人这两种身份，而后者无疑削弱了前者”。他进一步指出，“作为学者，雷恩的遗产对于东方并没有什么价值，而只对他自身所在的欧洲社会的各种机构有价值”。斯皮瓦克就此提出了后殖民主义是如何聚焦翻译与殖民化之粘连的问题。即从原文到第三世界语言的翻译往往是不同的政治活动。因此翻译在殖民化过 程中以及在播撒殖民地人民的意识形态方面起着十分巨大的作用。翻译在后殖民语境下构塑着殖民者与被殖民者之间的不对称的权力关系，滋生了对原作的改写、暴力、添加、挪用等殖民主义话语。斯皮瓦克特别关注翻译所导致的一系列意识形态问题以及大量的变形现象。她严厉批评西方女性主义批评家一她们主张欧洲以外的女性主义文本都应译为强权者的语言“英语”，其结果是一个巴勒斯坦女性的文本往往酷似一个台湾男性的文本。

(二) 解构、阐释、消解

在翻译实践中，人们所关心的一个问题就是，翻译究竟应该以谁为中心？传统的语言学翻译研究认为，翻译是一种语言转变为另一种语言的实践，因此应该以原作为中心，译者除了对原作忠实外别无选择。在后殖民语境下，翻译不是简单的语言转换，是一种政治行为。翻译的问题成了有关再现权力以及历史性等问题的一个意义重大的场所。后殖民语境下翻译研究的重要内容就是揭示在一种文化翻译另一种文化，尤其是西方文化翻译非西方文化或文本时存在的暴力行为和遮蔽现象。因此，翻译的中心变成了对隐藏在语言背后的权力的追寻。解构主义翻译认为，意义的终极阐释始终是缺席和不在场的，因而呈现在读者面前的就只能是一种缺席的在场。正是这种缺席的在场使意义得以不断地延缓，从而导致了终极意义的不可能获得。这就是解构批评家对文本阅读和阐释所抱的态度。可以说后殖民翻译的原则就是解构和去中心化，其针对殖民主义和帝国主义的政治意识形态性和文化批判性则更加鲜 明。由于解构理论的一个重要视点就在于其对西方哲学界和语言史上长期占统治地位的“逻各斯中心主义”进行有力的批判和消解，在后殖民主义论争中，帝国主义的文化霸权也包括语言上的霸权是批判和消解的对象，而解构主义翻译不仅消解了原作以及原语在翻译中的中心地位，还对传统的语言学翻译范式在本质上进行了解构，使文本的意义变得不确定，译者的地位得到凸显，翻译中的权力问题成了核心话题，翻译的过程也变得更为复杂。

（三）混杂、模拟、第三空间

第三世界国家在后殖民时期为抵抗来自第一世界的文化霸权，在努力寻求自身的文化身份方面做出了各种努力和尝试。同样在翻译领域内，翻译家们对此也有深刻的认识。他们一方面要促进东西方之间文化的平等交流，另一方面尤其是对于来自第三世界的翻译理论家，更要努力探寻自身的文化身份。

在《翻译与帝国：后殖民理论阐释》中，鲁滨孙就提出了“全球化使得一直被压抑在文化边缘地带的旧殖民地国家的文化身份变得日益模糊，那里的知识分子迫切需要寻找自己民族文化的价值和文化身份的认同。某种翻译理论的出现正是当地知识分子为寻找文化身份而做的努力和尝试”。巴巴对全球化的认识显然不同于那些欧洲中心主义或西方中心主义论者，他认为，一方面，全球化使得民族文化之间的差异变得更模糊了，霸权文化以自己的价值观念影响弱势的文化，但另一方面，处于弱势的第三世界文化也不甘示弱，它们无时无刻不在进行默默的、无形的反抗。这种抵制和反抗主要表现在文化上的反渗透，因此文化上的多样性潮流是不可阻挡的，毫无疑问，在后现代空间和后殖民时代，文化的差异变得更为突出了，即使是最为纯洁的白人霸权文化和殖民话语也被后殖民主义者弄得“混杂”和“模 棱两可”了，正是这种混杂造成的空隙出现了一些新的东西，并形成了一种既非此又非彼的“第三空间”，这正是文化翻译所赖以进行试验的基础。

（四）巴西食人主义

另一种有益的探索来自巴西食人主义理论。巴西食人主义源于巴西反思昔日殖民地的巴西及拉美各国与欧洲的宗主国之间在文化上的关系。他们要彰显自己的多元文化，拒斥原来作为欧洲附庸角色，并达成共识，巴西只有吃掉欧洲，才能在文化上找到自我，实现文化认同。即殖民者与他们的语言共同遭到吞食，并且他们的生命力在一个适用于本土人们需要的纯粹全新的而又充满动力的形式里使吞食者获得再生。“吃”不是占有全文，而是解放全文，指译者“消化”原文后获取的一种自由。“吃人”翻译理论的产生是后殖民语境下巴西知识分子寻找自身文化身份的一种渴求和努力。

总之，后殖民理论是一种熔多种文化政治理论和批评方法于一炉的集合性话语，侧重分析帝国主义的文化侵略，前宗主国与前殖民地之间文化话语权力的关系，第三世界精英知识分子的文化角色和政治干预。后殖民研究范围既包含殖民主义结束以后的文化状态、殖民主义开始之后的文化状态，也包含当代的政治和文化的权利关系。后殖民主义翻译研究从后殖民主义的视角审视不同历史条件下翻译实践的过程，认为不同的文化间存在着权力差异，关注隐藏在译本背后的两种文化间的权力斗争和权力运作，旨在通过描述存在于不同民族、不同文化、不同种族和不同语言间的不平等和不对称的关系来深化对翻译实践的认识。后殖民翻译理论不仅彻底瓦解了不平等的二元权力结构，而且对翻译的概念进行了全新的阐释。

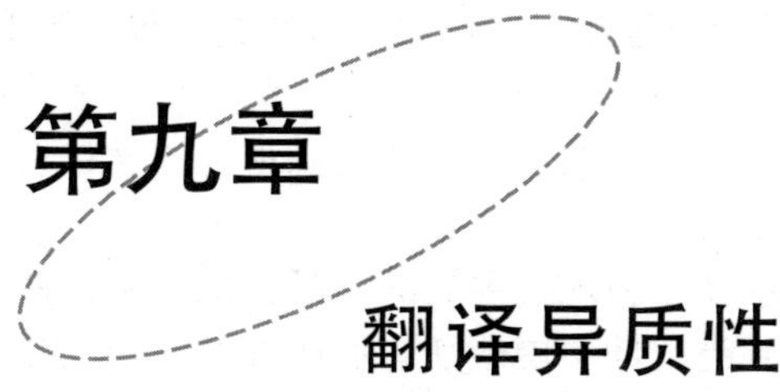

第九章

翻译异质性

第一节 译者显形

译者的显形是指译者在翻译过程中，充分尊重原作者和读者的基础上发挥的主观能动性。译者的主观能动性会受到译者个人的身份，译者所处的时代背景，意识形态等因素的制约。翻译界对译者显形的研究始于 20 世纪 70 年代，这类研究主要集中于译者显形的条件和表现。

一、译者显形的条件

第一，译者的双语能力，即译者对原语及译入语的熟练掌握程度。如果译者缺乏足够的源语言知识，就很难精准理解原文。从而导致对原文的误译；同样，如果译者不精通译入语，也很难通过译入语再现原文，最终产生的译作会带有浓重的翻译腔。第二，译者的文化背景和外延知识。翻译意味着对源语语言和文化信息进行再现。除语言能力外，译者还必须熟知源语和译入语的文化，了解源语和译入语文化价值观、风俗、心理、思维、宗教等。而且译者还应该具有广泛的知识面，因为译者只有了解经济、历史、地理、法律、金融、科学等各领域的知识，获取更多与原作者生活时代、社会文化相关的信息，了解作者的心理活动，缩短译者与作者的距离，才能翻译出忠实于这些领域的译作。第三，译者的个人兴趣和道德观。译者对翻译任务的专注与兴趣同样影响译文的翻译效果，译者在进行翻译时，必须热情地投入，必须对作者和读者高度负责。译者的翻译选题在服从时代要求和个人兴趣的同时，还应该有益于社会、有益于读者，应该有对原作、对读者、对艺术负责的道德观。

二、译者显形的表现

译者的显形主要体现在对文学作品的翻译中。文学作品的翻译不仅是一种技能，更是一种艺术。文学作品翻译的好坏对译入语文化背景下的读者有着很大的影响。译者显形的表现主要体现在两个方面：第一，译者的显形表现在对文本的选择和理解上。译者在翻译实践中，只有取材与自己的兴趣爱好、生活经历等相接近的原作，才能深刻理解原作的思想内涵、写作风格与艺术特色，译文的读者才能更好地与原文读者产生共鸣，产生与原文读者大致相同的审美感受。

例如，查良铮之所以翻译大量英国浪漫主义派和现代主义的作品，除了个人的喜好和激情之外，还因为查良铮先生深刻领悟到当时的中国迫切需要国外优秀的文化来滋养中国青年的心灵。第一，那些美妙的文字可以缓解残酷现实的压力，唤醒当时中国人民那麻木和沉默的内心；第二，也许更是因为查良铮晚年生活尴尬的境况，诗歌的翻译可以避免政治风险，诗歌翻译替代了诗歌创作。最后，查良铮先生一回到国内，就开始投入翻译事业，这与朋友的支持和鼓励是分不开的，他的译作的出版得到了巴金的大力帮助。

还有鲁迅先生，他不仅是一位闻名中外的大作家，还翻译了大量文学作品，其译作的原著大多取材于与当时中国有相同社会历史背景的国家，如俄国、波兰、匈牙利等，因为这些国家和中国一样承受着各种压迫和灾难，翻译这类文学著作能激起国民的奋起反抗。严复翻译《天演论》对近代中国科学和政治的启蒙作用；林纾致力于文学领域的翻译，打开了中国人了解西方文学的大门。这些都是译者显形在文本选择和理解上的表现。

第二，译者的显形还体现在译者翻译策略和翻译方法的选择上，经过长期的翻译实践和经验的积累，译者会逐渐形成自己的翻译特性和风格。

例如，艾略特创作的《J. 阿尔福瑞德 · 普鲁弗洛克地情歌》查良铮和汤永宽的两个译本中，原诗第 13 行和 14 行“In the room the women come and go/Talking of Michelangelo”，查良铮的译文为“在客厅里女士们来回地走，谈着画家米开朗基罗”，汤永宽的译文为“房间里的女人们来回穿梭，谈论着米开朗基罗”。查先生的译文基本保持了原诗的行文和结构，汤先生则对原文的句式进行了调整。

杨宪益、戴乃迭夫妇和美国汉学家威廉 · 莱尔都翻译了多部鲁迅作品。《孔乙己》中有一句中国读者相当熟悉的话，“孔乙己便排出几文大钱”，杨宪益的译本为“he would lay nine coopers on the bar”，他用简单的动词“lay”译出了原文的核心动词“排”；莱尔的译文为“he set out nine coopers all in a row”，他用动词短语“set out”和短语“all in a row”将原文中的瞬间动词“排”的持续时间延长，不仅将孔乙己的人物性格跃然纸上，而且让译文读者如原文读者一般身临其境，似乎看到了孔乙己将九文大钱摆在桌上然后慢慢铺成一行。

三、译者显形的“度”

从宏观上来看，译者的显形源于人类认识的进步，产生于翻译标准的演变过程中。国内外翻译标准经历着从一元化标准向多元化标准的转变，但是无论翻译标准如何发展、译者显形发生到什么程度，两者都是密切联系的，而且译者的显形始终会受到翻译标准的制约。译者的显形应在翻译标准的制衡下，把握一定的“度”，在保留原文内容、风格、艺术特色的同时，确保译入语读者能够对等得到源语读者相同的感受，对等地欣赏原作的美。以翻译标准为基础研究译者的显形，必须理清原文与译文，创作与翻译的平衡关系。

第二节
译者隐形

意大利裔美国学者劳伦斯·韦努蒂（Lawrence Venuti）是继德里达（Derrida）之后解构主义翻译理论的重要代表人物。他在其著作《译者隐身》中阐述了翻译异化和翻译归化策略。他认为英语是强势语言，而其他语言相对而言是弱势语言，在弱势语言被翻译成强势语言时，应该使用异化策略，译者融入原作当中，译作就是透明的玻璃，译者也就自然“隐身”。

“译者的隐身”这一概念是劳伦斯·韦努蒂在 1995 年提出的，用以描述译者的地位和翻译活动。“译者隐身”就是“不可见性”，是指当代英美文化中，译者的处境与所从事的活动，在译文中看不见译者的痕迹，译文读者就像在读原文。韦努蒂认为，“不可见性”（invisibility）是通过以下两个步骤逐渐形成的：一是译者倾向于翻译出可读性强的、地道的译文，形成“透明的翻译”。二是译入语文化的阅读接受习惯。“透明翻译”是很难做到的，因为一部作品不仅包括作者深邃的思想，而且包括他本人的写作风格和习惯，这在翻译中可谓“忠孝难两全”。

在韦努蒂看来，翻译不可避免地会受到种族中心主义的干扰，外国文本在被翻译的过程中，总会被不同程度地消解。可以采取两种方法来缓解这种状况。一是“译者可以选择与译入语文化格格不入，或是在译入语文化中处于边缘位置的原作，进行翻译，起到介绍外来文化的作用”。然而在翻译中，使用可读性强、地道的译入语表达方式，能够提高译文的可接受性。这种策略便是一种消解。二是“译者可以选择与译入语文化接近的原文，再用不规范的译入语表达方式来翻译”。以上两种方式很好地做到了抵抗种族中心主义，同时又保证了译文的可接受性，不失为可取的翻译策略。其实韦努蒂提出的“隐身论”本身就是相对而言，既要忠实作者，又要满足译文读者的需要。

韦努蒂提倡的异化翻译观具有相当积极的意义。他超越了传统意义上停留在语言文字层面上的归化与异化，而考虑到了文化的因素，这种相互依存下的不可分割性决定了在翻译过程中只考虑语言的转换是不够的，我们必须考虑到文化内涵翻译下的种种问题。作为文化的核心，语言必然处处体现和传播文化。那么，翻译也必然是文化的传播和交流。“异化”的理据是语言文化的开放性和渗透力，因为语言文化本身是一个开放的体系，具有不可估量的吸纳、包容的能力。译意义、译文化、译出原作者的真情实感绝非易事。形、意、神的传达需要一种境界，而单纯的隐身，也许是用心良苦，也很难得到译文读者的共鸣。所以完全的隐身不可能也没有必要。

韦努蒂倡导异化翻译观的原因是：他倡导异化翻译观，反对英美传统的归化，主张异化的翻译，其目的是要发展一种抵御以目的语文化价值观占主导地位的翻译理论和实践，以表现外国文本在语言和文化上的差异。

隐身或隐形，说到底，就是要让译者“不可见”。更准确地说，译者之隐形，是与作为仆人的译者“不能独自主张”的观念紧密相连的。译者的隐形取决于以下三个条件，这就是在传统的翻译理论中经常强调的三点：一是译者不要在翻译中掺入自己的主观色彩；二是译者要在翻译中不表现自己的个性；三是译者要以原文的一切为依归，唯作者是瞻。“理想的译者应成为一块玻璃，透明得让读者感觉不到它的存在。”果戈理这句译界所熟悉的名言将透明的不复存在的译者置放在一个理想的位置，而正是理想的隐形的译者才能使译作中不留任何译者的痕迹，包括译者的个性、主观色彩等，更不用说留下译者的主张了。在翻译中感觉不到译者的存在，在译文中不留痕迹地展现原著的精神与丰韵，无论对作者来说还是对读者来说，这都无疑是一种理想的境界。对这种境界，钱钟书曾以“化境”两字加以概括：“把作品从一国文字转变成另一国文字，既能不因语文习惯的差异而露出生硬牵强的痕迹，又能完全保存原有的风味，那就算得入于‘化境’。17 世纪有人赞美这种造诣的翻译，比喻为原作的投胎转世，躯壳换了一个，而精神风姿依然故我。换句话说，译本对原作应该忠实，以至于读起来不像译本，因为作品在原文里绝不会读起来像经过翻译似的。”从果戈理的名言到钱钟书这段被反复引用的话中，我们也许可以捕捉到这样的信息：人们都是从积极的角度来理解译者之隐形或译作之透明这一理想境界的。原作经过译者的语言转换，即从一种文字转变为另一种文字，得以投胎转世，以不留译者痕迹的原有风味、以依然故我的精神风姿奉献给读者，这种臻于化境的翻译当然会受到欢迎。而基于对这一理想的积极理解，许多翻译家非常向往这一理想的境界，且以自觉的意识和奉献的精神向这一理想靠近。但是，从目前所掌握的资料看，我发现对“译者隐身”的翻译有着不同的理解，且导致了不同的实践。对有的翻译家来说，他们理解的“隐身”，就是翻译中不要留译者的主观色彩，不要留译者的个性，因此在翻译中，他们一切以原文为依归，试图调动一切手段，努力把原文的形式价值与精神风韵都“原汁原味”地传达给目的语读者。在理论上，便有了“异化”说。而对另一些翻译家来说，他们理解的“隐身”，着重于译文中不留生硬牵强的痕迹，让译文读上去不像译文，换句话说，就如傅雷所一直强调的：“理想的译文仿佛是原作者的中文写作。”而要做到译文仿佛是原作者的写作，译者就不得不“以纯粹的母语”去处理原作中的独特的语言表达形式，避免翻译腔。于是在理论上，便导向了译者在语言转换上的创造性。

第三节 翻译异质性与教学

一、翻译的异质性

翻译理论研究由结构主义阶段发展到解构主义阶段，表明翻译研究跳出了语言学模式，观察视角逐渐转向非理性主义的人文思想。在这一背景下，翻译的异质性问题引起了译界的关注。

翻译的异质性是指通过异化翻译策略，再现源语文本的语言特点和文化意象等异域文化特征。其目的是在全球化背景下，充分考虑和尊重外来文化，以使语言和文化进行平等交流，使异域文化与本土文化和谐共存从而避免语言和文化的霸权主义。

美籍意大利学者劳伦斯·韦努蒂提出了异化和归化的两大翻译策略，指出美国的翻译实践方法是一种典型的“归化”法，即民族中心主义的翻译方法，体现了美国的文化帝国主义倾向，为了反对文化霸权，应该提倡“异化”方法，保留外国文本的“异”，破坏目的语文化的规范，抑制民族中心主义对原文的篡改，反对归化翻译，突出译者的地位和创造性。

韦努蒂的异化翻译理论主要有两方面来源：

第一，解构主义。20 世纪 60 年代，在冷战和反帝、反殖民解放运动的背景下，反对传统结构主义的新文化观解构主义应运而生，并迅速发展为主流话题，从法国风靡全球。解构主义的“去中心”思想给许多学科以深刻的启示，对翻译的理论也产生了前所未有的影响。解构主义学者反对传统的翻译美学观，发展出破解原文至上的差异美学。而韦努蒂提倡在翻译中表达语言和文化差异的做法正是反映了翻译不是求同而是存异的结构主义翻译思想。

第二，德国思想家施莱尔马赫（Schleiermacher）的翻译观。归化和异化翻译的概念虽然由韦努蒂提出，但这一术语直接来源于施莱尔马赫，他指出翻译有两种情况：一种是译者尽可能不去打扰作者，而让读者向作者靠拢；另一种是译者尽可能不去打扰读者，而让作者向读者靠拢。这一提法引发了翻译的作者中心论和读者中心论，对后来的学者产生了很大的影响。

具体来说，韦努蒂（Venuti）的理论可以概括为以下几个方面。

第一，归化翻译和异化翻译。根据韦努蒂的观点，归化翻译是为了尽量减少译文中的异国情调，为译语读者提供一种自然流畅的译文的翻译类型。在这类翻译中，译者的努力被流畅的译文所掩盖，译者为之隐形，不同文化之间的差异也被掩盖，译语主流文化价值取代了源语的文化价值观，是帝国主义文化霸权的表现。

而异化翻译，韦努蒂（Venuti）则认为是一种故意冲破译语常规，在译文中保留原语异国情调的翻译类型。他认为，在盲目自大地使用单语并把归化翻译法定为标准的文化社会中，应提倡异化翻译，其作用是把外国文本中的语言文化差异注入译语之中，把读者送到国外去。异化翻译可以用来抵制英美文化中存在的种族中心主义、文化自恋和文化帝国主义。

第二，翻译对异域文化在本土文化中形象的构建和对本土文化的影响。韦努蒂提出翻译以巨大的力量构建着对异域文化的表述，异域文化被打上使本土特定群体易于理解的语言和文化价值的烙印。翻译影响本土对待异域国度的态度，对特定种族和国族的尊重或者蔑视。翻译能够孕育出对文化差异的尊重或者基于种族主义或者爱国主义之上的仇恨。

第三，影响译本的因素。韦努蒂（Venuti）认为一个译本的影响是保守的还是逾越常规的，基本上取决于译者所运用的翻译策略，同时也与它们的接触过程中的诸多因素有关。包括出版印刷的版式设计和封面美术、广告范本、评论者的意见、译本如何在各种文化和社会机构中被应用，以及它如何被阅读和传授，等等。

第四，翻译的任务。韦努蒂强调翻译的任务是为了使异域文本在本土情况下清晰可解，所以翻译不可能摆脱那些来自不同的甚至不相容的文化。问题在于如何转移翻译这一我族中心的运动，以便解除翻译项目所不可避免地使用本土文化习语的中心位置。

总之，翻译的异质性来源于语言的异质性，用许钧的话来说，翻译的根本任务是“克服”语言之“异”造成的障碍，以进行思想的沟通与交流。从狭义上来说，异化翻译是翻译异质性的直接表现。韦努蒂以异化翻译理论来遏制英美文化的种族主义，有利于推动不同文化间的平等交流。同时，他的理论涉及意识形态、话语权力、著作权、文化交流等多个领域，大大拓展了翻译的研究面。但是，片面的强调异化翻译无疑会把翻译引向另一个极端，异化与归化应该是不可分割的、对立统一的关系，只有两者共同发生作用才能保证翻译的文化传播功能及世界各种文化之间的平等交流。

二、国内对翻译异质性的讨论

20 世纪 80 年代以来国内的翻译研究主要表现为外来译论与传统评论的碰撞和结合，在梳理传统译论的同时，也引进了很多的西方译论。近十年来，国内翻译界对归化、异化翻译理论的讨论非常热烈，主要集中在几个方面：主张异化理论、支持归化翻译、中立派和探讨归化、异化策略背后的殖民背景、翻译的变形，等等。

大多数中国翻译学者支持韦努蒂（Venuti）的异化翻译主张。孙致礼通过分析我国 19 世纪末到 20 世纪这一个多世纪的文学翻译，预测了 21 世纪文学翻译的走向，提出“中国的文学翻译：从归化趋向异化”的论断。孟志刚则认为归化是现阶段的折中，而异化是发展的必然。刘重德也指出翻译中出现欧化现象理所当然。

韦努蒂（Venuti）过于政治化的翻译倾向也遭到了一些国内学者的质疑。贺显斌从几个方面对异化理论的不足之处提出了较为全面的见解，他认为韦努蒂的理论证据忽视了非西方语言的英译；将翻译策略和社会文化效应混为一谈；异化理论局限于强势文化，不适应于经济和文化处于弱势地位的国家的翻译；对翻译贸易的解释也不够确切；20 世纪 90 年代中后期对语言学译论的批评过于偏激。蔡平则代表归化派，提出翻译方法应以归化为主。翻译的目的是为了让本国读者通过本国文字了解他国文化。所以译文在绝大多数情况下要符合译语规范，这样才能让译文读者理解，从而达到翻译的目的。因此，在文学翻译中，归化法将始终处于主导地位。

也有部分学者对归化和异化策略的运用持一种辩证的看法。郭建中从作者的意图、文本的类型、翻译的目的和读者的要求这四个可变因素来考虑归化和异化，认为它们均有其存在和应用的价值。许钧和高方提出在翻译活动中，面对“异”与“同”之间的矛盾，文化立场的表达，翻译文本的文化构建和异化与归化这两种翻译策略的取舍，构成了翻译主题必须考虑的重要因素。林克难在探讨外国翻译理论的适应性问题时，批评了国内译界把这对术语等同于直译和意译，他指出：这对术语是在后殖民的大背景下创造出来的，“归化”有明显的强势文化对弱势文化的侵吞、剥夺的含义，“异化”则含有抵抗这种侵吞、剥夺的意思，而且涉及的翻译主要是从弱势文化语言向强势文化语言的转换。葛校琴则系统地讨论了归化、异化策略提出的后殖民视阈，批评国内的研究认识基础仍然停留在传统翻译研究的语言论范畴。

对翻译异质性的讨论并非局限于归化、异化翻译，还涉及其他方面，这些讨论为异质性翻译研究提供了有益的补充，观点主要集中在翻译的变形和接受理论。

异化翻译的一个直接结果就是翻译变形，这种变形既是客观存在的，也是审美的需要。肖辉认为翻译的性质决定了译者在翻译时必须要受到两种不同语言所带来的冲突，所以，翻译首先是两种语言矛盾和冲突妥协的结果。王东风从意识形态的角度对此进行了分析，提出文学翻译中的文体变形是由于在译者和作者之间存在着意识冲突。方开瑞也指出由于意识形态因素的干扰，小说翻译中会出现各种人物形象变形的问题。至于接受理论，又被称作接受美学，是 20 世纪 60 年代出现的一种文艺美学思潮。通过对以往的文艺理论的考察与反思，认为读者是文学活动的主体，读者对文化差异的接受是一个从文化碰撞到理解到接受的动态过程，正是由于这个动态的接受过程，译者的异化翻译才有存在的条件和可能。在国内的译界，很多学者也尝试运用接受理论指导翻译实践。谢华将它与广告语言翻译相结合，主张广告翻译过程中应视读者为主体，把握其能动性和接受性，使广告语言翻译保持其固有的文化特征；陶友兰从接受理论角度对中诗英译进行了探讨，说明怎样才能更好地克服文化差异，最大限度地减少诗歌翻译中的文化亏损；还有的学者从接受理论的角度探讨了中国医学翻译中的文化传达、电影片名的翻译等问题。但是，也有学者认为，虽然接受理论为翻译批评提供了一个更为开放的视角，值得重视和借鉴，但是如果全盘接受，把文学翻译仅仅看成一种译者主体行为，势必导致唯心主义而陷入理论的谬误，最终使文学翻译批评丧失应有的科学性、权威性和导向性。

三、翻译异质性对教学的启示

不同民族间在价值观念、宗教信仰、民情风俗、历史背景、地理条件、生活经验等方面存在的巨大差异，不仅在语言打上了深深的烙印，而且为语言间的互译带来了重重困难。因此，对于翻译教学而言，目的并非在于教会学生进行简单的文字转换，而在于帮助他们掌握一定的翻译规律和技巧，具备一定的文化素养，形成正确的翻译思维，从而实现语言间“保真”转换。

（一）加强学生母语文化素养

恩格斯曾说：“只有将母语同其他语言对比时，你才能真正地懂得所学的语言。”深厚的母语文化功底会增加学生语言学习的安全感，并大大提高他们对外国语的理解力。在翻译过程中，学生总会以母语为参照对另一种语言进行理解与比对。对母语文化深刻的理解，也会帮助学生对文化差异形成一个系统的、理性的认识，进而实现两种语言之间的真正交流。

（二）增加学生文化信息量的摄入

传统的教学模式让学生习惯于被动地接受相关的文化知识，而没有饱含热情地主动涉猎一些有关西方的政治经济制度、文化历史、民风民俗、典故传奇等方面的信息，结果就造成了翻译教学成了无米之炊、无源之水。而学生也只有在翻译演练的时候才意识到捉襟见肘的事实。为此，教师可以利用合适的翻译素材，激发学生对未知文化现象进行探究的热情，再辅以必要的指导，对学生进行文化信息的收集、整理工作给予肯定。此外，教师应鼓励学生充分利用互联网上的资源，扩大文化信息的涉猎面，同时实现信息共享。

（三）改进翻译教学模式

改变以往“一言堂”的教学局面，提倡“以学习者为中心”的翻译教学，这就意味着在课堂教学中要充分考虑到学习者的主观能动性、创造性和互动性。教师可以利用多媒体教学手段，或者利用新闻报道、电影、音乐等音像资料，以学生感兴趣的流行文化为切入点，把西方国家的生动文化带入教室，让学生切身感受到中西文化差异，从而增进他们对文化差异的敏锐性，并作用于实际的翻译学习中，实现语言间的顺畅转换。

第四节 教学案例研究

案例一：《爱玛》中的“For she is as impatient as the black gentleman when anything”刘重德和孙致礼分别给出不同的译文，刘重德译为“她便急得像热锅上的蚂蚁啊”。而孙致礼则译为“她就像魔鬼一样性急”。西方人经常用“the black gentleman”来指称魔鬼。刘重德先生于20世纪40年代开始翻译《爱玛》，在那个年代，人们对于西方文化知之甚微，如果将“the black gentleman”直接译为“黑色绅士”，译文晦涩难懂，会给译文读者带来理解上的困难。所以，他借鉴了中国谚语“急得像热锅上的蚂蚁”来表达相似的含义。而孙致礼在21世纪初开始翻译《爱玛》时，随着中外文化交流的深入和发展，人们汲取西方文化的愿望更加强烈。因此，孙致礼先生直接将“the black gentleman”译为“魔鬼”，更能满足读者的文化需求。

案例二：艾略特的《J. 阿尔弗瑞德·普鲁弗洛克地情歌》正文开头写道：Let us go then, you and I, When the evening is spread out against the sky/ Like the patient etherized upon a table; Let us go, through certain half-deserted street, The muttering retreats /Of restless nights in one-night cheap hotels /And sawdust restaurants with oyster-shells. 按照“信”即“忠实”的翻译标准，如果从形式上到内容上都采用直译策略，原诗大致可以译为：“让我们走吧，你和我，当夜色蔓延到天际，像一个病人麻醉在桌上，让我们走，穿过某些半是空寂的街道，嘀咕消退，在不安宁的‘一夜’便宜旅馆以及锯屑和牡蛎壳的餐馆。”相对于原诗，以上译文从形式上达到了“忠实”，但是从内容和意象表达上距“达”和“雅”的标准相差甚远。在这首诗歌中，艾略特全篇用第一人称描写了主人公阿尔弗瑞德在黄昏时分，穿过冷清寂寥的街道去参加宴会的过程。阿尔弗瑞德是位有理想有追求的男青年，内心敏感，对冷漠的工业化城市深感不适，但无力挣脱，只能痛苦无奈的忍受现实。原诗中“When the evening is spread out against the sky /Like the patient etherized upon a table”是典型的比喻句，作者将暮色中的天空比喻为躺在手术台上被麻醉了的病人，气息奄奄，毫无生机。查良铮的相应译文为“正当朝天空慢慢铺展着黄昏 / 好似病人麻醉在手术桌上”。他采用不符合汉语常规的表达句式，看似晦涩生硬，实则“译中有作”“亦译亦作”，这种特殊的不合常规汉语的表达方式恰好暗喻了黄昏中的天空犹如被病魔侵蚀的病人，孤独，冷清，扭曲，与艾略特原诗中的现代主义气息相呼应。这种翻译策略正是译者在翻译标准制约下，发挥译者的主观能动性，使译者身份得到了彰显。

案例三：在《饥饿的中国》第二首第二节中，“渐渐地他来到你我之间，爱，/ 善良从无法把他拒绝，”（Gradually he is coming between us, my dear,/For good nature can never hold his steps.）查良铮的译文并没有将“爱”直接译为“love”，而是译为“my dear”，而“my dear”是西方浪漫主义诗歌常用的称呼。原诗中的“我们的漂泊和孤独”，其中“漂泊”“孤独”是两个并列名词，他将“漂泊”译为形容词“floating”，孤独译为抽象名词“helplessness”，这种词类转译和抽象译法摒弃了字字对应的直译原则，用词具有强烈的主观色彩，语言朴素自然，想象夸张丰富，将译文读者带到艾略特抽象的现代主义中去，体现了查良铮对艾略特现代主义诗歌的借鉴，这正是译者主体性和创造性的“显形”。

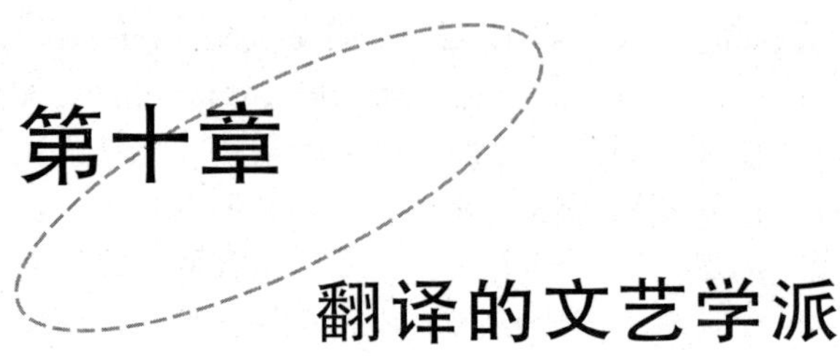

第十章 翻译的文艺学派

文艺学派翻译理论家认为翻译是一种文学艺术，翻译的再现是一种再创造。他们除了不断讨论直译和意译、死译与活译的利弊外，对翻译的目的和效果也进行了分析。他们强调尊重译入语文化，避免死译，讲究译文的风格和文学性，要求译者具有文学天赋和修辞上的才华。20 世纪的翻译的文艺学派主要代表人物有庞德、克里斯蒂娃。

第一节 庞德的诗歌翻译

一. 意象派与诗歌翻译

埃兹拉 · 庞德 (Ezra Pound)，诗人、批评家、翻译理论家、翻译家，20 世纪西方现代文学的主要奠基者，意象派诗歌运动的发起人，西方现代诗歌改革巨匠。他一生成功地翻译了许多中国古典诗歌、南欧、普罗旺斯的抒情歌谣以及盎格鲁 · 撒克逊时期的古英语诗歌。在诗歌翻译理论上，他提出了许多新颖独特的观点，这些观点对西方翻译理论产生了深远的影响。

1909 年至 1917 年间，一些英美诗人发起意象派运动，并付诸文学探索。所谓意象就是感觉中的具体对象，用庞德的话来说，即“理性和情感的复合体”。它着力于捕捉客观事物及其引起的主观感受，将两种结合起来以形成意象。意象派遵循的主张是，诗人应该以鲜明、准确、含蓄和高度凝练的意象，生动形象地展现事物，并将诗人瞬间的思想感情溶化在诗行中。同时，以诗人的情思为灵魂，用情绪串接意象，使意象渗透诗人的思想感情。它的特点是：含蓄凝练，形象鲜明，诗情藏而不露，文字简洁，通顺上口，并富有流畅的音乐美。

具体来说，庞德的意象派的观点是：(1) 创作中要使用意象，要写得具体、确切，避免抽象；(2) 形式上要创造新的节奏，以表达新的诗情；(3) 要写得精练简洁、凝缩，不用多余的字，尽量不用修饰语；(4) 要写得明晰、清楚，不用含糊、含混的字；(5) 使用通俗的语言，用词准确；(6) 诗歌体裁既可以用自由诗，也可用其他诗体。

庞德在诗歌翻译中也力图实践自己的意象派著作，即翻译时深入作者的内心深处，注重细节，突出意象，而不是逐句逐行翻译原诗。正由于此原因，他大胆地删改了原文，而采用一种"阐释性的翻译方法"。这样原文的字面意义有时被改得面目全非，尽管如此，庞德追求的是重塑造意象，传递两种语言的互文意义。于是，在一定程度上，庞德的翻译被人看做是一种创作，而不是翻译，或者说是翻译与创作相结合。庞德掀起意象运动的主要目的是出于对 19 世纪后期以来西方诗歌创作的不满，龙其是反对其抽象的说教、冗赘的语言、陈腐的题材。意象派的诗人们努力用浓缩凝练的意象来传递诗人的感受和情感。在他们寻寻觅觅的时候，中国古典诗歌的出现，对他们来说无疑是发现了一座丰富的宝藏。1913 年，庞德在英国伦敦遇到了前美国波士顿博物馆馆长欧内斯特·费诺罗莎的遗孀玛丽·费诺罗莎。费诺罗莎对东方文化有很深的造诣，早年曾在日本悉心研究东方文学艺术，师从日本学者贺永雄和森槐南学习中国古典诗歌。费氏去世前留下了 150 多首研习中国诗歌的手稿，其中有屈原的《渔夫》《离骚》和《九歌》，宋玉的《风骚》，白居易的《琵琶行》等原文和注释，包括逐字翻译的译文。马丽·费诺罗莎希望这些初译的手稿能够使真正研究中国文学的人感兴趣。与庞德的相遇，使她意识到庞德就是中国文化的知音。后来，她将丈夫的这些手稿赠给了庞德。宝刀赠英雄，庞德慧眼识珠，根据这些手稿翻译了蜚声中外的《神州集》，其中有诗经 1 首、古乐府 2 首李白 12 首，王维、王昌龄、卢照邻及陶渊明各 1 首。这些诗歌的主题内容大多反映了战乱和离愁。例如，《诗经·小雅·采薇》、李白的《古风·胡关绕风沙》和《古风·代马不思越》描写了战争的血腥和边关的荒凉。这无疑在经历过第一次世界大战的西方人心目中引起了强烈的共鸣。现在，这批手稿存放在美国耶鲁大学善本馆。

1920 年，庞德整理出版了费诺罗莎的《论汉字作为诗歌的一种媒介》。在其长达 40 余年的翻译生涯中，庞德的《神州集》是最有影响的一部译作。而这部译作与《论汉字作为诗歌的一种媒介》的关系密不可分。最主要的关联在于：庞德在解释他之所以翻译中国诗歌的原因中说过，其一是汉字具有栩栩如生的呈现特点；其二是中国古典诗歌很少带有说教和评论的性质；其三是汉语诗歌质朴和直接；而这正是意象派诗歌所孜孜以求的。从费诺罗莎的手稿中，庞德学会了两种技巧，一是解字法（无论是正确的或说错误的结果），二是基本的汉语句法和诗歌知识，三是将中国诗歌中的"直接表达法"应用于创作。著名作家艾略特更称庞德是"中国诗歌的发明者"。作为一名诗人翻译家，庞德的这种"发明"，一方面体现了他在翻译中不拘泥于传统的大胆独创，另一方面，从传统意义上的翻译来看，正是由于此，庞德的译文被有些人认为是漏洞百出，错误连篇。但是，庞德的作品不是给一般的普通读者看的，而是一种有意识的"误读"，以突出意象效果。

在诗歌创作中，庞德十分重视意象的使用。他曾说过："一生与其写书万卷，不如只呈现一个意象。"庞德的许多诗歌只是以一个意象写成，或者翻译出来。庞德最著名的作品，要属单一意象名作《在地铁站内》

In a Station of the Metro
The apparition of these faces in the crowed
Petals on a wet, black bough
在地铁车站
这几张脸在人群中幻景般闪现
湿液液的黑树枝上花数点
(飞白译)

《在地铁站内》是一首单一意象诗，全诗仅两行、14 个字。它是庞德根据在巴黎的地铁站的印象写成的。在协和广场的地铁站内，庞德眼前闪过一张张美丽如花的脸。这些脸在他眼前反复出现，直到最后他们逐渐变成了一片片彩色印花色底。此时，他产生了一个念头，要作出一幅纯粹表现色彩的斑斑点点的非写实主义的画，但他不会作画，只能以诗代之。诗的两行互相依存。apparition(幻象、幽灵)，使人们联想到来来往往的乘客的一张张脸。第二行的 petal((花舞)则传递了美的信息。这一信息由于有深色而又带湿气的树枝的反衬，而变得突出鲜明了，同时也给人以模糊重叠之感，意境也就更丰满了。以湿润的果色树枝上挂着的花瓣，来比喻他眼前所闪现的一张张脸，反映出诗人丰富的想象力。

反复研读这首诗歌，不难发现中国诗歌对庞德所产生的影响。从这首诗歌中，中国读者仿佛读到了唐人白居易《长恨歌》里的诗句"玉容寂寞泪阑干，梨花一枝春带雨"，或者读到日本式的俳句。俳句是日本的一种古典短诗，由 17 字音组成。它源于日本的连歌及俳谐两种诗歌形式。芭蕉俳句作品《古池》烘托的是这样一种意象：

原文：古池や蛙飛び込む水の音

译文：古池塘呀，青娃跳入水声响

古池、青蛙、水声、古老而静谧的池塘，一只青蛙跃起，跳入水中，激起涟漪，扑通一声响，令人回味无穷，简单的意象表示出生命的律动，清寂幽玄的意境和天人合一的生命绽放。这就是庞德梦寐以求的诗歌意象。这首诗与中国诗歌"蝉噪林愈静，鸟鸣山更幽"有一种互文联想。如果说人们还怀疑庞德的译诗能否产生这种互文联想，那么，汉武帝的《落叶意曲》被庞德改译成《刘彻》后，被称为美国诗史上的杰作，其互文联想则显面易见：

Liu Ch'e
Ezra Pound
The rustling of the silk is discontinued,
Dust drifts over the court-yard,

There is no sound of foot-fall, and the leaves
Scurry into heaps and lie still,
And she the rejoicer of the heart is beneath them:
A wet leaf that clings to the threshold.

《落叶哀蝉曲》原诗

罗袂兮无声，
玉墀兮尘生，
虚房冷而寂寞
落叶依于重扃。
望彼美之女兮，
安得感余心之未宁。

庞德译作《刘彻》

丝绸的窸已不复闻，
尘土在宫院里飘飞，
听不到脚步声，而树叶
卷成堆，静止不动
她，我心中的乐，长眠在下面：
一张潮湿的叶子粘在门上。

“一张潮湿的叶子枯在门上”中的意象叠加手法，成了美国诗史上意象主义典范，它与庞德的《在地铁站内》“ Petals on a wet black bough”又何其相似乃尔！从内容上来看，庞德的《刘彻》中的最后一句与其说是翻译，不如说是再创造。汉武帝思念李夫人，由秋风落叶哀蝉引起，在庞德眼里，美女已成为“粘在门上的潮湿的叶子”！意象之强烈，让人过目不忘。庞德对于中国诗歌的解读是一流的，他寻找的不是语言对应的外文，而是语言的表现力、加上其节奏、声音和形式，从汉字的符号中发现创造力和能量。庞德的异化翻译法是一种突出古典风格、突出意象的方法。例如，在翻译《怨歌行》时，为了突出意象，庞德把翟理士 (H. Giles)《中国文学史》中翻译的10 行英文译文浓缩为 3 行：

A Fan Piece，To Her Lord

0 fan of while silk

Clear as frost on the grass blade
You are also laid aside

扇，致陛下

哦，白绸的扇子，
洁白如草叶上的霜。
你也被搁在一边。

这种翻译是一种创造性的译或重构，主要突出“洁白的丝绸做成的扇子”和“草上的白霜”两个意象，将它们与“你”的境遇相比。其意象之如生，胜过翟理士10行的译文。虽然许多信息失去了，但凄、哀怨的意象却传递给了读者。

研究中西比较诗学，尤其是研究当代翻译理论，庞德是一道绕不过去的坎。笔者认为，当代学者们之所以选择研究度德，主要基于两点：(1) 为什么西方现代文学的大家对中国诗歌意象如此感兴趣，从而引发了现代诗学的一场运动？(2) 在当今世界唯西方马首是瞻，为什么一位外国学者对中国文化如此痴情？尝试性的答案主要有：庞德透过汉字构成的“六法”即指事、象形、形声、会意、转注、假借造字法的经典解释，“进入”到汉字的生成历史内部，“发现”了“指事”和“象形”的视觉特征和图画性缩写特征，从而引发了现代诗歌的一场革命。不仅如此，庞德一生钟情于中国传统文化，他先后翻译了《大学》《中庸》《诗经》，并将中国文化的精渗透到他的诗歌创作中。在其创作的（诗章）的扉页上，庞德用汉字“诚”表达了他对中国文化的向往。在庞德看来，经过两次世界大战浩劫的西方，其拯救的希望在东方。文艺复兴正是由于当时的学者们翻译了古希腊作品，而西方现代文学的复苏在于对中国古典文学的翻译、难怪《诗章》中的翻译内容的主题占了大部分。以至子有人称《诗章》为“翻译的史诗”。

作为一名翻译家，庞德认为英美现代主义文学的引擎是翻译，而翻译的精华是借鉴东方诗歌中生动的意象。从庞德翻译的数量和题响来看，他的意象主义之所以成功，确实来自于他对中国诗歌的翻译和改造。

二. 阐释性翻译方法

1915年庞德出版了《神州行》的译文。在这部不太长的诗集里，庞德主要选译了费诺罗莎笔记中若干首诗歌，其中中国诗歌占14首，庞德最崇拜的中国唐代诗人李白的诗就占了11首。盎格鲁·撒克逊诗歌《航海者》也被选译，以作比较之意。庞德认为中国古典诗歌与盎格鲁·撒克逊诗歌有异曲同工之妙。

在庞德之前，大多数译者在译中国诗歌时，一般会按照严格的音步和格律来翻译，庞德的翻译体现较大的自由度。其翻译中的用词和意象充分体现了意象主义的诗学主张。这些译作能否被人们看作译作，学者们仍然聚讼纷纭。庞德本人的中文毕竟不太好，对原文的添加删改成为一些人责难的借口。尽管如比，忠实毕竟不是庞德实验性翻译的最终目的。其终极目的在于，重新思考英语诗歌的本质，用古老的东方文本来作为其诗学的试验场，同时，为第一次世界大战的西方编织一曲挽歌。就是为什么《神州集》中有关战争场面的诗歌选译的比较多。

总的来说，庞德的翻译遵循了一个总的翻译原则，这就是翻译时打乱句式，重塑原文，将之改写成一首英语风格的诗歌。运用这一原则的特点主要在于，翻译时译者有充分的创造性，或者用事努蒂的话来说，是一种“阐释性翻译法”。

庞德把翻译看成是一种自主性的，“自主性”以两种形式出现：

（1）所翻译的文本是“阐释性”的，或者伴随原文的翻译评论或批评鉴赏，让读者直接在译文中读到原文的独特语言特点。翻译在一定程度上是对原文的评鉴，而这种“评鉴”应是对原文的内容以及形式有选择性的翻译，译作可以附在原文的旁边，让读者从指辞的节奏等方面来欣赏原文的韵味。

（2）译文可能是一种“原文创作”，译入语文化主导着对原文的改写标准，译文是基于原文的基础之上，译者以自己的语言风格及时代的需要进行创作。他认为，这样做译文与原文的关系并没有消失，而是在目的语中重新表现出来。这样的译文像一首新诗，但它又不是创作，在原文和译文之间存在一种藕断丝连的关系，其新颖性和创造性只不过是上了一个面罩面已。庞德提出的自主性翻译理论，实际上就是强调了译者在翻译过程中的主体作用。在翻译过程中，译者发现原文的闪光之处，然后与自己的感情相结合，向读者再现原文的风貌。

以广义的角度来看，翻译家选择翻译什么实际上就是一种评论方式。把翻译看作是一种文学批评形式，在英国译理论家兼批评家马休·阿诺德和约翰·德莱顿的翻译理论中也提到过。维多利亚时代的翻译家把翻译作为批评的标准：(1) 以诗译诗是一种意译，通过翻译进行的批评就不能脱离原诗的意义；(2) 通过翻译所作的批评应具有原诗的特征；(3) 译诗应重现原诗总体的效果。在这三条标准中，庞德赞成第三条，即译诗应重现原诗总体的效果。庞德在译中强调突出原作的某些特征，这也是一种批评效果。翻译中的增删做法，都是基于对原诗的理解的基础上的。下面让我们看看庞德是怎样阐释性翻译被东晋诗人谢玄誉为《诗经》中最华彩的部分《小雅·采薇》的：

SONG OF THE BOWMAN OF SHU
Here we are, picking the first fern-shoots
And saying: When shall we get back to our country?
Here we are because we have the Ken-nin for our foemen,
We have no comfort because of these Mongols.
We grub the soft fern-shoots,
When anyone says “Return” the others are full of sorrow.
Sorrowful minds, sorrow is strong, we are hungry and thirsty.

Our defense is not yet made sure , no one can let his friend return.
We grub the old fern-stalks.
We say. Will we be let to go back in October?
There is no case in royal affairs, we have no comfort.
Our sorrow is bitter, but we would not return to our country.
What flower has come into blossom?
Whose chariot? The General’s
Horses, his horses even, are tired. They were strong.
We have no rest, three battles a month.
By heaven, his horses are tired.
The generals are on them, the soldiers are by them.
The horses are well trained, the generals have ivory arrows and quivers ornamented with fish-skin.
The enemy is swift, we must be careful.
When we set out, the willows were drooping with spring,
We come back in the snow,
We go slowly, we are hungry and thirsty
Our mind is full of sorrow, who will know of our grief?

采薇采薇，薇亦柔止。曰归曰归，心亦忧止。
忧心烈烈，載饥载渴。我成未定，靡使归聘！
采薇采薇，薇亦刚止。曰归曰归，岁亦阳止。
王事靡盬，不遑启用。忧心孔疚，我行不来！
彼尔维何？维常之华。彼路斯何？君子之车。
戎车既驾，四牡业业。岂敢定居？一月三捷！
驾彼四牡，四性騤騤。君子所依，小人所腓
昔我往矣，杨柳依依；今我来思，雨雪霏霏。
行道迟迟，载渴载饥。我心伤悲，莫知我哀！

《诗经》中的《小雅·采薇》写的是士兵出征之苦，原文从采薇菜落笔，使人感觉戍边的老兵犹如路边不起眼的薇菜，随着季节的变换由嫩而变老，在战争的年月里无人关心他的死活。战争带给人心灵上的创伤之深，于此可见。读采薇诗，虽经千年，而老兵痛苦郁闷之状如在眼前，其穿透时空之能量撞击人心。庞德翻译的“采薇”是典型的庞德风格，即加入自己的理解和发挥，在译文形式上与原文不仅不一致，而且连主题风格也有变化。原诗措辞、句式、修辞严谨，庞德将它翻译成民歌形式，《诗经》的形式标记在词语层面表现为叠字、重言、双声、叠韵，比如“依依、霏霏、迟迟、载饥载渴”，等等。在句子层面表现为四字格为主，言简意赅，音韵和谐，节奏齐整，加之迭音手法，使诗歌首首有韵，有一唱三叹之感，而庞德打破汉语诗歌的音律节奏，吃透整首诗后用记的方式予以再现。

理雅各的译文基本上是散文体，每个诗节的行数与原诗基本保持一致。但是，同庞德相比，理雅各的译文比庞德的要忠实于原文。庞德自由式的发挥，套用了英语民族的诗歌形式，将原文的诗行的两行翻译成一行，虽然与原文有一定的距离，但给人的印象是译者行云流水般的创作。原文中的“玁狁”一会儿翻译成“Kin-nin”，一会儿又翻译成“ Mongols”。标题“The Song of Bowman of Shu”旨趣离原文不远，符合英美读者的口味。很显然，庞德的阐释翻译法加入了他个人作为一名诗人的主体性和创造性。叶维廉先生认为，庞德在自己的翻译中很少考虑与原文对等，而是有一种“内在的思想形式”，也就是一种独特的心理意识，同时也是原文诗人的一种奔腾不息的思绪、心境，捕捉如电影蒙太奇般的意象。此外，就理解而言，译者是一种有意识的理解，而不是随波逐流式的无意识。在庞德的理解中，他试图发掘出原诗人的心境。译者最终的选择在译文中反映的是译者不同的心理意识形态。在后来的《经典诗选》中，庞德又试图将《采薇》翻译成英国文学中的民谣，可见其心路的成熟过程。比较一下理雅各的译文：

Let us gather the thorn-ferns, let us gather the thorn-ferns;
The thorn-ferns are now springing up.
When shall we return? When shall we return?
It will be late in the [next] year.
Wife and husband will be separated,
Because of the Xian-yun
We shall have no leisure to rest,
Because of the Xian-yun

Let us gather the thorn-ferns, let us gather the thorn-ferns:
The thorn-ferns are now tender.
When shall we return? When shall we retum?
Our hearts are sorrowful;
Our hearts are sad and sorrowful;
We shall hunger, we shall thirst
While our service on guard is not finished
We can send no one home to enquire about our families,

Let us gather the thorn-ferns, let us gather the thorn-ferns;
The thorn-ferns are now hard
When shall we return? When shall we return?
The year will be in the tenth month.
But the king's business must not be slackly performed,
We shall have no leisure to rest
Our sorrowing hearts are in great distress;
But we shall not return from our expedition.

What is that so gorgeous?
It is the flowers of the cherry tree.
What carriage is that?
It is the carriage of our general.
His war carriage is yoked;
The four steeds are strong.
Dare we remain inactive? In one month we shall have three victories.

The four steeds are yoked
The four steeds, eager and strong;
The confidence of the general,
The protection of the men.
The four steeds move regularly, like wings;
There are the bow with its ivory ends, and the seal-skin quiver.
Shall we not daily warn one another?
The business of the Xian-yun is very urgent.

At first, when we set out,
The willows were fresh and green;
Now, when we shall be returning,
The snow will be falling in clouds.
Long and tedious will be our marching;
We shall hunger; we shall thirst.
Our hearts are wounded with grief,
And no one knows our sadness.

理雅各的译文基本上放弃了韵律，而庞德的译诗音韵有一定的规律和节奏，在意义和音韵这两个方面，庞德有意识地牺牲意义（同时创造新的意义），而保留音韵。

庞德的这种闻释翻译法将译者从意义对意义、节奏对节奏、的律对韵律的束缚中解放出来。他的翻译方法有意识地作出选择，以再现原诗的某些特征。这种解释法翻译的结果是一种神似的译文，在形式上允许连行，译文注重具体意象，避免抽象，译文符合英语诗歌风格和韵味。

庞德阐释性翻译的思想在于：诗人从原文中获取灵感，进行再加工后，就一定能译出好诗。这种翻译不再是计算音节和寻找意义的对等，而是表现诗人翻译家对原诗多方面的洞察力，然后作出选择，决定在译作中表现原诗的某些特征，体现自己对原诗的批评和审美。

庞德提出的诗歌翻译的阐释性观点，就是主张用现代的观点来看待过去，用现代的语言来翻译古典诗歌语言。他的观点对 20 世纪西方诗歌翻译产生了巨大的影响。在庞德眼里，阐释性的翻译方法将翻译与创作有机地结合起来，翻译即是创作。翻译一首诗歌，就是创作一首新的诗歌。这一观点可从两个方面来看。首先，庞德把过去看作是参与变革的、活生生的因素。他之所以选择诗歌翻译，是因为他认为外国诗具有当代诗歌中所缺乏的，而又急需的古典诗歌的因素。其次，庞德认为，翻译一首古诗并不是为了完全再现古诗，而是用现代的观点来看待一首古诗。做到“古为今用”“革新鼎旧”，用庞德的话来说就是“更新”。这种更新也是“洋为西用”。这种阐释性的翻译可以说是介于拟作和意译之间。译者用现代的观点来看待过去，用 20 世纪诗人的经验和观念来重释过去的诗歌，使之“苟日新，日日新，又日新”。这样庞德的翻译成为一种不间断的革新，或者说翻译是文学创作的一种形式。这种诗歌翻译法开辟了在直译和意译之外的新途径一一闻释性的翻译，这是庞德对西方文学翻译的最大贡献。

这种阐释性的翻译法，通过原文文本呈显的是外国文化的差异，凸显了原文的异质性。所不同的是庞德采用的是归化法，在归化中体现了原文的最感性。在占主导性英美文化中选择一种被排斥的边缘文学来翻译，这本身就是一种对西方强权的反叛。后来，后殖民译理论观充分利用庞德的翻译观，为边缘文化摇旗呐喊，由此可见庞德对 20 世纪后期的影响。

三．拆字、拆句法

庞德的翻译理论不仅有阐释性的意译，而且也有直译。其直译方法细分可以分为下列三种：（1）“脱体”与“浓缩”；（2）拆译法；（3）仿古翻译法三种方法。

（1）“脱体”和“浓缩”：为了简练的意象，庞德在翻译中不使用原文的动词或连接词，去掉宾主、逻辑、因果和时间等关系词语，直接突出意象。这种翻译方法可以称为极端的直译法。例如，庞德把李白的“惊沙乱海日”翻译成“ Surprised. Desert turmoil. Sea Sun”；把“荒城空大漠”译成“ Desolate castle，the sky，the wild desert”，可以说是极端的直译，这是一种完全不顾原文句法和英语句法的脱体翻译，既分割了主语，又表述了一连串混合的意象，在视觉上产生错置。在翻译《诗章》第

49 章“日出而作，日入而息；凿井而饮，耕田而食，帝力于我有何哉？”庞德的译文是：Sun up to work/Sun down, rest/Dig well, drink of the water/Dig field ,eat of the gain/Imperial power，and to us what it is? 他翻译的脱体译文与洋泾浜英语非常相似。这种极端的直译，从传统的角度看，并不流畅，但是彰显了艺术个性和创新。

浓缩的翻译法像汉语原文一样，翻译时不加 be 动词、连接词、时态等，与汉语的句法保持一致，如：

Floating clouds, a wanderer's mood,　浮云游子意，
Setting sun, an old friend's feeling.　落日故人情。

这两句译文与汉语原文几乎在句式及意象上达到完全契合的程度。甚至连连接词“like”也没有用。正是这种浓缩将原文的含蓄表现得恰到好处。

再如，李白 (庞德按日语发音译为 Rihaku) 的《送孟浩然之广陵》，庞德的译文是：

Separation on the River Kiang

Ko-jin goes west from Ko-kaku-ro,
The smoke-flowers are blurred over the river.
His lone sail blots the far sky,
And now I see only the river, the Long Kiang, reaching heaven.

李白的这首诗体现了中国诗歌情景交融、借景抒情的特色。原诗中的“烟花”“孤帆”“远影”及“长江”给我们描绘了送友人的情景，诗人融情于景，抒发了送别的惆怅和依依不舍之情。而庞德的译文体现了一种彻底的直译，“故人”和“黄鹤楼”分别按照日语读音被译为“Ko-jin”和“Ko-kaku-ro”；“长江”被译为“River Kiang”；“烟花”译为 smoke- flowers，被烟雾笼罩的花朵；“碧空尽”则是像被一团墨汁弄模糊的污点。此外，第一句 Ko-jin goes west from Ko-kaku-ro，英文意义刚好弄反了，本意是从黄鹤楼往东到扬州去，而庞德的英文是“自黄鹤楼往西去”，那就是逆水而上了。庞德纵然诗才无敌，但其对汉语的掌握比起理雅各、威利等汉学家还是稍逊风骚。

总的来说，庞德虽然没有运用押韵的形式去对应原文，但他对原诗进行了解释，从整体上看，他把握了李白当时的情感，译文也能让读者体会到离别的悲伤。例如 smoke 一词虽然没有译出暮春时节扬州烟花之意，但还是巧妙地为西方读者隐喻了一幅生动的山水画，通真地绘出了一幅海天合一、空旷妻凉的送友人的场景。由于过分的直译，译文虽然在整体意义上与原文有些出入，但原文所体现的情感没有改变。所以我们读译作的时候，感觉就像在读一首新诗。这种极端的直译所产生的作品，与

其说是译作，不如说是一种具有独立意义的新作品。在直译原则的指导下，译者可以在创作的过程中有意地增加一种变形的艺术效果。这些需要保留的元素，就是庞德反复在意象主义中提倡的诗歌“不可毁的部分”，即诗歌中最本质的元素。

（2）拆译法（包括拆句和拆字）：庞德酷爱中国古文化，对汉语的象形文字非常感兴趣，因为在中国古典诗歌当中，意象比比皆是，这与他冥思苦想的意象概念不谋而合。中国诗歌通过汉字的媒介，仿佛如一张画、一件雕塑般生动地呈现在人们眼前。汉字的象似性，通过庞德细腻的观察力和丰富的想象力，在译文中被重新组合。一方面，不拘泥原文的自由意译和拆解可以再现原诗的神韵，另一方面，亦步亦趋地描画、解构汉字会意偏旁部首的含义，也给英诗带来前所未有的新鲜感。

庞德是中国古代文化的狂热痴迷者，在他眼里，象形表意的汉字充满意象，是其取之不竭的灵感源泉。其拆字解字的技术也令人叹为观止！例如：

《登金陵凤凰台》

李白

凤凰台上凤凰游，凤去台空江自流。
吴宫花草埋幽径，晋代衣冠成古丘。
三山半落青天外，二水中分白鹭洲。
总为浮云能蔽日，长安不见使人愁。

庞德的译文是

The City of Choan
The phoenix are at play on their terrace
The phoenix are gone, the river flows on alone.
Flowers and grass
Cover over the dark path
where lay the dynastic house of the Go.
The bright cloths and caps of Shin
Are now the base of old hills.
The Three Mountains fall through the far heaven,
The isle of White Heron
splits the two streams apart
Now the high clouds cover the sun
And I cannot see Choan afar
And I am sad

(Ezra Pound's Cathay, No. 13)

这首诗的译法值得注意的是：首先，该诗中的“花草”“衣冠”“白鹭洲”“浮云”的意象在译文中予以一一呈现。其次，庞德将原诗诗句分成若干个较小的语义单位，如“吴宫花草埋幽径，晋代衣冠成古丘”分解为：

Flowers and grass
Cover over the dark path
where lay the dynastic house of the Go.
The bright cloths and bright caps of Shin
Are now the base of old hills.

庞德翻译后独立的诗行，将意象单元平列，省略了其间的关联成分。整首诗如一个拆散开来的部件，形成了一行行新诗佳句，给人以弦外之音和视觉冲击。但用“the dynastic house of the Go”来翻译“吴宫”叫人有点费解。

庞德拆字的例子不胜枚举。《论语 · 公治长》里有一句：“道不行乘桴浮于海，从我者其由与！”子路闻之喜，子曰：“由也好勇过我，无所取材。”这句话的意思是说，孔子周游列国宣扬自己的思想，经过一系列的实践活动、到处碰壁，认识到通过入仕治世的途径，德治仁政的理想难以实现，便非常感叹地说：“我的道理如果行不通，就坐个大木筏，漂洋过海，跟随我的大概只有仲由吧。”子路听了很高兴，孔子见状又感慨地说，“仲由啊，你的勇敢精神超过了我，但是哪里有做那样木筏的材料呢。”庞德理解“无所取材”的“材”字，就是一棵树分开，加半棵树！《论语》中的“学而时习之。不亦乐乎”，庞德把“习”字的繁体字“習”，拆解为上面一个羽，下面一个白，全句直译为“Study with the seasons winging past, is not like this pleasant？”他完全生活在自己的拆字世界里，虽然望文生义，背着不忠实的名声，但是，庞德翻译中善于捕捉灵光一现的诗意，这是一般译者无法企及的。在翻译《诗经 · 周颂》中的“维天之命，与穆不已”时，庞德在“维”中看出丝的弹性，在“穆”中看出了“禾谷”和“白光”，于是乎分解翻译为“上天的命意能伸能张，在光中，在谷物中，无穷无尽”。虽然译文与原文相悖，却别有一番滋味。如“東”字是“太阳在树后”，“法”字是由“水、土、人”组成，被翻译为天、人、地写下法律，并不在它们的自然颜色之外，表示道家的道法自然；“莫”字是“莫无人，太阳落进了人的身体”；庞德看到的“新”字则是“一把举起的斧头正去秋一棵树”。

对于汉字，中国人是“久居兰室，已不闻其香”，拆字充其量被看成是一种文字游戏而已。但在庞德的手里，经过翻译后，却成为一种对视觉和意象的追求，其独特魅力让其沉醉其中，欲罢不能。无论如何，他山之朴石在庞德手里，被翻译、雕刻成一块闪光的玉石。这种追求具象感的结果是，欧美 20 世纪具象诗曾流行一时，无疑是受到庞德翻译实践的影响。

（3）仿古翻译法。庞德无论是翻译安格鲁 · 撒克逊古诗，还是翻译中世纪作品，甚至在翻译中国古典诗歌时，经常采用仿古翻译法。其主要做法是在译文中保留大量的含有古风古韵的词汇。

庞德翻译的第一首诗是 13 世纪意大利诗人古依多 · 卡瓦康蒂的《卡瓦康蒂之歌》。

庞德在翻译完这首诗歌后，根据自己的翻译感想写了一篇论述翻译的文章，题名为“古依多的关系”。面对维多利亚时代的“无生气的英语”，庞德试图逃脱其紧身衣的束缚，用一种古风语言应用于翻译实践。英国自维多利亚时代以来，诗人刻意追求华丽的辞藻，讲究机械呆板的形式，诗歌的意象陈腐不堪，诗坛日益走向衰落。庞德在诗歌翻译中主张，要摆脱这种语言，否则，译文就会“俗不可耐”。庞德提出，要创作属于自己的语言，就意味着译者在翻译时应创造出属于自己风格的语言，不能受了无生机的英语所羁绊，译文要有自己的特色。在词汇上，他尽量使用“前伊丽莎白”时期的英语。在这一方面，庞德推崇诗人罗塞蒂 (Dante G. Rossetti) 的古风翻译法，并从中吸取源泉，以突出不同的异质语言和文化氛围。

四、诗歌翻译标准

在庞德所写的论著中，有许多地方都涉及翻译理论。翻译或创作，在庞德看来只不过是运用不同语言来传逆意象，打上不同民族文化烙印的媒介。他的目的就是致力于西方现代主义诗歌事业的创建。与一般翻译家不同的是，庞德是个有心人。他不仅尝试各种各样的翻译方法，而且还善于从实践中总结翻译经验。

在《政论文》中，庞德总结了诗歌翻译的三条标准：（1）音乐性（2）视觉性（3）直接意义和双关。庞德总结的三种诗学特性，与刘勰《文心雕龙·情采》中所论述的“形文、声文和情文”极其相似。译“形”和“声”易，而译“情”难。

首先，音乐性是指词汇的形式充满音乐特性，这种音乐性只有具有鉴赏眼光的人才能懂。音乐性很难翻译，全靠神来之笔。在庞德看来，一个本土人很难从译文中欣赏到外国诗歌的音乐性。视觉性可以完全不受损失地翻译，语言意象的创造就是证明。中西诗歌意象契合甚多，或者可以创造性地移植。视觉意象是庞德诗学的关键所在，因此，在翻译中他竭尽所能予以全部翻译，甚至增加原文中没有的意象。直接意义和双关则几乎不可译因为直接意义和双关必须受历史性、地点色彩和意识形态的局限。语汇中智力的闪现只能通过释义翻译，只有身临其境才能把握其个中滋味。

纵观庞德的翻译实践，他是将视觉性摆在第一位的，他在翻译中创造的大量的鲜明意象，寓意深远，令人叹为观止。其次，庞德非常注重诗歌翻译的音乐性。诗歌之美在一定程度上体现在音的之美，例如：《古诗十八首》中的《青青河畔草》的头四句诗：

青青河畔草，郁郁园中柳。
盈盈楼上女，皎皎当窗牖。

庞德的翻译是：

The Beautiful Toilet

Blue, blue is the grass about the river

And the willows have overfilled the close garden
And within, the mistress, in the midmost of her youth
White, white of face, hesitates, passing the door

译者可以运用“blue，blue”和“white， white”的头韵的和重复节奏去对等原诗的“青青”和“皎皎”，达到了忠实原文的效果。诗歌，尤其是中国古典诗歌，区别其他文学体裁的显著区别之一，就是诗歌的语言有节奏性和的律性。庞德在翻译理论中特别强调音韵的和节奏的重要性，甚至认为一首好诗没有了节奏就是一个空壳。诗歌翻译只有在音韵与节奏上达到与原文的对等，才能保留原诗的韵味，只有这样才能达到形式的对等，最终达到直正的对等。

众所周知，庞德的诗歌翻译出现了很多误译，华裔美国学者方若彤对《神州集》中出现的误译进行过详细分析。无论如何，这些误译有些要归结到他的语言能力的局限，有些误译是他创造性阐释的发挥，有些误译是“无心插柳”式的翻译，带来的一种意外的惊喜。这种不拘一格的翻译方法，我们暂且称之为翻译的破格，因为它打破了惯常的思维方式，以诗人天马行空、异想天开的方式，驰骋在诗歌翻译的疆域，给人一种“真名士乃自风流”的感觉。庞德对诗歌翻译的直觉、审美的眼光在古今中外的诗歌翻译家中极其字见。

在20世纪，庞德不仅再现了希腊、普罗旺斯、意大利诗歌的神的，更重要的是，他发明了中国语言文化的魅力。这一发明，是他通过翻译才得以呈现的。庞德开创了一代诗风，同时也开创了一种全新的翻译实践，探索了诗歌翻译的不同表现方式和翻译的不同潜能。就这一点而言，庞德是无法超越的。

第二节
克里斯蒂娃的互文性理论与翻译

一、互文性理论的提出

朱丽亚·克里斯蒂娃(Julia Kristeva)，是法国籍保加利亚人、文学批评家、哲学家、小说家、心理学家和女性主义者。自1966年起就开始在法国求学，从此生活在巴黎。她的研究领域涉及语言学、符号学、文学、女性主义、精神分析学、马克思主义等诸多领域，并提出了“解析符号学”“互文性”“卑下”等许多原创性术语。其提出的“互文性”理论在西方登堂入室，一度成为研究的重镇，以至20世纪的西方翻译理论也深受克里斯蒂娃互文性理论的影响。

受索绪尔结构主义的影响，克里斯蒂娃提出了“互文性”的文学概念的起始目的是，用它来取代索绪尔所指的符号学和巴赫金的对话理论或“众声喧哗”。互文性是指影响其他文本意义的文本，也可以指作者对前文本的借用和转换、或者在阅读时指涉其他文本。克里斯娃试图用它来替代“主体性”，即文本的意义不是直接从作者传向读者，而是通过作者文本中的“代码”渗透给读者，自 1966 年克里斯带娃提出此概念以来，互文性在人文科学大行其道，以至文学翻译研究也离不开互文性的概念。后现代文学批评似乎更离不开这个术语，有人认为，这个术语用得太泛，既可以指文本之内的互涉、也可以指文本之间的指涉，有人认为它可以指“超文本”，有人甚至认为斯坦贝克的《伊甸园之东》是《圣经旧约》中的互文，《尤利西斯》是古希腊作品《奥德赛》的互文。

二、翻译理论与互文理论

西方翻译理论家梅森 · 哈蒂姆 (Basil Hatim) 认为，克里斯蒂娃提出广义互文性是翻译所有文本时理解的先决条件。它包括作为符号学整体的甲文本对其他文本的依赖。其他文本作为一个预先独立存在的文本，可能与甲文本发生联系产生影响。互文指涉可分为三类：第一类是存在于文本之内的互文关系；第二类是存在于不同文本之间的关系；第三类是通过滑稽模仿提出相反观点的反互文性指涉。有人用横向互文和纵向互文来区别不同的互文类型，横向互文指的是同一媒介平面上的指涉，而纵向互文指的是不同平面如电影与书籍之间的指涉。无论如何，克里斯带姓的互文可以从文内的暗指到文本结构、风格、主题及式样的相互关联。西方文学批评中，通常从《圣经》古希腊、古罗马中的经典作品中寻找互文，《圣经》解释中涉及的互文情况比比皆是，而中国传统文艺学中习惯从《诗经》、唐诗、宋词等典籍作品中发现用典、暗示的互文或套用。因此，互文既可以指不同文本类型之间的互文，也可以指翻译时两种语言之间的契合，甚至可以指同一语言内的用典及借鉴。

克里斯蒂娃在《符号学》和《诗歌语言革命》中用互文性、现象文本、生成文本等术语说明文本间相互补充和交流。她认为互文性既包括文本之间空间的组合关系，又包括此时文本与彼时文本在时间上的聚合关系，它体现空间与时间，历时与共时的统一。她说：“任何语音链都具有一种发送源，它使身体与其生物学的和社会的历史相联系，任何文学史、美学或风格学，如果它们仍限于彼此分割的状态的话，都是不可想象的。”这样，所谓互文性，就是指文本是由它以前的文本的遗迹造，或记忆形成的。克里斯蒂娃指出，每个文本的外形都是马赛克般的引文拼嵌起来的图案，每个文本都是对其他文本的吸收转化。但“互文本”决不能被误解为摘抄、剪贴或仿效的编辑过程。而是说，从文本网络中抽出语义部分总是超越此文本即指向先前文本，用隐喻来说，互文本就是将原有文字刮去后再度使用的羊皮纸，在新墨痕的字里行间还能瞥见先前文本未擦净的痕迹。

克里斯蒂娃的互文理论不仅在西方文学翻译中反响巨大，而且在翻译实践中也被证明是一种十分有益的理论。中西文学中的互文转换不胜枚举，关键是需要审美的契合眼光。由于诗歌在不同民族中总被看成可以涵盖一切文艺样式审美本质的、最高的艺术审美形式，而给予重视，因此，诗歌翻译中的互文也成为翻译研究关注的焦点。诚然，这是由于诗歌本身的特点决定的：诗歌中的节奏、韵律、意象、原型等艺术符码充满张力和多义性。而每一诗歌文本都由若干不同系统（语音、字词、意象、格律、用典、模仿）交叉而成，它们不断组合，冲突和破裂，组成互文性的多义，如此循环以至无穷，每一次互文的指涉都使文本的意义更加丰富而多义，寓意更为深远。如果说“美即寓意”，那么，诗歌文本就是高度浓缩、多义、变化和复合的寓意，因而是美的文本系统。怎样翻译、传递这种互文的美，是任何译家不可回避的命题。克里斯蒂娃的互文性理论，从思路上激发了译者和翻译研究的想象空间。

总的来说，互文性涉及的内容很多，作者在文中暗指的互文，译者是否能够辨别，并是否能够在译文中再现出来，取决于诸多因素。首先，有着共同文化传统的西方语言之间，互文翻译相对容易，这种难度要比中西之间的互文转换困难要小一些。如果文化差异较大，译者也可以决定是否需要翻译互文，或者用解释和脚注的方法补偿。译者也可以根据情况采取替代、借用或相近的表达方式来翻译互文。作为译者，他必须随时随地能捕捉到这些互文联系，然后以恰到好处的手段予以移译。毫无疑问，中西之间由于两种语言和文化鸿沟巨大，如何在翻译中再现互文性是文学翻译的一个难题。下面让我们来将诗歌翻译置于克里斯蒂娃的互文性理论背景下进行具体考察，重点是探索诗歌中互文性的音韵、意象和意向性的翻译，以及译者在翻译这类互文时应该采取的最佳翻译策略。

三、文学翻译中音韵的互文

音韵的互文主要指在诗歌翻译中用同样能唤起联想的语音，到达一种声音等值的效果。也可以指在修辞上用类似的翻译手段再现原文的音韵之美。诗歌的声韵与节奏体现了诗歌的音乐节奏与语言节奏。例如莎士比亚的名句：

To be / or not /to be. / that is / the ques- /tion

是用轻重五步格，第五步多一音，第一步、第三步的重音仍同时是长音，在读第二、第四音两音步都较长，但英文诗并不十分计较这种长短的分别。第四步的语气的重音应在第一音 (that)，而音步的重音却落在第二音 (is)。如果严格地依音律谈，is 应由轻音变为重音。本来轻而要变重，音调也须由低提高，这种以字音分步的办法通常叫做音组制。近代英文诗有放弃“音组制”而改用“重音制”的倾向。尽管如此，音美是诗歌特性的使然。黑格尔说：“诗则绝对要有音节或音韵，因为音节和韵是诗的原始的唯一的愉快感官的芬芳气息，甚至比所说富于意象的辞藻还重要”。黑格尔把诗的声律置于辞藻之上，还是从诗的美学特征着眼的。既然诗歌和音乐关系如此密切，那么译者在译诗的时候在做到不因音害义的前提下，应努力用声音去呈现诗歌的“芬芳气息”。诗歌的“芬芳气息”可以随着互文性的“缕缕春风”，吹遍其他文本。

读者都熟悉李清照那首著名的《声声慢》开头七组叠字的运用：“寻寻觅觅，冷冷清清，凄凄惨惨戚戚……”我们无需仔细琢磨这七组叠字的语义，只是从它们语音的组合中，就能感受到一种孤苦悲凉的情味。这七组叠音词由七个均等的音步造成一种缓慢的节奏，用可以轻长发音的平声字“寻寻”起音，并和声调略高但发音短促的“觅觅”构成一个音群，通过“觅觅”的发音在声调高处形成一种自然的停顿，然后用“冷冷清清”在略高的音调上经过过渡接着便连用了三组发音绵长但音调渐次降低，且不能响亮发出的叠音词。这样的语音组合，实在有如压抑不住的哽咽抽泣，犹如茫然无依的低回叹息，吟诵之间，不知不觉间被带入那种“怎一个愁字了得”的凄苦。让我们看看不同译家从互文角度的处理：

原文：寻寻觅觅，冷冷清清，凄凄惨惨戚戚。（李清照）
So dim， so dark， so dense， so dull， so damp， so dank， so dead!（林语堂）
I look for what I miss: I know not what it is
I feel so sad， so drear， so lonely， without cheer.（许渊冲译）
Seeking, seeking, chilly and quiet,
Desolate， painful and miserable、（杨宪益、戴乃选译）
I have a sense of something missing I must seek
Everything about me looks dismal and bleak（徐忠杰译）

在这四种译文里，所有译者都试图再现原诗的音韵，林语堂以七个“so”后面接上七个形容词来传递原诗的叠音词，如此契合和和谐，末尾加上一个“感叹号”，令人震撼，感叹其鬼斧神工；同理，许渊冲的译文也用了三个“so”，加上“miss，is，sad”中的s音来表述凄惨之情；徐忠杰的两句译文也用了六个s音，以及用英文seek与bleak押韵，来翻译萧瑟之氛围；相比较杨宪益的翻译只是译意，缺乏克里斯蒂娃所强调的声音的互文联想。

循着克里斯蒂娃的互文方式，让我们从语音角度来解读俄罗斯诗人丘特切夫《沉默》的互文译文。我们也许能从互文性语音层面上，品味到译文传递出的一些特殊意味。

沉默吧，隐匿你的感情，/ 让你的梦想深深地躲藏，/ 就让它们在心灵深处，/ 冉冉升起，又徐徐降落，/ 默默无言的夜空的星座。/ 观賞它们吧，爱抚，而沉默。

（飞白译）

飞白的译文选用的多是如“沉默”“默默”“沉处”等音色相对比较黯淡的圆唇元音字，以及不太容易响亮发声的舌面音或層齿音，韵脚用的也多是声音短促的去声，以显得迂缓而节奏沉重，给人一种深沉而又有些压抑，苍凉的感受。飞白先生译文中的拟声效果词的使用，无疑受到了中国传统诗的影响。

事实上，英语中通过拟声效果词的使用以达到特殊的艺术效果的场合不少。如运用元音、辅音l、m和n暗示平和与宁静。

The long day wanes; the slow moon climbs the deep
Moans round with many voices

—Ulysses

漫长白昼将逝；月亮缓缓升空；
大海呻吟，回声不绝。

—《尤利西斯》

浪漫派诗人威廉·布莱克虽较少工于技巧，但仍留下了下例佳句：

For the gentle wind does mo
Silently, invisibly.

因那轻柔的风儿吹动
无声无息，无形无影……

其中有众多的辅音 l、f，v，听起来十分宁静。而在布莱克下面的诗句中辅音 b、r 的重复听起来如汩汩泉涌：

But a pebble of the brook
Warbled out these meters meet
可是溪流中一颗卵石，
声唱出相和的歌词。

阿尔弗雷德·丁尼生的《溪流》在用韵上可与布莱克相媲美。作为一位更有意识的艺术家和拟声法大师，丁尼生对布莱克的诗可以说是稔知于知，他的 b、r 音的使用，无处不能找到布莱克诗歌的互文声音：

I chatter over stony ways
In little sharps and trebles
I bubble into eddying bays
I babble on the pebbles
我在石路上侃侃闲谈，
声音又尖又细，
我汩汩流入退潮的河湾，
哗哗抚弄着卵石。

语内互文既能构成一种阅读联想，又可以从解释学角度看成是一种语内翻译：理解即是翻译。读者无须用夸张的语调朗诵这首诗，溪水潺潺的美妙之音会不绝于耳。

作为一名译者，首先应对诗歌的拟声效果充分了解。其次应充分掌握在很大程度上取决于前后文文本和其他并置的指涉声音，在翻译过程中力图达到悲怆、平和、徐缓、欢快的声音效果，通过联想、文本互涉音韵之美，不仅可以倾听到“大弦嘈嘈如急雨，小弦切切如私语”，而且可听到“高山流水觅知音”的天籁之歌，这一切构成了译诗的有机整体。作为译者一定要从“大音希声”中去发现艺术作品中的弦外之音，从“希声”的空白中，去解读“韵外之致”的互文性音乐暗示，并再现这种无声之美。如前所述的白居易的《琵琶行》中诗句的几行有两种译文：

大弦曹嘈如急雨，小弦切切如私语；
嘈嘈切切错杂弹，大珠小珠落玉盘。

美国人宾纳 (Witter Bynner) 译：

The large strings hummed like rain,
The small-whispered like a secret,
Hummed, whispered—and then were intermingled
Like a pouring of large and small pearls into a plate of jade.

许渊冲译：

The thick strings loud thrummed like the petering rain;
The fine strings softly tinkled in a murmur strain.
When mingling loud and soft notes were together played,
You heard large and small pearls cascade on plate of jade

“大弦嘈嘈如急雨”，既用“嘈嘈”这个叠字词幕声，又用“如急雨”使它形象化，“小弦切切如私语”亦然。“错杂弹”再现了“如急雨”“如私语”两种旋律的交错出现，令人耳不暇接，余音袅袅。两译家都较好地传递了原诗音韵之美。相比之下，许译通过用 m 音表厚重，用 s 头韵法表达轻盈更胜一等。

由上观之，克里斯蒂娃提出的互文理论，除了声音节奏和押的美外，还具有较强的表现意义或表现功能。此刻，声音和意义的功能连接在一起了。作为一名译者，翻译声音的互文联想也是其主要职责。

四、意象翻译的互文性

意象是中西文学作品中的画龙点睛之处，翻译好意象可以达到事半功倍的效果。在不同语言中建立对等的意象，需要译者有深厚的文学功底和广博的阅读经验。事实证明，在两种语言之间建立大致对等的文学意象是可能的。这就是克里斯蒂娃互文性在翻译实践中的应用。译者不仅要熟练掌握两种语言、文学和文化，而且还要对文学的象征意义有所感悟。

著名文学理论家韦勒克在《文学理论》中认为："诗歌语言充满了意象"。他还在第十五章中讲到"意象、隐喻、象征、神话"四个概念，他认为："意象是一个既属于心理学，又属于文学研究的题目。在心理学中，意象一词表示有关过去的感受上、知觉上的经验在心中的重现或回忆。"其实，意象是通过语句构图的能力，是语句中的关键词汇。不同于象征的模糊特点，意象通常是生动清晰的。读者读到意象会产生联想，会联想到它所指本身、也会联想到这个物象在生活中所起的作用和特殊意义。不同的文化意象根据不同的读者、译者的感觉和经验，会诱发不同的审美联想。

事实上，中西诗歌中的互文暗示、隐喻随处可见，翻译和阅读这些经典诗歌需要十分强的互文性鉴赏力。同时，互文性的使用也给诗歌翻译提供了新的源头活水和灵感。易言之，新颖和新意就来自于这种互文的创建。马致远的"枯藤老树"写的是乡村的荒凉，艾略特虽写的是都市的荒凉，但两首诗却在最后用上带感情的字眼；晏殊的"昨夜西风凋碧树，独上高楼，望尽天涯路"和秦观的"可堪孤馆闭春寒，杜鹃声里斜阳存"情景十分相似。语际和语内的各种互文的翻译和解读需要译者有较强的文字和文学功底。作为译者须有深厚的文化积累才能理解这些互文用典，同时译者须明白这些深奥的典故对当代读者来说意味着什么，并且有权决定这些典故是否是诗歌背景不可分割的一部分，或者从目的语中寻找新的替代。由于意象具有隐喻的意义、它必然具有独立的互文性指涉意义，只不过有的意象已经象征化了。但现代诗歌的指涉是多义的，因为它们在不同情境中反复出现，而寓意朦，译者需要费心琢磨才行。因此，互文性有双重特点。一方面，它唤起对先前已经存在的文本的重要性，强调文本是开放的，它之所以有意义是因为它与其他文本发生关联。一提及互文，译者马上想到先前文本对它的影响。另一方面，互文又意味着对文化话语空间的参与，即它不仅是考虑先前文本的因素，而是考虑到以文化为背景的话语实践，已经阅读过的置名文本的引文无从追寻，如简单的暗指和回忆。这种联系和联想是重复先前文本的某些因素，而不直接使用其意义。这种意象的隐喻性、多义性及朦性是诗歌张力的体现。在翻译中如果将一部作品置于多重符号系统中，所表达的不确定性则越来越彰显。

在中国传统诗歌创作中，诗人常常化用前人诗句。如欧阳修的"绿杨楼外出秋千"，出自冯延巳的"柳外秋千出画墙"，而冯氏诗句又出自王维的"秋千竟出垂杨里"。对于这种"化用"的方法，也可适用英汉诗歌的互译。如莎士比亚的名剧《麦克佩斯）中说：Now sorrows strike heaven on the face，翻译毛泽东诗词"天兵怒气冲霄汉"时，不妨"化用"。而莎士比亚名剧《奥赛罗》中有一句：The chidden billow seems to pelt the clouds，也可以用互文指涉来翻译"白浪滔天"。英国诗人拜伦（Byron）的名诗"When We Two Parted"中的诗句：

When we two parted

In silence and tears
Half broken-hearted
To sever for years.
记当时我俩分手
相对无言时垂泪
得分开多少年头
真令人心儿欲碎

（曹明伦译）

如果用此词翻译毛泽东《咏梅》词中的“风雨送春归”就可产生风格上的互文特点。还可以套用隋代无名氏的“柳条折尽花飞尽，借问行人归不归”，来传递这种情感。英国诗人雪莱（Shelley）的《西风颂》中有“wild west wind”；《云雀颂》中有“the sunken sun”，翻译《娄山关》中的“西风烈”和“残阳如血”时，作为互文性的种种契合，可能更好地传递原词的“意美”，从而达到意象与意境天偶佳成。

再如“旧时王谢堂前燕”这中的“堂前”有译家译为 painted eaves(替代 Bynner 的 great homes)，使人窥见了 Samuel Taylor Coleridge 的《古舟子咏》中的互文性诗句: a painted shipon a painted ocean。翻译中互文性的“化用”需要译者的灵感、艺术顿悟与再创造。正如后结构主义大师罗兰·巴特指出的那样，原文作者已死，的确，译者的每一次翻译和重构都融入了译者全新的互文性感受。

五、互文性与意向性

众所周知，克里斯蒂娃的互文性翻译不是一个机械的过程，互文本也不是一个凌乱的、东拼西凑的大杂烩式的文本的结合。互文也不只是简单的引文和指涉运用，诗歌的互文翻译，也绝不只是消极地将目的语的指涉替代原语的指涉。为达到某种文本功能和交际目的，互文性具有极强的意向性和意指作用。在克里斯蒂娃看来，意指总是异质性和开放性的，它既有符号的物质性反抗，又具备象征的稳态。克里斯带娃的意指既是一个有待填充的空间，又是符号解释者的解释意图。在沉默与空无之间，解释者或译者发挥创造性的余地就大了。

“意向性”是表示意识活动与意识对象之间必然的、结构性关系的概念。这一概念最早出现在中世纪哲学典籍之中，哲学家布伦塔诺使用这一概念来说明心理学研究对象和物理学研究对象的区别：意识会“指向”某物的活动而保持自身的完整性与自主性。胡塞尔通过对意向活动的分析来确定意识对象，即通过意识的显现过程来说明现象。因此，意向性的理论主要是对意向活动的分析。意义是不同文化、不同年龄层次、不同教育水平的各种人类心理活动共同指向的对象。这种指向对于目的语的读者来说包含语用层面上的意义。

怎样准确界定原文作者的意向性？怎样在译者的选择与原作者之间建立一种关联？在翻译过程中，正是意向性的不可捉摸之处与互文性中隐喻的使用，使具有多层意义的诗歌话语变得扑朔迷离。毫无疑问，作为诗歌翻译的译者应极大限度地传递其诗学多义性，但哪一种意向是作者本来的意向？哪一种意向是文本本身的意向？需要译者根据上下文的语境及功能来决定。让我们来通过具体实例来讨论：

Counsel to Girls

Gather ye rosebud while you may
Old Time is still a-flying;
And this same flower
 that smiles today
Tomorrow will be dying.

(Robert Herrick)

趁早吧，快采那玫瑰花苞，
时间老人永在飞翔；
同一朵花儿今天还在微笑，
明天就要枯萎死亡。

（何功杰译）

有位译者将这首诗翻译成格律诗，译诗如下：

花开堪折直须折，韵花飞逝如过翼，
今天繁英楼上笑，明朝坠地空陈迹。

不难看出，英文原诗与金昌绪的《春怨》在意境上有相似之处，而且译者本人也悟到这种相似之处才挥笔而就的。但是，在这里笔者不得不指出，从形式讲格律诗上看，并不符合原诗作者的意向和目的语读者的意向，从风格上讲押韵的使用也不符合17世纪英诗当时的风尚；况且用“花开堪折直须折”直接套用乔治赫伯特的“ Gather ye rosebud while you may”出于目的语理解是可行的，但并不是忠实于原诗的意向性。这里我们也可以看看另一种译文：

可以采花的时机，别错过，
时光老人在飞驰；
今天还在微笑的花朵
明天就会枯死

（屠岸译）

通过比较这三种译文，读者不难看出从风格、形式及炼字三个方面何功杰先生传递了原诗的意向性，从而避免了互文性信息不适当的传递。

克里斯蒂娃的互文性具有开放性、联想性和异质性，在互文性的意向中，译者可展开互文性联想，由于缺乏语境的制约，译者张开思绪的翅膀在自由联想的意义中徜徉，互文性产生的多重意义怎样保持翻译意义的连贯？作为诗歌翻译的译者，首先，应把握诗歌语言模式中语序包含的主次意义；其次，诗歌文本之外的互文性联想的特殊表达，应与本首诗内的文本联想保持一致；再次，尽管有时互文性的意向性朦胧不可捉摸，但将其置放于整个民族的文化、文学传统之中加以考虑，其诗歌意向就会豁然贯通，豁然开朗。

在充分理解克里斯蒂娃互文理论的基础上，真正合格的诗歌译者应更好地把握文本意义与指涉意义，内涵与外延意义，从而做到“人乎其内，出乎其外”，让两种语言的互文意义真正做到水乳交融，互通有无。

克里斯蒂娃的互文性理论、符号学理论博大精深，恰似一个具有诱惑力的迷宫，不同的翻译理论者只有耐心寻觅，才能在其丰富的理论宝库中各取所需，发现宝藏。

第三节 教学案例研究

案例一：庞德翻译的《长干行》运用阐释性的翻译方法，创造出一种近似英美诗歌的风格，不少英美诗歌选集不是将它作为译文，而是作为创作的诗歌而选中它：

《长干行》

李白

妾发初覆额，折花门前剧。
郎骑竹马来，绕床弄青梅。
同居长干里，两小无嫌猜。
十四为君妇，羞颜未尝开。
低头向暗壁，千唤不一回。
十五始展眉，愿同尘与灰。
常存抱柱信，岂上望夫台。
十六君远行，瞿塘滟预堆。
五月不可触，猿鸣天上哀。
门前迟行迹，一一生绿苔。
苔深不能扫，落叶秋风早。
入月蝴蝶来，双飞西园草。
感此伤妾心，坐愁红颜老。
早晚下三巴，预将书报家。
相迎不道远，直至长风沙。

The River Merchants Wife: A Letter
by Ezra Found
While my hair was still cut straight across my forehead
I played about the front gate, pulling flowers.
You came by on bamboo stilts, playing horse,
You walked about my seat, playing with blue plums.
And we went on living in the village of Chokan:
Two small people, without dislike or suspicion.

At fourteen I married my lord you
I never laughed, being bashful.
Lowering my head, I looked at the wall.
Called to. a thousand times, I never looked back.

At fifteen I stopped scowling
I desired my dust to be mingled with yours
For ever and for ever and for ever.
Why should I clime the look out?

At sixteen you departed
You went into far Ku-to-yen, by the river of swirling eddies,
And you have been gone five months,
The monkeys make sorrowful noise overhead.

You dragged your feet when you went o
By the gate now, the moss Is grown, the different mosses,
Too deep to clear them away!
The leaves fall early this autumn,in wind.
The paired butterflies are already yellow with August
Over the grassin the West garden;

They hurt me. I grow older
If you are coming down through the narrows of the river Kiang,
Please let me know beforehand,
And I will come out to meet you,
As far as Cho-fu-Sa.

李白的《长干行》以一个女子的口吻，写她对外出经商丈夫的思念之情，叙述了两人儿时青梅竹马、两小无猜的时光，以及后来的离别之情。经过庞德的翻译，这首诗改头换面，被西方评论家费为20世纪最美的诗篇之一。庞德的翻译从细节到意象较好地反映了原文的风格。但是，这首诗任意阐释的尺度太大，有失之毫厘、谬以千里之感，批评家见仁见智。《长干行》属六朝乐府杂曲歌辞，“长干”即长干里，今南京秦淮河南的一条里巷，此名仍存，诗的标题被翻译成了《河商之妻：一封家书》；“妾发初覆额”中的“覆额”，英文与原文表示刘海刚刚覆盖前额的意思有一定的距离：“郎骑竹马来”中的“竹马”变成了“高跷” bamboo stilts；“弄青”翻译成 playing with plums，“青梅”是没有成熟的梅子，不是“蓝色的梅子”(虽然有些诗意却不忠实)“长干里”和下文的 Ku- to-yen(瞿塘滟)，Cho-uSa(长风沙，地名，在徽安庆市东的长江边上)都使用音译，可能是为了突出一种异国情调：“两小无猜”的翻译虽然颇为传神，但“两小”的翻译不太符合英文习惯表达法；“君”译为 lord you 是一种同化的发挥；“始展眉”翻译为 stopped scowling(不再忧郁)，在技巧上是正说反译。“愿同尘与灰”译为 I desired my dust to be mingled with yours，有西方人所说的“从尘土中来到尘土中去”的含义，又与元人书画大家赵孟頫的妻子管道升的《我侬词》中的“把一块泥，捻一个你，塑一个我，将咱两个一齐打碎，用水调和；再捻一个你，再塑一个我。我泥中有你，你泥中有我；我与你生同一个衾，死同一个椁”意境非常相似：“常存抱柱信，岂上望夫台”，“抱柱信”来自《庄子 · 盗跖》“尾生与女子期于梁下，女子不来，水至不去，抱梁柱而死”，庞德用三个“ for ever”简化之；“望夫台”在湖北及江苏等地都有，指丈夫久出不归，妻子登高眺望，而庞德的“望夫台”大大淡化了这些传统文化的含义；“五月不可触”翻译成 you have been gone five months((你出门已经有五个月了)，是创造性的误译，原文的含义是五月份的季节瞿塘峡江水汹涌，船只已看不清楚了；“门前退行迹，一一生绿苔”说的是“门前那些你缓步离去的足印，日子久了一个个都长满青苔”，而庞德翻译为 By the gate now， the moss is grown，(译文指的是门前已长满青苔，而实际上是丈夫留下的脚印里已长满青苔)“八月蝴蝶来，双飞西园草”

The paired butterflies are already yellow with August 中的“paired butterflies”让人想起了梁祝， yellow with 一词的使用也充满了诗意：“感此伤妾心，坐愁红颜老”They hurt me. I grow older 的含义是“此情此景怎不叫我伤心痛绝，终日忧愁太甚，红颜自然早衰”，简练传神，颇具创造性。“三巴”指的是巴东、巴西、巴郡，而庞德用 the narrows of the river Kiang，“长江中的狭窄地带”予以归化。李白的《长干行》全诗形象完整明丽，活泼动人，缠绵婉转。语言朴实，音节和谐。格调清新隽永，是诗歌艺术的上品，庞德的译文感情细腻，尽管句式长短不一，音韵不固定，但具有较好的音乐感。在英语世界里，读到该译文的人都将它看做是庞德的创作，而不是翻译。因而，庞德的翻译是以变形的李白的面貌出现在西方的，翻译中加上自己的阐释、创造，当然，还有下意识的误译。但其语言是现代语言，风格是质朴和清新的。《诺顿美国文学集》收入了这首诗，“全书收的都是英文创作，只有这一首是译作，可见这首中文英译诗已被视为英文创作作品了”。这种翻译方法实际上是中国诗歌的“创意英译”。

案例二：庞德 1912 年由意大利语翻译的《卡瓦康蒂之歌》的英文译文是：

Who is she coming, drawing all men's gaze
Who makes the air one trembling clarity
Till none can speak but each sighs piteously
Where she leads Love adown her trodden ways？

Ah God！ The thins she's like when her glance strays，
Let Amor tell. 'Tis no fit speech for me.
Mistress she seems of such great modesty
That every other woman were called “Wrath”.
No one could ever tell the charm she hath
For all the noble powers bend toward her
She being beauty's godhead manifest.
Our darling ne'er before held such high quest；
But ye! There is not in you so much grace
That can understand her rightfully.

译文：

是她到来了吗？吸引了所有男人的眼球，
她的倩影使空气颤动，阳光更加明媚。
所有的男人都张口结舌，不停地叹息，
她牵引着爱，顺着爱神之道走去。
啊，上帝！她醉眼迷离顾盼流萤的模样
匀人魂魄，只有爱能诉说。
可人儿如此迷人温顺，
万千粉黛都仿佛是“河东狮吼”。
无人能消受她妖艳的魅力，
王公贵族们都拜倒在她的石榴裙下，
她是美的化身，是沉鱼落雁的佳丽。
男人爱恋的目光从来没有赤裸大胆，
她从来没给你机会来博得她的欢心，
来欣赏她的美丽，她的无瑕白璧！
（刘军平译）

在英文译文中，庞德承袭了罗塞蒂的仿古译法，运用了许多古词如“adown”，“godhead”“quest”，来再现中世纪浪漫派诗歌的风格。这样的翻译风格在后期翻译卡娃康蒂诗歌中，更是发挥到极致，不但在句法上仿古，而且在拼写上也是如此，例如用“makying，clearnesse”等英语词汇，去表现13世纪意大利语诗歌的特点，当代英美读者读起庞德的译文仿佛读到的是14世纪或15世纪的作品，有一种陌生感。这种带实验性质的翻译方法给20世纪后期的翻译理论家们以极大的启迪和灵感。

同理，在翻译中国古典诗歌时，庞德也屡试不爽地运用古风、古语来翻译。例如，卢照邻的《长安古意》中有这样几行：

梁家画阁中天起，汉帝金茎云外直。
楼前相望不相知，陌上相逢讵相识？

庞德译为：

Riu’s house stands out on the sky
With glitter of color
As Butei of Kan had made the high golden lotus
To gather his dews
Before it another house which I do not know;
How shall we know all the friends
Whom we meet on strange roadways?

案例三：

作为译者，需要对原文作者、作品、读者进行解读，同时也要将文本内的互文性传递给目的语的读者。首先，最主要的当然是对文本互文性的意象内涵的理解。如“雨”这个意象，在中国诗人笔下呈现出不同的面貌、折射出不同于其他民族诗人的主体情绪。在中国，尤其是中国的南方，每年四五月份正是梅雨季节，绵绵不断、不紧不慢的雨丝给人带来了无穷的惆怅。雨中离别，雨中思念，成为中国古典诗歌中的程式化意象或“套语”，并一直影响到现代诗中：

我徂东山，滔滔不归，
我来自东，零雨其濛。
《诗经 · 东山》

寒雨连江夜入吴，平明送客楚山孤。
（王昌龄）

君问归期未有期，巴山夜雨涨秋池。
（李商隐）
撑着油纸伞

独自彷徨在悠长、悠长又寂寥的雨巷。
我希望逢着一个
丁香一样地结着愁怨的姑娘。
（戴望舒）

显然，“雨”作为意象，在上引诗中已非文字意义上的一种由“云中降落的液体水滴”。而是一种表示特定情绪和意味的艺术符号。这样，自然物象或超自然物象在诗人笔下，不再是其自然品性的如实呈现，而被赋予了特定的品格和意义。这方面最典型的原始意象还可举出梅、兰、菊、竹和蝉等。在互文性中，这些意象被千百次重复锤炼，而形成千年不变的“意象套语”。故在中国古典诗歌中，“车”总是“辚辚”地响，“马”常常“萧萧”地鸣，“雪”净是“霏霏”地下，“杨柳”一概“依依”地垂。

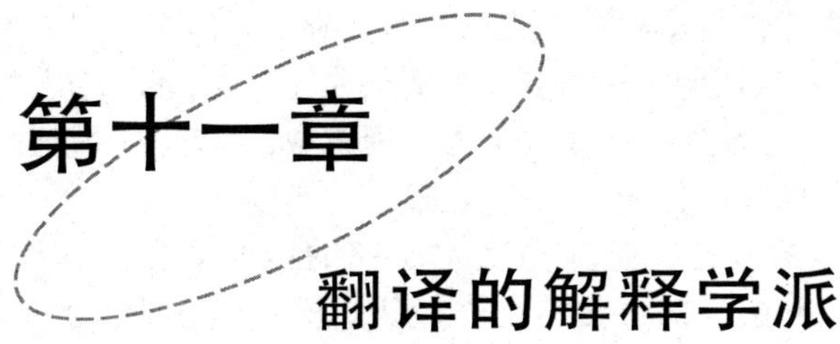

第十一章 翻译的解释学派

第一节 解释学翻译理论

解释学翻译理论就是将解释学运用于翻译研究，并以哲学解释学为理论基础，从而产生的一种用来描述翻译过程或解释运作的系统化理论体系。

解释学的名字来源于希腊神话中的信使赫尔墨斯。他主要的任务就是，把神旨传递并翻译给人间。在传递和翻译中，有必要做一些解释的工作。解释学在西方有着悠久的历史，中世纪的解释学以研究《圣经》和其他具体作品，有着方法论的意义，其代表人物有施莱尔马赫（Schleiermacher）、狄尔泰（Dilthey）。到了现代，解释学从方法论转向了本体论，主要人物有海德格尔（Heidegger）、伽达默尔（Gadamar）和哈贝马斯（Habermas）等人。文学解释学的主要代表有保罗·利科（Paul Ricoeur）、姚斯（Jauss）和赫什（Hersh）。在19世纪，施莱尔马赫（Schleiermacher）提出了“普遍解释学”的构思，使理解和解释主题化，构筑了体系性的理论。

文学解释学由哲学解释学派生而来，注重文学的精神价值和人与人之间的交流。与注重分析的文学方法不同，文学解释学注重的是发现和创造性，其研究的中心就是文学作品与读者的关系。由于文学翻译研究的是作者、译者和读者之间的关系，故译者的解释和再创造与解释学的关系密不可分。下面，我们来了解一下相关解释学术语。

（1）解释学的循环：在解释原文的时候，根据部分理解来规定整体，或者根据整体的理解来规定部分，这种整体与部分的循环被称为“解释学”的循环。一部分文学作品要通过局部来了解，局部又须在整体联系中才能了解。理解是解释的前提，如果作品不能被理解，解释是不可能的。

解释先从理解开始，而理解是从“成见”开始，“成见”会被修正和放大，最终导致“视域融合”。解释是解释着以词语事件为中心，文学的阐释通过语言加上“前理解”走向文本，抵达解释。解释者的循环与译者解读文本的方式基本吻合。

(2) 成见: 成见是长期形成的有限的视野。人无法超越、拒绝历史赋予我们的东西，我们总是归属于一定的传统。我们的理解是建立在“成见”的基础上。但这种“成见”不是我们所说的“偏见”，而是解释者生活的历史背景。海德格尔 (Heidegger) 用“前理解”来指解释者所拥有的认知结构。它无意识地潜藏于人的理解中。译者的“前理解”一方面既指他的知识储备，另一方面也是一种潜意识的直觉。

(3) 理解: 理解是文学解释学的核心，是人与文本交流的中介。在加达默尔 (Gadamar) 以前，“理解”只是一种解读的方法，是一种认知模式或方式，加达默尔 (Gadamar) 的哲学解释学，把“理解”上升到本体论的地位，他强调解释者和文本之间的双向对话或逆向交流，既让解释者回答文本的问题，也让文本向解释者提出问题，形成答问–问答的理解模式。理解的关键在于“视域融合”。“视域融合”就是文本的视域与读者的视域相融合，或者文本的视域与解释者的视域融合。理解就是把这两种视域融合在一起，超越自身的视域，产生一个新的视域。因此，翻译的视域融合往往超越了两种文本的视野，产生的是一个全新的视域。

(4) 效果历史: 历史或传统并不是过去的简单的沉淀物。过去会对现在发挥作用，现在也会对过去产生效果。在理解中，这两个相反的效果会相遇。在这里历史就变成了动态的了。优秀的经典文学本没有时间限制，后世都要对它进行理解和解释，它的意义在不断解释和理解中得到发展，永无止境地显示出它的当代价值和效果历史。翻译中的理解和解释既是对两种文本而言，也是对译者而言，两者的开放性将原文本身和译者的解释结合在一起，创造新的意义。

后期的解释学，在加达默尔 (Gadamar) 手里被发展成为人文学科，尤其是美学、语言和历史领域的普遍方法论。对于作品来说，正如游戏一样，游戏本身乃是游戏者和观赏者所组成的统一整体，文学作品的真正存在只在于被展现的过程，也就是说，作品只有通过再创造或再现而使自身达到表现。任何作品的再现，在加达默尔看来，都是艺术作品本身继续存在的方式。如果再现有什么缺陷，那是从完美和绝对正确的角度出发的。

将解释学引入翻译理论，那么翻译的内涵和外延在扩大:

第一，翻译即解释。准确地说，翻译是多种解释形式中的一种，是解释的一种特殊形式。第二，解释是视域融合过程。就翻译而言，视域融合是指译者视域与原语文本视域相互融合为一体，形成新的视域的过程。第三，哲学解释学认为，解释者生活在传统之中，作为解释的人，必须尊重传统的规范，另一方面翻译的主体是能动的，译者主动使自己的视域与原语文本的视域进行融合。第四，译者是具有历史性的人，译者的历史性构成了译者的视域，它在翻译过程中发挥积极作用。第五，译者的视域融合与原语文本的视域融合发生在跨文化的语境中。这种跨时间，跨空间的语境不是静止不变的，而是不断向前运动，充满变化的。翻译的视域融合是历史与现在，客体和主体，自我和他者构成一个无线的统一体。翻译的解释性超越了传统的等值、忠实概念，在根本上可以回答不可译提出的问题。

就翻译本身而言，由于解释和理解本身具有的特点使然，翻译属于艺术而不是科学。解释学将解释推及到任何文本的阅读和阐释，演奏家对乐谱的理解，诗人对朗诵的诗歌，翻译家对原文的翻译都依赖于理解，理解使文本返回到它的本真。交际中所有意义的交换，不同语言之间有意义信息的释放和接受，包括言语表达和阐释接受过程，无一例外都是翻译。

第二节
乔治·斯坦纳的翻译思想

英国翻译理论家乔治·斯坦纳（George Steiner）是西方翻译理论界颇具影响力的人物。以斯坦纳为代表的解释学翻译理论自诞生之日起便备受西方翻译理论界的普遍关注。斯坦纳整个翻译理论的框架结构是建立在解释学理论基础之上的。他试图将20世纪的解释学思想运用于其翻译理论，以阐明解释是翻译的普遍特征。在《通天塔之后》第一章中，斯坦纳阐述的主要观点是理解即翻译。他认为无论语内翻译、语际翻译或符号翻译都是不同形式的翻译，作为人类最基本的交流活动，它的最大特点在于理解。语言是不断变化的，每一种语言都有时间性。每当我们读或听一段话语或文本，无论是古代的经书，还是现在的畅销书，我们都是在进行翻译。很可能人类在刚出现时就开始了翻译。观察周围的信号予以解释，并做出反应就是翻译，翻译就是领悟，就是解释。也有人说，闻弦歌而知其意，读书画而明其义，

同样是翻译。我们通常所说的“读懂某人”也是翻译。

由于斯坦纳（Steiner）把翻译看成是“严格的艺术”，而不是科学，所以翻译的过程对他来说不是一种认知过程，而是一种转换行为，是解释学的一种行为。他的翻译四步骤是: 信赖（trust）、侵入（aggression）、吸收（import）和补偿（compensation）。

一、信赖（trust）

心理学认为信赖是对以往认知行为的肯定和体现，这可以从正反两方面进行分析。从正面来看一切翻译活动都从信赖开始，对原文的信赖基于两方面，一方面来自经验，另一方面在于理论。首先，斯坦纳认为任何翻译活动都始于译者对译本的信任和选择，而信任和选择又源于译者对原文本的评价和认识、译者自身语言文化能力和个性爱好，以及其翻译策略和目标等多种因素; 其次，读者必须相信原文是严肃的作品，言之有物，有阅读的价值，因此必须透彻地加以理解，否则不必阅读。但从反面来看，在现实翻译过程中经常很难达到译者与原文本认识上的高度统一，此时从心理上看是极度危险的。译者可能要面对“对他十分不利甚至充满敌意的文本”。此时译者会下意识地进

入翻译的解释活动的第二个步骤，即侵入（aggression）。例如晚清时期的文人志士面对着遭受国外列强入侵、国内政府无能的局面，他们充分发挥小说的政治教化功能，使得不少本来政治色彩较淡甚至毫无政治色彩的外国小说，在翻译成中文时都被冠以一种"政治性阅读"的使命，用以激发国人斗志。

二、侵入（aggression）

斯坦纳认为侵入（aggression），作为翻译的解释活动的第二步，是对原作者意图的理解，同时也是对原文的理解，简言之就是指译者侵入原文，对原文加以理解。其理论源于伽达默尔的翻译理论，伽达默尔认为理解是历史的，理解的历史性又构成了理解的偏见，进而决定了理解的创造性和生成性。而这种理解的偏见却又是"合法的"，正是这种"合法的偏见"构成了理解的历史性因素。斯坦纳进一步提出任何译者都会受到来自主观或客观历史条件的限制，任何译者对于原文和原作者的理解都是历史性的，绝对"信"的译文不可能存在，换言之，译者不可能完完全全再现原文或原作者的意图。因此译者对原文和原作者真正的理解并非去克服历史的局限而是要顺从和适应它，所以"侵入永远都是有偏见的"。然而从另一方面来看，译者的"侵入"却是积极的，因为正是这种"侵入"使得译入语读者有机会接近原作者的意图，最大限度地理解原作。

三、吸收（import）

基于翻译解释活动的第二步，译者会在第三步即吸收（import）环节中对原文意思进行吸收，给译文注入新的活力，将原文的意思和形式移植归化到译入语中，用译入语完整地体现原作的所有信息。在这个阶段，不同译者虽然会采取不同的翻译策略从而把自己对原作语言和原作者意图的理解作为新的成分吸收到译入语中，但从宏观上看主要是采取归化和异化两种翻译策略。在表达阶段的吸收会带来两种结果，一种是消化，即译文在译入语中完全取得了地位；一种是感染，即译文在译入语中永远保持陌生和边缘的地位。

四、补偿（compensation）

补偿（compensation）是指对翻译过程中的走失或走入进行补偿，即把原有的东西归还到原来的地方。斯坦纳认为在翻译过程中译者的侵略性挪用和对原文意义的合并会无可避免地造成原文各方面的损失，如在翻译的阐释活动的第二步"侵入"与第三步"吸收"中，语言、文化差异、翻译策略等都可能直接或间接造成译者在翻译过程中的信息缺失，出现一种不平衡的现象一译者删除过多或添加过多。而成功的翻译必须寻求原文与译文的意义对等，因此，补偿在整个翻译过程中就显得必不可少，换言之，完整的翻译必须以“补偿”作为终结。尽管完美的译文并不存在，但正如斯坦纳所言，译者必须尽力“弥补以恢复原作和译作之间的平衡”。

斯坦纳（Steiner）的翻译四步骤从解释学的角度论证了翻译的过程，由于斯坦纳论述的是一种翻译的解释过程，而不是语言学派提倡的科学的操作过程，因而经常被人们批评为缺乏操作性。实际上这是对解释学翻译观的误解。例如，奈达（Nida）的翻译实际过程：（1）分析，从语法和语义两方面对原文的信息进行分析；（2）传译，译者在脑子里把经过分析的信息从原语转移成目的语；(3) 重新组织，把传递过来的信息重新加以组织、使之完全符合译语的要求。这种常规的、可操作的过程得到不少人的肯定。但是，任何方法的“洞见”，也是其“盲间”所在，二者相生相伴。奈达（Nida）的模式可以说是过于“技术性”，不是从形而上、哲学上、文学上去思考翻译，而这恰恰就是斯坦纳的长处所在。例如，在补偿部分，斯坦纳联想到的是“自我变成他者，是翻译艺术的终极秘籍”（This insinuation of self into otherness is the final secret of the translator’s craft）。这种彰显差异的做法是解构主义所提倡的。可见，理解斯坦纳（Steiner）的翻译理论不能从传统的技术层面上来看。无论如何，在我国有不少学者将斯坦纳的翻译四步骤应用于翻译实践，这证明了其有效性和不可多得的价值。

第三节
翻译补偿评介

一、翻译补偿的界定

翻译补偿目前尚缺少翻译学科中其他范畴那种相对统一并得到广泛认可的定义。这从一个侧面反映出翻译补偿研究的滞后状态。其主要原因有三：翻译学科和相关学科的发展相对滞后、人们对语言和翻译本质认识的相对滞后及翻译损失自身存在的隐蔽性和相对性。

以下是翻译补偿研究领域一些有影响的西方翻译理论家对翻译补偿的界定。

基斯·哈维 (Keith Harvey) 把翻译补偿界定为：“Compensation is a technique which involves making up for the loss of a source text effect by recreating a similar effect in the target text through means that are specific to the target language and／or text.”(补偿是通过使用目的语和／或其文本特有的手段，在目的语文本中再造一种类似效果，以便对源语文本效果的损失进行弥补的一种技巧。)

彼得·纽马克（Peter Newmark）的定义是：“Compensation is said to occur when loss of meaning，sound effect，metaphor or pragmatic effect in one part of a sentence is compensated in another part，or in a contiguous sentence．”(当句子某一部分的意义、声音效果、比喻或语用效果的损失，在句子的另一部分，或在一个相邻句子中得到补

偿就可以说发生了补偿。)

哈蒂姆 (B.Hatim) 和梅森 (I.Mason) 把翻译补偿定义为："In translating, compensation is the making good of some communicative loss by substituting equivalent effects." (在翻译行为中，通过使用等效替代手段对某种交际性损失进行弥补。)

莫娜·贝克 (Mona Baker) 的定义明显突出了补偿的转位特点："Compensation means that one may either omit or play down a feature such as idiomaticity at the point where it occurs in the source text and introduce it elsewhere in the target text." (补偿指的是不理会或淡化源语文本中诸如惯用法之类的特征所出现的确切位置，而是把这种特征置于目的语文本的其他位置。)

在以上四种定义中，哈维的定义强调对审美效果的补偿，对文学文本有较强的概括性，

基本符合文学翻译补偿的实际情况。但难以概括文学以外的文本类型。另外，如果以客观描述性为基准，哈维的定义在补偿手段方面也不全面。因为该定义提到使用"目的语和／或其文本特有的手段"再造一种类似的效果。实际上，译者有时会使用目的语之外的语言手段，而不仅仅局限于目的语特有的手段，比如，《红楼梦》的译者霍克斯意译人名时，为了取得理想的审美效果，再现原文精微的内涵，使用了除英语之外至少五种其他印欧语言。纽马克的定义具体、明确，但其范围太狭窄，只包括四种补偿的类型，而实际上翻译损失远不止四种类型。哈蒂姆和梅森认为补偿是针对交际性损失。这种看法未免过于偏颇。语言的交际功能固然重要，但语言的使用并非都是为了交流信息，还有与交流信息关系不大的功能。

因此，翻译补偿的界定，尤其考虑到文学翻译，绝不能仅限于交际层面，还要考虑到文学这种语言艺术的审美层面、文化层面等诸方面等诸多因素。中国翻译界对补偿的研究，由于整体翻译研究的滞后而受到很大影响，在该领域研究的系统性、深度和广度上与西方翻译界还有相当的距离，对翻译补偿的界定反映出明显的权宜性。下面是中国翻译学者对补偿所做的界定。

首先看柯平对翻译补偿的界定。他在一篇论及补偿的文章中对所讨论的补偿一词定义如下："这里的补偿，是指补偿照字面'直译'原文将会造成的原文意义的丢失。"柯平的定义是置于括号当中，由此可以推断，作者本人对这个定义并不满意，将其视为权益性定义，容以后再确定。他的定义比较笼统，但似乎更强调意义补偿。

再来看刘树森对翻译补偿的界定，也许是目前国内所能见到的唯一比较正统的定义。该定义如下："翻译补偿 (compensation) 是一种翻译技巧。在具体的翻译过程中，由于源语与译语诸多方面的差异以及译者的素质等方面的因素，原作的某些内容、音韵效果、修辞手法以及表现力难免难以表达而有所损失，译者意识到的某些损失可以通过运用某些手段进行补偿，将损失降低到最低限度。"

以上定义有许多共同点。首先，它们普遍把补偿视为一种技巧，并列出若干具体的损失项目。另外，它们都没有把文本类型和翻译目的与补偿挂钩。但刘树森的定义有一个明显的不同点：他明确指出损失不仅源于语言本身的差异，还与译者的个人素

质有关。我们认为，仅仅把补偿看成是一种翻译技巧是不够的。从整体而论，补偿实际上是翻译活动不可或缺的一个组成部分。其作用是消除常规的表层符号转换无法克服的语言、文化、语用等诸多障碍，最大限度地恢复因语言和社会文化差异而损失的各种意义和审美价值。补偿与翻译是一种形影不离的共生关系。尽管翻译界长期忽略翻译补偿的研究，并把翻译补偿置于翻译研究的边缘地带，但我们无法否认，几乎所有的翻译都采用了补偿手段，只是程度不同罢了，有时译者甚至是在下意识的状态下进行了某种补偿。因此，不宜把补偿仅仅视作翻译中无关宏旨的一般性技巧，应当把它置于与其他翻译研究范畴同样重要的地位加以研究。

在总结以上几种定义的基础上，我们把翻译补偿界定为："补偿是以目的语手段为主，辅之以符合目的语规约或规范的其他语言手段，根据文本类型和翻译目的，对翻译过程中潜在的或发生的损失进行的修复或弥补。"这个定义填补了其他定义中缺少的非目的语补偿手段，同时也考虑到文本类型和翻译目的，因为，毕竟不同类型的文本和不同的翻译目的对补偿类型、范围及突出的重点都有不同要求。

二、翻译补偿的分类

自从 20 世纪 80 年代末以来，翻译学者开始尝试以更严格的方式界定翻译补偿概念，并对补偿进行了分类。赫维和希金斯 (Hervey&Higgins) 划分出四大类：即转类补偿 (compensation in kind)、转位补偿 (compensation in place)、兼并补偿 (compensation by merging) 和拆分补偿 (compensation by splitting)。所谓转类补偿是指在目的语文本中，使用不同于源语类型的语言手段再造出源语的效果；转位补偿是指在目的语文本中不同于源语的位置补偿源语的损失；兼并补偿是指在目的语文本中对源语文本的特征进行压缩；拆分补偿指的是把源语文本中的词义，在目的语文本中以长度超过源语文本的字段展开。赫维和希金斯指出，这四种类型的补偿可以同时出现。

贝克对后两种分类提出异议。她认为，按定义，后两种类型看起来相互排斥。但我们认为，后两种类型并不矛盾，因为，这两种类型是针对源语与目的语词汇语义容量不同时的两种情况分别提出的。当源语的单个词语义容量大于目的语单个词时，自然应当一分为二，甚至一分为三，反之，源语词容量小于目的语时，就应当合二而一或合三为一。翻译具有定向性。在翻译操作中，以上两种类型尽管可以同时出现，但并不同时作用于同一个词项，因此不存在互相排斥的情况。

赫维对于后两种类型作为补偿范例的地位从另一角度提出质疑。他反对把源语和目的语词汇因词义不匹配而实施的合并和拆分作为补偿范例。例如，赫维和希金斯在谈到如何把一篇关于鳞翅目昆虫（1epidoptera）的法语文章标题译成英语时，提出把法语的 papillons（蝴蝶；蛾）一词拆分成 butterflies 和 moths 两个词。赫维认为：这种情况不过是英语和法语不同的词汇体系中，一种系统性的特征所造成的结果，并非他希望补偿的那种风格上的、文本特有的那种特征（同上）。我们认为，以上赫维和希金斯所举的例词，是属于英语单个词的外延意义小于法语的单个词，因此，他们提出的拆分类型实际上属于语义成分补偿，是一种合理的补偿，从总体上考虑，有资格作为一种补偿类型来解决语义损失问题。

在翻译实践中，有的译者为了使译文简炼，本来应该用目的语的两个或者两个以上的词对译原文一个词才能保证语义充分，但却常用一个词来译，结果造成语义损失。实际上，词义的模糊性是自然语言的一种属性，除非严格界定的现代科学术语，实际上不同语言很少有赫维所说的非常系统的对应特征。同一个词即使在同一种语言的不同词典中，释义也往往不完全一致，从共时角度观察尚且如此，如果从历时角度考虑这种差异就更加明显。我们翻译的作品常常与现在有一段时间距离。古典作品距离现代就更加遥远。语内翻译都难以保证为古旧词找到与现代词在语义上很系统的对应关系。因此，在对语义要求不很严格的文学译品中，为了再现原文简约的风格，在不得已的情况下或许可以容许牺牲少许的词义，但在原则上应当不惜拆分源语单词对语义损失进行弥补。在科学文献翻译中，更应时刻注意补偿语义的损失，重要的术语尤其如此。因此，合并和拆分补偿类型实际是针对翻译实践中常见的损失状况而设立的。

赫维在统筹考虑各种有关补偿位置的观点基础之上，提出一个描写性的补偿位置框架。这个框架是一个多位置连续体。在这个连续体上，相对于某一给定的损失案例，可以确定三个补偿位置，即平行位置（parallel）、毗连位置（contiguous）和迁移位置（displaced）。综观以上各种补偿类型的划分，其特点是在目的语中尽可能维持源语对应成分的功能、效果不变；同时改变源语所用语言手段，代之以目的语或其他语言特有的手段，或改变源语符号位置，在目的语中按情况重新确定其位置。换句话说，就是在目的语中所实施的任何变动都必须受到源语功能、效果的辖制，而不是按译者意愿随意进行改动。我们认为，上述补偿类型主要是涉及补偿的语言手段和语符位置，还很不完善，不足以全面客观地反映补偿的实际面貌。有很多补偿问题是语言手段和位置两个类型无法概括的。同时，有些类型属于类似情况，翻译补偿研究仅是程度不同而已，完全可以合并。因此，有必要从另外一些视角对上述的分类体系加以扩充。

首先，所确定的补偿类型有必要反映所补偿的内容在目的语中的透明度，因为，译者是否明示其补偿内容这一侧面，可以在一定程度上反映译者基本的翻译理念。比如，我们可以通过观察译者是否明示对原文表层语言符号的补偿，观其是否承认原作语言的权威地位，注重原文语言风格和文化信息的传达；是否在民族中心主义或文化霸权主义意识驱动下，恣意篡改原文内容，表现出藐视弱小民族语言文化的僭越行为；是否以接受美学为臬圭，追求译文流畅，尽力满足读者的心理和口味。另外，语际翻译，除同声传译外，不仅是跨空间维度，同时也是跨时间维度的交际活动。尤其是古典作品的翻译可能跨越数百年、甚至数千年的距离。那么，译品是否应当再现作品中古代特有的风貌和神韵？在语言层面应当采取共时策略，还是历时策略？这些问题是古典翻译研究者和译者长期争论的问题。透过译者的译作，我们也可以观察到不同译者对古典作品采取了不同的处理手法。除此之外，补偿的原因不仅是因为目的语中不存在源语的语言手段，而且还有其他原因，比如有时目的语中也有和源语相同的语言手段，但无法取得与源语同类手段相同的效果，因而可能在同一范畴内进行强化或弱化微调，或者干脆改变手段，甚至跨越范畴，以期取得等效。

由此看来，这些问题也有必要列入翻译补偿的分类体系。经过合并和扩展，我们把翻译补偿分成以下八大类：整合补偿 (compensation by integration)、分立补偿 (compensation by isolation)、同类补偿 (compensation with the same device)、异类补偿 (compensation with a different device)、原位补偿 (compensation in a parallel location)、异位补偿 (compensation in a displaced location)、同步补偿 (synchronous compensation)、差异补偿 (compensation in difference)。

下面对上述八类补偿分别加以阐述。

(1) 整合补偿：就是在目的语文本中，把补偿的内容和原文文本原有的内容有机地融合成一个整体，不加任何有关补偿的标记符号。其特点是不暴露补偿的痕迹。用韦努蒂的话说就是译者如同隐身。对于天衣无缝的整合补偿，如果不对照原文，读者获得的印象是，译者没有对原文进行任何补偿，一切都是出自原文作者之手。在英国汉学家大卫·霍克斯 (DavidHawkes) 的《红楼梦》英译本中，就有很多整合补偿的译例：

……又悄悄地教他道："把他两个人的年庚八字写在这两个纸人身上，一并五个鬼都掖在他们各人的床上就完了。……"(《红楼梦》第二十五回，第 128 页)

Dropping her voice to a whisper, she instructed her to write the eight symbols of her victims' nativity-two for the year, two for the month, two for the day and two for the hour -on each of the human figure, wrap five of the demons round each of them, and slip them somewhere under her victims beds.(斜体是引者所加)

在上面这段话中，原文只有"年庚八字"这个四字词组，译者为了补偿目的语读者不熟悉的文化背景，在英语译文中增添了四个说明性词组。译者没有注明是译者本人加的注解。它们与译文其余部分可以说是水乳交融，浑然一体，英语读者是难以察觉所补内容的。破折号也不能暴露译者添加的手笔，因为英语作者用自己的语言写作时也常用破折号。

(2) 分立补偿：分立补偿指在目的语文本中，把补偿内容通过某种手段加以标记，或与原文内容分别放置，以便向目的语读者明示补偿内容。其特点恰好与整合补偿相反，原文作者和译者的身份泾渭分明。例如：

But be it so, I did not myself burden you; but, being crafty, I caught you with guile. (Corinthians 12: 16)

罢了！我自己并没有累着你们，你们却有人说，我是诡诈，用心计牢笼你们。(哥林多后书 12: 16)

在上面这段译文中，译者在原文文本添加了"你们却有人说"这句话，以补偿因原文文本表层符号不完全可能造成的误解。中译本译者在补偿的内容下边使用了下划线表示补偿内容，使读者很容易把补偿内容与译文其他部分区分开来。

(3) 同类补偿：指在目的语文本中，使用与原文文本相同的语言手段，在与原文文本中非对应的成分上进行的补偿，或在目的语中使用与原文同样的手段，但使用不同于原文文本中的内容进行补偿，以期再造原文文本的效果。以下是 G.K. Chesterton（切斯特顿）从法语译的 Du Bellay 的一首诗的头四行：

Heureux qui，conlme Ulysse，a fait un beau voyage，
Ou comme cestuy la qui eonquit la toison，
Etpuis est retoum6，plein d’ usage et raison，
Vivre entre ses parents le reste de son aage!

Happy, who like Ulysses or that lord
Who raped the fleece，returning full and sage，
With usage and the world’ S wide reason stored，
With his own kin call wait the end of age.

(引自 G Steiner．After Babel：Aspects of Language and Translation，429-430,)

仅从这四行诗就可以看出，原诗中大量使用了头韵 (alliteration)，如 qui，comme，conquit；puis，plein；retournd，raison 等。译诗中也同样使用了头韵，如 happy, who；like，lord；raped，returning 等。但由于源语和目的语不可能同时具备音韵和语义完全对应的词汇，所以英语只是在其内部寻找具有头韵而且语境语义大体相符的词汇进行补偿，以便在整体上获得与原诗大致相同的音韵效果。

（4）异类补偿：指在目的语文本中，使用与原文文本不同的语言手段，对原文文本中对应的，或非对应的成分进行的补偿。由于源语与目的语所用手段相异，一般只能取得与原文文本近似的效果或功能。以下霍克斯译的《红楼梦》一段文字即属于这一类：

宝玉听了是女子的声音。歌音未息，早见那边走出一个人来，翩跹袅娜，端的与人不同。

(《红楼梦》第五回，第 24 页)

It was the voice of a girl. Before its last echoes had died away，a beautiful woman appeared in the quarter from which the voice had come，approaching him with a floating, fluttering motion. She was quite unlike any earthly lady.

上文中“翩跹”二字尾韵母都是 ian，因此，这是一个叠韵连绵词。作者在此用这种汉语特有的修辞手段描写婀娜多姿的警幻仙姑，增添了语言的韵律感，取得很好的审美效果。

因英语中没有这种修辞手段，译者使用了头韵来弥补汉语叠韵的音韵效果，使译文陡然生辉。事实上，译者用的 floating(浮动的) 和 fluttering(漂动的) 两词，律动效果更胜原文一筹，因为两词均以 n. 起首，不仅构成头韵，而且恰好是个联觉音位 (phonaestheme)，能够产生形义连觉 (synaesthesia)，使人联想到 flying，flowing 之类的飘逸的动感。

（5）原位补偿：指在目的语文本中，保持补偿内容的位置和原文文本对应成分的相对位置不变。以下法语句子的英语和汉语译文中，就使用了这种补偿：

U 6tait ivre et il jurait comme un charretier,

He was drunk and sweating like a trooper.

他喝醉了酒，像个泼妇似的嘴里骂个不停。

（法语原文引自《法语两千常用句》(Le livre des deux mille phrases) 第 74 页）

这句话带有一个明喻。在法语原文中是 comme un charretier(像个车夫似的)。如果比喻的本体和喻体之间，在物质形象上相似，一般以直译为好，那样既可保留源语的文化形象，又容易理解。但比喻骂人很凶时，使用的喻体在不同民族文化里往往差异很大，直译容易造成错误联想。法语用 charretier(车夫)做喻体很恰当，英语就得说 like a trooper (像个骑兵似的)。而这两个喻体对汉语都不适宜，因为在中国文化里，车夫和一般农夫在人们心目中的形象无大差别，尤其在现代城市人心目中，车夫和农民通常让人联想到朴实、厚道，而不是好骂人；骑兵会让人联想到骁勇善战的形象，如果照字面直译都会造成联想意义的损失，因此，汉语还是译成“像个泼妇似的”作为补偿更得体。这里英汉两种译文只替换了一个喻体，其他部分保持不变，所以是原位补偿。

(6) 异位补偿：指在目的语文本中，补偿内容的偏离原文文本中对应成分。所补偿的内容或者毗邻原文文本，或者远离原文文本原来的位置。下面是张谷若译的托马斯 · 哈代 (Thomas Hardy) 的小说《还乡》(The Return of the Native) 中一个片段。译者在这段话中就使用了异位补偿手段：

“Yes, yes—that’s it. But, Timothy, hearken to me，” said the Grandfar，earnestly. “Though known as such a joker，I be an understanding man if you catch me serious，and I am serious now. I can tell’ee lots about the married couple. Yes，this morning at six o’clock they went up the country to do the job.”

“是，是，正是。不过，提摩太，你听俺说，”阚特大爷恳切地说，“虽然都知道俺好打哈哈，可是俺只要一正经起来，俺就是一个很明向晓事的人了。这阵儿俺正经起来了。俺能告诉你们他们新成家的那两口子许多故事。今儿早起六点种，他们就一块去办这件事去了。”（引自郭著章，《翻译名家研究》）

原文的这段话中，使用了带有古英语残留痕迹的英国威塞克斯方言词，例如 thee 的口语缩略形式’ee，hearken 等，还有不同于现代标准英语方言的威塞克斯方言词 Grandfar，以及不合标准英语语法的用法，例如，在第一人称 I 后使用 be 等。为了区别小说人物的威塞克斯方言和标准方言，补偿因缺少威塞克斯方言可能造成的损失，译者使用了山东方言再现英语的方言效果。但译者并没有把原文的方言词与译文的方言词意义一一对位，而是从整体效果考虑，在可能找到山东方言词语的地方使用方言，但仍然能使读者感受到书中人物在讲一种不同于标准语的方言。

(7) 同步补偿：指在目的语文本中，使补偿内容和原文文本对应的内容，在时间、程度或广度等方面基本保持同步。除同声传译外，译文与原文之间总是要拉开一段距离。绝对的同步几乎是不存在的。现代人翻译很久以前的作品，甚至古代的作品时，源语与目的语间隔的距离就更是遥远。若想使两种语言同步极其困难。因为那意味着现代译者要具有用古文写作的能力。假使译者具备这种能力，读者未必具备阅读古文和欣赏古文的能力。尽管如此，西方有少数译者的确做过这种同步补偿的尝试。19 世纪的法国辞典编撰家兼历史学家埃米尔·利特雷（Emile Littre）就是其中一个。以下摘录的是他用奥依语(1angue d’oil，一种古法语方言)译的意大利文艺复兴先驱—诗人但丁的史诗《神曲》中《地狱篇》的几行诗：

Peu sont li jor que li destines VOUS file,
Li jor qu’avez encor de remanent;
Ne les niez a suivre sans doutance
Le haut soleil dans le monde sans gent.
Gardez queus vostre geste et semance;
Fait VOUS ne fustes por vivre corn labeste,
Mais bien por suivre vertu et conoissance.

(引自 Q Steiner. After Babel: Aspects ofLanguage and Translation.)

这几行诗歌的英语直译如下：

Few are the days which the fates spin for you,
The remaining days which ye still have;
Deny not them the opportunity to follow without doubt
The high sun in the uninhabited world.
Consider your exploits and seed,
Ye were not made to live like beasts,
But to pursue virtue and knowledge.

(引者 译)

利特雷使用的是 13 和 14 世纪的那种古法语方言，因此与但丁的古意大利语，在时间上几乎完全同步。甚至连但丁本人也谙熟奥依语。这很可能是空前绝后的一次尝试。不幸的是，他的译文在当时发表时，几乎就是“死胎”。正如斯坦纳所言，只有语文学家和中世纪问题专家能够裁断他的译品是否成功。不过，他的同步补偿手段的确营造了一种很浓重的中古时期的气氛。

(8) 差异补偿：指在目的语文本中，使补偿内容和原文文本对应的内容，在时间、数量、程度、广度等方面有意识地拉开一段距离以取得功能和效果上的一致。因此，差异补偿与同步补偿恰好相反。翟理士 (HerbertA · Giles) 译的杜秋娘的《金缕衣》就属于差异补偿：

金缕衣
劝君莫惜金缕衣，劝君莫惜少年时。
有花堪折直须折，莫待无花空折枝。

GOLDEN SANDS
I would not have thee grudge those robes.

which gleam in rich array,
But 1 would have thee grudge the hours
of youth which glide away.
Go pluck the blooming flower betimes,
lest when thou comst again
Alas, upon the withered stem
no blooming flowers remain!
(引自 Lv Shuxiang. ed. A Comparative Study Oil EnglishTranslations of Old Gems.)

虽然这首唐诗是一千多年前写成的，但译者并没有使用与中国唐朝大致属于同一时期的盎格鲁-撒克逊语（古英语）来翻译这首唐诗。使用古英语固然能补偿原诗的古代气氛，但一千多年前的英语对于当代绝大多数英美等国读者来说如同天书。为使读者看得懂，又多少感受到唐诗的古风，译者使用了现代英语，同时插入几个英语传统诗歌仍然使用的古词和语法结构，如 thou，thee，betimes，com' st 等。这种差异补偿手段在不影响可懂性的同时，又补偿了原诗的古雅情调，不失为古文今译的一种有价值的尝试。

以上对八种补偿类型进行了界定，并通过简单的译例加以说明。这些类型在有些译例会交叉使用。另外，应当指出的是，补偿还可以通过其他角度进行分类。但由于上述分类适应面比较宽泛，适合作为相对稳定的翻译补偿研究和补偿实践的参照框架。

三、翻译补偿的机理

由于语言与社会文化的差异，翻译过程中造成一定的损失是不可避免的。但是，译者在损失面前并非束手无策。他们可以利用补偿手段修复和弥补损失，从而把损失减少到最低限度。我们从语言功能和语言代偿性两个方面探讨这个问题。

语言功能的普遍性不仅是可译性得以实现的重要基础，也为建立在等效功能基础之上的翻译补偿提供了理论依据。因为翻译是异中求同的过程，可译性程度取决于源语和目的语相同点的多少，即同构程度的大小。在同构的连续体中，从语言表层的相同或相似到语言深层意义的相同或相似，呈现出不同程度的同构。语言表层的同构，尤其在分属不同谱系的语言之间，常常是非常有限的。因此，在翻译过程中，一旦无法在语言表层寻找到相同点或相似点，就有可能发生可译性限度。译者就只能从翻译补偿研究深层同构寻找出路，即寻找语义相同，或功能相同，而结构形态相异的语言单位实施转换，以期达到意义层面或语用层面的对等。在翻译文学作品时，在求得语义相同或相似的前提下，还应以目的语中具有类似审美价值的语言表层形式，尽可能弥补原文因表层无法转换造成的审美价值损失。这一切都仰赖于语言功能的普遍性。因为纵使语言形式千差万别，语言的主要功能都是相同的。

翻译补偿可行性的另一个基础是语言的代偿性。目前人类所认识的有机体的生命系统一般都具有代偿机能。各种机体在受到损害时，尽管可能丧失某种组织、器官，使机体的内环境稳定性暂时受到破坏，但代偿性机能使得机体再生失去的组织，或启动其他组织接替丧失的组织，行使不属于其原来的功能，因此很快可以使机体内环境稳定性得到恢复，从而保证生命过程继续下去。尽管人类的发音器官是先天就有的，但语言能力却是后天才有的，因此，不属于有机体那种固有的生理机能，也不存在天然的生理代偿机能。语言不像进食、走路那样自然习得，它必须有一个后天习得过程。但语言有一点同人类机体的器官有可比性。那就是语言和机体的器官都是维系人类生存所必须的。因此一旦发生缺损，两者都需要进行补偿。所不同的是，机体的补偿完全是自发的生理性代偿。这种能力是通过遗传基因代代沿袭下来。而语言的补偿则是一种有意识的心理性行为。这种能力不具有遗传性，而是后天获得的，是人类面临生存需求而采取的一种应变措施，但所起的作用也是确保人类的生存。从这个意义上说，翻译补偿也发挥了类似机体代偿的功能。

第四节 教学案例研究

案例一：在翻译过程中，作者、译者、读者、文本之间形成一个“解释学的循环”，译者的任务是以诠释的态度去传递原文的信息。此时，译者的理解是主观的，由于解释过程必然会改变和增减原文的意义，译文不能全部反映译文的意义。例如莎士比亚的《新白林》（Cymbeline）里有这样一段话：

Is there no way for man to be, but woman
Must be half-workers? We are all bastards,
And that most venerable man, which I
Did call my father, was I know not where
When I was stamp’d. Some coiner with his tools
Made me a counterfeit: yet my mother seem’d
The Dian of that time; so doth my wife
The nonpareil of this. O Vengeance, Vengeance!

译文：难道男人们生到这世上来，一定要靠女人的合作吗？我们都是私生子，全都是。被我称之为父亲的那位最可尊敬的人，当我的母亲生我的时候，谁也不知道他在什么地方；不知道哪一个人造下了我这冒牌的赝品；可是我的母亲在当时却是像狄安娜一般圣洁的，正像现在我的妻子擅着无双美誉一样。啊，报仇！报仇！

（朱生豪 译）

这是剧中人物波塞摩斯的一段告白，当他以为自己的妻子伊摩琴已经失身于阿埃基摩时，便咒骂女人。阅读和翻译莎士比亚的这段话，既要考虑作家的个人因素，又要考虑历史因素。Stamped，coiner，tools 和 counterfeit 这四个词之间的交织含义使人联想到性和金钱的关系，也就是说拿性与造币做比喻。Counterfeit 是假币的意思，但另外一个意思是假冒他人，还有 adulterate（造假）和 adultery（通奸）的两种含义融合在一起。Stamp “盖印”与“打上烙印”意思相似。这样一来，要翻译莎士比亚这段话仅仅从语法和词汇上分析是不够的，还要联系到整个剧本本身，伊莉莎白时代剧作家的传统手法和当时的语言习惯，以确定其“语气价值”，做到透彻理解。

案例二：解释学后期的“期待视野”是译者个人赋予原文的主观意义，两个不同的译者对同一部作品的理解差异一定很大。例如，南唐后主李煜的《虞美人》的原文和译文：

春花秋月何时了，往事知多少。小楼昨夜又东风，故国不堪回首月明中。

雕栏玉砌应犹在，只是朱颜改。问君能有几多愁，恰似一江春水向东流。

Yumeiren

Too long the autumn moon and spring flowers last,
I wonder how much they’ve known of my past.
Last night spring breezes through an upper room
Reminds me two much of my present gloom.
With a bright moon, how could I my country recall
Without a sense of defeat and despair at all.

The Palace should be still there as before
With its carved railings, jade-like steps galore.
Only here are changes which my plight entail.
My complexion, once ruddy, has become pale.
Should I be asked how much anguish I have found.
Strange! It is like flowing water, eastward bound.

（徐忠杰 译）

原诗歌中的“春花秋月”“小楼”“东风”“明月”“春水”等意象勾起了诗人多少辛酸的回忆。译者能较好地传递原诗的艺术意境，在形式上也押韵、对仗。但是，译者对“朱颜”的解释显然掺杂了个人的理解，根据上下文，“朱颜”应该是指“雕栏”的朱红色，回忆起“往日宫廷里鲜艳的颜色”，或者引申为宫廷的美女，或往事不堪回首，覆水难收，昨日不再，痛惜亡国之恨。但是，译者将“朱颜”解释为诗中的主人公，以“I”的形式出现，并且补偿了一个未有的含义“面如菜色”（pale），其理解与原诗歌意义偏离较远。

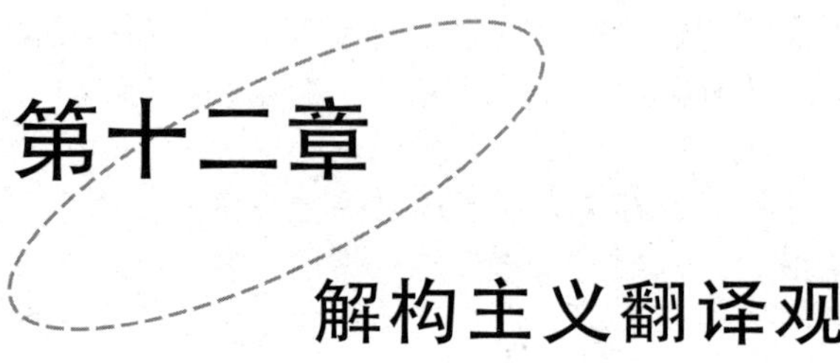

第十二章 解构主义翻译观

第一节 解构主义翻译观

一、解构主义和解构主义翻译观

从20世纪60年代中期起，西方文艺批评理论界产生了对结构主义的反叛，以消解性为主要特征，系统地解构了结构主义关于结构和意义等重要概念，故称“解构主义”，又称后现代主义。解构主义利用结构主义提供的基本命题继续推导，对符号、知识、主体性等范畴做了新的阐释，形成对整个西方思想传统的质疑，从而成为后现代主义的基础理论部分。其主要代表人物是德里达（Derrida）、福柯（Foucault）、巴特（Batou）等。他们将解构主义引入译学，试图打破形而上学和概念化的方法，宣称译者是创造者，翻译文本是创造的新生语言。其中德里达（Derrida）解构主义的翻译观给翻译研究注入了新的活力并开拓了新的视野。他认为解构主义与翻译息息相关，他的“延异”概念就是为了表明翻译过程中不可琢磨的现象，表明语言学、翻译学中所指和能指，语言与言语等确定不变的关系不能再维持。源文根本不是原文，而是对一个意念的详细阐释，因此也是译文，它与原文是平等互补的。解构主义认为，语言学解构很大程度上来自错综复杂的艺术符号活动不甘于这种系统性、整体性和科学性的规范的管束，并且力求与之决裂，胀破其外壳，甚至反过来以片段、碎片和开放性与它抗争。结构主义翻译观提出如下见解：原文取决于译文，没有译文原文就无法存在，原文的生命不是取决于原文本身的特性，而是取决于译文的特性。文本本身的定义是由译文而不是原文所决定的。甚至认为“翻译文本书写我们，而不是我们书写翻译文本”。解构主义翻译论是一次大胆的尝试，也开辟了翻译发展的新思路。

二、本雅明的“纯语言”理论

本雅明（Benjamin）是结构主义翻译思想的最早倡导者，是德国 20 世纪在翻译研究上最有建树、影响最大的散文家、文学批评家和语言哲学家。他的翻译思想和观点主要体现在 1923 年发表的一篇题为《译者的任务》的文章。本雅明的这篇文章是一篇语言哲学的论文，而不是单纯谈翻译的文章。他是借助对翻译的论述来阐明他的语言哲学观点，即所谓“纯语言”的观点。他的观点可以归纳为以下几点。

第一，翻译必须在“纯语言”的关照下方能进行。本雅明把形而上学的翻译观建立在“纯语言”概念的基础之上。在他看来，翻译的首要目的是通过协调语言的多元性使他们相互连接，相互补充，成为一种无所不包的独特语言，即“纯语言”。

第二，从“纯语言”出发论述了可译性问题。原文可译性的前提就是承认其他语言的存在。如果没有其他语言的存在，也就无所谓可译性或不可译性。因此，借助翻译，语言间的亲缘关系就会表露无遗。翻译提示了原文语言的不完整性，而译文语言可以以其独特的意指方式补充原著语言的意指方式。因此，本雅明认为，译者的翻译活动使原文和译文两者显现为“最高语言”的一个部分。使译文读起来就像原文一样其实并不是翻译的目标，优秀的译文应显现原文之异，通过译文，读者可以看到向“纯语言”趋近了一步，从而让“纯语言”之光更加光芒四射地照耀全文。

第三，译者的任务是延续原作的生命。本雅明认为，翻译像哲学，像文学批评，像历史。译文与原文在意义上或内容上无关，只是语言之间的关系。翻译拆散了原文，杀死了原文，并发现原文早就死了。如果人们从“纯语言”的角度来阅读原文，那么译文并不属于原文的生命，但译文属于原文的来世。因此，翻译可以说是作品生命的延续。这样，本雅明就告诉我们，译者的任务是延续原作的生命。

第四，译文和原文是平等互补的关系。本雅明的《译者的任务》一文从根本上对传统的翻译思想提出了质疑，认为原文与译文本来就无“忠实”可言。翻译本身就不应求同，而应求异。在“纯语言”思想的关照下，原文与译文的传统的“模式——复制”关系转为平等互补关系。翻译的标准也由传统的“等值”转变为在意指方式上的相互“呼应”。在本雅明看来，翻译本身就是一种意指方式，一种不同原文的意指方式。由于原文的内容和形式是一个有机的统一体，因此，形式的改变就破坏了原来的统一体，因而译义也就无法达到像原文那样的内容和形式的统一体。

第五，翻译不是译意思，而是译形式。翻译不应以原文意思为依据，而应当详细地再现原作意思的表现形式。他说，“纯语言”好像一个花瓶，众多的语言犹如此瓶的碎片。碎片形状大小各异，语言的特定的表达方式同样各异。要黏合这些碎片，就要在这些碎片之间找到能互相黏合的碎片，然后一一相配黏合起来。其意思是，译者要做的，不是去复制原文的意义或内容，而是“亲切而细致地连通原文的意指方式”（即找到各碎片的接连处），使译文和原文一样都成为“纯语言”的可认碎片。这样，译者把原文的意指方式拼接起来，从而再现了原文。

本杰明（Benjamin）用“纯语言”来说明语言之间的差异，他认为：“译者为了追求纯语言，就必须突破自身语言，通过对原作的再创造解放囚禁在原作中的语言，在自身语言中释放出陌生语言中的纯语言来，这样的翻译必将大大拓展译者自身的语言疆界，这样的翻译绝不仅仅是低层次的意义和信息的转换，而是高层次的文学和审美价值转换。”

三、德里达的“异延”翻译观

德里达（Derrida）的解构主义翻译观主要体现在“异延”理论。以索绪尔语言学中的价值差异论和海德格尔哲学中的本体差异论为基础，德里达（Derrida）不断对其加以引申和发挥，独创了“异延”论，并逐渐形成了“异延”解构主义的翻译观。

“异延”这个词语，是德里达利用文字游戏从他的三大巨著中创造出来的。它包括两层意思，第一是指差异和区分；第二是指延期或推迟。具体地说，“异延”表明符号总是“区分”和“延搁”的双重运动：在空间上，符号总是被其他符号所限定，具有“非同一的，与其他符号相区别的意义”，使词的意义最终不能确定，其意义有赖于其他符号，而只能在语境关系的区别中决定；在时间上，符号是一系列差异区分的产物，总是延搁所指的在场。由此可见，“异延”是一种原型差异，意味着空间上的差异和时间上的延迟。

“异延”理论的内涵包括以下几个方面。第一，文本间的互文性。在德里达的“异延”语言图景中，人类语言活动处于一个跳跃、断裂的动态开放系统之中，无论是单一文本还是全部话语文本活动，都处在无限的“异延”之中，一方面，此处的文本与彼处的文本有空间上的共时的联系；另一方面，此时的文本与彼时的文本有着历时的联系。并且，各种文本间没有文体的限制，可以自由地在各个门类中穿梭。任何人打开一部作品，就等于同时打开了古往今来的无数作品。因此，德里达否认原文与译文的区别，认为原文与译文的关系是平等互补，共生的关系，是一种延续和创生的互文关系。即：此文本可能是另一个早先存在的译文的翻译，原先的文本又是更早的译文的翻译，如此向前不断循环，直至无限，以至形成一个“无限回归的意义链”。第二，有调节的转换。德里达（Derrida）认为翻译是通过不断修改和推迟原文的过程以置换原文，是一种语言对另一种语言的、一种文本对另一种文本“有调节的转换”。在他看来，“有调节的转换”比“翻译”这个术语更能反映翻译的特性，这是因为一种语言和另一种语言之间的转换没有纯粹的所指。因而，译者应该充分发挥主观能动性来寻找原文意义，发掘出使原文存活的因素，通过修改和转换，使原文成长、成熟，最终得到重生。又由于原文意义不确定性，在翻译的过程中，译者跨越目的语的限制，转换原语的文本，扩展译文语言，使译文得到进一步发展。由此可见，译者是译作的创造者，在翻译过程中享有极大的创造性。第三，“存异”的翻译目的。德里达（Derrida）认为，通过翻译，我们能够对语言之间的差异和各语言的特定表达方式达到更深刻更准确的认识。

这就是说，各种语言在语义、句法和语音方面的不相同的表意方式，在翻译过程中不应被隐藏起来，而应该在新文本中表现出来。可见，德里达（Derrida）的翻译目的，不是“求同”，而是“存异”；是尽量保护和表现这些形式的差异。德里达（Derrida）用“异延”概念来说明语言之间的差异性，旨在强调通过差异才能揭示语言之间的差异。因而他主张用辩证的、动态的和发展的哲学观来看待翻译。这种独特的视角实际上为翻译实践指明了新的发展方向。

在德里达（Derrida）看来，索绪尔（Saussure）把能指和所指分开，这就背离了差异的原理。德里达主张把所指与意义分开，认为所指只是一个符号，其意义要在上下文中确立，没有一成不变的意义。所指或意义所表示的不是固定不变的存在物，而是一种“印迹”。印迹随着语境的变化而不断变化，意义也随之发生变化。德里达试图借助印迹这个概念，来强调意义的不确定性。文本的意义就像在旧羊皮纸上书写的文字，在新痕旧迹之间会留下印迹，不可抹去。如果要书写新的文字，必须抹去旧的印迹。语义差异成分的出现就是印迹的出现，它能保留过去和现在。能指和所指之间的意义的标记，就是印迹。一切符号的交流都会留下印记，就像在沙滩上留下足迹一样。印迹的特征是既存在，又不存在，像神迹一样，既显现又隐藏。

通过以上的分析，德里达（Derrida）的“异延”结构主义翻译观给我们以如下理论启示：

第一，给译者提供了创造性空间。按照德里达的“异延”论，意义总是处于空间上的“异”和时间上的“延”之中。因而文本处于一个不确定性的动态过程中，蕴藏着解释的无限可能性。如此看来，原文文本不再是一个“在场”所给定的结构，而是一个永远超出自身意义的索取过程，是一系列运动的“踪迹”。译者因此无须被原作者赋予作品的终极意义所束缚，而应该调动其主观能动性和创造性，根据每一个文本，每一个句子和段落自身的话语语境，结合译者自身的文化素养、性情习惯、知识结构以及宗教信仰等对文本进行信息的输出。尽管译者个体有其不同的理解方式，对文本内容的阐释会有所不同，但这种理解和阐述的差异为原文提供了更为广阔的生存空间，延伸了理解的边界。这样，译者和读者对文本的阅读就会既有似曾相识之感，又有永远不可能达到意义本真世界的困惑，因为他们感知到的也只是“异延”的踪迹。由此可见，原文的文本意义是不可穷尽的，你可以说你已经接近了原文的文本意义，即所谓“近真”，但你却无法声称自己已经绝对地获取了原文的文本意义。因此，翻译的过程需要无休止地追踪印迹，在“异延”链上反复播散、嫁接、标识出译者不可能还原的不确定的意义多样。至此，就必然出现好的作品一本多译、一本重译，反复修订，以求“近真”的现象。如：新中国成立后，《哈克贝利·费恩历险记》至少有60多个各种形式的重译本出现。据统计，65种重译本共有56位译者，第一译者46人，其余为合译者。其中，有39种为全译本，其他都是简写本、缩写本、改写本、英汉对照读物、连环画、评注本、注释本。外国名著在我国多译、多版的现象说明影响与制约翻译的社会、政治环境、意识形态等因素延迟了翻译文本的“近真”，这种对“近真”的追求也激起了不同读者对原本意义不确定的探索。

第二，对译者多重身份的认可。长期以来，人们一致认为翻译是一种从属的、第二性的艺术；原文与译文的关系一直是主从关系；原文作者与译文作者的关系是主仆关系。然而，所有的翻译都涉及两种语言，两种文本。从语言层面看，译者应具有较强的语言能力，即译者必须熟谙原文文本的语言指涉意义。从文本层次看，译者必须具有文学能力，即译者要对特定文化及其特定文本描写做到心中有数，对原文本进行“有调节的转换”时，译者至少要熟悉一个以上的互文本。

在互文参照下，原文本被看成是一个前文本，译文就是这一前文本的再生文本。在把前文本转换成再生文本时，译者要同时扮演多重角色；前文本的读者、欣赏者、阐释者、再生文本的创造者，即同时履行对文本的阅读、阐释和改写的多项任务。这一过程能否完成，取决于译者多重身份的充分发挥。首先是作为原文本的读者和欣赏着，其职责就是以丰富的想象力赋予文本意义，与文本进行视域融合，这就要求作为读者的译者充分发挥其主观能动性，结合自己所能对文本进行解读。其次是作为原文本的阐释者，在对另一种文本进行有“调节的转换”时，阐释者应在较高层次上把握文本，对其进行阐释。译者既要熟悉相关的文学体裁、主题以及书中暗含的社会、文化和历史背景；又要熟悉对所读内容进行转换的各种表达技巧和策略，只有这样，译者才能充分挖掘出文本的潜在意义，履行阐释者职责，做到从内容到形式以及总体风格的有“调节的转换”。译者只有充分发挥自己的多重身份，才能对各种互文本做出合情合理的阐释。在译者完成了读者和阐释者的角色之后，他还要担当改写的重任。从翻译的过程来看，作为读者与阐释者的译者，完成的是理解阶段的任务；译者主体在文本相互交织的网络中穿梭往复，得到自己的理解意义；在翻译的表达阶段，译者的任务则是充当作者，将理解的意义变成翻译的最终产物即再生文本。这是一个充满创造性的过程，需要译者多重身份的充分发挥。译文是原文的再生，译者是这再生文本的赐予者。但是，译者能否对原文进行再创造并使读者满意，这取决于他们作为译者的技巧。

第二，有助于翻译标准多元化的确立。在德里达看来，原文信息和编码并不重要，重要的是译文的不同表达方式和相互联系。翻译不存在固定的同一意义，它提供游戏的空间，延伸边界，为差异提供新的道路。在延伸边界，为差异提供新的道路的时候，我们要用不同的翻译方法最大限度地实现翻译目的。同时，文本的开放性、异质性、使文本总处在一个不确定性的动态中，因而对原文本的解释也有着无限的可能性。为保留原文的多元的、流变性的和不确定的意义，翻译策略和方法也必须是多变和多元的。至此，对翻译进行评估的翻译标准也应该是多变的、多元的和多维度的。翻译标准的多元化才能使原文的再生文本得以重生。

四、解构主义翻译理论对传统翻译的冲击

德里达（Derrida）的解构主义翻译观否定原文文本终极意义的存在，消解原作者至高无上、唯我独尊的权威性，废除作者与译者、原文与译文之分，宣称译者是创造

主体，译文语言是新生的语言。这些十分激进的反传统观念无疑对传统翻译理论产生巨大的冲击，促使我们重新审视传统译论中对一些基本问题的固有认识。

（一）解构主义翻译观冲击传统翻译理论的“忠实”原则

结构主义认为任何事物都是一个关系结构的整体，都有结构模式。结构决定事物的本质，而研究事物的本质在于研究事物的深层结构。结构主义设想有一个超然结构决定符号的意义的依据或中心，并且力求对这个结构做出客观的描述。而德里达（Derrida）的解构主义首先要消解的就是结构主义作为基石的“结构”概念，对西方哲学传统的“逻各斯中心主义”展开猛烈的攻击。与结构主义不同，德里达的文本理论都是在设法找出似乎清楚严密的原作中一些弱点和缝隙，然后努力扩大已经露出的裂口，突显原来似乎稳定的文本里存在的各种游移不定的差异，使原来似乎明确的结构最终消失在一片符号的游戏中。解构主义将结构主义非中心化，否认文本有终极意义，对于传统翻译理论来说是致命的一击。无论东方还是西方，传统上翻译历来强调一个“信”字，奉行“忠实”原则，认为译文应该复写原作的思想。而解构主义消除了文本的中心，使意义四处游移不定，也就从根本上动摇了“忠实”原则的基础。既然文本的意义已经撒播在互文的海洋里，撒播在符号的游戏里，那么“忠实”“准确”“等值”又从何说起？在德里达思想的影响下，韦努蒂（Venuti）在《重新思考翻译》的前言里指出：“译文是永远不可能忠实于原文的，多少总是有点自由发挥。它的主体从来不确定，总是存在对原文的增减。它也从来不可能是透明的表述，而只能是一种诠释的转化，把外语文本里的多义与歧义显露出来，又代入同样多面、同样分歧的意义”。

（二）德里达的解构主义翻译观冲击传统翻译理论里作者与译者、原作与译作的二元对立关系

德里达认为不存在静态的两级对立，主张采用一种新逻辑，即“增补逻辑”，反对西方哲学传统的“二元对立逻辑”。与“二元逻辑”局限于“不是……就是”（非此即彼）相反，德里达的“增补逻辑”坚持“既是……又是”（亦此亦彼）。针对传统哲学的二元逻辑对确定性的追求，德里达大力强调区别或差异的不确定性以及意义的不确定性。这也就是他为什么总是使用多种语言的双关语，玩弄文字游戏和故意含糊不清。在他看来，在场与不在场，概念与现象，理智与情感，中心与边缘等之间的二元对立并非像传统哲学家认为的那样是确定的、非此即彼的，而是不确定的、亦此亦彼。在传统翻译理论里，作者与译者、原文与译者始终处于一种二元对立关系。长期以来，人们用“主人与仆人”的比喻来形容作者与译者两者之间的关系，而传统的原作与译作之间的关系，也一直是“模式——复制”的关系。在解构主义的冲击下，传统译论的二元对立也被消解了。解构主义的文本理论认为，一切文本都具有“互文性”，而“互文性”概念不仅彻底破坏了文学独创性的幻想，也推翻了作者的权威。如此一来，就无所谓作者与译者、原作与译作的区别了。德里达在《通天塔之旅》一

文中就原文与译者的概念以及意义居于何处的问题发表了不少自己独特的见解，再次猛烈地抨击了原文至上的传统翻译观念。他认为，源文根本不是原文，而是对一个一年的详细阐释，因此其实已是译文。就这样凭着独特的“亦此亦彼”新逻辑，解构主义把译文从屈从于原文的处境中解放出来，从崭新的阐释角度，把译文当成独立的文本阅读，从而消解传统翻译理论长期存在的二元对立关系。传统只有不断地进行创新，注入新的活力，才能得以生存和发展，不然就会变得陈腐僵化，阻碍新思想和新事物的产生。如果要向前发展，就必须进行再思索，走出传统的框框，超越和突破前人认识的局限。解构主义对传统的挑战，改变了一些人对传统翻译理论一些基本问题原有的、已成定势的认识。在解构主义的冲击下，人们不得不对传统翻译理论进行一次彻底的重新思考。“忠实”“准确”“等值”等翻译原则是否仍然成立？作者与译者的角色和地位如何界定？原文与译文的关系如何理解？

然而，我们也必须认识到，德里达的解构主义翻译观对传统翻译理论的一些基本问题的质疑和挑战虽有其合理之处，但也有其偏颇不足之处。解构主义否定结构，否定意义，否定作者的权威性，否定文本的独创性。其本质可以说是否定的。否定恒定的结构和明确的意义，夸大意义的不确定性和相对性，必然导致阐释的多元论，给各种漫无原则、别出心裁的曲解误解提供理由，使翻译最终陷入混乱虚无之中。而否定作者的权威性，把作者所处的时代和他的经历与作品的联系完全切断，无疑将会趋向一种极端的“文本本体论”。因此，在承认解构主义给新世纪的翻译理论提供了新视角、新思维和新方法的同时，我们也必须正视解构主义自身具有的局限性及其给翻译研究带来的消极影响和负面效应，切不可盲目追随。

第二节 解构主义与翻译教学

一、本雅明《译者的任务》对教师“定位”的启示

本雅明在其代表作《译者的任务》中提出了“纯语言”的概念，他认为译者应冲破母语的束缚，跨越语言之间的界限，尽可能地接近“纯语言”，他还认为“译者的任务就是开发纯语言”“译者不是去复制或传递原作的意义，而是一种与原作的和谐，是对原作语言的补充，从而最终将译作从屈从于原作的处境中解放出来”“使译者摇身变成与原作者一样创作主体”。

在传统翻译教学过程中，教师遵循的是逐字逐句的教学方法。当然，这种教学方式在一定教学层次上是适用的，特别是对于低年级的学习者。对于高年级的学习者来说，如果教师还是以这种“传递”式的教学方法，则凸显出教师缺乏驾驭语言的能力，未能完成“译者的任务”，只是对文本进行了简单的“复制”，缺乏“创造力”和“生

命力”，译文受限于原文的束缚不能做到对原文作者思想的延伸和再续。因此，教师在文本内容讲授中，应模糊自身“教师”的身份，而发挥“译者”的作用，要在感情、思想和语境中超越原文的意境，要训练与原文作者保持同步的写作和创作能力，甚至包括高于原作作者的能力。

二、解构主义翻译观对翻译教学方法的启示

结构主义翻译观中一个重要的影响是对二元关系的冲击。其实这个观点同样适用于诠释学生和教师之间教与学的关系。在传统教学中，学生的地位和言行都是“屈从”于老师，对于老师教授的知识和观点应不加怀疑，全盘接受。这种教育思想不仅束缚了学生的创造性思维，更导致教师对自身学识有一种满足的想法和固步自封的做法。作为教师，应该首先打破这种关系的束缚，语言的教学同样是一种文化和思想的交流，而且个人经历和学习过程的不同必定会影响他们对语言翻译和诠释的能力。老师的作用在于引导，而不是要求学生去“复制”。解构主义对译文的观点认为，翻译的标准是多元化的，是流动的，是模糊的。所以教师应允许学生持有自己的翻译观点，允许学生在语言领会上的“错误”，才能更好地培养学生的语言能力和文化兴趣。因此，在对学生进行的翻译教学中，我们要确定和把握学生在翻译过程中的客观制约和主体性发挥的“限度”的问题，既要培养学生翻译能力，也要做到对其翻译能力有较为客观的测试和评价。

由于教师在教学过程中仍处于指导地位，所以教师的教学理念和教学方式对学生的学习和发展不仅有“承前”，还有“启后”的作用。这意味着教师需要具备丰富的教学经验和理论知识，首先对学生进行相关的翻译基础概念的解释以及培养学生具备一定的译者能力，如：分析综合能力（包括形态分析，语法层次分析，文章章句分析，词义色彩分析及文化历史分析等）。这些能力的培养是对学生在翻译过程中的一种客观制约，让学生更为合理地处理翻译内容中文化背景和语言习惯的差异问题，同时也为学生进一步提供主体发挥的空间，即翻译中的“应变对策能力”，译者在做了全面的分析工作，在对原文有了透彻的理解之后，对自己的翻译任务有所了解。这时候译者在双语转换中遇到的一切问题都了然于心。教师在进行翻译教学时一定要注意两种能力使用的尺度和对学生进行相应的指导。

翻译材料的多样性和译者能力差异性造成翻译标准难以统一，很难做到对学生翻译训练的客观评价。传统的翻译测试在题型设计上流于单一，多为句子和短文翻译，这种命题方式一般无法系统、明确地考察学生的理论知识水平和技巧运用能力，也难以有效地与相应的教学阶段接轨。而且这样的练习方式容易让学生产生对英语学习厌倦和疲惫的心理，不利于培养学生对异国文化的进一步认识和深入学习的兴趣。教师在布置翻译练习前应了解学生的言语能力层次，有意识地设置字数相当，但文章内容

和难度不同的翻译材料供学生选择，这样就不会挫伤学生对语言文化学习的自信心，不过，篇幅不宜太短，这样才更有利于学生对文章内容的深入学习和讨论。教师在翻译教学过程中也要收集和保留学生的翻译作业，建立相应内容和层次的语料库。虽然这是一项长期而艰辛的工作，但就长远而言，有利于掌握学生的语言能力发展情况和解决翻译教学中可能出现的问题，进一步确定教学目标和改进教学方法。

第三节
教学案例研究

案例一：德里达的差异翻译法给不可译留下了余地。两种不同语言的译者进行翻译就是经历差异的体验。例如，英语与汉语之间的转换差异巨大，作为一名中国译者，当我们读到苏轼《水调歌头》中几句诗的时候，情绪与英美人士产生的共鸣截然不同：

人有悲欢离合，
月有阴晴圆缺，
此事古难全。
但愿人长久，
千里共婵娟。

一位英国译者读道：

The moon has weathered that change.
Fine of foul; it waxes and wanes
Human is sad at parting;
Happy at reunion again.
From the utmost ancient times,
Down to our own very days
The imperfection of all things—
Has for ever been the case.
One can do no more than wish—
All people would keep going strong.
And though they are far apart,
They’d share moonlight well and long.

“月亮”是中国人诗歌中一个让人怀旧的意象，“中秋”、嫦娥等与月亮都有关。对于外国读者或译者来说，月亮的“wax and wane”只不过是一种天体现象，月球冰冷的表面与中国人美丽浪漫的联想，相去甚远。“月亮”这个汉语词汇和英文的“moon”之间的文化差异，是永远无法翻译和弥补的。除了语音、语义的差异外，个人的、心理的层面上文化差异也非常大。翻译就是双轨式地思考这种差异，让“他者”出场，异延或差异实际上证明了语言的局限性，解构了纯语言存在的设想。在上例中，作为符号的“月亮”被解构后，不再依赖语义的一一对等，其时间一空间上被推迟。从这种意义来说，语言只有能指，没有确切的所指，因为“月亮”作为一个能指，拥有的不止一个所指。德里达的目的是，通过差异性说明翻译的不可能性和不确定性。为此，他引进了意义的“嬉戏”“印迹”“撒播”等概念。意义通过系统的意旨链指向了他者一“差异的嬉戏”（play of difference），这是意义本身的要求。所有的意义通过“差异的嬉戏”的运动产生意义。例如：“花轿”一词翻译成“bridal sedan chair”失去了中国文化中的特殊意义，词源上“花”不是普通的“flower”的含义，它代表一种“喜气”“吉祥”，sedan 也无法再现那种轿子的含义。译者不能翻译的那一部分就是差异。

案例二：由于印迹随着上下文变动不居，翻译的意义也要随着上下文等待确定，译者不是要沿着坦荡的大道来追寻意义，而是沿着“差异的嬉戏”，在寻找印迹。印迹在空间上如幽灵一般，来无影，去无踪，同时身上带有那些不在场意义的标记。例如：伦敦的“夏天”和武汉的“夏天”在概念上差不多，但在实际冷热程度上差异很大。莎士比亚说“Can I compare thee to Summer’s Day？”实际上，英国的夏天大部分地方都是春光明媚，此时的夏天和武汉的春天气温接近。黄庭坚《清平乐·晚春》中说：“春归何处，寂寞无行路。若有人知春去，唤起归来通往。春无踪迹谁知？除非问起黄鹂。百啭无人能解，因风吹过蔷薇。”此时的春是“晚春”（late spring），英文译文也无法将“晚春”翻译过来：

Spring has somehow gone!
But where? It has left no track behind.
It is neither here nor there.
Loneliness is what we find.
If someone knows the right way,
Call spring back with us to stay.
Without a trace, Spring has left.
To be sent off, it’s your return.
If you catch Spring in Jiangnan,
To live with him, you must learn.

（徐忠杰 译）

春天的踪迹无法追寻，就像德里达的踪迹一样，随风吹过，化解在百啭莺啼的黄鹂歌声中，吹拂过蔷薇，了无踪迹。德里达“印迹”的来去，如同江南的春风。它的确存在，但你看不到它的出现。此外，汉语“江南”翻译成“Jiangnan”也只能作为原文的暂时印迹。读者对它的理解取决于对它在不同语境的体验 Jiangnan 让人联想到中国的南方，但又不是“江南”的在场。翻译中这种意犹未尽的译法，就体现了一种差异的意义，它暴露了意义的踪迹。原文的：“春”“江南”本身就是多重意义的场所，更是印迹的交叉、会合。

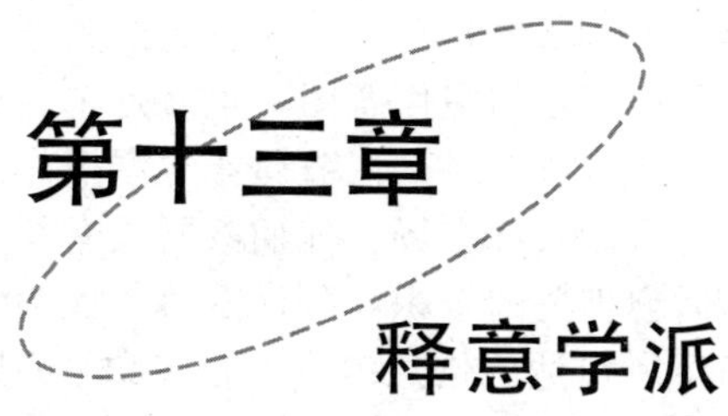

第十三章 释意学派

第一节 释意学派

释意学派 (the interpretive theory) 又称“达意理论”(the theory of sense)，是 20 世纪 60 年代末产生于法国的一个探讨口译与非文学文本笔译原理与教学的学派。该学派认为翻译即释意；是译者通过语言符号和自己的认知补充对原文意思所作的一种解释；译者应追求的不是语言单位的对等，而是原文意思或效果的等值。该派理论在会议口译实践的基础上，建立了一整套口译理论，随后又将其扩展用于非文学文本的笔译研究。这就是被称为“释意学”或“释意模式”的翻译理论。

自 20 世纪 80 年代以来，释意派理论取得了一系列研究成果，十几本重要的翻译论著相继问世,研究范围也从最初的口译逐步扩展到笔译、科技翻译教学和一般翻译理论等诸多方面的问题。一般翻译理论认为有三个不同层次的翻译：词义层次、句子 (即索绪尔概念的话语) 层次及篇章层次。这三个层次可以分别解释为：逐字翻译，脱离语境和交际环境的句子翻译，以及语言知识同认知知识相结合的篇章翻译。释意理论将逐字翻译和句子翻译称为语言对译 (linguistic translation)，而将篇章层次的翻译称为篇章翻译或翻译。它认为：成功的翻译应在篇章的层次上进行，即对篇章进行释意，因为句子是语法上的单位，篇章才是语义单位；翻译所译的是意义，而不是语法，不是单个的字词句。原文和译文的等值表现为整体交际意义上的等值，即译文能在其读者或者听众那里产生与原文一致的效果。为达到此效果，显然不能以词句，而应以交际意义作为翻译的基本单位。

释意派理论的核心是把语言意义 (linguistic meaning) 和非语言的意思 (non-verbal sense) 区分开来。译者所要传达的不是语言符号的意义，而是讲话人在其话语中所表达的非语言的意思。也就是说，意义的本质是交际者通过语言符号所传达的“意思”，而不是语言符号本身的意义。意思 (sense) 由两个成分组成，一为“内含意思”(implicitness)，即作者或说话人意欲表达的意思；一为“外显意思”(explicitness)，即作者或说话人实际写出或说出的内容。笔译与口译虽然形式不同，但本质上都是一种交际行为，只是在笔译中，所译材料与现实世界的关系不像在口译中那样密切而已 (比如一篇古老的文本，其作者的写作意图—也就是“内含意思”—很可能会因年代久远而变得无法知晓)。口译则不同：它被释意学派视作最为理想的交际情景，因为在使用口译的场合，所有对话人都在场，他们共同具有同一个时空环境，在一般情况下，也共同具有与交际话题相关的知识。翻译的目的应为传递意思，亦即交际意义；译者所译的东西应为篇章所传达的信息内容，是言语 (亦即语言的使用)，而不是语言本身。口译并非基于对原讲话人语言的记忆，而是基于译者对原讲话人所传递的交际意义的把握以及随后用目标语言对该交际意义 (即讲话人的意思) 进行的重组。

至此，我们可以看出：释意理论首先把语法同语义分开，指出翻译是释意；继而又把语言意义同非语言意思分开，指出译者要译的是意思。而意思就是交际意义。那么在语言交际中，交际意义又是如何产生的呢？

交际意义的产生取决于交际参与者之间有足够的共同知识。译员听讲话的目的不在于进行语言分析，而在于让有声语言链，也就是有声音的一串话语，唤起储存在自己大脑中的认知知识，加上认知语境、讲话人、听众等因素，在头脑中产生交际意义。也就是说，交际意义的产生是语言知识同与其相伴随的对于现实世界的感知相结合的结果。

(1) 语言知识：译员从一开始就应具有完备的语言知识，这一点是不言自明的。译员不是边学外语边学口译，而是应该在熟练地掌握了有关语言以后才来学习口译，这样在听讲话人的话语时才可能把注意力集中在内容上面。

(2) 认知知识：又称“认知知识库”(cognitive baggage)，指语言外的、有关现实世界的知识。从根本上来说，篇章是语言知识同语言外知识结合的产物。交际意义只有在语言知识同语言外知识相结合之后才会产生。

(3) 认知语境 (cognitive context)：即通过对所译材料具体的、直接的解读而获得的知识。

认知知识与认知语境合起来称为“认知结构”。认知结构当中的成份与具体交际过程中所用的语言符号的意义结合在一起，便产生了意思；这些成份被称为“认知补充”(cognitive complements)。认知补充同语言知识一样，同为理解原话语或原文不可缺少的先决条件。根据释意理论，如果译者只听清了原讲话或原文语言的表层意义，而缺少或者没有抓住从中提取意思时所需要的认知补充，就会出现译文含糊不清、模棱两可、甚至张冠李戴的结果。例如，1998 年 10 月，南京大学举行仪式，授予美国前总统乔治 · 布什名誉博士称号。布什在致答词时提到了“President Jiang”，即江泽民主席。译员因为没有充分注意讲话的上下文，而想当然地将其错译成了“(南京大学)

蒋树声校长”。此例足以说明认知补充对于正确理解交际意义有多么的重要。

(4) 讲话人：为了正确理解交际意义，译员还必须抓住讲话的内在逻辑。而要做到这一点，译员就必须正确领会讲话的目的。为了随时抓住讲话的要旨，译员必须始终注意讲话人的身份和资历，必须始终和讲话人站在同一立场上，保持同一观点，否则就会犯错误。了解讲话的目的，往往还有助于表达。在即席翻译过程中，当大会主席要求译员压缩其译文时，译员往往可以把讲话人很长的发言概括为“某某先生同意”。

(5) 听众：在即席口译的场合，讲话人与听众的距离很近，两者的关系比较紧密。讲话人十分关心自己的话是否在对听者产生自己预期的效果，而听众为了便于理解讲话内容，是把注意力集中在译员身上的。译员应该意识到这一点，并用自己的口才、语调、身体姿态、面部表情等协助传达出原讲话的感情色彩，使听众做出讲话人所预期的反应。例如，如果讲话人的态度很严肃，而译者却表现得十分轻松愉快，讲话人的话语对听众产生的效果就可能同他或她本人希望看到的效果不太一样。反之，如果讲话人谈笑风生，妙语连珠，而译员却扳着面孔，不苟言笑，那么也很难说是做到了与讲话人此时此地正对听众施加的影响相协调。如果讲话人由于自己的幽默而忍俊不禁，而听众却莫名其妙地盯着他看的时候，大家都会感到很不自在的。

释意学派的理论非常注重对翻译过程的研究，在某种意义上，甚至可以认为该学派所关注的焦点就是翻译的过程。释意理论认为，口译时，译员在把讲话人的话变成另外一种语言的听众能够听懂的话以前，实际上要经过三个阶段。

(1) 听清作为表达思想内容的语言符号。通过分析和理解，搞清这些符号所表达的语言现象；弄清这些符号所表达的思想内容。此阶段称作“话语阐释”(interpretation or exegesis of discourse)。话语阐释是口译过程中极为重要的一环，是演讲人与听众之间最为重要的连接纽带，因为演讲人的话一经说出，它的口头表达形式便立即消失，但与此同时它却通过话语阐释这一环节，变成了译员的思想。于是在译员的头脑中，演讲人已经讲出的话便又回复到了原始的状态，亦即尚未用语言形式表达的那种纯思想的状态。

(2) 立即自觉地忘记这些语言符号的结构，以便只记住所表达的思想内容，也就是语言符号所产生的认知和情感意义。此阶段被称之为“脱离语言外壳”(de-verbalization)。在理解和表达之间加入脱离语言外壳这一程序是释意理论对言语科学研究的结果，也是对该科学的贡献。使用同一种语言的人，有一种片面的看法，认为“语言”和“思想”完全是一码事，总是把两者混为一谈。

持释意派观点的口译人员认为：思想在未经表达以前，并非以语言的形式储存在人的头脑之中。而一经用语言说出和确定之后，它又会在别人的头脑中以“非语言”的形式形成某种概念。因此，在口译时，译员必须而且也能够做到抓住讲话的内容，并将其连贯地记在心里，而不是让自己陷于讲话人所使用的词句。

(3) 用另一种语言的符号造出新的句子，并且使这些句子符合以下两点要求：一是要表达出原话语的全部内容，二是要易于听懂。此阶段是原语信息内容的重组

(reformulation) 阶段。

概括说来，释意理论不是把翻译看作一个从源语言到目标语言的单向解码过程，而是将其视为一个理解思想与重新表达思想的动态过程。释意理论对于口译、实用文笔译以及翻译教学都有积极的启示意义。它明确地告诉译者需要译出的是什么东西；它要求译者弄懂自己所译对象的内容以及讲话人或作者所要达到的交际目的。

释意理论的缺点在于：它只关注交际的直接目的以及交际过程中所传递的指称意义（或称认知意义），而未充分考虑到语言信息可能具有的多重意义（如表情与表感、风格与修辞等方面的意义），因此它在文学翻译的实践与研究上价值有限。不过该派理论实事求是，倒也并不声称自己可以同样有效地适用于文学文本的翻译，这是它的可贵之处。

第二节 释意教学

释意理论的三个程序对口译教学有积极的启示意义。它明确地告诉译者需要译出的是什么东西。它要求译者弄懂自己所译对象的内容以及讲话人或作者所要达到的交际目的。根据这三个程序，我们在翻译教学中可以采取相应的方法训练学生，提高学生的口译能力。

一、听力理解

理解是翻译的前提，尤其对于口译来说，听力理解至关重要，是第一位的，如果没有听懂原语，我们就无法把它转换成译入语。在口译教学中，听力训练是必不可少的辅助环节。这也是为什么我们在高年级才开设口译课，之前的听力课程和训练是为做好口译打下坚实的基础。

教师要引导学生开辟多种渠道，营造听力氛围。听写也是很好的训练方法，先将听力材料听一遍或几遍，看看自己能听懂多少，再听写。听完之后再对照，这样通过参照标准文稿就可以从自己的错误中学到很多知识。最后可以通过背诵来更好地消化听写的内容。

听力的最终目的是达到对句子、篇章等的综合理解。有的学生不善于抓关键词、掌握篇章大意，总把注意力集中在单词单句上，结果自己感觉听懂了，却没有记住所听内容，出现前听后忘的现象；有些学生一遇到生词便停下来冥思苦想，甚至把所听的内容译成汉语，这些不良习惯都会影响听力质量。所以，教师在指导听力训练时应让学生养成抓重点，抓整体理解的好习惯。另外，释意理论指出，我们要传达的不是语言符号的意义，而是讲话人在其话语中所表达的非语言的意思。因此，我们除了要听懂表层的语言的意思，还要抓住说话者所要表达的深层的意义。这反映在教学中就需要老师提前给学生布置相关任务，比如要求学生预习下次上课需要用到的主题相关词汇、背景知识等。

二、信息存储记忆

由于口译转瞬即逝的特点，信息存储记忆变得十分重要。在口译过程中，我们可能听懂了说话者想要表达的意思，但需要翻译的时候，可能又会忘了一些具体的信息，比如数字，某些专业的表达词汇或者人名地名等专有名词，甚至在听完较长的句子和段落后我们才能开口翻译，有些内容可能会被遗漏而使得翻译不够完整准确。这就要求我们在口译教学中采用一些方法帮助学生存储记忆，最有效的就是记笔记。可以采用多种特定的符号，如图例、省写、缩略词、首字母缩写，记录下听到的信息和内容。每个人的记忆，思维和反应都有各自的特点。没有必要照搬别人的方法。最好用的笔记方法是你自己发展出来的，适合自己的系统。比如，笔记越简单，记录就越迅速。但笔记简单了，对短期记忆的要求就相对提高了。所以，笔记多少为最佳，因人而异，需要多在课堂进行训练，指导学生摸索出适合于自己的平衡。英语口译有很多记笔记的方法，教师可以根据现实情况，对学生进行指导和训练。

三、脱离语言外壳

释意理论认为，翻译主要是意义的翻译。脱离语言外壳源于译者对某一段落意义的理解。意义的歪曲只能是由于他自己的句子组织不好。但是，只有放弃原语言形式才能更好地表达意义。意义的载体是形式，形式的变化会引起意义的变化。在口译中，我们要忘记语言的外壳，只是记住这些形式所表达的思想。在口译教学中，我们可以结合阅读课，采取对书面材料或听力材料做概述、复述的训练。说话就是输出信息。我们说的概述，实际上就是处理语言信息的一种方式：依照特定语境的需要，舍弃一切不必要的信息，而只把必要的信息表述出来。

四、信息重组

在完成以上几个步骤后，我们需要对信息进行重组，重新表达，寻找最后的译文。勒代雷（Lederer）认为，只有完全掌握译出语才能将意义恰当地表达出来。在翻译训练的过程中，可以通过集体讨论的方式，即一名学生提出译文后，其他学生一起集体讨论，然后完成有关片段的翻译。通过多种方法进行信息重组，对原文的整体意义进行协调处理，力求翻译得准确和完整。

综上所述，释意理论提出的翻译三程序，即“理解、脱离原语语言外壳和重新表达”对口译教学有重要指导作用。根据这三个程序，教师可以制定相应对策，通过听力理解、信息存储记忆、脱离语言外壳以及信息重组几个方面的训练，提高学生的听力理解水平，培养学生的阅读概述能力，最终提高学生的口译水平，达到口译教学的目的。

第三节 教学案例研究

案例一：翻译是交际行为，交际的目的不是语言符号的简单转换，而是思想的交流。因此，翻译的对象不应该是语言，而是语言所表达的内容。口译中，语言的理解自然需要语言知识，但如果没有语言中文化知识的参与，交际是无法顺利完成的。我们可以注意到，由于译者缺乏语言背后的文化知识，短时记忆受到干扰，造成理解困难以至于表达受阻。如：

In the postwar years, the State Department was small and unstable, and in many situations its first reflex was to turn to Harvard's area specialists.

原译：战后年代，国务院既小又不稳定，在许多情况下，其第一反应是转向哈佛大学各个领域的专家求助。

这句译文有几个问题：一是美国历史上发生过多次战争，如“南北内战”。如果上下文不清楚，就要说明；二是国务院说其“小”还可以，但是说其“不稳定”就欠妥。美国国务院从建立到现在一直没有解散过，也没有叫过别的名字，而且规模越来越大，应该说是很“稳定”的。这一句应该理解为当时其成员组成还不稳定；area specialists 中的 area 可以指“领域”，但这里恐怕还是“地区”。“地区专家”意思不通，应增补译为“研究各个地区问题的专家”。

改译：二战结束后最初几年，国务院规模比较小，人员也不稳定，遇到国际上有情况时，常常向哈佛大学研究各个问题的专家求救。

除了深厚的语言知识能力外，译员更要有庞大的知识储备，尤其是以原语和译语为代表的文化内涵差异的知识储备。这样才能使短时记忆能力进一步提高，顺利完成脱离原语语言外壳这一阶段，从而成功进入口译程序的最终环节。

案例二：用另一语言表达理解了的内容和情感即译语表达是释意学派翻译程序的最终环节。表达能力的好坏和个人语言的功底有着密切的关系，也对口译水平有着重要的影响。一般性的表达都不存在问题，要注意的是对一些在目的语中没有相匹配的习语、俗语。可以采用质疑、意译、解释性翻译或几种方法相结合，力求准确传神地传达原文的含义。另外，各国首脑和政府要员在演讲时常常引用一些名家名言、经典诗句来表达自己情感、观点和立场。例如：原国家总理温家宝在答记者问时就引用了孟子的“生于忧患，死于安乐”（One prospers in worries and hardships and perishes in ease and comfort）来勉励全国人民要居安思危。1998 年 6 月美国前总统克林顿访华，在为其举行的仿古迎宾入城仪式上说道：Let us give new meaning to the words written in the ancient book of rites, what you call Li Ji: When the great way is followed, all under heaven will be equal.（让我们给《礼记》这本历史古书的文字赋予新的意义：当大家走伟大的道路时，世界所有的人将是平等的。）克林顿所说的其实是《礼记》的《礼运》篇的第一句话"大道之行也，天下为公"。如果译员对古典书籍和经典诗句知之甚少，就很难将《礼记》和"the Book of Rites"联系起来，更不用说快速记住并译出"大道之行也，天下为公"的名句了。因此，教学中教师要鼓励学生平时一定要积累名家名句和经典诗句，以提高现场翻译能力和文学鉴赏能力。

案例三：任何文化都享有共性和特性。译员对两种语言在文化上的细微差异进行完整与多样的理解和表达，可以在两种文化中起到相互沟通的桥梁作用。如果信息发送者表达的内容和形式都不在信息接受者的文化范围内，译员就可能将源语文化转换成译语文化，使用各种方法，诸如意义省略、解释性翻译等，使信息的文化内涵明朗化，以帮助听着更好地理解讲话内容。例如，不管在宴会、大会上还是其他各种公共场合，中国人发言一般都是先以称呼在座的领导人开始："各位领导，各位来宾，女士们，先生们，晚上好！"确实，在我们的文化中，这种称呼用得很自然，因为我们崇尚集体主义。但在英语国家的文化中却找不到对等词，因为他们崇尚个人主义，一般是称呼一个身居要职的人士，如"Mr. President; Mr. Chairman; Your Excellency; Mr. Prime Minister"，等等。考虑到译文是给目的语听众听的，要符合他们的文化习俗，译员在此情况下一般省略"Dear leaders"，改为"Good evening! Distinguished guests, ladies and gentlemen!"从而达到良好的交际效果。

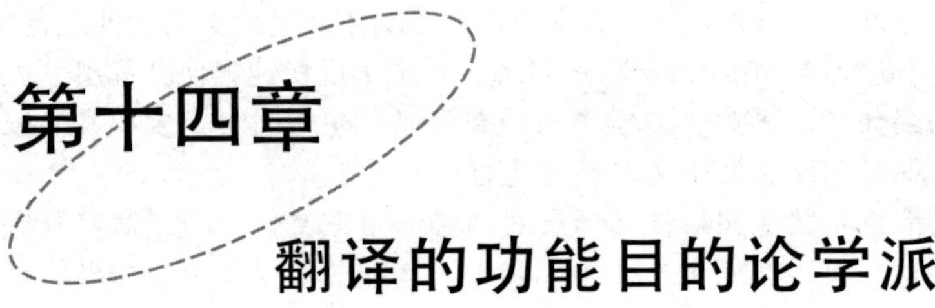

第十四章

翻译的功能目的论学派

第一节 功能目的论翻译学派

一、理论简介

德国的功能目的论翻译理论产生于20世纪70至80年代，它摆脱了传统的对等、转换等语言学的翻译方法，运用功能和交际方法来分析、研究翻译。其代表人物有：

（一）凯瑟琳娜·莱斯（Catharina Reiss）

莱斯首次把功能范畴引入翻译批评，将语言功能，语篇类型和翻译策略相联系，发展了以源文与译文功能关系为基础的翻译批评模式，从而提出了功能派理论思想的雏形。莱斯认为理想的翻译应该是综合性交际翻译，即在概念性内容、语言形式和交际功能方面都与原文对等，但在实践中应该优先考虑的是译本的功能特征。

（二）汉斯·弗米尔（Hans J.Vermeer）

弗米尔也是根据行为理论，提出自己的翻译观的。他说“每个文本的生成都有一定的目的，而且都应该起到这个目的的作用。翻译/口译/说话/写作要按文本/译本在使用的语境中所能起到的作用的方式来进行，而且还要根据使用该文本/译本的人及他们想让该文本起到的作用来进行。”也就是说，但凡行为必有目的，无论是翻译、口译还是说话和写作，既然是人类行为，那就必然有意图。认为翻译是以原文为基础的有目的和有结果的行为。但这种有目的的行为并非意味着译者可以随己之意来翻译，而必须遵循三大法则：“目的法则 (skopos rule)”、“连贯法则 (coherence rule)”和“忠实法则 (fidelity rule)”。这三个法则中，目的法则地位最高，其次是连贯法则，再次是忠实法则。三大法则的关系是，“忠实法则”从属于“连贯法则”；“连贯法则”从属于“目的法则”。“目的法则”即“目的决定手段”(the end justifies the means)；“连贯法则”指译文必须内部连贯，即“语内连贯”，要求译文具有可理解性，“忠实法则”又称语际连贯法则，即“最大程度对源文本忠实模仿 (a maximally faithful imitation of the source text)”。

（三）加斯特·赫尔兹·曼塔里（Justa Holtz Manttari）

曼塔里借鉴交际和行为理论，提出翻译行为理论，进一步发展了功能派翻译理论。该理论将翻译视作受目的驱使的，以翻译结果为导向的人与人之间的相互作用。该理论和目的论有颇多共同之处，弗米尔后来也将二者融合。

（四）克里斯汀娜·诺德（Christine Nord）

诺德对功能派各学说进行了全面梳理。克里斯汀娜·诺德首次用英语系统阐述了翻译中的文本分析所需考虑的内外因素，以及如何在原文功能的基础上制定切合翻译目的的翻译策略。诺德还提出译者应该遵循“功能加忠诚”的指导原则，从而完善了该理论。

关于何为行为目的，此学派中的学者提出了不同字词来表达“行为目的”这一概念，并进行了详细的区分。其中弗米尔和莱斯区分得更为详细。

（1）目标，定义为实施者通过行为手段意欲达到的最后结果。

（2）目的，定义为达到某一目标过程中一个暂行的阶段。主要是指某一具体动作所欲达到的目标。

（3）功能，是指从接收者角度看一个文本的意思或意欲达到的意思，而目标是指所需文本或期望文本所欲达到的目的。

（4）意图，是指指向目标的行为计划。从发送者角度来看，是指生成文本的恰当方式；从接收者角度来看，是指理解文本的方式。“意图”这个术语也等同于行为功能。

诺德将以上放置于目的 (skopos) 之下。这个词既用来指文本的功能，也可用来指行为的目的。因此，我们将德国的这一派翻译理论称为“功能目的论学派”。

二、功能论

功能论，又称文本功能论。其代表人物是凯瑟琳娜·莱斯。莱斯作为德国功能目的论翻译理论的创始人，在批判地汲取前人理论的基础上提出了功能派翻译理论的雏形为该流派的核心理论，即目的论 (skopos theory) 的诞生奠定了理论基础。莱斯经常与弗米尔一起发表论文，在文中阐述了自己的翻译观，认为“翻译行为是由目的来决定的，即‘目的决定手段’”弗米尔说“每个文本的生成都有一定的目的，而且都应该起到这个目的的作用。翻译 / 口译 / 说话 / 写作要按文本 / 译本在使用的语境中所能起到的作用的方式来进行，而且还要根据使用该文本 / 译本的人及其他们想让该文本起到的作用来进行。”而任何文本都是行为的结果，因此，通过文本分析可以揭示出文本生成的行为，自然也就可以分析出行为的目的，即文本的目的。正是基于这种逻辑，莱斯对文本进行了分类，并提出了自己的翻译观。

（一）文本类型翻译论

莱斯最初根据布勒的观点将文本分为三种类型，而后又增添了一种类型，即视听文本：

“既然文本都要通过语言媒介来表达（尽管数学公式无须翻译），那么每一个文本都需要仔细观察以便精确地确定该文本再现的是何种语言功能。根据卡尔·布勒的观点，语言同时可以用来（客观）再现，（主观）表达，（劝导）诉求。这三种功能并不是在每一个语言表达式中都得以再现。有的文本（或文本中的一部分），其描写成分可能是主要的，而有的文本，其表达成分可能是主要的，还有的文本旨在劝诫听众或读者。当然，一个文本并不是通篇都只有一种功能。实际上，文本存在三种功能的组合和重叠现象。然而，当某一特定文本中一个功能或另一个功能变得很重要，显然区分这三种基本功能很有必要：重内容的文本强调描写功能，重形式的文本强调表达功能，重诉求的文本强调劝导。强调内容的文本意味着主要兴趣是在表达在某些事物，数据和信息。强调形式的文本必定有内容，但是用来表达内容的形式才是主要考虑的。”

莱斯对语言的功能、语言的维度和文本类型进行了如下区别：

language function 语言功能	representation 再现	expression 表达	persuasion 劝导
language dimension 语言维度	logic 逻辑	esthetics 审美	dialogue 对话
text type 文本类型	content-focused (informative) 重内容（信息）	form-focused (expressive) 重形式（表达）	appeal-focused (operative) 重诉求（操作）

莱斯对认为“重诉求类文本，与其他两种类型的文本一样，传递内容，但语言形式很独特。其结构受某种独特的视角控制，反映一个或多或少明确的目标，这类文本的特点旨在达到非语言结果，因此，翻译时必须对部分听众或读者保持清楚的行为诉求。”

1. 重内容的文本

（1）概念

莱斯认为重内容的文本包括新闻发布和评论、新闻报道、商务信函、商品目录、操作说明、使用说明书、专利说明书、条约、公函、教育著作、各种非小说类书籍、随笔、论文、报告、毕业论文、人文科学专业文献、自然科学和其他技术领域。

莱斯还对重内容和重形式的文本进行了区分。“如果说我们要对重内容和重形式的文本加以区分，这并不是暗指重内容的文本就没有形式。正如没有一定的内容也就不可能有一定的交际形式。因此，在处理重内容的文本时，还应该记住的是，由于内容离不开形式，形式离不开内容，因此，思想是如何表达远没有表达何种内容重要。

恰当的内容只能以恰当形式来表达。”

既然形式和内容不可截然分开，那么形式在各种类型的文本中的地位又当如何呢？莱斯认为“重内容的文本关注形式涉及信息交际的有效性和准确性，而重形式的文本关注形式的审美特性和艺术创造性。重内容的文本是从语义特征、语法特征和风格特征来判断出来的，这些在翻译时都要反映出来。重形式的文本是从其美学、还有风格、语义和语法特征来判断出来的，因此，这些特征也要翻译出来。”

（2）翻译标准

对于重内容的文本的翻译，莱斯提出了两个标准：内容的不变性和形式的习惯性，她说“一旦确定了某个文本属于重内容的文本，那么就已经确定了该文本翻译方法的一个重要要素。重内容的文本要求转移时保持内容的不变性。批评家首先弄清文本的内容和信息是否全部用目标语再现出来。这是最基本的要求，要求译文的语言形式毫无保留地遵循目标语的语言特性；换句话说，译文的形式应该首先遵循目标语的用法。”

“评估重内容的文本的第二个标准就是彻底性，即彻底适应目标语。目标语必须站主导地位，因为这种文本中的信息内容最重要，译文读者需要用一种熟悉的语言形式获取所呈现的信息内容。”

2．重形式的文本

（1）概念

关于形式，莱斯认为“一般而言，‘形式’是指作者如何表达自己，而‘内容’则不同，是指作者说的是什么。当然，这种描述对所有文本都成立，包括我们前文所提及的语用文本；因此，这个定义太宽泛，无法成为重形式的文本的区别性特征。”尽管如此，莱斯还是发现这些文本的作者会运用一系列形式要素，这些要素，无论是有意识的还是无意识的，都会有一种特别的审美效果。这些形式要素并不仅对主题产生影响，而且远非如此，有助于产生一种特殊的艺术表达方式，这种艺术表达方式在语境上与众不同，而且只能通过目标语中某种类似的形式才能再现出来。因此，语言的表达功能，主要是指重形式的文本，必须在译文中找到类似的形式来制造一种相应的印象，这样，译文才能达到真正的等值。

莱斯在书中罗列了一系列形式要素，包括语音、句法特征、节奏、风格和格律、比拟、比喻、谚语、韵律、审美效果、语音修辞要素。

莱斯认为，这些形式要素“显然不能机械地从源语移植到目标语。无论如何，对语音修辞要素来说，这些是不可能移植的，因为两种语言之间存在语音差异”。形式要素，在不同的文本中具有不同的地位，“形式方面的要素，在重内容的文本中属于第二位的，只能忽略掉，但在重形式的文本中却不能忽略，因为形式方面的要素是最基本的要素。重形式的文本的主要要求是要达到相同的审美效果。这可以通过新的形式产生等值来实现。因此，在重形式的文本中，译者不会机械模仿（吸纳）源语的各种形式，而是鉴赏源语的形式，并受其启发而在目标语中发现类似的形式，发现那种能引起读者相同反应的形式。因为这个缘故，我们把这种重形式的文本界定为以源语为中心的文本”。

那么，莱斯如何来界定“重形式的文本”的呢？莱斯并没有按传统的文体类型(genre)来界定，也提醒译者不要按作者自己声称的文本类型来界定；她将重形式的文本界定为“一切在形式上基于文学原理的文本，也就是说，一切用来表达而非陈述的文本，这些文本中的修辞和风格起到审美目的的作用”。

莱斯所谓的重形式的文本包括“文学散文（随笔、传记、美文）、想象性散文（趣闻轶事、短篇小说、中篇小说和传奇小说）和各种形式的诗歌（从说教类到民谣体再到纯伤情体）。所有这些形式，一方面可以起到传递某种内容的作用，另一方面原作者的外在或内在形式如果在译文中没有得到保留，那么这些形式就失去了各自的特点，要么失去诗歌规范上的特点，要么失去风格上的特点，要么失去艺术结构上的特点”。

（2）翻译原理

对以上两种不同的文本，莱斯提出了不同的翻译方法。她认为，重内容的文本，如果其中含有审美形式，翻译时可以遗而不译。

就语言形式而言，她说：“重内容的文本中的双关语在翻译时，只要内容不变性的原则不受到损害，可以放心地略而不译。但重形式的文本中的双关语，在翻译时，有必要找到相当的再现其文学和审美功能的手段。”“如果源语和目标语的结构不同，从而导致同一个双关语难以翻译时，那就只能二选一了：要么使用具有相同审美效果的不同修辞格，要么引用源语中没有而目标语才有的地道的双关语。”

就信息内容而言，莱斯说：“在重内容的文本中，原文里的隐含信息必须完整明晰地陈述出来，并且要遵循目标语的原则和习惯用法。在重形式的文本中，不仅源语文本所包含的信息决定了目标语的形式，而且源语文本的形式也决定了目标语的形式。当原作者使用的表达方式偏离了常规用法——这一点，实际上每个作者都会有这种偏离现象——在翻译重形式的文本中也应该具有创造性，偏离目标语的常规用法，尤其是当此种‘错误(erosions)’具有审美目的时。”

就习语翻译而言，莱斯说：“重内容的文本，在翻译其中的习语、谚语和暗喻时，由于要求符合目标语的正式用法，可以运用目标语中相同的结构或修辞格来翻译，这是完全合理的。但是重形式的文本，恰当的方法就是直译其中的习语（和谚语）——即以相同的方式对待暗喻，尤其是作者自己的暗喻——和一旦译语难以接受、莫名其妙时可借助于目的语中类似的普通表达方式来翻译。”

3．重诉求的文本

（1）概念

莱斯认为“重诉求的文本并非简单地通过语言形式传递某种信息；这种文本的独特之处就在于总是以特有的视角来提供信息，具有明晰的目的，涉及一个非语言结果。诱发这种结果是重要的一个方面：向听众和读者明确地发出诉求是翻译不可或缺的。重诉求的文本中的任何特定的信息内容的语言形式显然不如实现文本信息后的非语言的结果。这种文本应该激起部分听众或读者的特定反应，诱使他们行使具体的行为”。莱斯将其定义为“诉求要素明显的文本”，包括广告、公示、布道、宣传、辩论、煽动、讽刺等。

（2）翻译原理

关于“重诉求的文本”的翻译，莱斯认为“任何对原作做出的改变，批评家都不应该将其视为违背忠实原则。重内容的文本所要求的忠实是复制原文内容的每一个细节。重形式的文本所要求的忠实是指形式原则上的相似性和保持原文的审美效果。相应的是，重诉求的文本所要求的忠实是指达到作者所欲达到的结果，即保持文本内在的诉求”。

4．视听文本

（1）概念

莱斯认为：“视听文本，正如前文所说，并不是指将口头交际简单转录下来，而是指或多或少更大复合体中的重要组成部分，其特征是依赖非语言（技术）媒介、图表、音响和视觉表达方式。只有将这些结合在一起整个复杂文学形式才能实现其全部潜力。”换句话说，视听文本是指“要求使用或一定程度地调适非语言的媒介来与听众，无论是原文听众还是目标文听众，进行交际的文”。包括新闻广播、新闻报道、专题述评、戏剧制作。“视听文本主要可以归于其他类型，比如重内容的文本（广播讲话、纪录片），重形式的文本（专题述评、戏剧）、重诉求的文本（喜剧、悲剧）”。

(2) 翻译原理

“广播讲话的翻译不仅应该忠实于内容，也应该符合目标语的口语句法。语言不同，口语形式与书面形式的节奏和语调的模式也就大不相同。”。“视听文本的翻译，恰当的方法是必须让译文产生的效果与原文所产生的效果保持相同。”

（二）翻译批评理论

莱斯比较赞同奥特加·伊·加塞特（Ortegy Gasset）和E·格瑞（E.Cary）的观点，前者认为“要把原文本的所有方面都表达出来，至少几乎总是不可能的”；后者认为“没有一部创造性作品可以丝毫不差地完美保存下来。翻译的必然性，其中就有做出选择的必然性。这种选择就是译者的一部分责任”。基于这种观点，莱斯对翻译批评提出了要求，认为“翻译评价不应该集中在译文的某个细节或局部上，而应该从文本类型的定义着手，做完这一步后才能确定恰当的翻译方法，然后才能评估译者满足相关标准所达到的程度。换句话说，重内容的文本主要关心的是是否体现数据的准确性。重形式的文本，一般除了要关注信息外，还要看是否有特别关注的地方，这样修辞结构达到类似的审美效果。重诉求的文本，主要关心的是译本是否体现了原文意欲达到的目的。重视听的文本，主要关心的是相关媒介及其作用是否调适融合得当”。重内容的文本的翻译必须优先考虑文本传递信息的准确性，重形式的文本必须优先考虑文本内容的结构。莱斯除了按文本类型对翻译进行评估外，还将翻译批评界定在语言风格上。她说“详细检查翻译过程是如何用目标语再现源语的语言特质的”。

莱斯说：“翻译的每一个行为首先涉及识别有潜势的各种等值成分，然后从中选择最适合特定语境的等值成分，同时还要考虑翻译单位中每一个要素与整体语境的搭配性。”

无论是翻译还是翻译批评，莱斯认为必须考虑两种因素：语言因素和非语言因素。

莱斯说："一方面要识别文本的语义、词汇、语法和风格（即语言的）成分，另一方面要考虑语义、词汇、语法和风格领域中非语言因素所产生的影响力。"作为翻译批评，莱斯提出两个范畴：语言范畴和语用范畴。她说："这两个范畴对翻译批评家来说最为重要，因为没有这两个范畴，就不可能对所选择的等值成分的质量加以评估。"

1. 语言因素

包括：语义要素、词汇要素、语法要素、文体要素。

关于语义要素，莱斯认为，"保持原文内容和意义最关键的是考虑（或忽略）文本的语义成分。对译者来说，最大的危险源自未能识别多义词和同音异义词，源自源语和目标语之间的术语缺乏一致性，源自阐释有误和随意增减；因此，所有这些对评论家而言最诱人，也是着手之处"。莱斯认为，翻译要求语义等值，而"要确定语义等值，必须仔细审查语境，因为这才是最能看清作者意欲表达意思的地方"。

关于词汇要素，莱斯说："如果完全等值可以看作是原文和译文在语义要素方面的标准的话，那么充分性可以看作是原文和译文在词汇要素方面的标准。通常要求译语达到镜像式字义准确性（词对词式翻译），并不能充当客观标准，因为两种语言的词汇（因结构和概念存在差异）不可能存在简单的完全对应关系。因此，批评家必须确定原文成分是否传递到目标语言的词汇层面上。这就要求观察译者处理词汇能力，包括处理技术术语和特殊习语、同音异义词、不可翻译词、暗喻、双关语、习惯用法和谚语等。当然，在进行这种调查时，还应该考虑文本类型的不同要求。"

关于语法要素，莱斯认为："就原文的语法要素而言，译义评价必须受制于正确性标准，而且体现在两个方面。由于两种语言的语法体系通常存在巨大差异，如果在文本的本质或在某种特殊环境上没有某种特别重要的因素的话，显然值得优先考虑应该是目标语的形态和句法。然而，如果译文遵循了目标语的用法，而且源发语的语法结构上的相关语义和风格方面都被理解了并得以充分翻译，那么满足了语法正确性这一标准。""所谓'充分'并非是指表达形式上简单的相似性，尽管西方文化中关系紧密的各种语言之间经常要求这样。如果考虑到风格因素或某一语法要素在流行习语中地位，通常允许用目标语加以简单替换（采纳语法形式的字面意义）作为潜在的等值要素。最佳等值通常要求移位（即形式上改变语法和句法成分）"。

关于文体要素，莱斯认为："在文体学领域里，批评家必须确定出目标语文本是否体现了所有对应，其中这里主要关心的是译文是否恰当地考虑原文中所观察到的口语体与标准或正式语体之间的差异，两种语言的语言层面上的差异是否存在实际的可比性。还应该确定译文是否将原文的语体因素（即标准用语、个体用语和当代用语）考虑进去，还应该确定译者在语体要素方面是否偏离常规用法。"

关于以上语言范畴，莱斯总结说："批评家必须审查译文中的每一个语言要素、语义要素的等值性、词汇要素的充分性、语法要素的正确性和语体要素的对应性。不仅要关注这些要素之间是如何相互关联的，而且还要关注这些要素与其所属文本类型的关系。一方面，这些要素并不是独立存在体，另一方面这些要素的价值因文本类型的不同而不同。重内容的文本中，字词语义（词汇要素）和句法语义（语法要素）具有优先性；而重形式的文本和重诉求的文本，语音、句法和词汇要素尤其重要。”

2. 语外因素

包括即时语境、专业、时间因素、空间因素、听众因素、发言者因素、情感意蕴。

关于即时语境，莱斯认为译者在翻译时应该设身处地原文的情景之中。“所有语外决定因素宽泛地说可能有一个特点，即语境因素。但这与即使语境中特殊情境因素的意义还是有很大的不同。正如上面所说，语外因素偶尔可能允许作者所表达的信息简化到最小的语言形式，因为听众或读者能够用他自己的语言将余下情景补充完整。这与即时语境有关，但与整部作品（即术语环境的技术语义）无关，而是指与单个片段和时机有关。比如感叹语、典故（涉及文学作品、历史事件、时尚等）、缩略式俗语等。这些表达方式常见于戏剧和小说中反复无常的对话 (volatile dialogues)。这种文本让译者感到无助，除非他们能设想自己处于说话者的语境。只有在那个时候，他们才可能在目标语中找到最佳等值，所谓最佳等值就是使译文读者既能理解字词又能理解字词所在的语境。批评家也只需把他们置于环境之中，这样才能判断译者做出的选择（不仅指字词上的选择还有语义上的选择）是否恰当。仅有微观语境和宏观语境通常还不够。”

“总而言之，我们可以这么说，即时语境将会在词汇、语法和文体方面影响目标语所采取的形式，就像即时语境在这些方面有助于恰当地阐释隐含在原文中的语义要素。”

关于专业，莱斯认为专业会影响语言形式。她说：“还有一个因素不仅影响原文而且影响译文的语言形式，这个因素就是专业。每个文本都要求译者充分熟悉文本所属领域，这样才能在目标语中建构一个在词汇上具有充分性的译文。正如加图所说‘了解专业，字词自明’。这一点对所有纯技术性文本来说显然都是真的，这种文本中的术语和惯用法必须符合目标语的普通用法。考虑专业性因素根本不是专业性强的文本独有的，而是通用于所有文本，翻译时要求具备深入的专业知识。概括地说，无论翻译一篇文本还是评价一个译本，了解字词还不够，必须了解字词所属专业。”

“总而言之，这一切都表明译者和评论家都必须理解和正式认可文本的专业性。尽管如此，广义的专业性决定因素主要体现在目标语的词汇层面。而且专业文本的翻译可能还有一个很强的要素，即外借词，否则就可能冒非专业的危险。”

关于时间因素，莱斯认为：“如果语言与某一特定时期有紧密的关系，那么时间因素通常变得紧密相关，自然就对翻译决策产生影响。在翻译古文本时，字词的选择，包括古式的形态或古式句法形式，某一具体的修辞格的选择等，都要尽可能地接近原文的用法。更何况语言是活的，不停变化的机制，其形成受制于具体环境，这些在翻译中都应该反映出来——在重形式和重诉求的文本中尤其如此。翻译 18 世纪的文本与翻译 20 世纪的文本应该具有本质性的区别。”

“从另外一种意义上来说，时间因素对翻译批评也非常重要。19 世纪文本在同一时代的译本，在评判时，不能用同一原文的现代译本的标准去评判，因为原文的语言不可能发生变化，但目标语同时一直在发展变化。这些因素对重形式和重诉求的文本可能尤其重要。译文具有时代性这种现象在这儿具有操作性。这就是为什么世界文学经典需要不断地重译。朱利斯·威尔指出时间因素的另一影响：'历史、文献和文本批评研究的发展有可能(基本上)改变传统的已为人接受的对文学或诗歌作品的理解，同时影响文本的整体进口和具体细节。'"

关于空间因素，莱斯认为："空间因素主要包括源语所属国家和文化中的一切事实和特点，还包括与所描写的行为发生的场景有关的任何联想。如果目标语中缺乏相同空间，而且企图描写超出说话者想象力的事情，要翻译成目标语尤其困难。奥尔特加举了个例子，即西班牙语中的 bosque(forest) 和德语中的 Wald(woods)，指出这两个词，在所代表的现实之间，所代表的大气及其所引起的直觉联想之间，以及在西班牙语与德语各自所代表的概念之间，存在巨大差异。毫无疑问，这两个词在意象、情感氛围和联想上缺乏共同性和一致性。但是对于熟悉该国而有能力的译者，他会全力以赴将精力集中在空间特性上接近该词的意义，具体地说，不是去翻译该词，而是翻译该词所代表的现实。从这个角度看，翻译批评家如果要充分考虑空间因素的影响力，他就必须能够理解译者的动机。"

关于听众因素，莱斯说："听众因素常见于源语中的普通习惯表达方式、语录、谚语典故和暗喻等。"

关于说话者因素，莱斯说："所谓说话者因素，我们主要是指那些影响作者自己或他的创作语言的要素，即语外因素。"

这些因素可以许多方式出现在词汇层面、语法层面和文体层面。翻译时，这些因素应该到何种程度还取决于再现的文本类型。在重内容的文本中，这些因素产生的影响应该最小，其中的字词、句法和文体更多是受制于专业而不是作者的决定。还有几种例外，即评论、非虚构文学和特写，这些东西中，作者的修辞手段要尽可能地复制到目标语中，尽管复制程度明显要服从内容专业。在重形式的文本中，三个层面的因素对作者的风格来说具有决定性作用，作者受影响的程度取决于他的出身、所受的教育、所生活的年代、与某一学校或传统的关系(比如，浪漫主义时代的作者与自然主义时代的作者的写作不同)；不仅如此，三个层面的因素对作者的剧中人物的语言风格来说也极其重要(洗衣工说话不要像记者，孩子说话不要像成人)。在重诉求的文本中，必须进一步考虑某一特定语外的、非文学目的会影响作者的词汇、句法和风格，即语言形式风格的形成总是受制于达到最佳效果的目的。最后，在视听文本中，尤其是舞台剧，口语形式不仅受制于口语句法原则，还要受制于好的对话结构。就像在许多重形式的文本中，通过个人的语言来塑造个人形象，因为个人语言都属于某一具体区域(方言)，属于某一社会阶层(行话、俗语、标准用语)，属于某一职业，甚至某一宗教团体(技术术语)。这足以证明与说话者有关的决定性因素对文本形式的影响足以值得引起译者和批评家的注意。

关于情感因素，莱斯说："情感决定性因素主要影响词汇和语体问题，但也可以扩展到源语文本的语法层面(形态和句法)。夏尔·巴利 (Charles Bally) 在另外一种语境中意识到这个因素对语言形式的意义。'对他来说'，乔治·穆南说，'显然，从一开始语言中就存在情感价值、表达方式、思想的情感要素、表达方式的情感特性、情感句法等诸如此类说法’。批评家应该检验这些隐含意义是否在目标语中有恰当的反映。他应该观察原文中那些表达幽默或讽刺，轻蔑或挖苦，激动或强调的语言手段是否被译者充分认识到，是否恰当地译入目标语，通常原文的语言要素不会单独唤起对特别的情感方面的注意，以至于必须用其他方式来发现。自然，在重诉求的文本中，这些决定因素会引起最大注意。”

对以上非语言要素，莱斯说：“批评家必须把影响原文语言形式的语外决定性要素完全考虑进去，同样译者在翻译时也必须如此。尤其是对情感隐含意义来说，应该认识到译者和批评家在一定的环境下，两者都可能考虑这些决定性因素的影响，而且可能得出不同的结论，以至于尽管方法上采取了一切措施，批评时显然也不能排除主观因素。”

三、目的论

（一）理论基础

功能目的论翻译观的理论基础是行为理论，行为理论的核心是：但凡行为必有目的。

诺德将人类的行为分为无意图的行为和有意图的行为，其中后者又分为双向性（互动行为）和单向性，双向性行为又分为人与人互动和人与物互动，而人与人互动又分为交际与非交际互动，交际互动又分文化内部交际和跨文化交际。跨文化交际分为有介体和无介体交际，有介体跨文化交际就是翻译行为，翻译行为分为有源文本和无源文本行为，无源文本分为跨文化咨询和跨文化技术写作，有源文本行为就是翻译，翻译分为口头翻译（即口译）和笔头翻译（即笔译）。

在诺德看来，“行为理论可以改称为交互行为理论”。她认为“人类的交互行为可以看作是对影响两个或两个以上的人或行为者的事态做出的、有意图的改变。所谓交互行为就是指‘交际’，即某个行为者有意图地通过符号来实施的交互行为，这个行为者通常称为‘发送者’，行为指向的另一个行为者就称‘受事者’或者‘接收者’。”

可见，翻译是一种人与人之间通过有介体来进行跨文化、有意图的交际行为。具体地说，是译者与其他人之间的一种交际行为。这里其他人包括翻译行为的委托人、翻译行为的实施者（译者），翻译行为的交际对象（作者和目标语读者）。但凡人与人之间所产生的行为必然有意图。

根据以上论述，诺德把翻译看作是不同文化社区成员之间的交际。既然翻译是人与人之间的交互行为，那么译者在翻译过程中跟哪些人产生这种交互行为呢？

根据这种行为理论，诺德把翻译界定为涉及多方面的交互性行为，即“翻译是通过翻译来产生交互性行为的一种形式”“翻译是有意图的交互性行为”“翻译是人际之间的交互性行为”“翻译是一种交际行为”“翻译是一种跨文化行为”“翻译是一种文本加工的行为”。

就人与人的交互行为而言，整个翻译过程涉及的人包括发起者和监理人、源语文本制作者、目标语文本使用者。人与人在具体的交际过程目的或意图重心并不相同。

(二) 目的论翻译三法则

诺德对德国功能主义翻译理论进行了总结，并总结出了翻译三法则：目的性法则 (skopos rule)、连贯性法则 (coherence rule) 和忠诚性法则 (fidelity rule)。

1. 目的性法则 (skopos rule)

诺德对莱斯和弗米尔的翻译理论进行了总结，说："翻译的最高法则就是目的法则，即翻译行为是由其目的所决定的"。所谓目的，她引弗米尔的话说："每个文本的生成都有一定的目的，而且应该达到这一目的。因此，目的法则陈述如下：翻译/口译/说话/写作要按文本/译本在使用的语境中所能起到的作用的方式来进行，而且还要根据使用该文本/译本的人及他们想让该文本起到的作用来进行。"诺德继续引用弗米尔的话说："所谓目的就是必须有意识地、持续不断地，按照尊重目标语文本的某个原则来翻译。这个理论并没有指出有什么原则：这必须具体情况具体分析。"

就发起者、监理人而言，诺德进行了阐述。所谓发起者是指"发起翻译过程，以及通过界定所需目标文本的目的来决定翻译进程的个人、集体或机构"。所谓监理人，诺德借用了加斯特·赫尔兹·曼塔里 (Justa Holtz Manttari) 的定义，指"为了满足某一特定目的和特定对象而邀请译者产生的某一目标文本的人。监理人有可能影响目标文本的产生，他也许对某一特定的文本格式或术语做出要求 (demanding)"。这个"要求"，不同的学者有不同的称呼，诺德最初称之为"翻译操作指南 (translation instructions)"，后来接受了珍妮特·弗雷泽 (Janet Fraser) 的术语"翻译纲要 (translation brief)"。所谓"翻译纲要"就是"对所需译本的交际目的的界定。理想的纲要所提供的信息，不论是明示的还是暗示的，包括所需目标文本的功能、目标语文本接收对象、传送媒介、预期的时间与地点，如有必要，还包括文本生成或接收的动机。"

诺德把翻译中的目的分为三类，他说"在翻译领域里，我们可以区分出三种可能的目的：普通目的，即译者翻译过程中所要达到的目的（或如'谋生'），交际目的，即在目标语环境中目标语文本所达到的目的（或如'教育读者'），和某种特定翻译策略或翻译过程所达到的目的（比如'直译是为了显示源发语结构上的独特之处'）"。

诺德还对意图和功能进行了区分，认为"'意图'是从发送者角度来界定的，即发送者想用文本达到某一目的。然而无法保证绝大多数意图都有一个完美的结果，尤其是发送者和接收者考虑的角度不一样时。根据文本绑定交互作用模型，接收者都是根据他们自己的期望、需求、知识和环境条件来使用带有某种功能的文本的。理想的情况是发送者的意图得以施展，在这种情况下，意图和功能的意义类似，甚至完全相同。"诺德认为这种区分尤其有用。

2. 连贯性法则 (coherence rule)

诺德将连贯法则分为文内连贯 (intratextual coherence) 和文际连贯 (intertextual coherence)。所谓文内连贯是指"目标语文本应该要可接受和有意义，即目标语文本与接收环境连贯一致。'与……连贯'与接收者的环境和文化的一部分同义"。而文际连贯又称忠诚原则，是指“以目的论为指向的翻译框架下的原文文本与目标文本之间的关系”。

3. 忠诚性法则 (fidelity rule)

就原文和译文的关系，诺德借用弗米尔的观点，认为“原文和译文应该存在着文际连贯，而译文所采取的形式取决于译者对原文的阐释和翻译的目的，文际连贯还存在一种可能性，那就是最大限度地对原文加以忠实的模仿”。

就以上三个法则的关系，诺德认为“文际连贯从属于文内连贯，二者都从属于目的性法则。如果目的要求改变功能，那么标准就不再是译文与原文之间的文际连贯，而是在目的上充分性或适宜性。而且如果目的要求文内不连贯（如在抽象剧剧场中），那么文内连贯这个标准不再有效”。

第二节 功能目的论与翻译教学

目前，我国翻译教学中，教师在指导学生进行翻译实践时，翻译要求和目的尚不明确。大多数翻译课教师在组织学生进行翻译练习时，并不假定翻译文本有任何实际用途，翻译练习从词组、句子、段落到短文依次排列。而且，翻译要求几乎如出一辙，除了一句“将下列词组 / 句子 / 段落 / 短文译成英语 / 汉语”之外，对原文的语境、译文的目的、要求、用途、媒介、时间、场合、接受者等情况没有任何其他更为具体的说明，就好像学生在文化真空中进行翻译似的。由于学生们在对上述情况毫不了解的情况下，只是为了完成老师的作业，为翻译而翻译，翻译目的并不明确，译出的译文自然无的放矢，而教师的评判也就成了按照自身既定标准进行的简单的“正误判断”。

功能主义翻译目的论指出了翻译现实中存在的，而人们又往往忽略的翻译指令的重要性。按照诺德的观点，在进行翻译教学时，教师不能想当然地认为原文会包含翻译指令，说明原文该怎样翻译。在翻译实践中，专业译者常常会按照其以前的翻译经验或惯例解读翻译情景，并从中推测出目标文本的目的。但作为学习翻译的学生，尤其是初学者，如果缺少这种翻译经验，我们就不能指望他们在教室里，解读一个自己并不十分清楚的情景。那么，每一次翻译任务都应该伴有翻译指令来规定翻译情景，要求目标文本在此情景中完成其特定的功能。从交际情景决定文本的语言和非语言特征这个概念出发，我们可以假设：对情景因素的描述界定了文本的地位，这对原文和目标文本同样适用。原文实现功能的情景不同于目标文本实现功能的情景。要找出原文和目标文本的不同，译者必须将原文与翻译指令中规定的目标文本的情景进行比较。

翻译课教师在布置翻译任务时，应该提出明确的翻译指令，帮助学生了解待译文本的预期文本功能、目标文本接受者、文本接受预期的时间和地点、文本要传递的媒介、文本创造和接受的动机等，并帮助学生分析原文的文本类型、创作背景和具体语境，引导学生弄清翻译活动的目的，并据此来确定翻译策略。例如，在翻译一个文学文本时，教师最好向学生表明译文的接受者可能是谁：是普通读者？文学研究者？文学爱好者？还是某一特定层次的接受者？针对不同的接受对象，可以确定不同的翻译目的，如：使接受者更好地欣赏原文，从而了解原文写作的奥妙之处；使接受者比较轻松地了解一个文学故事，从而得到身心的愉悦；使接受者了解译者的观点，从而针对文本主题展开讨论。只有有了明确的翻译指令，学生才可能清楚自己的翻译目的，才能有的放矢地进行翻译，才可以采用适当的翻译策略来实现翻译目的，教师才能具体问题具体分析，按照较为客观、统一的标准进行译文评判。

尽管功能主义翻译目的论的相关理论已经在我国得到了传播、接受和研究，但在我国目前的翻译教学中，严格意义上的翻译—“全译”依然占据绝对的主角地位，教师在组织学生进行翻译实践活动时，一般不会要求学生针对具体的翻译目的、目标读者或者文本类型选用相应的翻译策略，进行全译依然是不言而喻的要求。但是，随着社会的发展和信息时代的到来，人们的生活节奏日益加快，有不少读者需要在有限的时间内汲取更多的知识，了解更多的问题。这样，译文的简约化、凝练化已成为新趋势。在实际生活中，除了文学作品或经典性、哲理性较强的作品需要翻译外，还存在着大量的非文学作品需要翻译，其翻译目的和翻译要求与文学翻译可以说是存在着很大差异的。况且，在现实的翻译实践中，即便是同为文学作品，或非文学作品，面对不同的译文接受者、不同的译语文化环境，也会有不同的翻译目的和要求，并非在任何情况下，待译文本都需要严格意义上的的翻译—全译，有时变译也许会达到事半功倍的效果。而在单一翻译实践中培训出来的学生，在走向社会，面对现实中的翻译时，势必难以适应翻翻复杂的翻译实践需要。因此，翻译课教师需要充分利用现代信息手段，从互联网上下载相关教学内容，译例最好选择有两种参考译文以上的文章或段落，文学类与非文学类语篇兼顾，适当增加与时代进步、与现实生活关系密切的应用文的译例。使学生有机会接触到丰富多彩的翻译语料，进行多样化的翻译实践。在教学过程中需要根据不同的文本类型和翻译要求，借鉴功能主义翻译目的论的相关理论，加强翻译教学的多样性、针对性和实战性，以优化翻译教学的效果，培养学生解决实际翻译问题的能力。

翻译实践要求我们，由于文本功能、审美价值观、实用价值观、翻译观的不同，译文的取向并非单一的，而是多样化的。我们在翻译教学中，应该引导学生根据具体情况采用不同的翻译策略和译文评价标准。要鼓励学生精益求精，敢于挑战权威，勇于创造更好的译文。此外，最好注意不同翻译理论流派之间的对比教学，不应只拘泥于一家之言，而应博采众长，培养学生兼收并蓄的开放学术心态。由于翻译活动的复杂性、多样性、单一性的翻译标准的确存在着局限性，我们在进行译文评估时，不妨采取多角度、综合性，描写性和规定性相结合的翻译标准，充分考虑各种相关制约因素，考虑译文评估的目的，采用相应的评估标准，尽量使翻译评估标准可操作性更强，可信度更高。至于何时何地应该采用何种翻译评估标准，功能主义翻译目的论的代表人物之一赖斯的翻译批评模式可以为我们提供参考。

功能主义翻译目的论的翻译教学思想是与传统翻译思想截然不同的，很值得我们在翻译教学和研究中加以借鉴。当然，由于中西方在教学体系、师资队伍、学员选拔、培训时间等方面存在的差异，功能主义翻译目的论的译员培训模式应用于我国的翻译教学还存在着某些局限性，只有通过译界同仁的共同努力，方可使该派理论中的有益理念融入我们的翻译教学中，促进我国高素质翻译人才的培养。

第三节
教学案例研究

案例一：目的论中的译者传递的不是语言符号，而是蕴含在符号中的意义。例如，2008 年 8 月 26 日在上海举行的“2008 年跨国公司与湖北省战略合作论坛”，湖北省省长的一篇发言被人翻译成英文，其中的一部分内容是：

Hubei Province is facing a new round of development. In this process we give five priorities for overseas investment:

1. To promote modern industrialization through the development of 6 pillar industries, namely information technology, automobile, metallurgy, petro-chemistry, food production and textile industries.

2. To build a new socialist countryside by accelerating the agricultural industrialization, agricultural scientific innovation and export-oriented agriculture.

3. To boost the service industry by building a modern logistics center.

4. To improve our infrastructure in railway, highway and power generation, and build Wuhan new port with a handling capacity of 100 million tons to be the largest bonded river port of inland China.

5. To coordinate the regional development with Wuhan as the main center, and Xiangfan and Yichang as the two sub-centers.

此次论坛的目的是向世界 500 强等大型跨国公司推介湖北，吸引投资。因此，主要目的是传递关键信息。作为用英文发言的省长本人，对上述英文翻译不甚满意，认为表达不妥帖，没有突出交际的主要信息。经过调整后，这段译文是：

Because of this, Hubei is now benefiting from preferential policies in this new round of development. As a result of the reform, overseas investors can explore their chances in the following five priority areas:

Firstly, six pillar industries, namely information technology, automobile, metallurgy, petro-chemistry, food production and textile industries.

Secondly, agricultural development: scientific farming and export-oriented agriculture.

Thirdly, the service industry: with Wuhan’s ambition to become a modern logistics center.

Fourthly, infrastructure construction: in railway, highway and power generation. Also, Wuhan is going to build a new port with a capacity of 100 million tons, which will be the larges inland river port of China.

Lastly, regional development: with Wuhan as the main center, Xiangfan, Yichang and other cities as the sub-centers

修改后的译文主要突出跨国公司今后能够在湖北及武汉投资的五大领域，去掉了第一种译文中的诸多动词，如“promote”“build”等，因为需要“促进”“建设”的是讲话人一方，而听众是500强的高层管理人员，他们要获得的信息是将来能在哪些领域进行合作。改译后的文本传递的信息更加清楚，目的性、针对性更强。这种译文符合目的论提出的将目的放在第一位的要求。

案例二：诺德的相似性功能翻译主要指文学作品中的翻译，要突出文学的新颖性，并且在翻译中发挥译者的创造性。例如，杜甫的《绝句》：

两个黄鹂鸣翠柳，一行白鹭上青天。
窗含西岭千秋雪，门泊东吴万里船。

纵观全诗，是由两句相映成趣的宽对组成。全诗28个字所包含的内容远远超过这28个字的含义。晴空万里，一碧如洗，白鹭在此清新的天际中飞翔，这不仅是一种自由自在的舒适，还有一种向上的奋发。头两行的对仗，以“两个”对“一行”，以“黄”衬托“翠”，以“白”衬托“青”，色彩鲜明，更衬托出早春的生机发出的气息。“黄鹂”对“白鹭”，两个动作“鸣”对“上”。诗人在绝句中的对仗工整，上下联中，数词相对，量词相对，物种相对，动词相对，色彩相对，音律和谐。此外，杜甫的这首诗呈现了中国诗画一家，诗中有画，画中有诗的艺术特点。将这首诗的音律、形式和意境完全译过来是不太可能的。因此，翻译过来的诗，也只能像诺德所说的达到“相似对等”。

A Quatrain

A pair of orioles chirp and sing on a green willow,
A line of herons flit in the blue sky high and low.
At West Hill a window frames the years snow,
A big boat from Wu Kingdom anchors at gate slow.

（刘军平译）

Jueju

Two golden orioles sing amid the willows green,
A flock of white egrets flies into the blue sky.
My window frames the snow-crowned western mountain scene,
My door oft says yo eastward-going ships “Goodbye!”
(许渊冲译)

两种译文都努力在功能和形式上接近原诗，两种译文在音韵和意象上都进行了创造性的转换。两种译文体现了两位译者各自的创造性。第二种译文以“我”（my window, my door）强行“闯入”诗行中，在无人称的诗句里显得有些突兀。相比较，第一种用无人称的句式较符合原文的功能—诗歌中的无我境地，译文从而达到了功能的相似性对等。“绝句”不等于“Quatrain”，但为了目的语读者，不用汉语的“Jueju”，正是让目的语英文读者不感到陌生。因此，相似功能翻译是一种“符号学的转换”，或者是一种“创造性的移译”。译文的流畅性以及目的语读者的可接受性，是相似功能翻译的关键所指。

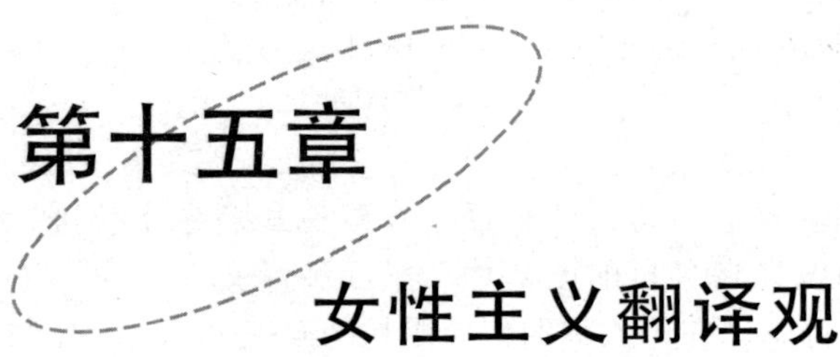

第十五章 女性主义翻译观

第一节 女性主义翻译观及其影响

女性主义翻译理论探讨了女性主义与翻译的历史渊源和对翻译的影响及作用。女性主义翻译观认为，翻译是女性译者实现其理论及政治主张的载体，主张翻译采用女性主义话语策略，使翻译活动为女性译者提供话语生存空间。女性主义翻译运用一系列翻译策略如增补、加写前言和脚注的手段，从翻译与性别隐喻、译者的身份构建、身体翻译以及翻译作为女性和他者的象征几个方面，分析和揭示了翻译与女性的关系。

女性主义翻译理论旨在探讨女性主义翻译在翻译策略上挖掘文学翻译的女性独特的审美价值，从而实现其男女平等的政治诉求。毫无疑问，从女性主义的角度考量翻译中的作者、文本、译者和读者给翻译研究带来全新的启迪，它颠覆了传统译论中原文与译文的主仆关系，瓦解了传统译论关于译文要忠于原文的观点。不仅如此，在后现代主义，后殖民多元文化语境下，女性、差异性以及他异性为重建译者主体性提供了无限的可能性。

女性主义翻译观对传统翻译理论中的一些重要概念进行了颠覆性的否定，然后再加以建设性阐释，从而丰富并发展了独特的女性主义翻译观。

一、叛逆传统译论，发展标准新内涵。

从人类产生翻译行为那一天起，也许人们不约而同地将翻译标准设定为“忠实”。传统翻译理论关于翻译标准的核心只能首先是“信”“忠实”或“精确”，认为译文必须忠实于原作，以原作作者写作思想意识和写作主旨为核心，重视译者对原作和作者的服从，不得越雷池半步，将译者与原作者的关系固化为仆人与主人的关系，并且在翻译行为和意识形态里，用语言来表述和维护这种关系。显然，外表上看，这种“忠实”似乎是翻译的一种必然，人们对此也深信不疑，但古今中外共性的社会文化意识形态，表现为男女性别的差异导致社会政治地位的差异，从而导致了社会对女性的歧视和不平等。这些意识形态同样充斥在作品，即原作的字里行间，如果以“忠实”为翻译理论的核心标准，完全与社会发生的巨大变化不相适应。此时的传统译论“忠实”只能为逝去的性别歧视或男女不平等的意识形态做垂死的挣扎。正是基于这个观点，女性主义翻译理论家们坚决实现对传统译论的“忠实”观的叛逆，女性主义翻译理论倡导者认为，语言中既然充满了性别歧视，反映着性别不平等的观念与文化，并且翻译的“忠实”理论标准正试图将这种文化“弘扬”下去，这与社会发展的总的趋势背道而驰。更何况，所谓翻译的“忠实”标准，与其说通常意味着全面剥夺女性的话语权，倒不如说将不公平、不平等的被动话语权、话语思维方式和话语文化强加给女性读者。因此，女性主义翻译理论家在翻译中要求回归性别的公平和正义，要在原文文本向译文文本转换中实现女性翻译活动的主体性，从自在变成自立，再变成自为，在实践中大胆履行自己女性主义翻译理论宗旨创新与变革、颠覆与叛逆。从女性社会政治视角、以女性的平等权力方法进行翻译操纵，是社会层面上广义的“忠实”，远远大于翻译技术层面上的“忠实”。广义的“忠实”是建立于正在、已经或将要变化的女性社会地位和平等政治权利之上。简言之，从这一点分析，女性主义翻译理论和实践确是当代能够起到促进翻译理论和翻译方法新发展的重要因素和历史作用力，也从客观上揭示了翻译新理论标准形成的规律，即翻译标准应与社会发展同步，并反映社会文化形态里人与人之间关系的最新变化，显然，这对传统译论体系是一个巨大的发展。

二、叛逆传统译论，前景化译者主体性。

当代女性主义翻译理论与传统译论的“作者/原作—译者/译文”对立统一模式决裂，同时，也摒弃了译者忠实于原作的主仆从属模式，创新提出原作与译文与时俱进的翻译标准，使译文对新时代女权运动的成绩负责、对女性主义运动成果负责、对性别公平权力的实现负责，实际上是对整个翻译理论研究与实践负责。要实现如此多的责任，必须保证原作的翻译需要，以女性主义翻译时空观来表现社会时空的进步。以语言文化来固化这种进步，共享时代的共生共荣。翻译是跨文化交际行为，必定要延伸原作的生命周期，拓展原作的生命时空，使原作以另一种或几种形式在另一个社会语言文化时间与空间里发挥原作应有的影响。这种作用与女性翻译理论倡导者主张的女性主义译作主体性相关，尽可能从原作剔除存在于文化意识形态的性别差异、性别不平等或性别歧视，是女性主义主体性翻译行为的目的和过程。女性主义翻译理论家们提出的全新的“性别译者”术语，但该概念也只是肯定了译者性别差异引起的对原文文本意义阐释的不同学术意见。可见，主张译者的性别主体性是有意义的。同时，译者性别主体性理论丰富并发展了对原文文本内涵的理解与发掘。以前只有一个“忠实”的层面，现在可以有一个“创新”的层面，可以输入与时俱进的社会认知和进步，这无疑增加了社会和谐性和认可度。译者主体性或者说女性翻译行为主体性，以否定“忠实”译论理论为斗争的形式，支持了传统翻译理论的核心价值观的丰富内涵与内涵的实现，以不容否认的方式对译者在翻译过程中表现的创造性给予肯定。许久以来，传统翻译理论界以“忠实”和“等值”为基础，忽视了译者的主体性，剥夺了译者的社会责任心和创造的原动力，翻译行为的阶段性成果只能是阶段性的，译文被认为是原作的附庸。译者翻译行为和翻译活动仅仅是派生的、附属性、做嫁衣的，或非创造性的。现代女性主义翻译理论把译者的主体性与原作的客观性并置，共同推向现代化，使之成为社会进步的一面镜子。这对于女性主义译者也是有意义的，因为在强化女性主义译者性别角色的同时，也重新界定了原作与译作的关系，丰富了原作与译作关系内涵，彰显了译者的主体性及主体性作用，对于消除性别歧视、主张性别的社会政治平等、发展先进翻译理论有现实意义。

三、叛逆传统译论，消弥译语性别歧视。

就翻译的策略和技巧等微观层面而言，女性主义翻译理论家们进行了大量丰富的翻译实践活动，希望从中获取相关的原则或社会学理论依据，借以彻底消除翻译语言中的性别歧视。女性主义翻译理论家首先从经典作品的翻译着手，强调使用女性主义语言及两性兼容的语言的策略和技巧，展开了翻译理论创新的篇章。在对《圣经》《论语》《红楼梦》等作品的翻译推介过程中，女性主义翻译理论家关于用女性主义语言和两性兼容的语言的阐释引发了人们广泛的兴趣和争论，其意义是深远的。女性主义语言或两性兼容的语言不仅让人们注意到性别化语言带来的冲突，是对传统译论的背反，也是传统译论内涵的拓展与外延的丰富；同时还拓新了人们对翻译作为内容丰富的阐释活动的理解，这同样是对传统译论的发展。世界上事物并非绝对的对立统一，相反，有时会共轭相处，相得益彰。女性主义翻译者宣称，在翻译过程中可以使用相应的、既成的各种翻译策略和技巧表现女性在文本中的主体性地位，让译作的多声中含有女性的声音，让多声中的女性声音从隐性转化为语言中的“可视”“可听”和“可信”。在这一翻译理论的实践中，很多女性主义译者大胆采用新词、新拼法、新语法结构，以及运用一些文字游戏，目的在于超越男权语言的成规，为女性话语开辟新空间，也让一些新的表达丰富了今天的生活，如人们津津乐道的“女汉子”“女爷们”等，不但是女性话语男性化的表现，也是女性主义翻译观性别抗争的阶段性成果，但值得注意的是，女性主义翻译理论的实践只是建立在相应的词汇表达、结构、翻译策略与技巧之上，是远远不够的。

第二节 西蒙的翻译观

谢莉·西蒙（Sherry Simon）是加拿大康考迪亚大学法语系教授、著名翻译理论家、文化专家。其《翻译的性别：文化认同和政治交流》成为女性主义翻译理论最广为阅读的著作。

西蒙（Simon）认为，翻译和女性从传统上看，都处于弱势和低等位置，译者是作者的侍女，女人是男人的侍女。毫不奇怪，这一不平等的伙伴关系及其象征意义，催生了翻译与女性思潮的关联：质疑传统的性别角色和等级序列，怀疑确凿无疑的忠实概念，挑战意义和价值的普世标准，理解语言所表达的社会，以及性别和历史文化差异。

西蒙（Simon）从建构主义的观点出发，指出翻译的衍生性和女性的从属性，在历史上的低下地位都是一种建构。女性主义翻译理论就是要解释这样的一个扭曲的建构过程，即用忠实和不忠实来看待女性与翻译，以及在描述女性时使用的歧视性词汇。语言的表征性特点，使人们习惯用“不忠实的美人”的隐喻来看待翻译，规定翻译和女性的角色。在一些国家，人们甚至认为，男性天生适合从事创作，女性天生适合从事翻译。

西蒙（Simon）从女性主义立场出发，对翻译重新思考之后，认为翻译的忠实概念必须重构。传统中的作者，认为文本的权威和译者作为代理的角色，以及女性附属的角色正在受到挑战，二元对立的关系也不断受到拷问，拓展女性主义译者的创造性不是损害原文意义，而是译者与作者，译者与文化的珠联璧合的对话、合作与互动。它解开了译者主体性新的维度，给忠实这个传统观念以全新的诠释。

西蒙（Simon）提出，女性主义者挑战了传统文本意义生成的方式，意识到决定意义的作用和责任。在女性主义关照下，女性译者会利用各种翻译策略彰显女性语言，为女性说话，使人们对女性翻译过程引起注意。在推翻偶像崇拜的基础上，将文本用女性意识予以置换，从一定程度上延伸和扩展了原文的意义。在阅读文本时，女性译者读出的不仅是字面意义，而且还有言外之意。女性翻译更应该为殖民话语提供新的文化信息。通过对传统史料的挖掘，有关女性的新的含义被不断发现。正因如此，在性别的疆界、语言的疆界、意义的疆界和作者的疆界上，女性主义开拓了新的疆土，新的元素不断涌入到这个世界。不仅如此，女性主义翻译理论反过来又丰富了西方女性主义理论。

第三节 弗洛托的翻译观

路易斯·冯·弗洛托 (Luise von Flotow) 是加拿大著名女性主义翻译理论家。其代表作《翻译与性别》是这一领域的力作。她还与他人共同主编了其他书籍。此外，她还在各种国际学术期刊上发表了数十篇关于女性翻译的有影响的论文。近年来，弗洛托经常应邀赴欧洲、美洲各地的学术机构做演讲，从女性主义角度出发阐释翻译实践和翻译批评。

弗洛托 (Flotow) 的性别研究渗透到了学术研究与文艺翻译的各个方面。她对于性别的关注，深刻影响了她的翻译实践、翻译理论与翻译批评观点。弗洛托对女性文化的深入研究，使翻译成为探索性别和文化相互作用、相互影响的重要领域。《翻译与性别》将翻译置于女权运动以及这场运动对“父权”语言的批判背景中，阐述了女性实验性作品的翻译实践。

弗洛托 (Flotow) 的女性主义翻译理论充分吸收了当代种种理论思潮来构建自己的译论，从当代的“怪异”理论分析身体表征所蕴含的性别政治和同性欲望，到福柯的权力与话语对性欲和身体所承载的意识形态进行分析，从新马克思主义围绕“消费化的身体”分析了消费文化既抵制又迎合的特点，并利用矛盾心态，到后殖民主义女性思潮。在此基础上，弗洛托强化了性别与翻译实践的关系，探索女性身体在翻译中所扮演的关键角色，展开了围绕女性主义翻译理论的种种神话，阐释了围绕女性的翻译、女性批评的历史渊源。

弗洛托 (Flotow) 采用实证的研究方法，从北美女性作家着手，收集了大量素材，从翻译技术角度进行微观分析，如从身体翻译、双关翻译和文化差异翻译等内容出发，寻找失去的女性作家和女性身份。从宏观上看，她探讨的是女性意识和翻译的关联，重新描述翻译的性别等级序列。弗洛托 (Flotow) 把女性译者的角色、作用、女性译者主体性以及性别意识、性别语言、权力与话语等方面的问题，统统置于女性主义翻译研究的视野。她认为，在社会化的进程中，性别中涉及女性的身体、心理和社会文化的各个方面，对女性来说是一种社会构建。性别是以生理性别为基础的社会建构，个人生而为男为女，并没有天生的性别认同，个人是在成长过程中获得性别认同的，在经过社会的建构之后，才成长为男人和女人。性别是与社会交互影响的产物，换言之，社会性别是社会和符号的创造物。

打破社会性别约定俗成的偏见和思维定式，彰显女性差异，记录女性体验是女性主义翻译理论应该研究的内容。女性的语言应引起译者和翻译研究的关注。在弗洛托 (Flotow) 看来，翻译研究应该从女性语言着手，女性被赋予创造新的语言、新的观念的潜力，母语就说明了女性与语言的渊源。继续使用旧的语言等于重复男人的历史。父权语言之所以被赋予权力，是因为女性语言以及翻译是一种私密性的语言表达，这种隐晦的语言必须通过女性语言而现身，而翻译是最好的表达形式。

在女性理论基础上，女性翻译理论一反女性作为男性工具的传统，试图在翻译过程中表达独特的、阴柔的审美视角。特别是 20 世纪后 30 年代，尝试运用女性语言的方式，来改写文学史和翻译史。女性翻译家也试图用新的词汇拼写、新的语法结构、新的意象和比喻超越父权主义时代所使用的男性语言。有些女性翻译家认为，女性相对于男性能更好地翻译有关女性身体的语言。女性译者的翻译能展现出女性独有的细腻和敏锐，保留原作中的象征意味和女性情感体验，强化作品的女性身份。由于东西文化的差异，对于身体翻译，译者要有勇气打破传统的观念，客观地再现女性话语所呈现的女性体验。弗洛托认为，通过这种翻译，女性翻译家做到了既保存自我，又突出了女性翻译家的身份和女性意识。因而，性别意识的翻译是文本中不可缺少的有机部分。女性翻译家需要有意识地在翻译中突出自己的个性、情感和身份。作为文化表述之中介的身体与作为违抗文化信仰关键场所的身体之间，存在着滑动的标杆，身体和性欲在两种极端摇摆，在妖火迷人的女性和恐怖的女性之间，需要反复调停。在保守的道德规范和激进的文学实验之间，在女性实验、翻译、语言的创新与文化伦理制约因素之间，女性主义译者需要找到一条可行的道路。无论如何，女性翻译和欲望一样，充满着变动不居的复杂性和欢愉感。女性的翻译和创作特征是开放多元的。它厚德载物，上善若水。因此，充满了再现和表述的无限可能性。

弗洛托 (Flotow) 认为，女性主义翻译实践和翻译研究是多元并存的，而并非统一的。作者的身份、译者的身份、批评家的身份都可能不一致。翻译中还尝试用多重性别的观点和方法，来解决实际翻译问题。并且在翻译时考虑译文的接受者、目的语的语境关联等因素。女性翻译的复杂性和反本质主义的特点，决定了翻译方法的多元性和不一致性。她认为，女性译者希望她们的翻译工作得到承认，希望译者的身份得到承认，也愿意承担起更多的责任和义务。女性译者和女性作家一样，从一个顺从的他者，发展成为一个真正的自我。弗洛托提出了女性翻译的若干问题，重新审视女性写作、身体翻译、女性词汇翻译的表述，唤醒女性语言的问题意识，对探索失去的女性话语方面做了全方位的研究和反思。不仅如此，她还尝试性地提供了未来女性主义翻译研究的研究课题。她的研究对西方整个女性主义翻译理论和实践产生了极其深远的影响。

第四节 张伯伦的翻译观

洛丽 · 张伯伦（Lori Chamberlain）是美国翻译家和女性主义翻译理论家。她的论文《性别和翻译的隐喻学》发表之后，立刻就成为女性翻译研究和性别研究中的经典代表作。张伯伦追溯了西方翻译理论界关于女性及隐喻的传统，指出以父权为代表的翻译模式将翻译看作是从属，这一传统必须予以纠正，她同时认为女性对于性别身份的关注，不仅有利于追寻女性所失去的身份和文本，而且对充满意识形态色彩的文本翻译也有帮助。

张伯伦（Chamberlain）认为，翻译通常是以性别程式化与性别中的权力话语之间的关系呈现。她详细分析了语言和文化中受压迫的女性与被贬低的翻译之间的关系。“不忠”的美女不仅是对翻译的贬低，也是对女性的贬低。归根结底，她将翻译看作是男女之间的婚姻契约，妻子和译文必须忠实于原配，否则罪责难逃，而丈夫则不受此契约的约束。

在翻译比喻中，译者又被进一步比喻成男性，译本被比喻成女性。男人引诱女人，女人是被动的，译者必须引诱女性，以生下在五官上或神情上相似于自己的后代。另一方面，译本和女性都需要保护，以保证其忠实性和纯洁性，就像男人的子嗣必须是正统所生。张伯伦指出，对于长期流传于西方男女之间的等级关系、文本的等级关系以及这种带歧视性的隐喻必须予以消解。这样我们才能真正理解翻译，承认女性的平等地位。

女性译者或男性译者在翻译及理解过程中，做到角色互换或“雌雄同体”，即女性译者翻译男性作家的作品能够把握男性的刚强，男性译者翻译女性的作品能够传递其柔美。女性主义的“雌雄同体”说明，翻译过程既包含译者的领悟，也包含译者的历史理解。这种视域融合所产生的新视域，超出了原来文本作者和译者自身的视界，达到了更高和更新的层次，同时，它也给新的理解，特别是判断男女身份的理解提供了可能性。

张伯伦（Chamberlain）比喻的论述主要建立在三个方面：首先，她证明了翻译的隐喻在历史上是被家庭男权关系所掩盖，家里的男性权威或男性成员试图控制女性，因此，男性译者把自己塑造成文本的庇护人，唯恐其受到玷污或蹂躏。所包含的语言关系的隐喻是，文本作为年轻的女性需要保护和道德教化。其含义是文本行为必须中规中矩。其次，张伯伦论证了传统的翻译隐喻认同了女性的暴力行为。例如虐待妇女，剃去头发，剪掉指甲，强迫成婚，是男权的乱用，这一形象在当代女性主义者中是不能接受的。再次，张伯伦指出，20 世纪的一些翻译理论家把翻译看成是男性性欲的神话，把女性看成是被动者，从而忽略了女性的参与和贡献，延续了对女性的暴力。

不仅如此，张伯伦（Chamberlain）还运用希腊神话的“回声”以及“性别面具”等隐喻意象以揭示传统女性在翻译中的无声角色。总而言之，张伯伦的翻译理论对当代翻译界影响非常大，通过运用后结构主义理论，她解构了原文和译文、男性和女性的边界，提高了女性译者的主体地位。

第五节 女性主义翻译策略及翻译手段

女性主义翻译理论与实践相结合，以创新女性主义翻译观为担当，以开创女性翻译观的全新历史为己任，为自己设定了翻译理论发展和创新的任务，即不但从理论上要有所创新、有所发展、有所提高，而且在具体的理论实践表现上，女性主义翻译理论策略和手段也必须要有科学性和实用性。

总的来说，女性主义翻译通常采用两种大的策略。

其一是以作者为中心：作者中心实现的是原作者的意图，使读者欣赏到原文的原汁原味。在这种策略中，女性译者是合法的文本生产者。她们积极参与文本的再生产。具体操作方式有: ①重新塑造: 女性体验通常从经典中被排斥出去，在女性主义翻译中，有必要用女性体验重新塑造经典。②评论：在翻译中采用元话语，在所翻译的文本中清楚地说明女性的重要性，用前言后记去增强译文的主体性。此时的译者亦是参与文本制作的批评家。③抵抗：通过语言的手段、采用陌生化的方法使译者的身份更加突出，抵制的是流畅性。④构架：使译文涉及个人因素，成为文本意义的一部分，有利于抵抗，避免使译文自动地加入目的语文化。⑤注解：作为架构的一部分，注解采用的是增量翻译方法。这样目的语文化读者能够了解文本的背景知识，还能够欣赏其他文化的表现形式。

其二是以译者为中心：女性主义翻译观认为虽然在以作者为中心的翻译策略中，译者也被看作是原文文本的积极参与者，但是，如果以译者为中心，我们不仅把译者看成是特殊的读者和参与者，而且这种策略更强调了女性译者的主体意识。具体操作方式有：①评论：从译者的角度出发，评论可以使译者描述其翻译动机，说明动机如何影响了翻译效果。这种策略也被称之为“立场观点”理论，因为她需要表明自己的立场，即身份政治和其所带来的种种影响。②平行文本：平行参照原文文本和译文文本，可以增加评论的元话语或再用增量翻译，使译者指明翻译的侧重点、突出其意愿和记录为什么做出某种选择。③合作：合作既指与其他译者合作，也指与作者合作。值得注意的是加拿大女性译者非常注意与女性作者合作翻译她们的作品。通过合作，女性译者控制着涉及译作的元话语，更重要的是，译者与作者的合作，使作者和译者的二分界限不再明显，从而提高了译者的地位。两个女性之间的合作体现了翻译中女性的共谋和对文本实行的干预策略。

女性主义译者通常采用的翻译手段有：增补原文，加前言、脚注和操纵、劫持。

1、增补原文。

人们对增补的翻译策略并不陌生。但女性主义翻译理论策略视线内的增补策略，是旨在通过增补策略，消除两种语言差异的性别歧视，而实现译文文本平衡或顺应的创造性的翻译行为，这与传统译论理论工作者说的补偿有点相似，但立意完全不同。增补是指译者基于自己的立场，在翻译过程中对原文文本进行创造性改写或转换，如“fe-Male”或“huMan”中的大写字母“M”，喻指原文隐含的男性中心主义意图，是直截了当地表现对性别歧视的挟抨击，这种翻译方法体现了女性译者对原文文本的有意识的警觉与干预。

2、加前言与脚注。

加写前言和脚注也是女性主义翻译理论实践中的重要手段。前言与脚注是翻译过程中文本设计的重要结构要素，也可以成为突显女性译者翻译主体性和能动性的时空表现形式和场所，突出女性译者翻译主体性与传统译论被动性和从属性之间存在的广泛差异性。女性译者翻译主体性以及加写前言和脚注的策略和技巧策略已经成为女性主义翻译中的常用方法，可以更加广阔的领域解释原文文化背景、创作背景、创作意图、创作效果，可以使读者更好地参与现实社会、进入译者心理世界，与作者、作者心声、人物、人物心声、读者和读者心声，实现多声相互交汇，从而突出译者译作的发力点和指向，让读者们关注译者的身份。女性译者的社会政治地位呼声、平等权力呼吁，在更加广阔的社会层面上，阐明了女性译者为纯理论的或具有政治幻觉的想象而巧妙利用语言文本性别资源的意义和目的。

3、操纵理论的谋略。

操纵的谋略又称之为劫持策略。操纵策略是诗学的基本理论，也是翻译活动里，指女性译者依据自身观点、根据自身观察视角、基于自身兴趣爱好，对原本非女性主义认知观点做带有女性主义倾向的观念的操纵，通常表现为以下方面的操纵。首先，对原作风格的操纵。原作风格是指译者在翻译原文文本过程中从原文文本中发掘出的作者创作的个人风格，即作者的创作个性；而原作风格的改变取决于译者自身的风格。译者风格具体表现为译者对所选作品题材风格、口味或文体的改换或操纵。具体操纵的内容包括女性主义翻译理论工作者倡导要遵循的翻译标准、使用的翻译方法和译文语言运用的诸多技巧等。原作作者风格和译者风格的具体结构要素由作者和译者智商、情商和趣商组成，也就是传统的世界观、创作天赋和个人喜好，并在翻译实践中形成和石化，成为固定模式。女性主义翻译理论影响下的译者乐于探索，驾轻就熟，为女性的平等语言地位奋斗，常常有意识地收集其他女性作家和女性主义作家的作品、思想、观念和政治主张，当然也不会放弃男性作家的作品，然后把这些作品译成译者所在的母语，进入译者母语文化体系，以创作新词、新语、新表现从根本上改变男性为主导的社会或文化的叙述程式，扩大意义表现，推出自身主张，亦即借题发挥，因势利导。几乎在同一个时间里，在众多的女性主义作家的作品中，词汇成了社会政治主张的砖块，也成了女性主义者的武器，成了主张政治色彩和政治目的的手段，通过对词语折衷化、变性化、中性化、性别色彩消解、无性化或直接女性化来创作文章，女性主义译者也同样以这些手段或另类手段操纵，使翻译作品具有女性主义的特质、特色、特点，以此声称自己的女性权利和女性社会地位，借以巩固女性的社会地位和政治权利。其次，女性主义翻译者在实践上主张译者的操给性，要求对译文进行女性主义为指向的再创造。主张女性主义译者对翻译文本中不符合女性主义的观点进行修饰、涂抹、改写或迁移，重建女性主义专用词汇，在语言运用上突显女性主义译者风格和性别的政治主张。当然，不满足中性化或无性化词语使用的女性主义译者，更乐意探索一些极有意义的阴性专用词汇，如早先的“chairwoman”“postwoman”以及今天极有时代气息意义的常用词“conductress”“presidentress”和“translatress”，显然，这是一条必然之路，趋势会越来越明显。当然，由于女性主义流派众多，众说纷纭，观点有时会有极左、偏执、情绪化的现象出现，如果不假思索地从根本上否认以结构主义或语法主义为基础的传统译论，就必然会陷入误把非理性作为理性、主客作为客观、融合作为对立，将女性主义翻译研究引向歧途。因为过于强调翻译的“操纵”和译者的“干预”，必定会在某种程度上偏离甚至，甚至歪曲翻译活动的本质，这是需要引起警惕的。

第六节 教学案例研究

案例一：由于男性长期处于社会经济、政治、文化的中心，形成了强烈的男性自我中心意识，逐渐将这种强势男性文化凌驾在女性弱势文化上。英语中大部分以男性为中心的词汇可兼表女性，反之则不行，女性的存在被人们所忽略。还有些词在指代男性时并没有侮辱和贬低之意，可指代女性时却截然不同，如 mistress 被特指为“情人”或“小蜜”之意，而与之性别相对的男性词汇 mister 却尊称为“先生”，动物中 dog 是中性的，bitch（母狗）却是骂人的话，call boy（仆佣），call girl（应召女郎，妓女）等，其歧视性昭然若揭。女性主义认为，整个人类社会的历史都是以男性命名的。这种观点很明显地从 history 一词上看出来—his-story（男性历史，男性故事）。女性主义者认为，该词表现了这样一种观点：人类社会的历史就是男性征服世界的历史，为什么不改成 her-story（女性历史，女性故事）。这种在日常话语中表明男性在社会中占统治地位，同时将女性融化在男性中的例子还有很多，如：they、man、mankind、freshman、chairman, 等等，甚至连西方宣称“人人生而平等”的话语（All men are created equal. 为什么女人生来不平等？），说做饭的（cooks）都是女性，而大厨（chefs）是男性。虽然英语在词汇上属于一种中性，但是人们心目中对不同的物体，还是有性别的分辨，例如：

男性词汇：

ziploc bags 保险塑料袋（透明可见）

swiss army knife 瑞士军刀 （用途广泛）

shoe 皮鞋 （经常不用擦）

tire 轮胎 （用旧就磨平）

hot air balloon 热气球 （需要点火）

subway 地铁 （用同一条线路载人）

hammer 锤子 （几千年演进不变，用起来顺手）

女性词汇：

kidneys 肾（上厕所需要双肾）

copier 复印机（一旦关上后，需要一段时间预热）

sponges 海绵（柔软、经压、有水）

web page 网页 （经常被点击）

hourglass 沙漏 （经过一段时间，重心朝下移）

remote control 遥控器 （带给男人快乐，没有它茫然所失，虽然不停地按键，但总没有按对，还在不断地尝试）

案例二：著名翻译家兼作家冰心女士在翻译印度著名诗人泰戈尔和黎巴嫩诗人纪伯伦的抒情诗时，就做到了翻译中人们羡慕的“雌雄同体”的境界。从她翻译的泰戈

尔的《吉檀迦利》中的第 20 首诗可见一斑:

On the day when the lotus bloomed, alas, my mind was straying, and I knew it not. My basket was empty and the flower remained unheeded.

Only now and again a sadness fell upon me, and I started up from my dream and felt a sweet trace of a strange fragrance in the south wind.

That vague sweetness made my heart ache with long and it seemed to me that it was the eager breath of the summer seeking for its completion.

I knew not then that it was so near, that it was mine, and that this perfect sweetness had bloomed in the depth of my own heart.

莲花开放的那天，唉，我不自觉地心魂飘荡。我的花篮空着，花儿我也没有去理睬。

不时地有一段忧愁来袭击我。我从梦中惊起，觉得南风里有一阵奇香的芳踪。

这迷茫的温馨，使我向望得心痛，我觉得这仿佛是夏天渴望的气息，寻求圆满。

我那时不晓得它离我是那么近，而且是我的，这完美的温馨，还是在我自己的心灵深处开放。

这部使泰戈尔获得了诺贝尔文学奖的作品，既颂扬了生命中的情爱，也体现了诗人完美的追求，特别表达了诗人对神人合一的追求。冰心的翻译流畅、隽永，与原作的风格十分贴切。译文充分体现了泰戈尔对祖国的热恋，对妇女的同情以及对儿童的喜爱。不仅如此，译文再现了译者对原作者的心灵理解和深厚的汉语功底。可以看出，作为女性翻译家的冰心把自己的翻译和创造思想，在泰戈尔的世界里找到了飞翔的天空，通过“雌雄同体”的翻译方式得到了升华。

案例三：有文化含义的双关语语言，是女性作家比较喜欢使用的，也是比较难以翻译处理的。如美国作家玛丽·达利（Mary Dalv）的作品中出现了这样几个杜撰的新词，the-rapist，boreocracy， totaled woman，第一个词 the-rapist 分开是“这个－强奸犯”的意思，合在一起则是“理疗师”（therapist），以讽刺多年以来男性对女性施加暴力，而女性是父权社会理疗师的双重含义；第二个词 boreocracy 是 bureaucracy（官僚体制）的拼写变形，或者说是英文 bore（烦恼）+ocracy（官僚）各自一半的拼写，指官僚作风使人厌烦且无所适从；totaled woman 是时装杂志所设计的成品，但是 totaled 又指在车祸中被拖走的汽车。这里的双关是指“完美女性”和“垃圾女性”的含义。这些英文单词如果直译成外语，就会失去双关意义，加注解会失去幽默效果。

20 世纪的最后 30 年被称为女性主义时代，女性主义时代为翻译研究搭起了一个崭新的平台。在争取女性解放的运动中，女性主义与女性翻译实践有机地结合起来，她们以文学翻译为武器，以实现女性的自我认同、社会认同、人格解放和张扬个性，向根深蒂固的社会性别歧视以及写作的角色发起挑战，给翻译理论注入了新的活力。而女性鲜明的政治性和女性主体性最终使女性主义翻译思想理论化，最终摆脱女性边缘的地位和父权社会的等级束缚，丰富了女性翻译活动的政治内涵，推动了当代翻译理论研究朝着多元化和全球化方向发展。毫无疑问，女性意识在世界范围内已逐渐成为一种强大的力量，这就是让本土的成为全球的，让全球的成为本土的，女性主义者通过对话确认自己的身份和合法空间，通过交流发出自己的声音，而翻译是唯一的也是最重要的交流媒介。在全球女性主义与多元文化的背景下，对女性翻译理论及实践的总结显得尤为必要和迫切。最近人们对女性主义翻译理论也不乏反思性的观点。有些学者认为，女性主义翻译观过多地关注女性语言的使用和翻译，以至于人们读到的都是“枕边语言”。随着西蒙、弗洛托、张伯伦翻译理论观的进一步传播，越来越多的人在重新思考被建构的女性性别，以及女性臣服和引诱构成的翻译隐喻。以至于人们谈论文本时总是离不开性的话题。女性译者陷入一种要么是征服者，要么是服从的臣服者的处境。实际上，在翻译实践中女性的翻译并不总是颠覆性的，与原文作者合作也是一种选择。女性主义翻译观需要寻找新的突破方向，挖掘新的隐喻，给这门方兴未艾的研究课题打下坚实的基础。

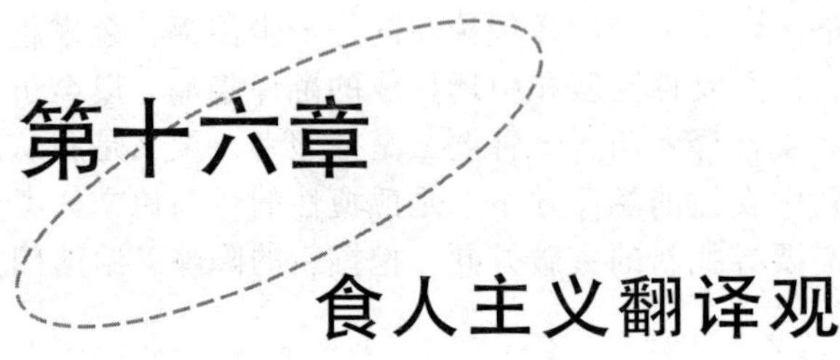

第十六章 食人主义翻译观

第一节 食人主义翻译观

食人主义翻译理论是巴西文化翻译的一个生动隐喻。著名翻译理论家巴斯内特（Bussnett）、根茨勒（Gentzler）都从不同的角度对巴西食人主义翻译理论做过探讨。食人主义翻译理论作为一种重要观点，在后殖民翻译理论研究中占有一席之地。

20世纪60年代，作为诗人、翻译家的坎波斯兄弟以这个隐喻来形容巴西殖民体验与翻译的关系：巴西人不仅吃掉了殖民者及语言者，从中获取精神力量，而且从食人仪式中净化了自己。坎波斯发表的《论作为创作和批评的翻译》成为食人主义翻译理论的奠基之作。坎波斯兄弟不仅是翻译家，也是巴西具体诗歌运动的发起人。兄弟二人发现，巴西“吞噬”其他文化的历史是一种巨大的源泉，巴西的现代主义可以运用这个原始食人仪式，来开创一代文学和翻译理论之风气。他们发现食人主义可以成为巴西确认自身身份，反对欧洲后殖民文化统治的工具。

在巴西食人文化中，人们提到食人族吞食人肉的目的除了滋养身体之外，主要在于自我转化、显示权力，或者将吃与被吃者的关系仪式化、象征化。换句话说，与吃其他食物一样，食人者往往希望分享食物的功效。因此，他们一般只吃身体强壮的人、有权有势的人、受人尊敬和通灵通神的人。从食人主义脱胎出来的创作主题，不仅丰富了巴西的创作题材，更激励新生代的艺术家创造本土与国际相结合的多样性新风格。食人主义的翻译观不是一种实证性的文本研究，而是象征性的符号运用。通过肉体上的吞噬，美洲印第安人吃掉的是被他们认为是“食人族”的欧洲人，吃其肉，饮其血，其象征意义是肉体和血液的融合带来精神上的融合。食人的隐喻是传统与现代的一种碰撞，本土与海外的交流，体现了对后殖民体验的一种民族分享和对宗主国的一种文化反击。

巴西食人主义翻译理论具有重塑第三世界文化身份的使命，通过“吞噬”原文，进行再创造性的翻译。这种再创造重写了巴西人的文化身份，改变了第三世界文化压抑和无声状态。吞食强势文化意味着汲取其营养，增强自身文化身体机能，摒弃翻译中的机械模仿论，在批判继承传统的基础上将外来文化融入本土文化，以建立一个全新的翻译模式和文化传统。

食人主义的翻译侧重点不在于传统的骇人听闻的形象，即捕获，肢解，吃掉抓住的对象，而是一种新的意象的确立。“然而吃不是占有原文，而是解放原文。译者在吞吃、消化原文后，获得自身的自由，进行创造性翻译。”这是一种浴火重生式的突破和创新。吞噬消化原文后，翻译中的原文反而依赖译文而存在，因为在创造与再创造的翻译过程中，译文不仅吸收了原文，而且由于目的语文本给译者提供了营养，仿佛凤凰涅槃一般再生，而赋予原文以新的生命。译文作为一种新的文本，虽然运用的是殖民者的语言，但译文属于殖民地。这既是一种后殖民理论的观点，也是一种解构主义的翻译观。翻译就像食人一样吃掉自己的敌人或尊敬的人，从中获得营养和力量。巴西也只有摆脱欧洲中心主义的束缚，才能找到自我身份。食人的象征行为不仅表现了一种自信，更重要的是，在翻译中，译文可以不亦步亦趋地跟在原文后面，成为原文的影子。同理，巴西也不可能成为宗主国葡萄牙的附庸。这样，原文与译文的关系，宗主国与殖民地的主次关系可以完全颠倒过来，不是没有原文就没有译文，而是没有译文就没有原文。不是没有旧世界就没有新世界，而是没有新世界就没有旧世界。

具体来说，坎波斯的食人主义观包括下列内容。

（1）获得力量的行为：吞噬象征着对吞噬对象的一种爱戴和尊敬，从其身体中获得能量。

（2）滋养行为：生命力量的源泉在于“吞噬”原文，译者从原文语言文化中汲取营养，转化后体现在译文中。

（3）积极行为：翻译是一种赋予生命的行为，原文只有通过翻译后才能延续和重生。这与本雅明、德里达的结构主义翻译观一致。

（4）输血行为：译者吸取原文的精华，就像从被食人的血液中获得其美德是一样的道理。通过输血，译文自身的生命更加鲜活。

坎波斯兄弟完全颠覆了传统的食人族、吸血鬼可怕恐怖的形象，将其转化为一个正面的、积极的意象和文化象征。

食人主义翻译实践在特定的时空、在原文和译文之间建立起一种特定的关系，这种关系摆脱了原文的种种制约。翻译时在语言上注重通顺可读，在意义上注重画龙点睛。这种翻译法捕获的是语言和意义的本质，吸其精华，为我所用。同时，食人翻译法培养了译者的一种自觉意识，也就是再创造的自由，在“有我之境”和“无我之境”之间自由徜徉，由此译者可以进入一个新的境界。虽然食人主义在总体上属于归化翻译，但这种归化不是以普遍性、连贯性为前提，而是以变化和不稳定性为目的。传统翻译观寻求的是一致性和对等，而食人主义翻译理论有可能造成一种有意识的文学误读和误译，但这种误读是以满足目的语读者需要为条件的，食人主义翻译观甚至认为，目的语读者的需要和译文比原文更重要。这是一种人类学式的翻译观。从宏观上看，食人主义翻译观在坚持边缘文化特殊性的同时，在对民族身份和民族地位进行反思的同时，试图摆脱西方文化和话语霸权的制衡。巴西学者所提出的新颖的翻译概念和主张，冲破了西方翻译理论的禁忌和樊篱，确立了自己独特的翻译思想，做出了值得称道的尝试。

西方的食人主义翻译观无疑是一种独具特色的文化翻译观。文化翻译意味着用自己的文化范畴来提供对文本的解释，这是一种文化征服的元语用学。后殖民的翻译理论部分涉及历史、人种学的阐释，即不同于文化之间的翻译。这种翻译既是历史和人种的表征，又反映了西方文化对土著文化的偏见或霸权行径。同时文学文本的生产不能只再现语言因素，后殖民的文本生产应该放置到更广阔的全景下予以审视。人们再次意识到，一种文化对另一种文化的殖民挪用行为，注定要和文本及其产生的条件发生关联。翻译作为一种文本生产和文化生产形式，一定要置身于目的语的本土条件予以考量。确切地说，后殖民的翻译不仅是技巧的应用，而且是一种技进于道的过程。“道”就是后殖民语境下的政治、文化、社会因素。而且，“道”总是在“器”之先，也就是语言之外的因素是翻译考虑的重点。为什么翻译？为谁翻译？翻译的目的到底何在？这些问题在后殖民语境下显然比翻译技艺上的比试更重要。因此，食人主义的预设和考量显示了人类学、文化研究等跨学科方法的复兴，同时也给翻译与文化的共生共振关系提供了新的学科发展方向。

第二节
教学案例研究

案例一：19 世纪末，美国诗歌以维多利亚式抒情风格为主，语言晦涩难懂，缺乏活力，充满伤感、忧郁的基调。庞德四处探求，急需寻找新鲜元素。后来，庞德接触到中国古诗，被其深深吸引。于是庞德便开始了他的翻译中国古诗之路。庞德从中国诗歌中吸取营养，通过对中国古诗的翻译来丰富美国诗歌，为美国诗歌注入新鲜的血液。因此，在翻译过程中，庞德并没有过多地关注传统的忠实性和语言的对等。相反，他将翻译翻译当做是一种原创、改写和再创作。从这个意义来说，庞德的翻译和坎波斯的食人主义不谋而合，翻译中国古诗不过是在“吃掉”原文之后的再创作，正是通过翻译对美国诗歌进行输血，从而获取创作的力量，最终使目的语文化得到滋养，从

而丰富了庞德所主张的意象主义和后来的漩涡主义创作。如：李白的《送友人》

送友人

青山横北郭，白水绕东城。
此地一为别，孤蓬万里征。
浮云游子意，落日故人情。
挥手自兹去，萧萧班马鸣。

庞德的译文为：

Taking Leave of a Friend

Blue mountains to the North of the walls,
White river winding about them;
Here we must make separation
And go out through a thousand miles of dead grass.
Mind like a floating wide cloud,
Sunset like the parting of old acquaintances
Who bow over their clasped hands at a distance.
Our horses neigh to each other as we are departing.

在前两行中，庞德所采用的意象和原文大致相同，例如：青山（mountains），郭（walls），水（river），除了青山被译作“blue mountain”，其他都是字对字的翻译。众所周知，“青”在汉语中指的是绿色，但我们也要注意，在风景画中，远距离青山的颜色却类似于蓝。我们姑且不计庞德是否对中国文化有如此深的造诣，但至少一点不容忽视，“blue”这个词在英语中带有忧郁的意味，正好渲染了诗歌中送别友人时依依不舍的氛围。再看“横”这个词，原文是个动态动词，而庞德翻译时却对应了介词“to”，尽管如此，静态的山和动态的水也形成了鲜明的对比。庞德对第三、四行做了较大的改动，首先添加了主语“we”，强调了动作的主体，正好和标题“taking leave of”的动作主体形成呼应，我们可以看到译者的良苦用心，烘托了主语也就是诗人和友人的离别之情，同时也拉近了诗人与读者的距离，使读者更深切地体会到友人分别时的依依不舍。接下来这句就是李白的名句“浮云游子意，落日故人情”，我们先不妨来看看英国著名汉学家翟理斯的译文：

Your heart was full of wandering thought;
For me; my sun had set indeed;

在这个版本中，虽然意义相差无几，但“浮云”与“意”、“落日”与“情”的呼应没有表现出来，而添加的人称代词“your”“my”以及动词“was”“has set”虽然在语法上更符合英语语法规范，但却大大缩小了留给读者的想象空间。与此相反，庞德模仿汉语句法结构，省去了冠词、动词，还有其他的连接词，剩下的就是活生生的意象呈现在读者前面。当然，由于庞德的中文水平有限，最后一句“挥手自兹去”的翻译也与原文有出入，但其所呈现的意象和创作的意象并不影响全文所要传达给读者的情感。从《送友人》这首诗的翻译，我们就可以看出庞德在翻译时的独特匠心，并未过多考虑目的语的语法法则，而是尽量尊重原文的语法结构，突出诗歌的意象，从而达到翻译为文学创作服务的目的。

案例二：坎波斯最欣赏庞德翻译的一首中国古代诗歌，与其说是翻译，不如说是食人式地吸取精华的典范。据传是汉代的班婕妤的《怨歌行》：

新烈齐纨素，鲜洁如霜雪。
裁为合欢扇，团团如明月。
出入君怀袖，动摇威风发。
常恐秋节至，凉飙夺炎热。
弃置箧笥中，恩情中道绝。

《怨歌行》是一首咏物言情之作。整首诗借秋扇比喻嫔妃受帝王玩弄，终遭遗弃的不幸命运：从织机上新裁下来的一块齐国出产的精美丝绢，像霜雪一样鲜明皎洁。该精美柔细的丝绢皎洁无暇，由于是新织成，又是以盛产丝绢著称的齐国的名产，当然就更加精美绝伦。它暗示了少女出身名门，品质纯美。把这块精美的丝绢裁制成会有合欢图案的双面团扇，那团团的形状和皎洁的色泽，仿佛天上一轮月亮。团扇在夏季虽受主人宠爱，然而却为恩宠难以持久而常常担心，因为转瞬间秋季将临，凉风吹走了炎热，也就夺取了主人对自己的宠爱，那是团扇将被弃置在竹箱里，与主人的恩情也就断绝了。“秋节”隐含韶华已衰，“凉飙”象征另有新欢；“炎热”比爱恋炽热；“箧笥”喻冷宫幽闭，也都是语义双关。封建帝王充陈后宫的佳丽成千上万，皇帝对他们只是以貌取人，满足淫乐，谁都不可能有专一持久的爱情。所以，即使是受宠幸的嫔妃，最终也难逃色衰爱弛的悲剧命运，就如同秋后弃掉的扇子一样。庞德的英语译文如下：

Fan-Piece, for Her Imperial Lord
Of fan of white silk,
Clear as frost on the grass-blade,
You also are laid aside.

翻译对于庞德来说，不是一一对等和忠实再现，而是一种重新发明、重新创作、重新构思、捕获意象的过程。这正是坎波斯所主张的，也是后殖民翻译理论所需要的。从表面上看，译文似乎只表达了原诗的首尾几句，然而仔细对照阅读，我们很快发现：原诗的灵魂和诗味及意境已悉数传达。诗题《扇，为伊皇而作》是“画龙点睛”之笔，一则统领全诗，二则交代背景，三则曲达中间略译之细节。正文“啊，娟绢白扇 / 皎洁如霜 / 如宫女一般弃之一旁”，言简意远，余韵绕梁。原文以扇喻宫妃，比喻贴切，语言质朴。庞德的译文删繁就简，余韵反超原诗。这是吃人食翻译的特点之一。这种坎波斯兄弟所赞成的翻译方法跨越了文体的边界，传递着光明，忘其形骸，吸取精髓的创新过程。而庞德翻译时将原文的五行诗略为三行，甚至可以说简约为一个简单的隐喻：霜的意象青春短促，白露为霜。这就是诗人译诗的力量。这一过程用苏珊·巴斯内特的话来说就是：“翻译对他来说是一个身体转换过程，即吃掉原文的转换过程，也就是吸血鬼的行为。”

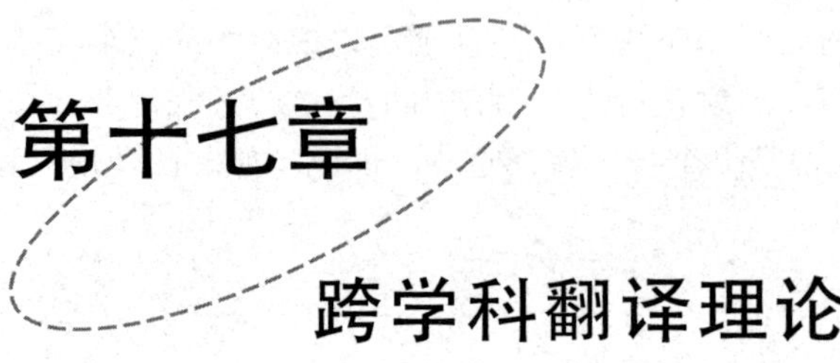

第十七章 跨学科翻译理论

第一节 跨学科翻译研究

一、概况

在全球化的过程中，全球经济、文化、科技等领域的交流达到前所未有的程度，随之而来的是翻译活动的日益繁荣，翻译理论的百家争鸣，以一种主导理论号令世界翻译界的局面已一去不复返，取而代之的是冲突、对抗、互补和多元的翻译研究格局。

在这一过程中，翻译方法、翻译手段、翻译研究角度等的变化和创新有一个明显的趋势，即跨学科性。各国翻译理论家的视角超出了文本内微观和语言层面的精细分析，从哲学、文化学、语言学、符号学、人类学、信息论、社会学甚至心理学、计算机科学等跨学科领域对翻译理论和翻译实践进行探讨。翻译实践的对象从文学作品扩展到广告、法律文件、商贸文件、规章制度、科技文献等。不仅如此，翻译研究还吸引了众多的哲学家、语言学家、文学理论家和文化研究学者，甚至包括社会学家、自然科学研究者和政治学家的关注。翻译已从纯粹字面意义的转述变为文化的翻译和阐释。

文化的定义是多角度的。从哲学角度来看，哲学的时代特征和地域特征决定了文化的内容、形式，文化反映着哲学思想。历史上不同时期、不同学派对文化的认识也有各自的特点，始终没有比较统一的定义。但笼统地说，文化与人相伴而生、相随而行，是人特有的一种生存方式，是人类社会的反映。“文化”包罗万象且总处于一种动态，因此翻译必不是简单的从文本字面进行转化，而是要从原语文本衍生出多份文本，再把这多份文本综合成目的语文本的过程。如从一个小说文本延伸到国家历史、社会概况等；从一份广告文本延伸到风土人情、地理环境、消费群状况等。

我们可以从前人的理论研究和实践中得知，翻译理论与实践的跨学科意识早已有之，我们也可以预测，翻译的跨学科性将是翻译理论与实践发展的主要趋势。

二、历史追溯

在翻译的跨学科研究路上，取得较突出成绩的阵营当属英国翻译学界。英国的翻译活动和理论研究在世界译坛上一直占有举足轻重的地位。在其翻译理论上，我们可以发现跨学科意识的明显痕迹。总的来说，文艺复兴时期及以前的翻译家对文学及消遣性作品的翻译，其主流是过于自由的，不受翻译理论和原则的约束。文艺复兴之后至 20 世纪上半叶，英国翻译理论界人才辈出，也提出了一些翻译原则及方法，但是仍然偏重于文学的翻译方法。研究主要局限于文学作品的翻译，注意力多集中于语义结构、修辞方法、作品的文学性、直译或意译等问题上，翻译研究的方法也几乎没有向跨学科综合方向发展，没有将翻译置于文化研究的背景下来考察。

二战后，译界兴起对符号学的探索和翻译理论的研究。在这一时期，英国译论大致可以分为三派。其一是延续传统的文学翻译论；其二是将翻译归为应用语言学研究范围的翻译科学论；其三是文化翻译论。随着科学技术的发展和学科间相互渗透，这三个学派相互融合，并把自然科学研究成果应用于翻译。在这一过程中，有几项令人瞩目的理论及研究对推进跨学科研究有深远影响。约翰·卡特福德（John Catford）明确指出翻译属于应用语言学范畴，率先将语言学的理论成果引入翻译。罗杰·贝尔（Roger Bell）在卡特福德的基础上又向前迈了一步，将心理语言学、人工智能、文本语言学与系统语法有机地结合起来，更有效地描述了翻译过程，试图建立一种在“智力上令人满意”“实践上又能应用的翻译理论”。苏珊·巴斯奈特（Susan Bassnett）认为，翻译研究就是要“探索一个能将文体学、文学史、语言学、符号学与美学联系起来的全新的领域”，其目的是“要形成一种能用来指导翻译的综合性理论”。梦娜·贝克（Monall Baker）主持建成的翻译英语语料库是世界上第一个专门研究翻译的语料库。语料库翻译研究为世界翻译开辟了一种崭新的研究方法，大大淡化了学派的界限，学科渗透尤为突出。人们能通过语料库探索翻译的规律，分析译者的问题风格，验证翻译理论家提出的许多假设。贝克的翻译思想也在世界译坛举足轻重，她强调语言学、文学与文化研究的有机结合。这种结合在翻译英语语料库与现有的其他语料库，如平行语料库和多语语料库结合使用，揭开了描述翻译研究的新篇章。

我国作为一个有着悠久翻译历史的国度，翻译研究似乎从一开始就带着跨学科的印记。中国翻译活动起始于佛经翻译，并随之产生了一些佛经翻译理论。这些理论多取自文学视角，研究领域过于狭窄，大多集中在原文与译文比较，具体转换技巧或先验性的翻译标准方面。“20 世纪 50 年代，翻译美学成为了中国翻译理论的主体构架之一，使中国的翻译理论带上了鲜明的民族特色，而有别于西方翻译理论模式”。跨入 21 世纪，中国翻译研究在延续其自身特点的方向上发展之外，受世界翻译理论大环境的影响逐渐呈现出多元化、多学科研究的发展态势，涉及语料库、心理学、哲学、美学、社会学等诸多领域。总的来说，中国翻译的跨学科研究方向是十分明显的。

第二节 翻译多元化与教学

为了适应当今时代对翻译的多种要求，高校英语专业的翻译教学实行多元化的教学模式势在必行。

一、教材的多样性

教材对于教学的重要性不言而喻。一本好的教材是保证教学效果和质量的前提条件。然而，由于翻译教学的特殊性，不宜为高校英语专业教学只规定一本统编教材。因为各个学院都有自己的教学侧重点。有些院校侧重培养综合型的翻译人才，有的倾向于更加专业化人才的培养，如对外经贸、新闻传播或文学艺术等方面的人才培养。当然这并非说让学生拥有几套教材，而是指所有院校的翻译课不宜都使用一种教材。学生可有一套综合性较强的翻译课教材，既有简单的翻译理论，也有各种不同题材和体裁的练习材料。而对于翻译教师来说，则应该多参阅几本教材，并让眼光始终注视最新最前沿的翻译教材。作为好的翻译教师，时下最热门的话题，最时髦的报刊上的文章，就是翻译课堂上最好的教材。其实这种翻译教材的不规定性在香港、英国、美国早就如此。没有统编教材，使教师有更大更多的自主性和灵活性，也能让学生最大限度地接受最新的翻译学习。当然，教材不规定性的前提是翻译教师要具有合格的素质、敏锐的眼光和敬业的精神，这样才能为学生选择最科学实用且永远不过时的翻译教材。

二、教材内容的多样性

针对目前大多数院校不讲或少讲理论的实际，翻译课教学宜适当增加翻译理论的介绍。一是简述中外翻译史，二是描述国内外多种翻译理论及观点。让学生了解必要的翻译史知识，接触不同的翻译理论，并引导学生正确客观地用这些理论指导具体的翻译实践。

单一的字词句到段落的翻译练习，教师应有意识地对两种语言的差异进行分析，找出两种语言各自不同的规律和特点，汉语语法的“隐含性”和英语语法的“外显性”，重直觉的中国人语言中有更多的比喻象征，重逻辑分析的西方人语言中有大量的概念判断。通过比较，让学生对两种语言不同的规律和特点有比较清楚的认识，以便更好地进行翻译学习。

在讲解一些简单的翻译技巧的同时，教师还应让学生进行语篇分析，语境描述，风格讲解，使学生对一篇文章的翻译从大局考虑，领悟整篇文章的主旨精神，这样有利于学生摆脱逐字逐句死译的毛病。还需要在翻译实践中加入更多更全面的翻译内容，而不是主要偏重于文学翻译。为适应社会的需求，还要让学生接触各类题材和体裁的翻译，比如政治、经济、法律、新闻、广告的翻译和一些应用文的翻译，像简历、申请书、会议公文等的翻译。另外，在翻译种类上，学生不能只知道有全译一种，还要让学生学习编译、节译、改译甚至机器翻译等类型的翻译，以适应社会对翻译的不同需求。

除以上谈到的语言方面内容外，在翻译课上适量增加文化和相关知识的介绍也是很有必要的。说到底，翻译不仅仅是两种语言的转换，其最终目的是实现两种文化的交流。语言只是文化的载体，隐含在语言下面更深层次的文化意义才是翻译所真正关注的。因此，在翻译课上适时地对两种文化进行比较，对不同的民族习俗有所了解，才能真正准确地进行翻译，正确地传递文化信息，让译文接受者领略到异域文化的本来面目。翻译课有必要让学生了解中西方文化的大体差异，以免因不懂基本的文化差异而闹出笑话，更严重点说，以免因对文化的无知而影响两个民族两种文化的友好交流。

三、教学方法的多样化

教学内容的多样化必然要求教学方法的多样化，除使用传统的方法进行翻译教学外，还应酌情考虑使用以下几种教学方法：交际法、讲授法、自学法和讲座法。

传统的教学方法不利于调动学生的积极性，也不利于培养学生独立思考的能力，有必要引入交际法的教学手段，在课堂上鼓励学生对译文进行探讨，允许有多种翻译答案，并对精彩的学生习作大力宣扬，从而培养学生的自信和兴趣，开发学生的创造性思维。

对于翻译史和翻译理论的讲解，宜使用系统的讲授。教师应给学生讲授中外翻译史的基本知识，对国内外主要的翻译标准和翻译理论进行描述性而非规定性的讲解，也就是不应以先入为主的方法告诉学生哪种翻译方法好，哪种理论好，而是要让学生以包容的心态去了解各种翻译标准和翻译理论，并引导他们运用于各种不同的翻译实践中，且注意在实践中寻找适合自己的翻译方法和理论。要让学生学会具体情况具体分析。

针对翻译课教学内容多而学时不足的情况，教师应让学生采用自学的方法弥补这一缺陷。具体做法是，教师可以开出翻译理论方面的书单，也可介绍其他的翻译教材，布置学生完成一定的阅读量并做读书笔记。另外，教师还可以让学生选择课后的翻译练习材料，给予学生主动权，提高学生的学习兴趣。

讲座法是为了扩充学生与翻译有关的知识，增强学生的文化底蕴，以期更好地进行翻译。教师可以分阶段给予学生有关主题的讲座，如中外文化比较，中英语言比较，翻译与文化，翻译与写作，翻译与文学等。这样，学生不仅开阔了视野，也懂得了要做好翻译是多么不易，从而加倍努力地学习文化知识。

此外，在信息网络时代的影响下，一种全新的教学方法应运而生，一些专家提出了多媒体教学法，并逐渐运用于具体的翻译教学中。

四、测试手段的多样化

用多样的教学方法给予了学生多层次的教学内容，教学效果的检验自然也需要采用多种手段。

首先要题型多样。除传统的英译汉、汉译英外，还可有填空题和简述题来测试学生对翻译有关知识的掌握和理解，还可有正误译文判断和分析、重译题等来了解学生对翻译质量翻译标准的掌握。由于加入了一定的客观题，可在一定程度上避免老师考评学生过于主观化的现状。

其次要内容多样。除单一的考察学生的词句段落翻译、某种题材和问题的翻译外，还可进行不同语境，不同题材，不同风格的篇章翻译考查，也可同时考查学生应用文的翻译，新闻广告的翻译等，以督促学生平时自觉接触不同的翻译文章，采取不同的翻译策略。

最后要考核方式多样化，可以是开卷考试，也可以是闭卷考试，还可以开卷和闭卷相结合，即部分开卷部分闭卷。考试也不只有当堂考试一种，也可让学生课后做一个大篇的翻译连同感想一起交上，当然也可以布置学生写一篇与翻译有关的论文，从理论上提高对翻译的认识。总之，考核的目的是为了更加客观地检验学习成果，更近一步地升华学生的知识和能力，而不是为了获取高分。

五、对教师的多元化要求

翻译教学的多元化，要求进一步提高翻译教师的业务素质，使其知识结构呈多元化分布。

第一点，翻译课教师应熟练掌握和自如运用两种语言。并在两种语言的转化间做到游刃有余。也就说，他不仅要英文好还要中文好，他还要深悟两种语言的差异，并在进行语言间的互换时不顾此失彼，既不要只关注译入语而对源语的信息有所遗失。同时还应具有创造性思维能力，这样才能使自己的译文摆脱死译硬译的现象，在任何时候都可能比学生的译文略胜一筹，有足够的底蕴来引领学生。

第二点，翻译课教师应努力做到学贯中西，对中国文化和西方文化都有比较透彻的研究和了解。因为翻译虽然表面上看是语言转换但本质上来讲就是一种文化活动。如果教师自己不具备深厚的中西文化内涵，何以面对学生对翻译的文化渴求，何以能担此传道授业的重任。

最后一点，作为翻译教师，还需要有敏锐的眼光来为学生挑选最新最好的翻译材料，还需有广博的学识给予学生最前沿的信息，还需有奉献的精神孜孜不倦地工作学习，并为学生批改大量的翻译作业。

目前来说，翻译多元化教学模式的实施还有一定的障碍。在国内，翻译要摆脱附属于语言教学的地位成为独立的学科还需要时间，而合格的翻译教学人员的培养也不是一蹴而就的事情。然而，我们已经感觉到它的紧迫性。随着中国进入ＷＴＯ，随着全球化趋势的迅速发展，中国在各个方面都在与国际接轨。要想顺利快速地与国际接轨，势必迫切地需要各方面的复合型翻译人才。为了培养出社会需要的合格翻译人才，翻译教学也要尽快调整改革，实行多元的教学模式。

参考文献

1．Andre Lefevere．Translation, Rewriting and the Manipulation of Literary Fame［M］．London：Routledge, 1992．

2．Aristotle．Poetics and Rhetoric［M］．New York：Barnes & Noble Books , 2005．

3．Baker, Mona．Routledge Encyclopedia of Translation Studies［Z］．London and New York：Routledge, 1998．

4．Bassnett, Susan．Translation Studies［M］．Shanghai：Shanghai Foreign Language Education Press , 2004．

5．Bassnett Susan. Translation Studies［M］．London and New York：Routledge, 1991．

6．Bassnett, Susan．Comparative Literature：A Critical Introduction［M］．Oxford, UK/ Cambridge, MA：Blackwell,1993．

7．Bassnett, Susan & Andre Lefevere eds．Constructing Cultures-Essays on Literary Translation［M］．Shanghai：Shanghai Foreign Language Education Press , 2001．

8．Bell R．Translation and Translating［M］．London and New York：Longman, 1991．

9. Bruce M. Metzger. The Text of the New Testament［M］. Oxford：Oxford University Press, 1968.

10．Cronin M．Translating Ireland：Translation，Languages，Cultures［M］．Cork：Cork University Press，1996．

11．Dollerup, Cay．Basics of Translation Studies［M］．Shanghai：Shanghai Foreign Language Education Press , 2007．

12．Flotow, Luise Von．Translation and Gender［M］．Manchester：St. Jerome Publishing, 1997．

13．Flotow, Luise Von．Translation and Gender：Translation in the “Era of the Feminism”［M］Shanghai：Shanghai Foreign Language Education Press，2004．

14．Gentzler, Edwin．Contemporary Translation Theories［M］．New York：Routledge, 1993．

15．Gentzler, Edwin．Contemporary Translation Theories(2nd edition)[M]．Clevedon：Multilingual Matters Limited, 2001．

16．Gouanvic J．M．Ethics and Translation：Towards a Community of Destinies［J］．Translator，2001.

17．Halliday , M．A．K．An Introduction to Functional Grammar［M］．London：Hodder Education Publishers, 2004．

18．Halliday , M．A．K．The Linguistic Sciences and Language Teaching［M］．London：Longmans, Green and Co Ltd，1964．

19．Halliday, Hason．Cohesion in English［M］．Beijing：Foreign Language Teaching and Research Press, 2001．

20．Hatim, Basil and Ian Mason．Discourse and the Translator［M］．London and New York：Longman Group Limited, 1990．

21．Hatim, Basil．Teaching and Research Translation［M］．New York：Pearson Education Limited, 2001．

22．Hervey, Sandor and Higgins, Ian．Thinking Translation：A Course in translation method［M］．London：Routledge , 1992．

23．Jonanthen Culler．On Deconstruction：Theory and Criticism after Structuralism［M］．Beijing：Foreign Language Teaching and Research Press, 2004．

24．Kennedy, G．The Art of Rhetoric in Roman World［M］．Princeton：Princeton University Press , 2005．

25．Koskinen K．Beyond Ambivalence：Post modernity and the Ethics of Translation［D］．Finland：University of Tampere，2000．

26．Krashen, S．The Input Hypothesis：Issues and Implications［M］．New York：Longman , 1985．

27．Levinson , S．Pragmatics［M］．Cambridge：Cambridge University Press, 1983．

28．Mundy J．Introducing Translation Studies［M］．London and New York：Routledge , 2008．

29．Maier C．Issues in the Practice of Translating Women’s Fiction［J］．Bulletin of Hispanic Studies，1998．

30．Newmark, Peter．Approaches to Translation［M］．Shanghai：Shanghai Foreign Language Education Press, 2001．

31．Newmark, Peter．A Text book of Translation［M］．Shanghai：Shanghai Foreign Language Education Press, 2001．

32．Nida, Eugene A．Approaches to Translating in the Western World［M］．Shanghai：Shanghai Foreign Language Teaching and Research , 1984．

33．Nida, Eugene A．Toward a Science of Translating［M］．Shanghai：Shanghai Foreign Language Education Press , 1964．

34．Nida, Eugene A．Language and Culture-contexts in Translating［M］．Shanghai：Shanghai Foreign Language Education Press , 2001．

35．Nida, Eugene A．Customs and Cultures［M］．New York：Harper and Row , 1954．

Anthony Eathope．Literary into Cultural Studies［M］．London：Routledge , 1991．

36．Nord, Christiane．Translating as a PurPoseful Activity：Functionalist Approaches Explained［M］．Manchester：St Jerome Publishing, 1997．

37．Nord, Christiane．Translating as a PurPoseful Activity：Functionalist Approaches Explained［M］．Shanghai：Shanghai Foreign Language Education Press, 2001．

38. Pym, Anthony and Simeoni, Daniel. Beyond Descriptive Translation Studies [C] . The Netherlands & Philadephia: John Benjamins Publishing Limited, 2008.

39. Reiss, Katharina. Translation Criticism: The Potentials and Limitations [M] . Manchester: St. Jerome Publishing Limited, 2004.

40. Schulte, Rainer & Biguenet, John. Theories of Translation: An Anthology of Essays from Dryden to Derrida [M] . Chicago: The University of Chicago Press, 1992.

41. Shuttleworth, Mark & M. Cowie des. Dictionary of Translation Studies [Z] . Manchester: St Jerome Publishing, 1997.

42. Simon, Sherry. Gender in Translation Cultural Identity and the Politics of Transmission [M] . London and NewYork: Routledge, 1996.

43. Snell Hornby, Mary. Translation Studies: An Integrated Approach [M] . Amsterdam/ Philadelphia: John Benjamins Publishing Company, 1988.

44. Steiner, Gorge. After Babel: Aspects of Language and Translation [M] . Oxford: Oxford University Press, 1975.

45. Steiner, George. After Babel: Aspects of Language and Translation [M] . Shanghai: Shanghai Foreign Language Education Press, 2001.

46. Tomlinson, B. Developing Materials for Language Teaching [M] . New York: Continuum International Publishing Group Ltd, 2003.

47. Toury, Gideon. Descriptive Translation Studies and Beyond [M] . Amsterdam & Philadelphia: John Benjamins, 1995.

48. Trudgill P. Sociolinguistics: An Introduction to Language and Society [M] . London: Penguin, 1983.

49. Venuti, Lawrence. The Translator' s Invisibility: A History of Translation [M] . London and New York: Routledge, 1995.

50. Venuti, Lawrence. The Scandal of Translation: Towards an Ethics of Difference [M] . London: Routledge, 1998.

51. Wai-lim Yip, Ezra Pound' s Catha y [M] . Princeton: Princeton University Press, 1969.

52. Wellek, Rene and Austin Warren. Theory of Literature [M] . New York: Harcourt Brace Company, 1956.

53. 陈德鸿，张南峰. 西方翻译理论精选 [M] . 香港：香港城市大学出版社，2000.

54. 陈福康.中国译学理论史稿 [M] .上海:上海外语教育出版社，2000.

55. 陈然，杨威. SPOC混合学习模式设计研究 [J] . 中国远程教育，2015 (5) .

56. 陈中绳. 《英译汉病句分析》 [M] . 长春：吉林人民出版社，1983.

57. 程京艳. 英语听力教学现状及发展趋势 [J] . 外语界，2009 (1) .

58. 方梦之. 译学辞典 [D] . 上海：上海外语教育出版社，2004.

59. 付克. 中国外语教育史 [M] . 上海：上海外语教育出版社，1986.

60. 高丽佳，戴卫平. 论韩礼德的意义观 [J] . 现代语文(语言研究版), 2008 (4) .

61. 龚翰雄. 欧洲小说史［M］. 成都: 四川大学出版社, 1997.
62. 郭德侠. 大学公共选修课的调查分析［J］. 大学教育科学, 2009 (6) .
63. 郭建中. 当代美国翻译理论［M］. 武汉: 湖北教育出版社, 1999.
64. 韩莉. 清代中国俄语教育述评［J］. 西伯利亚研究, 2010 (2) .
65. 韩子满, 刘芳. 描述翻译研究的成就与不足［J］. 外语学刊, 2005.
66. 贺斌, 曹阳. SPOC: 基于MOOC的教学流程创新［J］. 中国电化教育, 2015 (3) .
67. 胡曙中. 美国新修辞学研究［M］. 上海: 上海外语教育出版社, 1999.
68. 胡曙中. 英语修辞学［M］. 上海: 上海外语教育处版社, 2002.
69. 黄锡木. 新约经文鉴别学概论［M］. 香港: 基道出版社, 1997.
70. 黄忠廉, 刘丽芬. 翻译观流变简析［J］. 语言与翻译, 1999 (4).
71. 黄忠廉. 翻译方法论［M］. 北京: 中国社会科学出版社, 2009.
72. 蒋骁华. 巴西的翻译: "吃人"翻译理论与实践及其文化内涵［J］. 外国语, 2003(3).
73. 教育部高等教育司. 大学英语课程教学要求［M］. 上海: 上海外语教育出版社, 2007.
74. 康叶钦. 在线教育的"后MOOC时代"—SPOC解析［J］. 清华大学教育研究, 2014 (2) .
75. 柯平. 《英汉与汉英翻译教程》［M］. 北京: 北大出版社, 1993.
76. 柯平. 加注和增益: 谈变通和补偿手段［J］. 中国翻译, 1991.
77. 孔慧怡. 重写翻译史［M］. 香港: 香港中文大学出版社, 2005.
78. 李长栓. 非文学翻译理论与实践［M］. 北京: 中国对外翻译出版公司, 2004.
79. 李丽敏. 大学英语翻译教学方法探讨［J］. 英语广场, 2016.
80. 李文革. 西方翻译理论流派研究［M］. 北京: 中国社会科学出版社, 2004.
81. 李亚舒, 黎难秋. 中国科学翻译史［M］. 长沙: 湖南教育出版社, 2000.
82. 李运兴. 翻译语境描写论纲［M］. 北京: 清华大学出版社, 2010.
83. 李运兴. 对英译汉教学的几点理论思考［J］. 中国翻译, 1994, (1).
84. 梁健丽. 教材指令语与大学生思维能力培养［J］. 长江大学学报(社会科学版), 2009.
85. 廖七一. 当代英国翻译理论［M］. 武汉: 湖北教育出版社, 2000.
86. 廖七一. 当代西方翻译研究原典选读［M］. 北京: 外语教学与研究出版社, 2010.
87. 廖七一. 当代西方翻译理论探索［M］. 南京: 译林出版社, 2000.
88. 刘彬, 王晶. 近10年来国内英语听力策略研究综述［J］. 淮海工学院学报, 2010 (5) .
89. 刘丹凤. 简论清代俄罗斯文馆的教学效果与失效原因［J］. 渤海大学学报, 2014 (6) .
90. 刘欢. 大学英语分层教学有效性之实证研究［J］. 广东第二师范学院学报, 2012 (2) .

91．刘军平．西方翻译理论通史［M］．武汉：武汉大学出版社，2009.
92．刘宓庆．《当代翻译理论》［M］．北京：中国对外翻译出版公司,1999.
93．刘宓庆．翻译教学：实务与理论［M］．北京：中国对外翻译出版公司，2003.
94．刘树森．翻译补偿［A］．武汉：湖北教育出版社，1997.
95．刘艳茹．翻转课堂在大学英语翻译教学中的应用［J］．重庆科技学院学报（社会科学版），2017(6).
96．刘迎胜．宋元至清初我国外语教学史研究［J］．江海学刊，1998（3）．
97．刘宗和．论翻译教学［M］．北京：商务印书馆,2002.
98．罗新璋.翻译论集［C］.北京:商务印书馆，1984.
99．罗素．西方哲学史［M］．北京：商务印书馆，2006.
100．马士奎．詹姆斯·霍尔姆斯和他的翻译理论［J］．上海科技翻译，2004（3）．
101．马祖毅．中国翻译通史［M］．武汉：湖北教育出版社，2006.
102．毛荣贵.翻译美学［M］．上海：上海交通大学出版社，2005.
103．孟庆宁．慕课热潮重释：现实困境、行为逻辑与文化反思［J］．江汉学术，2014（4）．
104．穆旦．穆旦诗文集：第一卷［M］北京：人民文学出版社，2010.
105．穆雷．中国翻译教学研究［M］．上海：上海外语教育出版社，1999.
106．牟晓鸣．亚里士多德与西方古典修辞学理论［J］．大连民族学院学报，2008（7）．
107．钱冠连．语言的递归性及其根源［J］．外国语，2001.
108．桑仲刚．翻译教学研究：理论与困境［J］．中国外语，2012.
109．沈家煊．语言中的“主观性”和“主观化”［J］．外语教学与研究,2001,（4）．
110．孙法理译．苔丝［M］．南京：译林出版社,1994.
111．索绪尔．普通语言学教程［M］．北京：商务印书馆，1985.
112．谭载喜．西方翻译史［M］．北京：商务印书馆，2004.
113．王初明．语言学习与交互［J］．外国语,2008（6）．
114．王初明．哪类练习促学外语［J］．当代外语研究，2013（2）．
115．王初明．外语教学三大情境与语言习得有效路径［J］．外语教学与研究，2011（4）．
116．王东．试论大学英语分层教学之利弊［J］．四川教育学院学报，2011（7）．
117．王东风．韦努蒂与鲁迅异化翻译之比较［J］．中国翻译，2008（2）．
118．王德春．论范畴化［J］．解放军外国语学院学报，2009.
119．王克非．翻译文化史论［M］．上海：上海外语教育出版社，1997.
120．王铭玉．从符号学看语言符号学［J］．解放军外国语学院学报，2004（9）．
121．王耀辉．文学文本解读［M］．武汉：华中师范大学出版社，1999.
122．王治河．扑朔迷离的游戏［M］．北京：社会科学文献出版社，1998.
123．奚晓丹．翻转课堂与大学英语翻译课教学设计有效结合的模式探讨［J］．吉林省教育学院学报，2017(6).

124．谢天振．中西翻译简史［M］．北京：外语教学与研究出版社，2014．
125．谢天振．当代国外翻译理论导读［M］．天津：南开大学出版社，2008．
126．谢雨薇，张蓊芸．小说翻译中叙述视角的传递与作者意图的传达[J]．徐州师范大学学报，2011（3）．
127．徐葳，贾永政．从 MOOC 到 SPOC［J］．现代远程教育研究，2014（4）．
128．徐艳红．翻转课堂在商务英语翻译教学中的实践［J］．中外企业家，2016(31)．
129．许钧．翻译论［M］．武汉：湖北教育出版社，2003．
130．许钧．论翻译活动的三个层面［J］．外语教学与研究，1998．
131．杨必译．名利场［M］．北京：人民文学出版社，1994．
132．于瑞华．詹姆斯·霍姆斯和他的翻译学构想［J］．大众科技，2008(11)．
133．虞苏美，李慧琴．全新版大学英语听说教程［M］．上海：上海外语教育出版社，2013．
134．袁丹纯．从协同角度探讨写作指令对二语写作的影响［D］．广东外语外贸大学，2013．
135．曾茂华．论全球化背景下翻译的异质性［J］．湖南社会科学，2004．
136．张美芳．翻译学的目标与结构——霍尔姆斯的译学构想介评［J］．中国翻译，2000（2）．
137．张景丰．从中国历史上四次翻译高潮谈翻译理论的发展［J］．语言与翻译，2002（3）．
138．张培基．《英语声色词与翻译》［M］．北京：商务印书馆，1964．
139．张首映．西方 20 世纪文论史［M］．北京：北京大学出版社，1999．
140．张杏娟、何安平．人本主义教学理念在 NSEC 教材中的体现探究［J］．英语教师，2009．
141．赵毅衡．当说者被说的时候［M］．北京：中国人民大学出版社，1998．
142．赵蔚彬．中国学生英语作文中逻辑连接词使用量化对比分析［J］．外语教学，2003（2）．
143．周平平．明代四夷馆的设立与海外贸易［J］．金田，2014（6）．
144．周荣胜．论德里达的文本理论［J］．北京社会科学，2000．
145．钟玲．美国诗与中国梦［M］．桂林：广西师范大学出版社，2003．
146．邹振环．影响中国近代社会的一百种译作［M］．北京：中国对外翻译出版公司，1996．
147．邹振环．20 世纪中国翻译教学史研究简评［J］．东方翻译，2017（4）．
148．朱徽．中美诗缘［M］．成都：四川人民出版社，2001．53．陈德鸿，张南峰．西方翻译理论精选［M］．香港：香港城市大学出版社，2000．
54．陈福康．中国译学理论史稿［M］．上海：上海外语教育出版社，2000．
55．陈然，杨威．SPOC 混合学习模式设计研究［J］．中国远程教育，2015（5）．
56．陈中绳．《英译汉病句分析》［M］．长春：吉林人民出版社，1983．

57．程京艳．英语听力教学现状及发展趋势［J］．外语界，2009（1）．
58．方梦之．译学辞典［D］．上海：上海外语教育出版社，2004．
59．付克．中国外语教育史［M］．上海：上海外语教育出版社，1986．
60．高丽佳，戴卫平．论韩礼德的意义观［J］．现代语文(语言研究版)，2008（4）．
61．龚翰雄．欧洲小说史［M］．成都：四川大学出版社，1997．
62．郭德侠．大学公共选修课的调查分析［J］．大学教育科学，2009（6）．
63．郭建中．当代美国翻译理论［M］．武汉：湖北教育出版社，1999．
64．韩莉．清代中国俄语教育述评［J］．西伯利亚研究，2010（2）．
65．韩子满，刘芳．描述翻译研究的成就与不足［J］．外语学刊，2005．
66．贺斌，曹阳．SPOC：基于MOOC的教学流程创新［J］．中国电化教育，2015（3）．
67．胡曙中．美国新修辞学研究［M］．上海：上海外语教育出版社，1999．
68．胡曙中．英语修辞学［M］．上海：上海外语教育处版社，2002．
69．黄锡木．新约经文鉴别学概论［M］．香港：基道出版社，1997．
70．黄忠廉，刘丽芬．翻译观流变简析［J］．语言与翻译，1999(4)．
71．黄忠廉．翻译方法论［M］．北京：中国社会科学出版社，2009．
72．蒋骁华．巴西的翻译："吃人"翻译理论与实践及其文化内涵［J］．外国语，2003(3)．
73．教育部高等教育司．大学英语课程教学要求［M］．上海：上海外语教育出版社，2007．
74．康叶钦．在线教育的"后MOOC时代"—SPOC解析［J］．清华大学教育研究，2014（2）．
75．柯平．《英汉与汉英翻译教程》［M］．北京：北大出版社，1993．
76．柯平．加注和增益：谈变通和补偿手段［J］．中国翻译，1991．
77．孔慧怡．重写翻译史［M］．香港：香港中文大学出版社，2005．
78．李长栓．非文学翻译理论与实践［M］．北京：中国对外翻译出版公司，2004．
79．李丽敏．大学英语翻译教学方法探讨［J］．英语广场，2016．
80．李文革．西方翻译理论流派研究［M］．北京：中国社会科学出版社，2004．
81．李亚舒，黎难秋．中国科学翻译史［M］．长沙：湖南教育出版社，2000．
82．李运兴．翻译语境描写论纲［M］．北京：清华大学出版社，2010．
83．李运兴．对英译汉教学的几点理论思考［J］．中国翻译，1994，(1)．
84．梁健丽．教材指令语与大学生思维能力培养［J］．长江大学学报(社会科学版)，2009．
85．廖七一．当代英国翻译理论［M］．武汉：湖北教育出版社，2000．
86．廖七一．当代西方翻译研究原典选读［M］．北京：外语教学与研究出版社，2010．
87．廖七一．当代西方翻译理论探索［M］．南京：译林出版社，2000．
88．刘彬，王晶．近10年来国内英语听力策略研究综述［J］．淮海工学院学报，2010（5）．
89．刘丹凤．简论清代俄罗斯文馆的教学效果与失效原因［J］．渤海大学学报，2014（6）．
90．刘欢．大学英语分层教学有效性之实证研究［J］．广东第二师范学院学报，2012（2）．
91．刘军平．西方翻译理论通史［M］．武汉：武汉大学出版社，2009．
92．刘宓庆．《当代翻译理论》［M］．北京：中国对外翻译出版公司，1999．

93．刘宓庆．翻译教学：实务与理论［M］．北京：中国对外翻译出版公司，2003．
94．刘树森．翻译补偿［A］．武汉：湖北教育出版社，1997．
95．刘艳茹．翻转课堂在大学英语翻译教学中的应用［J］．重庆科技学院学报（社会科学版），2017(6)．
96．刘迎胜．宋元至清初我国外语教学史研究［J］．江海学刊，1998（3）．
97．刘宗和．论翻译教学［M］．北京：商务印书馆，2002．
98．罗新璋．翻译论集［C］．北京：商务印书馆，1984．
99．罗素．西方哲学史［M］．北京：商务印书馆，2006．
100．马士奎．詹姆斯·霍尔姆斯和他的翻译理论［J］．上海科技翻译，2004（3）．
101．马祖毅．中国翻译通史［M］．武汉：湖北教育出版社，2006．
102．毛荣贵．翻译美学［M］．上海：上海交通大学出版社，2005．
103．孟庆宁．慕课热潮重释：现实困境、行为逻辑与文化反思［J］．江汉学术，2014（4）．
104．穆旦．穆旦诗文集：第一卷［M］北京：人民文学出版社，2010．
105．穆雷．中国翻译教学研究［M］．上海：上海外语教育出版社，1999．
106．牟晓鸣．亚里士多德与西方古典修辞学理论［J］．大连民族学院学报，2008（7）．
107．钱冠连．语言的递归性及其根源［J］．外国语，2001．
108．桑仲刚．翻译教学研究：理论与困境［J］．中国外语，2012．
109．沈家煊．语言中的“主观性”和“主观化”［J］．外语教学与研究，2001，(4)．
110．孙法理译．苔丝［M］．南京：译林出版社，1994．
111．索绪尔．普通语言学教程［M］．北京：商务印书馆，1985．
112．谭载喜．西方翻译史［M］．北京：商务印书馆，2004．
113．王初明．语言学习与交互［J］．外国语，2008（6）．
114．王初明．哪类练习促学外语［J］．当代外语研究，2013（2）．
115．王初明．外语教学三大情境与语言习得有效路径［J］．外语教学与研究，2011（4）．
116．王东．试论大学英语分层教学之利弊［J］．四川教育学院学报，2011（7）．
117．王东风．韦努蒂与鲁迅异化翻译之比较［J］．中国翻译，2008（2）．
118．王德春．论范畴化［J］．解放军外国语学院学报，2009．
119．王克非．翻译文化史论［M］．上海：上海外语教育出版社，1997．
120．王铭玉．从符号学看语言符号学［J］．解放军外国语学院学报，2004（9）．
121．王耀辉．文学文本解读［M］．武汉：华中师范大学出版社，1999．
122．王治河．扑朔迷离的游戏［M］．北京：社会科学文献出版社，1998．
123．奚晓丹．翻转课堂与大学英语翻译课教学设计有效结合的模式探讨［J］．吉林省教育学院学报，2017(6)．
124．谢天振．中西翻译简史［M］．北京：外语教学与研究出版社，2014．
125．谢天振．当代国外翻译理论导读［M］．天津：南开大学出版社，2008．
126．谢雨薇，张蓊芸．小说翻译中叙述视角的传递与作者意图的传达[J]．徐州师范大学学报，2011（3）．

127. 徐葳，贾永政. 从 MOOC 到 SPOC［J］. 现代远程教育研究，2014（4）.
128. 徐艳红. 翻转课堂在商务英语翻译教学中的实践［J］. 中外企业家，2016(31).
129. 许钧. 翻译论［M］. 武汉：湖北教育出版社，2003.
130. 许钧. 论翻译活动的三个层面［J］. 外语教学与研究，1998.
131. 杨必译. 名利场［M］. 北京：人民文学出版社，1994.
132. 于瑞华. 詹姆斯·霍姆斯和他的翻译学构想［J］. 大众科技，2008(11).
133. 虞苏美，李慧琴. 全新版大学英语听说教程［M］. 上海：上海外语教育出版社，2013.
134. 袁丹纯. 从协同角度探讨写作指令对二语写作的影响［D］. 广东外语外贸大学，2013.
135. 曾茂华. 论全球化背景下翻译的异质性［J］. 湖南社会科学，2004.
136. 张美芳. 翻译学的目标与结构——霍尔姆斯的译学构想介评［J］. 中国翻译，2000（2）.
137. 张景丰. 从中国历史上四次翻译高潮谈翻译理论的发展［J］. 语言与翻译，2002（3）.
138. 张培基. 《英语声色词与翻译》［M］. 北京：商务印书馆，1964.
139. 张首映. 西方 20 世纪文论史［M］. 北京：北京大学出版社，1999.
140. 张杏娟、何安平. 人本主义教学理念在 NSEC 教材中的体现探究［J］. 英语教师，2009.
141. 赵毅衡. 当说者被说的时候［M］. 北京：中国人民大学出版社，1998.
142. 赵蔚彬. 中国学生英语作文中逻辑连接词使用量化对比分析［J］. 外语教学，2003（2）.
143. 周平平. 明代四夷馆的设立与海外贸易［J］. 金田，2014（6）.
144. 周荣胜. 论德里达的文本理论［J］. 北京社会科学，2000.
145. 钟玲. 美国诗与中国梦［M］. 桂林：广西师范大学出版社，2003.
146. 邹振环. 影响中国近代社会的一百种译作［M］. 北京：中国对外翻译出版公司，1996.
147. 邹振环. 20 世纪中国翻译教学史研究简评［J］. 东方翻译，2017（4）.
148. 朱徽. 中美诗缘［M］. 成都：四川人民出版社，2001.